U0915227

工匠创新三十六技

——系统框架与企业实践

主　编　李葆文　成佳庆

副主编　王国兴　刘　新　唐志鹏

参　编　李君阳　魏廷鹏　刁维龙　段忠臣

孙晓莹　赵　新　门　博　董　博

聂金宁　庄德鹏　李皓宇　张康伟

张志洋　马传彬　郑　毅

全书数字资源

北　京

冶 金 工 业 出 版 社

2025

内容提要

本书结合古今中外创新案例及编者系统深入的研究，提出了工匠创新三十六个技法，每技均以四字成语命名，最后以“妙技锦囊”的方式进行“点睛”式总结。

本书既对创新技巧进行了系统介绍，又以案例的形式介绍了青州卷烟厂员工在学习三十六技后的应用实践。

本书可供广大科技工作者和企业员工阅读，也可供高等院校的师生参考。

图书在版编目（CIP）数据

工匠创新三十六技：系统框架与企业实践 / 李葆文，成佳庆主编. -- 北京：冶金工业出版社，2025. 2.

ISBN 978-7-5240-0070-9

Ⅰ. F403.6

中国国家版本馆 CIP 数据核字第 2024KW3914 号

工匠创新三十六技——系统框架与企业实践

出版发行	冶金工业出版社	**电　　话**	(010)64027926
地　　址	北京市东城区嵩祝院北巷 39 号	**邮　　编**	100009
网　　址	www.mip1953.com	**电子信箱**	service@mip1953.com

责任编辑　杜婷婷　王　颖　美术编辑　彭子赫　版式设计　郑小利

责任校对　李欣雨　责任印制　禹　蕊

唐山玺诚印务有限公司印刷

2025 年 2 月第 1 版，2025 年 2 月第 1 次印刷

710mm×1000mm　1/16；22.5 印张；439 千字；351 页

定价 99.00 元

投稿电话　(010)64027932　投稿信箱　tougao@cnmip.com.cn

营销中心电话　(010)64044283

冶金工业出版社天猫旗舰店　yjgycbs.tmall.com

(本书如有印装质量问题，本社营销中心负责退换)

前　言

编者通过对古今中外大量的工匠创新活动进行反复比较研究，并按照其创新的主导思路进行了归纳，提出了工匠创新三十六技。

其实，创新发明的当事者在当时并不一定是自觉地使用编者所划分的方式进行创新的，只是后人把这些创新方式进行了归类划分而已。这种划分的意义在于可以引导后来者利用这种划分来启发思路，朝着不同划分方向思考、碰撞，有所突破。这无疑可以使创新者少走弯路，缩短迷茫和探索时间，尽快达到成功彼岸。正如门捷列夫元素周期表的作用，虽然人们在空白处尚未发现某个化学元素，但朝着这个方向研究探索是有希望的。

不排除后人会发现其他分类方法，突破三十六技所给出的范畴，也不排除全新的分类和界定方式的诞生，我们拭目以待，这也正符合编者所给出创新的“渐进”历程。

本书以案例的形式介绍了在青州卷烟厂领导的号召下，全体员工以极大的热情投入工匠创新的活动中。他们把自己的本职工作与工匠创新活动紧密结合，成功实现目标案例，促进了企业的发展。他们总结提炼出的成果又从侧面促进了人们对创新三十六技系统框架的认同。

编者想通过让读者“读起来朗朗上口，用起来得心应手”的方式来写这本书。这既是一本探索式研究典籍，也是一本通俗易懂的科普读物。无论是科技工作者还是工厂基层员工，都可以参考阅读。

编者希望广大读者应用工匠创新系统框架，巧妙地进行创新活动，促进工匠快速成长，助力我国成为制造强国。

由于编者水平所限，书中不妥之处，敬请广大读者批评指正。

编　者

2024 年 5 月

目　　录

系统框架篇

企业实践篇

系统框架篇

第一部分　工匠创新三十六技概论

促进工匠成长的战略意义

“中国制造”靠大国工匠的努力，营造工匠成长环境，培育工匠文化，设计工匠培育成长机制将是中国制造强国的必由之路。

将工匠赋予“互联网”思维，称为“新工匠”。在当代中国，不仅应该提倡工匠精神，还要与时俱进地植入“网络”元素，植入人工智能的成果，植入时代进步的基因，以“新工匠”代替传统的工匠，善用网络和人工智能的手段，在互联网和人工智能成果上创新和发明，达到事半功倍的效果。

让祖国成就无数工匠，让工匠成就强大中国。

一个新汽车车型的诞生，包含着不少工匠的智慧，每个受欢迎的车型，都应该是匠心荟萃；一餐美味，蕴藏大厨的精心设计和试验，每道大受食客欢迎的标准化美味佳肴，都蕴含着大师的丰富经验与技艺。

即使是注重大规模、高效率、低成本、标准化的生产，也要先以工匠的创新创造为基础和基因。

因此，规模化的生产是以工匠的精湛劳动成果为基因的。没有这些，就无法标准化和批量化地生产，就无法给企业带来丰厚的利润。

在历史上，我国四大发明对人类文明和进步促进作用很大。

我国历史上涌现出大批工匠人才，例如以木器制作闻名的鲁班、架起赵州桥的李春、发明地震仪的东汉天文学家张衡。始建于秦昭王末年（公元前256—公元前251年）的都江堰，是蜀郡太守李冰父子在前人鳖灵开凿的基础上组织修建的大型水利工程，由分水鱼嘴、飞沙堰、宝瓶口等部分组成。两千多年来一直发挥着防洪灌溉的作用，使成都平原成为水旱从人、沃野千里的“天府之国”，至今灌区已达30余县市，面积近千万亩，是全世界迄今为止，年代最久、唯一留存、仍在一直使用、以“无坝引水”为特征的宏大水利工程。李冰父子当之无愧应被称为大工匠。

《庄子·养生主》中讲：“庖丁为文惠君解牛，手之所触，肩之所倚，足之所履，膝之所踦，砉然向然，奏刀騞然，莫不中音。合于《桑林》之舞，乃中《经首》之会。文惠君曰：‘嘻，善哉！技盖至此乎？’庖丁释刀对曰：‘臣之所好者道也，进乎技矣。始臣之解牛之时，所见无非牛者；三年之后，未尝见全牛也。方今之时，臣以神遇而不以目视，官知止而神欲行。’”可以用出神入化、道技合一来形容庖丁的宰牛技术，这里蕴含了深刻的工匠韵律。

我国古代“圜者中规，方者中矩”的编钟、“白如玉，明如镜，薄如纸，声如磬”的景德镇瓷器、“咫尺之内再造乾坤”的苏州园林无不凝结着大国工匠的技艺。

我国在古代还制定了《工律》《考工记》《营造法式》等工匠制度和技法，形成了师徒相传、物勒工名的工匠传承规则。

大规模、高效率的生产，无论其产品的原型设计还是工艺的实现都离不开道技合一、精益求精的工匠精神和工匠技巧。前者是显性的，而后者是隐性的，往往是被忽略的。德国的现代化道路，从表面看是技术兴国、制造强国之路，从深层次看，是德国人对技术工艺的狂热追求。德国人常说：物美就不会价廉！他们对技术的追求远远超过急功近利的利润追求，这反而让他们的产品附加上更高的价值。

无论是德国还是日本，从教育制度、社会习俗都形成了崇尚工匠的文化和机制。而远在西半球的美国，车库、校园和政府公共机构到处都有“极客”“创客”的孵化器，无人汽车、六轴无人机、机器驮驴都是这样创造出来的。

工匠的成长环境建设

一、内涵与实质

我们呼吁制造业回归匠心，回归本质，把工匠精神和工匠技能植入制造行业。至真至善，恪守唯美，让制造成为社会文明的福祉。

工匠的成长往往是自发的，天赋加后天的勤奋、百折不挠的韧性等，都是造就工匠的前提条件。

作曲家勃拉姆斯说：“没有工匠，灵感只是风中一支摇曳的芦苇。”看来，工匠是让灵感落地的人物。

工匠精神的内涵就是精益求精、严谨、一丝不苟、耐心、专注、坚持、专业、敬业。工匠技能主要依赖寻求规律，敢于实践，不断突破。

德国哲学家尼采说：“一个民族，需要两种精神：一个是酒神精神，一个是日神精神。”酒神精神是冲动的、叛逆的、不循规蹈矩的、颠覆性的。而日神精神强调的是秩序、理性、技术、流程。这两者结合起来，才能形成一个民族的创造力，才是真正意义上的工匠。

二、环境与文化

然而，营造一个大环境和大气候，对于更多工匠的成长就如同阳光、甘露和土壤。

在“工具理性”占主导地位的当今社会，人们崇尚的是机器和设备的巨大功能，但往往忘记这些“工具”背后的“巧匠”沉淀。适当回归并提倡“人本理性”的工匠精神尤为重要，这是阴阳互补的一种平衡。

野生动植物固然很好，但人工栽培和养育让人类更加富裕。天生的工匠不容忽视，优秀的后天环境也会让工匠成长更迅速，队伍更壮大。

工匠、大师是人，工匠成长就是要讲究人的成长和培养环境。

无论从社会层面还是企业层面，首先要建立起工匠潜质发现机制。从遴选机构的建立，到工匠发现遴选标准的设计，再到工匠苗子的发现、选择以及后续的培养都要逐渐完善起来。

三、孵化与培育

工匠苗子的遴选要不拘一格，千万不能求全责备，既要注重专业特长，也要注意考察其工作毅力和韧性。

工匠精神的培养十分重要，要完成从小富即安到永不满足；从重复守旧到充满好奇；从固执己见到敢于突破；从信命靠天、不越雷池到跌倒重来的转变。工匠既需要学习吸收，又需要冒险坚韧；既需要多元包容，又需要探究解惑。

匠心的培养最艰难，也最重要。所谓的匠心就是要有强质疑精神，擅长跨界思维，追求完美而不失实用。他们兴趣广泛而有侧重；他们不惧怕失败，敢冒风险却又能管控风险。

遴选出的工匠苗子，要给予理论上、技能上和创新技巧上的强化培养。既有理论，又有实践；既有基础，又有拔高。不能光撒种子，还要施肥、除草和浇水。

为了让这些工匠专心致志、不受干扰地进行研究创新，还要为其创造良好的工作环境，也就是工匠大师工作室的建设。工匠的创新需要有相关的仪器、设施、工具和辅助人员配合。工匠大师工作室的建设要本着自力更生、因陋就简、就地取材、靠近现场、方便钻研的原则进行。

不食人间烟火，出于兴趣爱好的“纯粹”或者“野生”工匠肯定存在，但毕竟数量有限。“人工栽培”有利于大量复制。一般而言，工匠既有梦想和对愿景的追求，也会有物质欲望。对他们的激励也需要精心设计，包括荣誉激励、信任激励、冠名激励、长远激励、即时物质激励等，要激发他们的持续创新激情。

四、保护与助力

工匠的后勤保障也十分重要。不要让大师疲于奔命于一些细微小事，而浪费宝贵的创新时间。这些后勤保障包括资金、材料、人员、设备、环境以及时间等要素。条件允许，尽量通过灵活简洁的机制和辅助人员协调解决上述相关问题，保障工匠创新的流畅工作流程。反过来，工匠并不是娇惯出来的，也需要困难的磨炼，自身要有面对困难、迎难而上、克服困难、解决问题的韧性。

工匠的初期成果一开始往往是实验室里的，是缺乏批量化检验的，也是需要专利保护的。促进这些成果的价值转化不但是企业和社会的使命，也是保护工匠创新积极性的重要因素。

工匠的成长不容易，要充分发挥这些工匠、大师的带动作用。通过树立标杆、宣传造势、参观工匠大师工作室、经验介绍、师带徒等形式，扩大这些工匠大师的影响。以点带面，带动一片，让更多人羡慕工匠、模仿工匠、学习工匠，走上工匠成长之路。

当然，这种“虚”的活动不宜太多，不要让工匠整天沉浸在频繁的“荣誉展示”和“社会活动”之中而忘记本源。保证工匠的创新时间和工作重心同样十分重要，这需要做好平衡。

五、评价与级别

工匠大师的绩效评价与鉴定是保障大师持续涌现的长效机制。

一般工匠的成长可以划分为孕育阶段、成熟阶段、巩固阶段和推广阶段。在孕育阶段，重点在于培养工匠的精益求精、执着钻研精神；在成熟阶段，侧重于培养其难题攻关和解决能力；在巩固阶段，侧重培养其创新专利、成果转化能力；在推广阶段，则是培养其经验分享和带动能力，以扩大工匠的社会影响作用。

我们也可以把这四个阶段再细分，将大师划分为八个级别水平。

在工匠成长环境营造中，要注意不要急于求成、揠苗助长；不要搞形式主义，人为塑造；更不可铺张浪费、过分投入，违背“自然天成”的客观规律。

我国是十几亿人口的泱泱大国，有十分宝贵的人力资源。从电视节目里的各种才艺表演中会发现各式各样的奇才，关键是如何把他们发掘和培养起来。人力资源的开发和潜能发挥有助于打破国际上的技术垄断和封锁，自力更生能够让我们研究、创造、发明和制造出世界上多种先进的产品。

工匠大师成长环境的建设，对于工匠大国塑造，工匠强国的形成无疑是具有战略意义的举措。

工匠创新三十六技概述

我们喜欢用工匠大师“创新”来概括其创造活动。所谓的创新是破旧立新，是继承发扬的意思，并不是一切从头开始，空穴来风的创造。

作者曾经研究过俄国学者根里奇·阿奇舒勒（G. S. Altshuller）所创建的TRIZ 理论，他对创新的总结和提炼具有划时代意义。

结合工匠大师的创新这个主题，作者换一个角度，提出全新的分类方式，我们用“三十六技”来称呼。这“三十六技”既与中国孙子兵法的“三十六计”谐音，又界定了一个可以区别出差异的创新分类方法。

值得指出的是，某些创新内容也许可以同时归类为不同的分类范畴，这是因为我们归类的视角不同，或者因为创新内容本身就具有多质性。例如，某些创新既属于“音变”的创新，又属于“渐进”的创新，另外一些创新既属于“聚合”的创新，也属于“缩放”的创新。这“三十六技”无疑可以帮助工匠们打开思路，找出创新规律，由自发、自然的创新变成自觉、有序、有效的创新，会让工匠的创新快速突破，成果倍增。工匠创新的三十六技如图 1-1-1~图 1-1-3 所示。

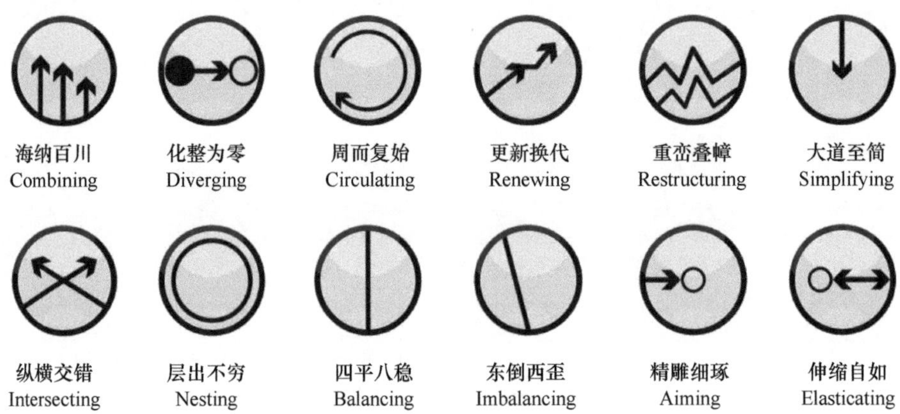

图 1-1-1　工匠创新前十二技

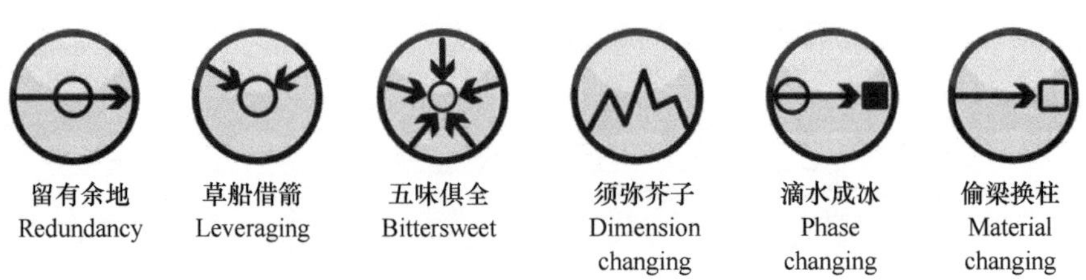

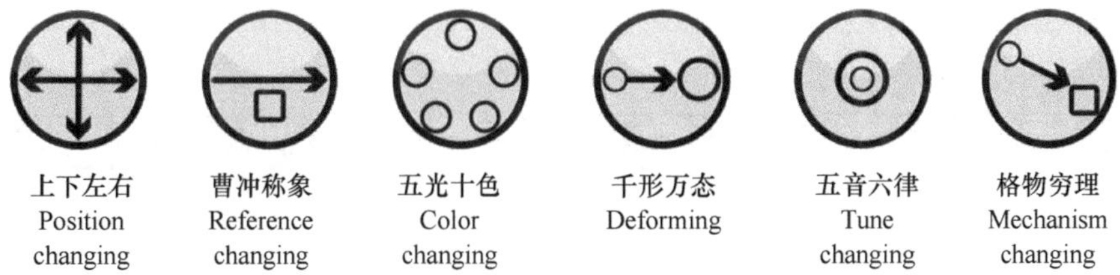

图 1-1-2　工匠创新中十二技

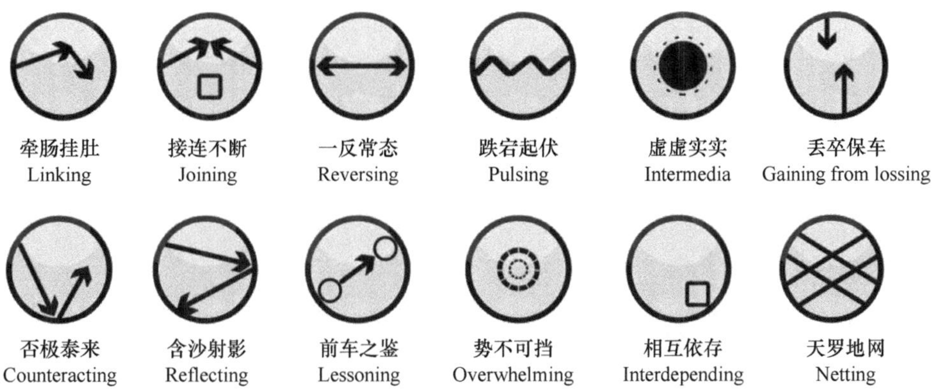

图 1-1-3　工匠创新后十二技

作者对这“三十六技”的每一技法都进行了解释，而且都有发明案例作为佐证。希望读者与作者产生互动，不断补充新的案例，不断丰富本书的内容。让本书在以后修订中加入读者的鲜活案例，成为图书出版的脑力和知识的“众筹”，成为“草船借箭”“海纳百川”创新的新尝试。

第二部分　工匠创新三十六技系统框架

第1技　海纳百川

释义：“海纳百川”就是将不同的子系统和个体集聚在一起，形成合力，或者铸成更加强大的功能，其应用的手段包括聚合、融合、整合、组合、凝聚、合成等。

标识符号：

我们的祖先很早就懂得“海纳百川”和“聚合”变革。在武侠小说中，经常看到英雄人物手中的宝剑锋利无比，甚至可以“削铁如泥”，这是纯属夸张，还是有一定的道理？1965 年，我国的考古工作者在湖北江陵发掘了战国时期的一柄古剑。这柄古剑已经长埋地下两千多年，依然光芒四射、锋利无比，令人惊叹。据考证，这柄古剑是越王勾践用过的，具有很高的文物价值。科学家们运用先进的检测方法对这柄剑进行了检测，结果发现剑里所含的元素达 9 种之多，有的还是稀有元素，这把宝剑是古代冶炼技术在金属“聚合”领域的智慧结晶。

欧冶子，战国时期的越国人，为中国古代铸剑鼻祖。他几十年专注铸剑，用心冶炼，精雕细琢，他为越王勾践铸出的五把剑，名为湛卢、纯钩、胜邪、鱼肠、巨阙，每一把都为名剑。

再看现代广为人知的合金，同样也是物理化学“聚合”的很好例子。就拿不锈钢的发明为例，布诺顿受英国政府委托研究武器，他研制了很多合金，发现都不好用，把它们全都丢进了垃圾堆，一场暴雨过后，他发现垃圾堆里所有的合金都生锈了，只有一种合金却熠熠生辉，他带着疑问将它带进实验室，发现这种合金含有数量很多的金属铬，也就是说，含有一定比例铬的钢不会生锈。为了进一步证实自己的观点，他又把这块合金放在水里，还有酸、碱溶液里进行观察，却没有发现丝毫的被腐蚀现象。不锈钢就这样诞生了。

将难溶金属（如钨、钽、钛、钼等）的碳化物硬质微粒与一种或几种铁族元素（铁、钴、镍等）的粉末混合，然后压制成型，再经烧结即可制成硬质合金。制造这种硬质合金的碳化物原料非常坚硬，其硬度与金刚石难分伯仲。它的加入为硬质合金提供了极高的硬度，人们称这些碳化物为硬质合金的基体。但是这种碳化物又很脆，不耐冲击，为了克服这一弱点，冶金学家们加入了铁族元素来降低合金的脆性，人们称这些铁族元素为黏结剂。用这种硬质合金制成的切割刀具，在切削一般金属时，速度达到了每分钟几十甚至几百米，这种“聚合”创新，才产生“削铁如泥”的效果。

再说清代的剪刀师张思家，以铸造锻打剪刀为业。他首创镶钢锻打工艺，即将不同的钢材镶嵌在一起，锻打成型，再淬火变硬，打磨成锋。其子张小泉在康熙二年，即1663年创立“张小泉”品牌。乾隆四十六年，就是1781年，“张小泉”剪刀被乾隆帝钦定为贡品，并由乾隆亲自题字“张小泉”。“张小泉”剪刀先后在1915年的巴拿马博览会、1926年的费城世博会和1929年的首届西湖博览会获得大奖。其剪刀以镶钢均匀、磨工精细、锋利异常、式样精美、开合和顺、刻花精巧、经久耐用而名扬海内外。在一次剪刀评比会上，人们把40层白布叠在一起，用各种剪刀试剪，唯有张小泉剪刀张开锋口，咔嚓一声，一次剪断，连剪数次，次次成功，检查刀口，锋利如故，令其他剪刀望尘莫及。张小泉剪刀可以做到剪断70层白布不缺口，再剪丝绸而不带丝，其质量之高，不言而喻。张小泉剪刀传承下来的“良钢精作”，总结出来制剪的72道工序，其中以镶钢锻打和手工刻花等技艺最为精湛独特。

再举一个物理化学“聚合”的例子。过去的古画，因年代久远而变得灰黄而没有光泽，但它上面的印章却鲜红，像新盖上去的一样，这是什么原因？考古学家经过认真研究和科学测定，发现绘画的颜料大多使用了铅白，随着时间的推移，极易发生化学反应，生成新的氧化物，而古代印章使用的印泥是用朱砂和麻油搅拌而成，在空气中不容易发生化学反应，所以保持了原有红润鲜艳的颜色。朱砂的化学成分是硫化汞，硫化汞的化学性质非常稳定，在日光下长期暴晒也不变色，而且能耐酸、耐碱，正因为这样，被用作颜料。有些纸张时间放得久了就会变成黄色，这是因为纸张内部还有一部分杂质没有清除掉，日子久了，受到空气和日光的作用，就会发生变化，使纸张渐渐变黄，并且容易破裂。如果在制造纸张时能用氧气或漂白粉漂白纸浆，那就可以防止这种现象的发生。为了使纸张容易吸收墨汁，防止书写或印刷时墨汁化开，就加入适当的胶汁，如动物胶、明矾、松香等。如果要使制造的纸张表面光滑，能两面写字，还要加入一些填料，如淀粉、碳酸钙、滑石粉、白陶土等，使纤维素之间的空隙填满，从而可防止墨汁化开。这些物理化学元素的“聚合”变革，让纸张的功能和色彩保持性得到极大改变。

再说我国古代火药的“聚合”创新。西汉武帝刘彻晚年惧怕死亡，下令全国的术士为他炼长生不老丹。一天傍晚，有个炼丹术士因疲劳过度，就靠在炼丹炉旁睡着了，突然一声巨响把他惊醒，他发现火光冲天，禁不住大叫一声："不好了，火药爆炸了！"于是，"火药"一词便传开了。原来，炼丹主要是用硫黄、硝石、朱砂混合，再加上蜂蜜来燃烧炼制的，其中含有毒性很强的水银。因此，在炼丹过程中，如果稍不注意，就会引起爆炸。后来，火药引起了军事家浓厚的兴趣，他们进行了深入的研究，将硝石、硫黄和木炭控制在75%、10%、15%的比例进行炼制，制成了世界上最早的火药。于是火药就成为我国古代的四大发明之一。火药的发明是古代的"聚合"创新典型。

与火药的发明类似，其实很多创新成果往往是偶然或者不经意中得到的。从前德国汉堡一位叫布朗特的商人，偶尔听人说，用强热来蒸发人尿能制造出黄金。于是他大干起来，有一次，他将尿液、沙子和木炭放在火中加热，然后用水冷却。结果，这次他虽然没有得到黄金，却意外地得到一种像白蜡一样的物质，这种物质在黑暗的小屋里还一闪一闪地发着亮光，其实这种能发出荧光的白色柔软的物质就是白磷，又称黄磷。白磷是呈淡黄色、接近无色半透明的固体，不溶于水，有剧毒。白磷的化学性质活泼，自然界中不能以游离态存在，在空气中易氧化成三氧化二磷和五氧化二磷，呈白色烟雾，白磷是制造炸药、燃烧弹、灭鼠剂、肥料等制品的基本成分，是石油化工缩合催化剂、表面活性剂必不可少的原料。这是化学"合成"变革的一个例子。

火柴的发明也属偶然，但仍可看到"聚合"创新的功效。约翰·霍尔克喜欢打猎，有一次为了试制猎枪上的火药，他费了好大工夫找了一根小木棍，然后他把金属锑和钾混在一起，用小棍子进行搅拌。拌好后，他想把小棍子上沾的东西弄干净，以便以后可以再使用。于是，他就把小棍子在地上不停地蹭来蹭去，突然"啪"的一声，冒出一股火苗，木棍也跟着燃烧起来。受这一事件的启发，他研制了火柴。火柴头上粘有氯酸钾、二氧化锰、硫黄和玻璃粉等，火柴杆上涂有少量的石蜡。火柴盒侧面由红磷、三硫化二锑、黏合剂组成。火柴头在火柴盒上划动时，产生的热量使磷燃烧；磷燃烧放出的热量使氯酸钾分解，氯酸钾在催化剂二氧化锰的作用下分解放出的氧气与硫反应；硫与氧气反应放出的热量引燃石蜡，最终使火柴杆着火。这是一个典型的化学功能"聚合"创新之案例。

古代的火药发明创造、西方的白磷火柴，虽然都有偶然的成分，但同样也是不断试验的过程，作者认为现代的"海纳百川"和"聚合"变革应该关注不断试验聚合本身的科学性，采用物理实验常用的控制变量法、等效替代法、理想推理法等，不断推陈出新，海纳百川，直至成功"聚合"。

洗干一体机是一种在全自动洗衣机基础上增加烘干功能，融合洗衣、甩干、烘干多种功能于一体的智能化新型洗衣机。

制冷制热空调也是多种功能的聚合，它更受大家的欢迎。

有一款手表称之为腕上健康管家。它集合了心率异常报警，支持远程监测，智能心电图报告，自动测体温、血压、血氧。它还可以进行电话信息提醒和数据实时反馈。

航天飞机由几百万个零件组成，而制作这些零件，需要 40 万人共同努力。这是一种典型的多工种、多技能、多工艺、多材料的集成产物。

我们熟知的房地产行业也是典型的海纳百川案例。它由工程基建行业、机械制造行业、家电制造行业、材料工业以及中介服务行业等 100 多个行业集合而成。

智能手机是最典型的“海纳百川”创新例子。因为智能手机聚合着多种功能，从图 2-1-1 可以看出，手机聚合的功能包括通话、写信、娱乐、计算、购物、打车、阅读、办公、导航、检索、录像、手电、照相、炒股、理财、气象等多种功能，而且新的功能还通过一个个 App 的诞生在不断增加，这样的“聚合”创新在不断进行之中。

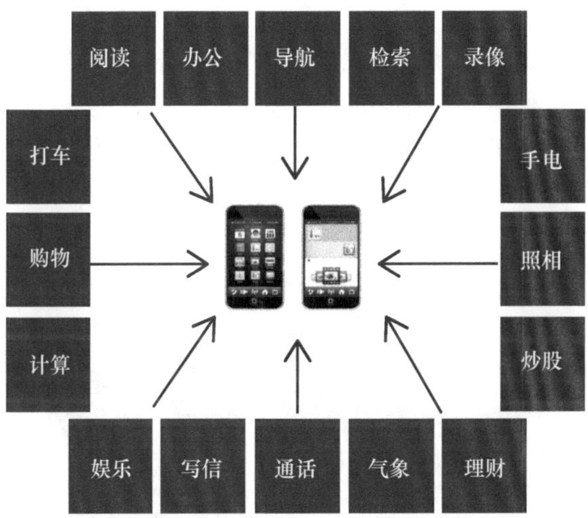

图 2-1-1　智能手机的聚合功能

提起智能手机的“聚合”功能，最神奇的应该算是手机的拍照功能了。这里面还有个有趣的故事。有个叫菲利普·卡恩（Philippe Kahn）的硅谷工程师，因为临产的妻子住进加利福尼亚州圣克鲁兹市的产院，他也赶到医院去照护。正在阵痛的妻子忍受不了他毫无意义的安慰话语，叫他“你去一边安安静静地待着”。于是他跑到医院角落里的一张桌子边，摆弄起他带来的笔记本电脑、手机和数码相机等一大堆东西。因为初为人父，他非常急切地期望能把不一会儿就要出生的婴儿照片立即传送给亲人和朋友们。出生于巴黎的卡恩当时已经是著名软件公司的创业人之一，他利用等待的空隙时间，开始把自己的设想付诸实施。他尝试将自己的数码相机和手机连接起来。几个小时之后，他利用这个非凡的“即兴创作”为刚诞生的女儿苏菲拍了照片。这样世界上第一架带照相功能的手机问世了。他的这个创意催生了带照相功能手机行业的诞生和发展。

在人们的身边，具有“聚合”创新的案例还有很多，例如瑞士军刀，聚合着刀子、剪子、锯子、钩子、起子、旋子、锥子等多重功能，如图 2-1-2 所示。

图 2-1-2　瑞士军刀、印制电路板的功能聚合

在电子领域，印制电路板最具代表性，它将各种电子功能聚合在一张电路板上，电阻、电容等各种功能芯片集成一体。

其他的物理空间（如体育场）的多元化功能，有赛事就是体育竞技场馆，没赛事是民间活动场馆，有演唱会是演艺场馆。在设计阶段就将上述功能集合起来，便于切换，如图 2-1-3 所示。

图 2-1-3　体育场馆的功能聚合

除了一些产品的集成创新，一些大规模物理空间的集成创新也屡见不鲜。就拿航空母舰来说，它既是移动的海岛，又是攻击型的军舰，既是空军基地，又是远程运输工具，如图 2-1-4 所示。

当代的 MALL 是最典型的“海纳百川”功能集合设计，集商场、餐饮、娱乐、休闲于一体，无所不包，兼容并蓄，吸引大量顾客前往。在紧张、忙碌的现代社会，人们更希望来一次商场，解决所有的问题，节省往返交通时间和寻找各种所需的服务。这种大型卖场——MALL 可以买衣、买鞋、买各种生活用品，可以理发、洗头，可以美容、美甲，可以享受美食，还可以看表演和 3D 电影，所以在全球各地都受到广泛的欢迎。

图 2-1-4　航空母舰和大卖场 MALL 的功能聚合

聚合的基本原理和流程如图 2-1-5 所示。

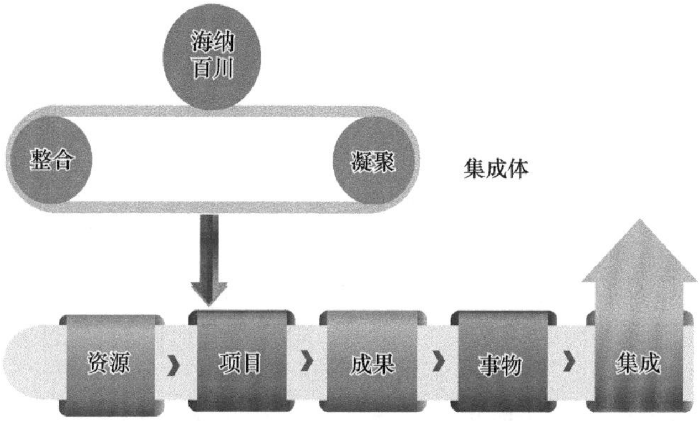

图 2-1-5　聚合的基本原理和流程

【妙技锦囊】海纳百川，有容乃大；壁立千仞，无欲则刚。此联为清末政治家林则徐任两广总督时在总督府衙题书的堂联。意为：大海因为有宽广的度量才容纳了成百上千的河流；高山因为没有钩心斗角的凡世杂欲才如此的挺拔。其实，“海纳百川”的思维就是整合、凝聚的思维。“海纳百川”的技巧就是引导工匠将资源、项目、成果、事物集成和整合，就是要发挥“集成体”的规模效应、乘数效应和放大效应，以此创造出意想不到的功效和价值。

第2技　化整为零

释义：“化整为零”是将一个整体的构件或者系统拆分成为零散的子构件或者子系统，突出子系统的特色与功能。推荐所用的手段包括分解、分割、分离、消减、离散化、个性化等。按照斜木桶理论，某一最长的木板，决定斜木桶的装水水平。因此，突出某子模块、子系统的功能和特色，反而会带来更好的功效。

标识符号：

所谓的“化整为零”是与“海纳百川”相对应的一类创新。将某些功能集合在一起就是海纳百川；反之可以将某些功能拆解，让其特殊的功能独立发挥作用，或者将某一特性突出，成为特色，都属于化整为零，或者拆分的内容。

“拆分”或者“分离”可划分为时间维、空间维、部品维、条件维、功能维等具体的方向。

例如，由原来机器的同时动作改为先后动作就是“时间维”的拆分；而把空调分为室内机和室外机，以提高制冷效率就是“空间维”的拆分；将整机拆分成部件便于运输安装，安装后就变成整机，就是“部品维”的拆分；飞机和起落架，在空中飞行，起落架收起，降落时将起落架放下，降落伞在跳伞之前是捆绑在伞包里，跳伞之后才打开，就是“条件维”的拆分；弱化某些功能，深入和强化某些功能，形成特色，如高像素的美图拍照手机，长周期带电的手机，或者太阳能自充电的手机，能够吸引特定客户，就是“功能维”的拆分。

典型的例子如分类垃圾桶，通过分类可以让垃圾在初始阶段分离，减少后续分拣时的人力资源浪费。再如可拆卸组合家具，可以满足客户房间空间和个性化的选择要求。可拆卸的组合工具也是如此，这既是聚合创新的案例也是拆分创新的案例，它是若干不同工具的组合，又是工具和功能的拆分，每个工具可以独立使用操作，便于用户整体携带和选择使用。可选择菜式的组合餐盒也是拆分和聚合创新的联合案例。聚合是指若干菜式的组合，拆分是指每一菜式有独立空间摆放，便于顾客选择性食用，也保持了菜式的原始味道，如图 2-2-1 所示。

避雷针原理就是将云中的雷电引导出来，直接接地，避免建筑物成为导电体被雷电击中损坏。避雷针是将雷电从建筑物的“分离”，是突出其引雷特长的发明。在油液监测里使用的光谱分析和铁谱分析，就是通过光谱的分解来进行辅助分析，有些类似于三棱镜的分光原理。振动监测里使用的频谱分析，就是将振动

图 2-2-1　通过拆分创新的案例（家具、垃圾桶、工具和分类餐盒）

波分解，辨识不同部位的振动特性，达到设备诊断目的。这些都属于“拆分”创新的案例，如图 2-2-2 所示。

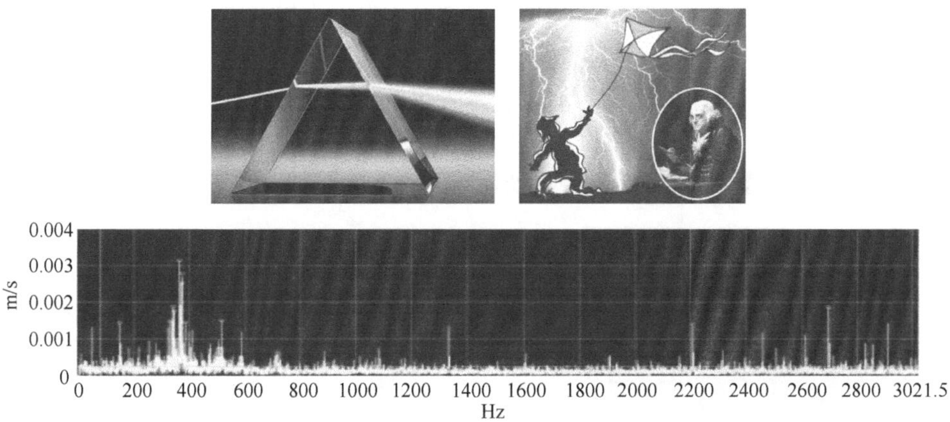

图 2-2-2　三棱镜的光谱分解、避雷针的发现和振动频谱分析

当前社会人们追求的“极简主义”也是拆分概念的延伸。人们追求物质方面极简、信息方面极简、表达方面极简、工作方面极简、生活方面极简、交友方面极简。都是化整为零、拆分概念的外化。

奶茶不过是一种饮料，现在已经发展成为千亿级的行业规模。辣条不过是零食中的一种，现在已经成为百亿级的、现象级的食品。

讲到聚合的时候提到制冷+制热空调是一种功能的组合。现在又出现了一种空调专门适用于在厨房使用，不怕油烟污染的厨房空调，这又是一种功能的定制化、特殊化和个性化。

值得一提的是，我国的“传音”手机，在国内几乎不为人所知，销量也很低。但在非洲，每年出货量达 1. 3 亿部，占非洲手机市场的 60%左右。他们为什么做得这么好？就是因为其本地化、个性化的设计，这也是一种功能的拆分。例如非洲兄弟喜欢多用几个卡，所以他们做到 4 卡 4 待。非洲人喜欢唱歌，他们特别设计了适合非洲嗓音的低音重音音箱。非洲人喜欢拍照，为他们设计了定制的美颜。非洲充电不是特别方便，他们研究了可待机二十多天的电池。这些功能让他们在非洲赢得了口碑，同时价格不高，成为性价比极高的手机。

人类文明的进步也表现为健康卫生用品的进步，例如过去用肥皂洗脸、洗衣、洗澡，后来加上药品或者香料变成药皂和香皂，分别用于洗澡和洗脸。现在创造了洗面奶、洗发液、沐浴露、护发素分别用于洗脸、洗发、洗澡和护发，功能“拆分”了，产品也不同了。

就拿人的脸部护理来讲，过去用凡士林抹脸、抹手，现在凡士林已经基本被专门的护手霜、身体精油、抹脸日霜、抹脸夜霜等更细致的拆分产品所取代。这也体现了“拆分”变革所带来的价值。

为了减少照相机照明强光刺眼的时间，从“减少”的变革理念出发，人们发明了照相机闪光灯。从减少牙被损坏的理念出发，人们研究出了高速牙钻。

匈牙利的比罗 1936 年发明了圆珠笔，这一发明十分重要，给书写带来巨大变化。但圆珠笔用久了就会漏油墨，日本一家小企业，从“减少”的概念出发，让笔芯少装油墨，开发了短支圆珠笔，解决了圆珠笔长期使用漏油问题，反而大获成功，取得丰厚利润，如图 2-2-3 所示。

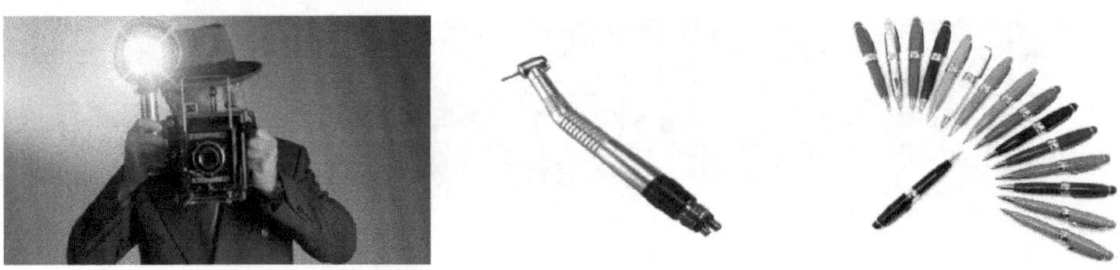

图 2-2-3 “减少”理念变革下的闪光灯、高速牙钻和短支圆珠笔的发明

餐饮业有很多离散化和个性化变革的案例。例如专门做辣鸭的周黑鸭，是一家个性化食品的知名品牌，他们专门经营鸭制品，做得非常成功。再往下细分，专门做鸭脖子的“绝味”鸭脖，也是一家成功的企业，竟然将鸭脖子做得十分成功。这样的专门化食品数不胜数，例如台湾凤梨酥、南京板鸭、北京烤鸭、金华火腿和杭州小笼包等，如图 2-2-4 所示。

图 2-2-4 南京板鸭、北京烤鸭、台湾凤梨酥和绝味鸭脖

谈到个性化的“拆分”变革，泰国的许书标是一个典型例子，他与奥地利青年迪克 · 梅特舒兹共同创造的功能饮料“红牛”风靡世界。红牛是一种颜色口味不同于其他饮料，以增强耐力、注意力、反应速度与警觉性著称。一开始很

多人不适应，但其明显的提神醒脑特点逐渐被大众接受，也让这款饮料风靡全球并经久不衰。红牛的成功在于突出饮料的提神醒脑功能，是对传统饮料的“拆分”创新。我国的后起之秀东鹏饮料也开始生产这一类型的功能饮料，成为“红牛”的竞争对手。

还有另外一个有趣的故事，美国监狱释放的犯人戴夫，回到家里没事干，开始以制作面包谋生。传统面包店是制作大量各式面包，并无特色，市场业绩平平。他制作的面包以其独特的风味和葵花籽、亚麻籽、南瓜子以及芝麻馅吸引大量消费者，并起个与自己身份有关联的令人惊悚的名字“戴夫杀手面包”，竟然征服全美国，成为美国超市里最抢手的面包，如图 2-2-5 所示。

图 2-2-5　红牛饮料和特色面包

化学的元素分离和提取也是一种“拆分”变革。给大家讲一个擒获“死亡元素”的故事。单质氟是一种淡黄色气体，在常温下，它几乎能和所有的元素化合；大多数金属都会被它腐蚀，甚至连黄金在受热后，也会在氟气中燃烧！如果把氟通入水中，它会把水中的氢夺走，放出氧气。人体缺氟还会患上龋齿，这是因为每天吃的食物多属于多糖类。过去，许多化学家试图从氢氟酸中剔出单质氟来，但都因在实验中吸入过量氟化氢气体而死，于是被迫放弃了实验。莫瓦桑设计了一整套抑制氟剧烈反应的办法完成了这个实验。他在曲颈瓶中，制得氟化氢的无水试剂，再在其中加入氟化钾增强它的导电性能。然后，他以铂铱合金为电极，用氯仿作冷却剂，并设计了一个实验流程，让无水氟化氢、氯仿以及萤石塞子作主要部分，把实验室放在-23 ℃的状况下电解，终于制得了单质氟，擒获了“死亡元素”。氟的成功提取和应用也是“拆分”变革在化学领域的成功应用。

再看一种化学元素，镓是一种有白色光泽的金属，它的熔点很低，只有 29.8 ℃，放在手掌上，人的体温就可以将它熔化成液体。但当镓从液体凝成固体时，体积反而膨胀 3%，这一性质是其他金属所不具备的。金属镓的一个重要的用途是制造合金。

镓金属的发现也是一个“拆分”或者“分离”变革的例子。这里面还有一个有趣的故事，布瓦博德朗通过电解镓的氢氧化物发现了镓并将此消息发布，不久就收到了一封来自俄罗斯的信，信中这样写道：“尊敬的布瓦博德朗先生，您所说的镓就是我四年前预言的‘类铝’，它的相对密度应为 5.9，而不是您所说的 4.70，请您再测一下吧……”信尾署名是门捷列夫。布瓦博德朗将信将疑地在实验室里重测了镓的相对密度，结果证明果然是自己错了，他对门捷列夫佩服得五体投地。

英国医学家弗莱明在化验室里埋头研究流行性感冒时，由于盖子没盖好，他发现培养葡萄球菌的器皿上长了霉毛。原来，是某些天然霉菌偶然落入器皿里造成的。出于医学家的敏感，弗莱明仔细地观察起来，他惊奇地发现，在霉毛的四周却没有任何细菌生存！这一发现使他兴奋不已。于是，他把这种从“天”上掉下来的霉小心翼翼地取出来研究。经过许多次试验，终于分离出了液态霉，并把它命名为“青霉素”。青霉素的发明、生产、使用在第二次世界大战期间挽救了千百万人的生命，被公认为是同原子弹、雷达并列的第三个重大发明。看来，化学领域的“拆分”“分离”大有文章可做啊！

再看物理领域的“拆分”与“分离”。大家都知道，空气的主要成分是氮气（占 78%）和氧气（占 21%）。因此，可以说空气是制备氮气和氧气取之不尽的源泉。氮气主要用于合成氨、金属热处理的保护气氛、化工生产中的惰性保护气（开停车时吹扫管线、易氧化物质的氮封、压料）、粮食贮存、水果保鲜和电子工业等。氧气主要用于冶金、助燃气、医疗、废水处理和化学工业中的氧化剂等。如何廉价地分离空气制取氧气和氮气，这是人们长期潜心研究解决的问题，这也是物理“拆分”变革的重要课题。传统方法是采用深冷分离法，即将空气冷却到-150 ℃以下，因为氧气、氮气的沸点不同，就可以用低温精馏的方法实现分离。该法可以同时得到氮气和氧气，还可以得到液氮和液氧。但是，低温精馏法存在能耗高、流程长、启动过程长、设备维护要求高等缺点，因此近十几年来新研究出来的变压吸附法和膜分离法等新兴分离方法更受青睐。

看来，通过“分离”“拆分”创新，可以使得空气这种多种气体的混合物，分离出需要的氧气、氮气以及其他不同的惰性气体，为我所用。空气分离装置如图 2-2-6 所示。

图 2-2-6　空气分离装置

【妙技锦囊】工匠把握“化整为零”的技巧，可以让某些“平淡无奇”的系统焕发出新的光芒，可以让某一子系统的功能成为亮点，也可以强化分离出来的项目或者产品，为我所用。“化整为零”的真正功夫在于如何分解和剥离各个子系统或者局部项目、局部产品，如何将子系统的功能扩展、强化，突出其特色，挖掘和创造出新的价值。

第3技　周而复始

释义：“周而复始”是应用循环、复古、再现、重现的手段进行创新的一种技巧。旨在重现历史与怀旧，也是对一种历史创造物的借鉴。值得一提的是，这种循环往往不是简单的重复，而是一种变化的再现，螺旋式上升。“再现”还包括物质的再生和循环。

标识符号：

在创新的进程中，常常有一种周而复始的现象出现，在某些时候被淘汰的事物，会重新时兴起来。

最典型的循环现象就是时装。例如中国清代流行的旗袍，在当代时装里会时不时流行起来。

在最近的国潮热里，唐装、汉服日益流行。现在经常会看到身着唐装或者汉服的年轻人，这成了一种时髦现象。山东的曹县也成为国内汉服的生产基地。

在汽车流行的年代，由于人们追求健康、绿色、环保的生活，早年作为主要交通工具已经退出历史舞台的自行车又开始流行起来，如图 2-3-1 所示。

(a)

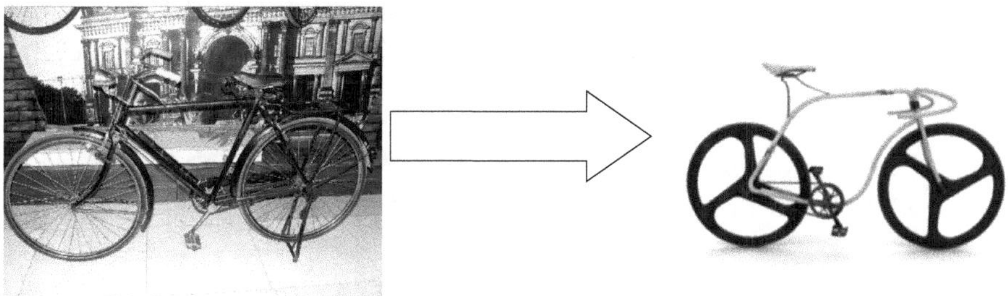

(b)

图 2-3-1　旗袍和自行车的循环变革

有一类“循环”是螺旋上升式的循环在线，例如早年出现的独轮车，后来被人们改造成为自行独轮车，仍然保持独轮特点，后来尽管出现了两轮自行车、三轮车、四轮汽车、多轮的火车，但当今又“循环”出现独轮车，还是电力驱动的，如图 2-3-2 所示。

图 2-3-2　独轮车的“循环”再现变革

汽车的复古“循环”也十分盛行。比亚迪—汉是以中国古代王朝为原型命名的车的型号。在古老的文化中寻求新的动力。类似的，华为的鸿蒙就是以中国神话里盘古开天地之前的那种鸿蒙状态为原型，寓意为开天辟地。

2006 年 11 月，吉利集团斥资控股英国百年车企——英国锰铜，并在上海成立合资公司，生产英国的老爷车——黑色经典出租车 TX4。2010 年，吉利的英伦汽车品牌携 9 款车型重装出击，成为这场英伦秀的主角，车展上还刮起了一股强劲的英伦风。其中，最与众不同的是英伦 TX4、英伦 SC7-RV，复古的英伦经典造型无不传递出一个信息——英伦汽车品牌是一个具有英伦血统的品牌。英伦汽车品牌是吉利集团与英国锰铜集团强强合作的结晶。也是 2007 年吉利战略转型后，提出多品牌战略发展后诞生的全新品牌。它已经成为吉利多品牌运作的三大主角之一。这将与帝豪、全球鹰品牌形成互补的品牌矩阵优势。作为一个有英国血统的品牌，英伦汽车品牌将致力于打造具有“英伦”范儿的汽车，比如在外观设计上，偏向于欧式和英伦的经典风格；在内饰设计上，强调家居氛围的营造等。此外，英伦汽车的产品还强调大空间、高安全性能和人性化科技的运用，如图 2-3-3 所示。

图 2-3-3　2010 年吉利出产的英伦复古汽车

提到“复古”和“再现”，文艺也起到重要的作用。在戏剧、电影、电视界，人们不断地演绎着古典的故事，从哈姆雷特，到基督山伯爵；从西游记、水浒，到三国演义，再到红楼梦、西厢记、康熙大帝，不同角度、不同风格的节目此起彼伏；不同角色的化妆、道具和戏装设计也应运而生。

“循环”在生产实践中也是经常遇到的变革。废油的再生处理和循环利用可以帮助企业节约大量润滑和液压油品。水的循环利用更明显，生活用水和工业用水的废水回收、处理和循环再利用十分普遍。蒸汽的回收和余热再利用，锅炉水的回收再利用，废气的回收与再利用，化学反应介质的回收与再利用，工业废料、边角料的回收与再利用都是“循环”的代表性案例。图 2-3-4 显示了部分循环设施。

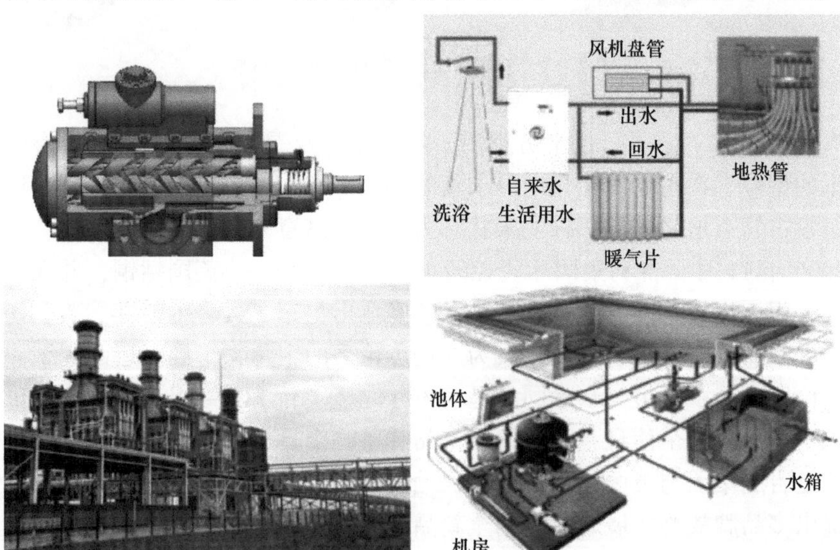

图 2-3-4　油循环处理、热循环、电厂蒸汽锅炉水循环和泳池水循环处理

就拿循环水泵来说，无论是热力发电厂还是船用汽轮机以及其他使用汽轮机的场合，都配有相应的循环水泵。其作用是向汽轮机凝汽器供给冷却水，用以冷却凝汽轮机排汽。此外，循环水泵还要向冷油器、冷风器、锅炉冲灰水等设备提供水源。每台泵对应有两台旋转滤网和一个外围水闸对泵吸入口处的水源进行垃圾清理。

21 世纪的热点“循环经济”。由于地球资源的短缺，资料的循环再利用是绿色和可持续发展的重要手段。人类甚至有意识地构造了“循环”生态圈。利用池塘水养鱼，鱼粪和塘泥捞出来浇地，成为有机肥料，地里的作物长出来，除了收获之外，其中部分果实、茎叶又可以喂鱼，这样就形成了一个生态循环。

自然界的水循环过程也是如此。天上的降水落到了地上，渗透到地下，再聚集到江河湖泊，有的流向了大海。江河湖泊和海洋中的水，受到日光的照射不断地蒸发、蒸腾，在高空变成云，又形成了降水，形成了水的循环过程。

现在人类关注的碳中和，碳达峰也是一个碳循环的过程。一方面，地面有各种植物通过呼吸和光合作用不断地产生二氧化碳。动物吃了食物，吃了其他的动物通过呼吸作用，不断地产生二氧化碳。另一方面，随着工业的发展，人们不断地消耗地下的煤和石油作为交通和发电的能源。而这些能源再释放的过程中不断地产生二氧化碳。所有的这些二氧化碳又储存在大气的二氧化碳库里。因为二氧化碳会造成臭氧层的破坏，使地球变暖，造成了对整个地球生态系统的冲击。所以人们才提出了碳排放量的限制和碳达峰时间的要求。

地球上所有的生物都会形成一个生物链。这些链条纵横交错、错综复杂。但都是一个个周而复始的循环。例如，禽类和动物的养殖会产生禽畜的粪便。这些粪便又有利于蚯蚓的养殖和繁殖。蚯蚓又产生粪便让土壤更加肥沃，有利于水果、蔬菜和牧草的生长。这些条件又促进了养殖业的发展。这也是一个典型的生物链条。

人们在生活和工业废品的利用上也下了不少功夫，对玻璃、塑料、废纸和厨余垃圾都进行了有效的循环再利用尝试，也取得不错的成效，如图 2-3-5 所示。

图 2-3-5　玻璃、塑料、废纸和厨余垃圾的回收和循环再利用

人类的正能量也是不断循环的。下面的故事也许能够给人们一点哲学启示。记得 100 多年前的某天下午，在英国一个乡村的田野里，一位贫困的农民正在田里干活。忽然，他听到远处传来了呼救的声音，原来，一名少年不幸落水了。这个农民不假思索，奋不顾身地跳入水中，孩子得救了。后来，大家才知道，这个获救的孩子是一个贵族公子。几天后，老贵族亲自带着礼物登门感谢，农民却拒绝了这份厚礼。在他看来，当时救人只是出于自己的良心，自己并不是因为对方出身高贵，贪恋别人的财物才去救人。老贵族因为敬佩农民的善良与高尚并感念他的恩德，决定资助他的儿子到伦敦去念书。农民欣然接受了这份馈赠，能让自己的孩子受到良好的教育也是他多年来的梦想。农民十分快乐，因为他的儿子终于有了走进外面世界改变自己命运的机会；老贵族也很快乐，因为他终于为自己的恩人圆了梦想，也回报了救起儿子的恩人。多年后，农民的儿子从伦敦圣玛丽医学院毕业了，他品学兼优，后来被英国皇家授勋封爵，并获得 1945 年的诺贝尔医学奖。他就是亚历山大 · 弗莱明——青霉素的发明者。这一发明对人类的贡献巨大。那名贵族公子也长大了，在第二次世界大战期间患上了严重的肺炎，但幸运的是，依靠亚历山大 · 弗莱明发明的青霉素，他很快就痊愈了。这名贵族公子就是著名的英国首相丘吉尔。正能量又一次在这两代人里循环。这种正能量的“循环”是多么有意思。图 2-3-6 为这两位名人的照片。

图 2-3-6　发明青霉素的亚历山大 · 弗莱明和前英国首相丘吉尔

在自然界，物质不灭定律告诉人们一个广义的“循环”概念。能量守恒和物质不灭，就是不断转化、不断循环的过程。地面的水蒸发变成蒸汽，变成云，再通过雨雪降落地面，就是一个循环的过程。

【妙技锦囊】“周而复始”代表了自然界的轮回，如同春去秋来，冬去夏至；也如同人的生老病死，代代延续。“周而复始”的创新则是把握了这个规律性，让工匠主动思考，通过循环、复古、再现与再生的方式完成新的创造，为社会、人类和企业创造价值。

第4技 更新换代

释义：“更新换代”是通过迭代、升格、新版、辗转、渐进方式进行创新方式。“更新换代”既有继承的因素，又有变异的成分；既是一种进步和升级，又是与历史创造物的衔接。

标识符号：

所谓的“迭代”之词最初来自数学，就是不断地用新数值来代替变量里的旧数值的过程。后来在计算机科学里广泛应用。它是不断更替、重复反馈、不断代换的过程。我们在变革创新中使用迭代这个词，旨在借用这个基本的概念，扩展为广义的迭代概念，就是在原型基础上的阶梯式版本升级，变化式的形式更替。

人类社会变革中使用最多的技巧就是“渐进”。一切事物的发展几乎都是一个“渐进”的过程。

古代人最早住在山洞里，后来人们来到平原，用树皮茅草遮风挡雨，用碎石头、泥块砌成房屋，慢慢发明了砖瓦，人们开始用砖瓦盖房子，条件逐渐改善，变成现代化的楼宇。

早期人们用兽皮御寒遮羞，逐渐发明了纺织物，用棉布、亚麻和丝绸做衣服，后来又出现了化纤纺织品，“渐进”形成了当今丰富多彩的材料及时装。

早期人们用马车代步，后来发明了自行车、火车、汽车、飞机，不但越来越省力，而且越来越快捷。就拿其中的火车来说，从蒸汽机车，到柴油机车，又到电动机车，也是不断“渐进”式进步和迭代的过程。

早期人们用烽火、号角传递信息，后来通过信件来传递信息，后来人类又发明了电报、电话和传真，后来有了电子邮件和智能手机，出现了卫星通信手机，传递信息的速度越来越快，成本越来越低，门槛来越低。“渐进”创新已经成为人类进步的常态。

陡峭的山峦爬起来很费力气，人们绕着山脊慢慢爬，后来形成了“渐进”式的盘山公路。机械零件螺母也是利用了“渐进”的原理，虽然慢慢前进，但可以达到省力的目的，如图 2-4-1 所示。

之前，曾经描述了笔的进步，从毛笔、铅笔，再到自来水笔和圆珠笔。铅笔的进步也是迭代渐进的过程。

其实，铅笔芯用的是石墨，而不是铅。几百年前，牧羊人在树根下发现了一

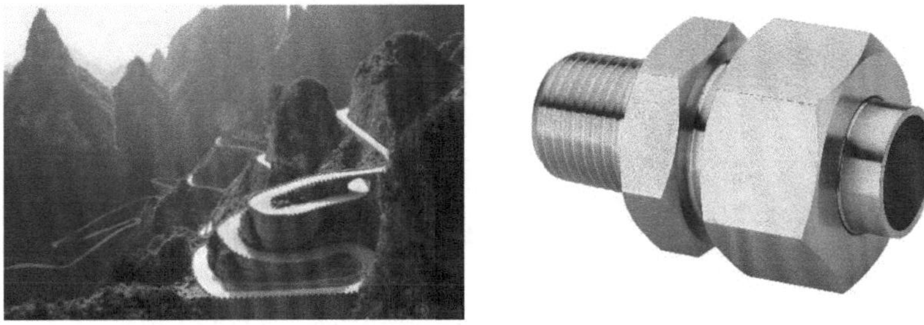

图 2-4-1　盘山公路和螺纹的“渐进”变革原理

种乌黑的石头，就用它在羊身上画记号，以便于辨认。后来牧羊人把它制成棒形，卖给商人用在包装上画记号，这就是最早的“铅笔”了。这种黑矿石不是“铅”，而是“石墨”。近百年来，人们不断实验、改进，又在石墨中掺上黏土，再放到窑里烧，做成了现在这种细细的笔芯。有位美国人在两根小木条的中间，刮出一个槽，把笔芯放在槽里，再将两根木条黏合起来，做成了一支真正的铅笔。

仅就圆珠笔而言，也是经历了从固定笔芯圆珠笔，到伸缩笔芯，再到三色笔芯的不断“渐进”式改良，如图 2-4-2 所示。

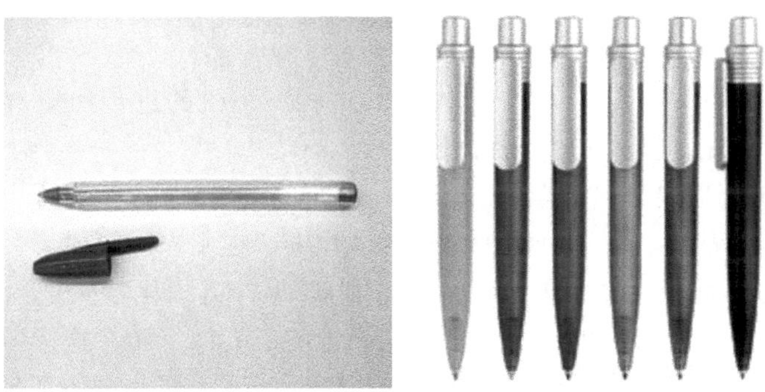

图 2-4-2　圆珠笔的“渐进”式创新

圆珠笔的发明也是在原来自来水笔基础上的“迭代”创新。也是在偶然之中形成的。一个匈牙利记者某次写稿的时候，一不小心把稿纸划破了。他想，要是把笔尖换成圆珠就好了。于是他去请教化学家。化学家说：“笔尖换成圆珠没问题，可是圆珠的周围能漏出墨水才可以写字呀!”这个记者想，如果让圆珠转动的时候控制墨水的流量不就行了吗？他开始反复地试验。1943 年，他终于发明了依靠圆珠的转动送出墨水的新笔——圆珠笔。圆珠笔用起来非常方便，价格又很便宜，所以很快就在全世界流行起来。

再以水杯为例，从普通水杯，到泡茶杯，再到保温杯，随着人们不同的需求而不断“渐进”式变化，如图 2-4-3 所示。

图 2-4-3　普通水杯到泡茶杯再到保温杯的“渐进”式创新

这样的例子不胜枚举，我们日常使用的指甲钳，也经历了从普通指甲钳，到可以收集指甲的指甲钳，再到带放大镜的指甲钳这样渐进式变化，如图 2-4-4 所示。

图 2-4-4　指甲钳的“渐进”式变革

很多发明都是“渐进”和“迭代”的过程。飞机的进步历史、电视机的进步历史、照相机的进步历史都证明了这一点。

18 世纪末，瑞典著名化学家发现，在一种可溶于水的银的盐类——硝酸银的溶液中，加入盐酸，立即沉淀为白色的氯化银。在阳光的照射下，氯化银会变黑。杜勒的这一发现，改变了银的命运。1802 年，英国化学家把氯化银涂在白纸上，制成了世界上最早的影像纸。他用黑纸剪成人像，压在这影像纸上，放于阳光下暴晒，氯化银感光后由白变黑，而黑纸下的那一部分未受到日晒，依旧是白色。这样，拿走黑纸后，影像纸上就出现了白色的人像。由于还不懂得定影，不久那白色的人像受到光照后，也变黑而消失了。1839 年，法国画家摸索成功定影方法，发明“银板法”。接着，英国人又进一步发明了“珂罗酊湿版法”，于是，银就成了照相业的“主角”。随后银又成了电影的“主角”，但银贵重而稀少。这时候“磁带录像”出现了，比起电影感光胶片来，磁带录像有许多优越之处，拍坏了，消一下磁带，可以再用。如此可重复使用上万次！用磁带录像当场就可以看到拍摄的图像，稍不满意，可以立即重拍。磁带上那红棕色的磁粉，化学成分为氧化铁。当人们从磁带录音进一步发明磁带录像之后，铁成了“主角”，关键是铁比银便宜得多。从感光、录音、录像材料的演变可见“迭代”变革的踪迹。现在的数码录像，无论从原理和材料上都前进了一大步，时代从未停下“渐进”与“迭代”的脚步。

电视机也是“迭代”和“渐进”变革的最好案例。19世纪末，少数先驱者开始研究设计传送图像的技术。1904年，英国人贝尔威尔和德国人柯隆发明了一次电传一张照片的电视技术，每传一张照片需要10 min。1924年，英国和德国科学家几乎同时运用机械扫描方式成功地传出了静止图像。但有线机械电视传播的距离和范围非常有限，图像也相当粗糙。1923年，俄裔美国科学家兹沃里金申请到光电显像管、电视发射器及电视接收器的专利，他首次采用全面性的“电子电视”收发系统，成为现代电视技术的先驱。电子技术在电视上的应用，使电视开始走出实验室，进入公众生活之中，1925年，英国科学家研制成功电视机。1928年，美国纽约31家广播电台进行了世界上第一次电视广播试验，由于显像管技术尚未完全过关，整个试验只持续了30 min，收看的电视机也只有十多台，此举宣告了作为社会公共事业的电视艺术的问世，是电视发展史上划时代的事件。1929年，美国科学家伊夫斯在纽约和华盛顿之间播送50行的彩色电视图像，发明了彩色电视机。1933年，兹沃里金又研制成功可供电视摄像用的摄像管和显像管。完成了使电视摄像与显像完全电子化的过程，至此，现代电视系统基本成型。今天电视摄影机和电视接收的成像原理与器具就是根据他的发明改进而来。1936年11月2日，英国广播公司在伦敦郊外的亚历山大宫，播出了一场颇具规模的歌舞节目，并首次开办每天2 h的电视广播。全伦敦只有200多台电视机，但它标示着世界电视事业开始。对当年柏林奥林匹克运动会的报道，更是年轻的电视事业的一次大亮相。当时共使用了4台摄像机拍摄比赛情况。其中最引人注目的是全电子摄像机。这台机器体积庞大，它的一个1.6 m焦距的镜头就重45 kg，长2.2 m，被人们戏称为电视大炮。此后，价格相当昂贵的电视在英国中上层家庭开始有所普及。1937年，该公司播映英王乔治五世的加冕大典时，英国已有5万名观众在观看电视。1939年，第二次世界大战爆发时，英国约有两万个家庭拥有了电视机。1939年4月30日，美国无线电公司通过帝国大厦屋顶的发射机，传送了罗斯福总统在世界博览会上致开幕词和纽约市市长带领群众游行的电视节目。成千上万的人涌入百货商店排队观看这个新鲜场面。第二次世界大战结束时，美国约有7000台电视机。第二次世界大战前播放电视的还有德国、法国、意大利等国。电视机经历了从黑白到彩色，从电子管、晶体管电视迅速发展到集成电路电视，目前，电视正在向智能化、数字化和多用途化迈进；电视转播也由卫星传播到卫星直播。部分“迭代”案例如图2-4-5~图2-4-8所示。

图2-4-5 晶体管电视、等离子电视和LED电视的“迭代”演变

图 2-4-6　老式飞机、三叉戟飞机和现代空中客车飞机的“迭代”演变

图 2-4-7　胶片机、数码相机到智能相机的“迭代”演变

图 2-4-8　摄影机、摄像机、数码录像机到智能手机录像的“迭代”演变

在工业上最原始的叉车发展成为电动的叉车，又发展成为智能化的叉车，也称为 AGV，这也是一个不断迭代的过程。

经常使用的电话，从传统的固定座机，到可移动的大哥大，到按键的移动电话，再到无按键的手机，最后到现在的智能手机，经历了好几代的变化，变得越来越先进。

门锁从以前的机械锁变成了现在的智能门锁。读的书，从竹简、羊皮到纸质的书又发展成为当今的电子书。这样的迭代真是不胜枚举。

乐高玩具就是一个典型的“迭代”例子。乐高积木的发明者是奥利 · 柯克。乐高积木最初只是启发婴幼儿智力的简单玩具。

1891 年，奥利 · 柯克生于丹麦比隆附近的菲尔斯哥夫村。他有一手精湛的木匠手艺，年轻时就热衷于制作各种小玩具，出自他手的小飞机、汽车、动物个个形态逼真、惟妙惟肖。尽管他不懂经商，玩具经常滞销，但这并未使他放弃自己的爱好。后来，他设计的拼插玩具“约约”终于风靡一时。

1932 年，他发明了一种可以互相拼插的塑料玩具，并将“Leg”和“Godt”（丹麦语为“玩得快乐”）合在一起，创造了“lego”（乐高）这一品牌。

1934 年，他为自己的积木玩具设计了“乐高”商标。乐高在丹麦语中是“玩得快乐”的意思，在拉丁文中有“读”和“组合”的意思。奥利·柯克认为这个词正符合他设计的初衷。从此乐高积木和乐高公司就诞生了。乐高积木从前是木制的，第二次世界大战后，随着塑料制品的普及，乐高积木也改由塑料做原料。1949 年，第一块乐高塑料积木问世。两年后，穴柱连接原理的塑料积木投放市场。不久乐高公司又推出专门为 3 个月至 5 岁婴幼儿设计的积木产品。这种积木比普通积木大 8 倍，可以防止婴幼儿误食而发生危险。

1958 年的 1 月 28 日，乐高特有的“凸起管（stud-and-tube）”获得专利。

发展到今天，乐高在世界范围内拥有两百万会员，《财富》曾给乐高冠以“世纪玩具”的称谓，拥有了多种系列，对不同年龄的少年儿童都颇具吸引力。乐高积木走俏全世界，在 120 多个国家里占有市场。据估计，拥有乐高积木的儿童在 3 亿以上。乐高不断地更新其玩具的版本，通过这种变革不断吸引和黏住消费者。最近还通过“让消费者与品牌同行”活动，让消费者中的“工匠”一起开发，将“乐高城堡”版本不断升级。乐高玩具不仅代表了“迭代”创新，它也是“重构”“色变”创新的典型案例。

小米手机的生命力就在于让用户参与了手机的改善，通过不断地改善和版本调整，持续地凝聚老客户，吸引新客户。2010 年，小米首个 MIUI 内测版推出，首次揭秘旗下的 3 款产品：MIUI 系统、米聊、小米手机。2011 年，小米手机第一轮购买开放，3 小时内销售 10 万台，并相继与联通、移动开通合约机。2012 年至 2015 年，每年都迭代推出小米 1S 至小米 4 等系列产品，又根据用户需求，开发红米系列、Note 系列产品。

小米公司近年来在生态链的迭代开发，在互联网电视机顶盒、互联网智能电视，以及家用智能路由器和智能家居产品等领域也颠覆了传统市场。截至 2014 年年底，小米公司旗下生态链企业已达 22 家，其中紫米科技的小米移动电源、华米科技的小米手环、智米科技的小米空气净化器、加一联创的小米活塞耳机等产品均在短时间内迅速成为影响整个中国消费电子市场的明星产品。

再一个成功的迭代案例是“微信”（WeChat），微信在 2011 年推出，当年就更新了 11 个版本，先后推出多人会话、语音对讲、漂流瓶、摇一摇、相册、朋友圈、视频聊天、表情商店、游戏中心、微信支付等功能，后来又出现了微信红包、小程序等内容，让微信成为现代人最为热门应用的软件之一。

微信是腾讯公司于 2011 年 1 月 21 日推出的一个为智能终端提供即时通信服务的免费应用程序，微信支持跨通信运营商、跨操作系统平台通过网络快速发送免费（需消耗少量网络流量）语音短信、视频、图片和文字，同时，也可以使用通过共享流媒体内容的资料和基于位置的社交插件“摇一摇”“漂流瓶”“朋友圈”“公众平台”“语音记事本”等服务插件。

截至 2015 年第一季度，微信已经覆盖中国 90% 以上的智能手机，月活跃用户达到 5.49 亿，用户覆盖 200 多个国家、超过 20 种语言。此外，各品牌的微信公众账号总数已经超过 800 万个，移动应用对接数量超过 85000 个，微信支付用户则达到了 4 亿左右。微信提供公众平台、朋友圈、消息推送等功能，用户可以通过“摇一摇”“搜索号码”“附近的人”、扫二维码方式添加好友和关注公众平台，同时微信将内容分享给好友以及将用户看到的精彩内容分享到微信朋友圈。截至 2013 年 11 月，注册用户量已经突破 6 亿，是亚洲地区最大用户群体的移动即时通信软件。

与小米手机想法相类似，微信也通过为合作伙伴提供“连接一切”的能力，正在形成一个全新的“智慧型”生活方式。其已经渗透进入传统行业，如微信打车、微信交电费、微信购物、微信医疗、微信订酒店等。为医疗、酒店、零售、百货、餐饮、票务、快递、高校、电商、民生等数十个行业提供标准解决方案。微信也是以“迭代”创新的方式渐进式发展的。微信不断的迭代发展保证了其在国内的生命力和影响力。图 2-4-9 和图 2-4-10 给出了几个“迭代”案例的图标及微信的迭代历程。

图 2-4-9　乐高玩具、小米手机和微信的“迭代”创新

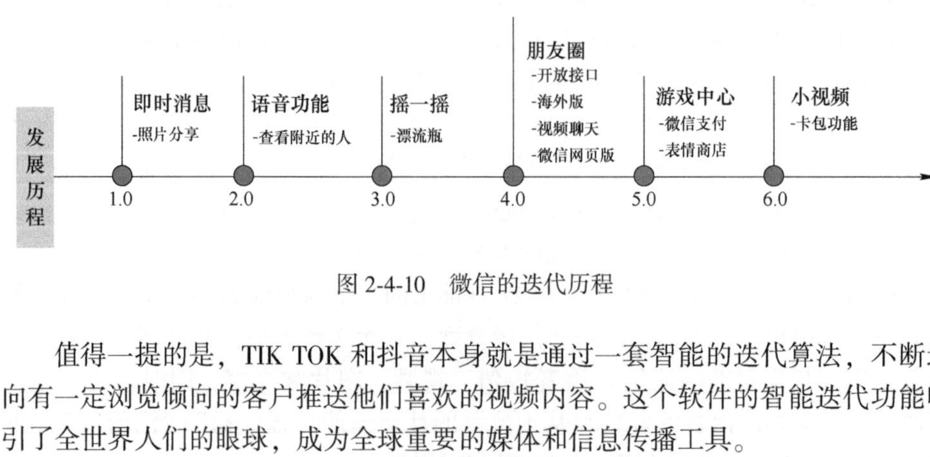

图 2-4-10　微信的迭代历程

值得一提的是，TIK TOK 和抖音本身就是通过一套智能的迭代算法，不断地向有一定浏览倾向的客户推送他们喜欢的视频内容。这个软件的智能迭代功能吸引了全世界人们的眼球，成为全球重要的媒体和信息传播工具。

【妙技锦囊】“更新换代”是自然界的普适规律，动物在不断更新换代，植物也在不断更新换代，人类发明也在不断更新换代。“更新换代”应该成为一种常态，而非个态。随着时代的进步，人类发明成果呈几何级数增长，而且越来越快。这种社会的技术进步甚至缩短了人类代沟的周期。“更新换代”让产品的技术寿命和经济寿命越来越短，看看手中的智能手机，这个概念就不难理解。“更新换代”应该成为工匠们永不停止的追求，也就是通过点滴的改变、调整、改造、变化来构想新一代的创造物，并付诸实践，使之成为现实。

第5技　重峦叠嶂

释义：“重峦叠嶂”是指通过重构、重组、变异、重排、重序等方法进行的创新技巧。

标识符号：

“重峦叠嶂”原意为描述山峦起伏，山峰一个接一个，连绵不断。这里延伸到世界的不断重构过程，“重构”是世界上万物变革的丰富技法。

大家熟知的乐高积木就是一例。可以从这些五颜六色的木头或塑料块里变换搭接出各种建筑结构，这也是为什么积木让孩子们着迷的原因。与其类似的玩具还包括魔方、九连环、结绳技术和折纸技术，如图 2-5-1 所示。

图 2-5-1　乐高积木、结绳技术、折纸技术和九连环所代表的重构创新

火锅是一种典型的食品重构组合过程。人们不断地变换着火锅里的食品，不断地变换着调料，获得不同的味觉享受。

同样，卫生纸的重构也形成了不同的产品。在厨房里用的厨房用纸，在厕所里用的卫生纸，在餐桌上用的餐巾纸，旅游用的面巾纸，都是卫生纸重构的产品。

企业的并购、重组也是一种重构的案例。企业之间通过资产重新组合、调整和重新配置等方法，对内部的权利、责任、义务进行重新配置，从而让企业获得新生活力，这也是一种重构的创新。

将楼梯结构进行“重构”，同样是一种别致的创新。为了改善人们的生活方式，德国大众公司推出一款音乐楼梯，并率先在瑞典首都斯德哥尔摩的地铁站试运行。大众公司希望通过音乐楼梯吸引上下班的人们更多地爬楼梯而不是乘电梯，从而加强锻炼，减少碳排放。音乐楼梯是一个让楼梯提供有趣的音乐体验的装置，主要用互动的形式吸引市民减少使用电梯。据说，音乐楼梯在瑞典斯德哥尔摩的地铁站试运行后，选择爬楼梯的人比乘电梯的人多了 66%。

2011 年 4 月 21 日，一段可“弹”美妙音乐的地铁楼梯亮相南京地铁二号线，这在中国尚属首次。这段楼梯共有53个台阶，所有的台阶都按照钢琴键盘的排列，被包装成了一个大型的钢琴键盘，其中的一段18个台阶边装有感应装置，当有人经过时，台阶就会发出悦耳的钢琴声。市民可以根据音符的变化，踏出比较简单的音乐。南京地铁联合来自江苏青年环境交流中心的志愿者们制作出这个楼梯，主要是提倡一种积极健康的生活态度，多运动不仅可以锻炼身体，同时也可以节约能源，减少碳排放。

音乐电梯也属于“重构”（楼梯结构）类型的创新。

尿不湿也是“重构”的典型。以前，给孩子用尿布，但尿布吸尿不多，而且会渗透到衣服上或者被子上。人们怎么发明的尿不湿？这里还有一段故事。1961年，苏联宇航员加加林要步入发射舱时突感尿急，只好顺着太空服的管子向外排尿；同年，在飞船里迟迟不能发射的美国宇航员谢泼德也遭遇了尿急，指挥官命令他尿在太空服里，这当然很不舒服。20世纪80年代，“太空服之父”华人唐鑫源为解决太空人排尿问题，改进了太空服，加入高分子吸收体，发明了能吸水1400毫升的纸尿片，从此尿尿不再是宇航员的难题。这项太空技术后来转为民用，就是现在千家万户使用的“尿不湿”。这个尿不湿就是对传统尿布的“重构”。

在大生产时代，重构的例子就多如牛毛、不胜枚举了。早期工人围着产品转的生产方式，老福特改成流水线的连续作业是在生产线上的流程再造；“一个流”的设备布局设计也属于“重构”的典型例子。

再举出一个产品“重构”创新的很好案例。在所有制造商都在为提高尿不湿干爽性和防漏性而伤透脑筋的时候，日本一家制造商研究一种较大婴儿站着换尿不湿的“向上拉”式尿布，很受家长欢迎，很快占领了市场。这种“向上拉”式纸尿布并未对干爽和防漏做出贡献，却因为重新设计了尿布的结构形式而取得成功。几个案例的示意，如图2-5-2所示。

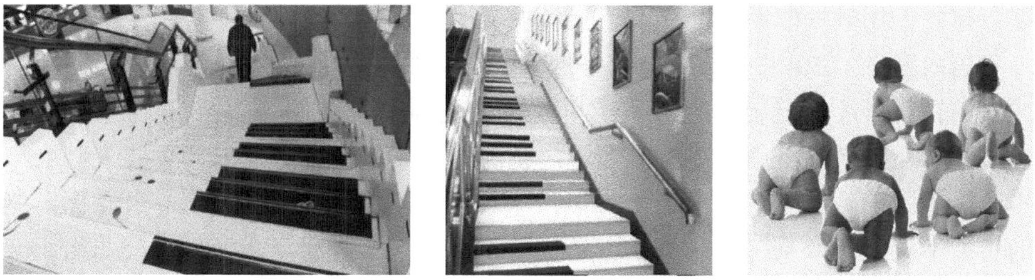

图2-5-2　带琴键的楼梯设计和纸尿布设计

“重构”很多时候是思路的切换。有一年，普鲁士国王腓特烈二世曾经颁布法律要求子民食用马铃薯度过饥荒。遭到老百姓激烈反对，不得不废止了此法律。他后来宣布，马铃薯是只有皇室才能享受的食品，老百姓是禁止食用的。结果，老百姓却纷纷偷吃、偷种马铃薯，却未遭到皇家惩罚，让马铃薯风靡全国——这种理念的重排、重构设计一下带来意想不到的结果。同样的马铃薯，不同的思路和提法带来不同的效果。

通过软件来介绍另外一种“重构”。一款软件总是为解决某种特定的需求而产生，考虑到成本和时间等因素，当然不是所有的需求变化都要在软件系统中实现。但是总的来说，软件要适应需求的变化，才能保持自己的生命力。这就产生了一种糟糕的现象：软件产品最初编制出来，是经过精心的设计，具有良好架构的。但是随着时间的推移、需求的变化，必须不断修改原有的功能、追加新的功能，还免不了有一些缺陷需要修改。为了实现变更，不可避免地要违反最初的设计构架。经过一段时间以后，软件的架构就千疮百孔了。bug 越来越多，越来越难维护，新的需求越来越难实现，软件的架构对新的需求渐渐地失去支持能力，甚至成为一种制约。最后新需求的开发成本会超过开发一个新的软件的成本，这就是这个软件系统的生命走到尽头的时候。

软件的“重构”就能够最大限度地避免这样一种现象。系统发展到一定阶段后，使用重构的方式，不改变系统的外部功能，只对内部的结构进行重新整理。通过重构，不断调整系统的结构，使系统对于需求的变更始终具有较强的适应能力。重构就是使项目更加模块化，有利于项目的开发效率和后期的维护。让项目主框架突出鲜明，给人一种思路清晰、一目了然的感觉，让“重构”成为对框架的一种维护。

更广义的“重构”是对企业生产经营或者管理体系、管理组织的再构造。青岛服装企业红领集团的生产运营“重构”也是一种典型的创新。随着服装企业的不断涌现，竞争越来越激烈，“先生产、再销售”的传统成衣零售模式严重制约了企业的发展。从 2000 年开始，红领就开始尝试走个性化定制路线。他们积累并研究板型、工艺、款式、BOM（物料清单）等数据库，并开始在成衣店试点定制，用数据驱动个性化产品的生产。从 2004 年开始，他们就在所有成衣专卖店内开设了 50 平方米的定制区域，引导客户来体验红领的定制服务。那时成衣的销售量还是定制量的 10 倍。不久后，定制模式成功的“苗头”就出现了。当时公司在青岛和济南开了两家专做定制的门店，每到过年的时候，客人都会来排队做衣服，两个店铺一天最多可以产生 80 套定制订单。公司推行个性化定制的转型不仅是生产系统的变革，更是从前端的销售运营到公司管理、公司组织架构，以及生产体系等方面的整体转型重构。多年来，红领的定制业务保持着同比翻番的增长。2008 年金融危机期间，服装行业为出口竞相压价，而这一年红领三次提价，涨幅超过 200%，成为提价幅度最大的一年，订单量也提升了 110%。在金融危机爆发的前一年，公司就已经将定制生产的各个模块都打通了。随后危机降临，过去品牌商、渠道商所依赖的商业模式已经走不通了，就要寻求突破、降低库存，能够将库存降至最低的就是定制模式。现在的红领可以通过网上定制服装，客户选择款型、布料色彩、纽扣甚至扎线，保证 7 天交货。红领的“重构”创新完全颠覆了传统的服装工厂运营模式。

在物理世界的并联与串联、并列与串列都属于“重构”创新的例子。例如并联电路、串联电路，机械设计里的并列机构与串列机构等。图 2-5-3 给出一些典型案例图片。

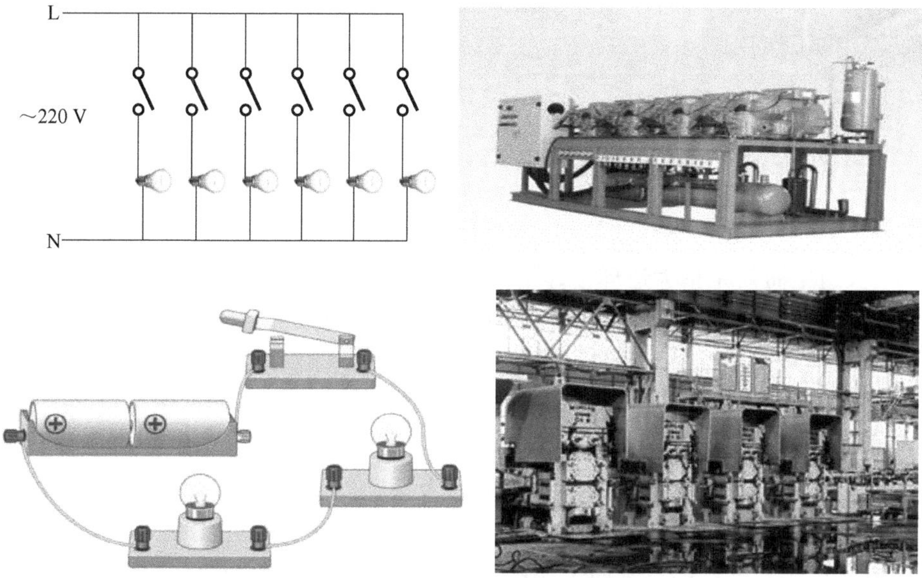

图 2-5-3　并联电路、并列机械、串联电路与串列结构的连轧机“重构”

关于“重排”，给大家讲一个门捷列夫手中扑克牌的故事。

有一天，俄国著名的化学家门捷列夫看见家里几个人在一起玩扑克牌，他若有所思后茅塞顿开，他用厚纸做了许多小卡片，上面写出元素名称、符号、质子量、化学反应式及其主要性质。这类似于一副扑克牌。以后的几个月中，不论走到哪儿，门捷列夫都随身携带这副扑克牌，有空的时候就玩起扑克牌来，不断地进行各种排列组合，寻找它们可能存在的内在规律。终于有一天，他突然来了灵感，他拿起一张白纸，在上面画了起来，并迅速排列出各种元素的位置。几分钟后，一个伟大的发现——世界上第一张元素周期表诞生了。

【妙技锦囊】常言说，戏法人人会变，各有巧妙不同。一副扑克牌可以排列出无数的组合，形成不同的玩法。“重峦叠嶂”的变革方法是激发工匠们在现有创造物的基础上，通过排列顺序的改变、组织结构的改变、联结逻辑顺序的改变来进行的创新方法。只要打破现有事物的排列与组合格局，也许就会出现“柳暗花明”的全新局面，“重峦叠嶂”方法往往会给事物带来事半功倍的效果。

第 6 技　大道至简

释义：“大道至简”就是利用简化、简约、省略、删减、排除、消减、抽象等手段进行的创新技巧。世界上的事物往往是由简单变为复杂，再由复杂变为简单这样一个周而复始的运动。工匠既要运用“复杂”的变革理念，又要学会“简化”的工作技巧。

标识符号：

“大道至简”是指大道理，即指基本原理、基本方法和基本规律往往是极其简单的，简单到一句话就能说明白。所谓“真传一句话，假传万卷书”。一门技术、一门学问，弄得很深奥是因为没有看穿实质，搞得很复杂是因为没有抓住程序的关键。武术高手在搏击时总是一招制敌，击中要害；高明的医生总是一针见血，药到病除；精明的商人一招领先，步步领先；高人指点总是一语道破天机，毋庸赘言；这里将“大道至简”作为创新方法，就是引导工匠通过简单、简化、简约来切中要害，抓住关键的手法来直指创新目标。

在生活中，复杂的系统简单化设计也是一种很受欢迎的创新。所谓的简化就是将复杂的结构化简、省略，更轻便，更节省物品占用空间和材料，更美观大方。

例如，早期使用的相机需要很好的摄影技术才能拍出好照片，要懂得如何调整焦距、对准光圈、取景、配置闪光等。后来发明了傻瓜相机，大受欢迎。因为即使是没受过培训的人用傻瓜相机也能够拍出优质的照片。这种“简化”不是产品本身，而是让操作方式简化的变革。

再说说家具的进步，无论是西方古典家具还是东方古典家具，都有比较复杂的图案设计，费时、费工、费料，占用空间较多，舒适度并不理想。随着时代的进步，家具设计变得越来越简洁，更多的是直线和流线型，更方便实用，节省空间和材料，并且越来越舒适。这种由繁到简的创新技巧十分可取，如图 2-6-1 所示。

一些变革是受到时代文化潮流和审美观念影响的，例如古代服饰十分复杂，是当时的文化决定的，而现代服饰就简单，符合快节奏的现代文化，如图 2-6-2 所示。

古代家具和建筑物的变化也是如此，家具、建筑反映那个时代的人文环境、文化和审美观；随着现代社会的快节奏，人口密度的增加，空间的减少，人们开始朝着追求实用性、简洁性、流线型的方向进行设计，如图 2-6-3 所示。

图 2-6-1　传统相机和傻瓜相机，复杂桌椅和简单桌椅的“简化”创新

图 2-6-2　古代服饰向现代服饰的“简化”变革

图 2-6-3　古代家具、现代家具、古代建筑、现代建筑的“简化”创新

人类历史和文化进步，也有好多简化的例子，如图 2-6-4 所示的中国文字的“简化”过程，就是不断从象形文字向现代“简化”汉语文字的进步。左上角的“斗”是其他写法的最简形式。尽管社会上对简化汉字褒贬不一，但“简化”给语言的学习和掌握带来便捷，应该是发展的大趋势。

甲骨文　　金文　　小篆

图 2-6-4　汉字的“简化”变革

生活中有很多通过“简化”成功的例子。

早年打篮球，篮板上钉的是真正的篮子，每当球投进去后，就有一个专门的人踩在梯子上把球拿出来。为此，比赛不得不断断续续地进行，缺少了激烈紧张的气氛。为了让比赛更顺畅地进行，人们想了各种进球的方法，但都不太理想。有一位发明家还制造出了一种机器，在下面一拉就能把球弹出来，不过这种方法仍没能让篮球比赛紧张、激烈起来。有一天，一位父亲带着他的儿子来看球赛，小男孩看到大人们一次次不辞劳苦地取球，不由大惑不解：为什么不把篮网的底去掉？一语惊醒梦中人。大人们拿来剪刀，将网篮的篮底剪掉，于是才有了今天看到的篮网样式。

“简化”了篮网，“简化”了取球的动作，让篮球运动连续流畅起来，变革的成功毋庸置疑。

如何实现简单化：一是让空间简化；二是让时间简化；三是让操作简化；四是让功能简化；五是让条件简化。

几十年前的电脑有一栋房子那么大，而现在手上拿的任何一部手机，功能都比那时的电脑还强大，大小自然不可同日而语，这就是“空间简化”的鲜活例子。把其中的一些可转移的功能隐藏起来，让操作变得简单，就像瑞士军刀，不需要的刀具就折叠隐藏起来，外表显得很简单小巧，也是一种“空间简化”。飞机、高铁让旅行时间缩短，是“时间简化”。反过来，在候机、候车大厅里的大屏幕电视节目，让候机的无聊和时间感觉缩短，也是另外一种“时间简化”。

早期的汽车是手动挡，现在的汽车是自动挡，未来的智能汽车是“口动挡”，这是“操作简化”的例子。感应开关的照明灯，感应声音代替打字的鼠标，感应气味的报警器，查杀一体化的军用无人机，应该都属于“操作简化”的案例。

突出某一功能而弱化其他功能的手机，也创造了自己独特的市场，例如最早出现的能够拍照的手机，后来的高像素美图拍照手机，是通过拍照功能的强化而成功的。为盲人设计便于他们操作的手机，一定会弱化某些“可视”功能，突出“触觉”感知功能，盲人将成为这种手机的市场主流。有一天，也许“太阳能自充电手机”会通过带电功能的强化而成功抢占市场。这是“功能简化”的例子。越野汽车对路面要求不高，坦克车的履带、钢甲甚至可以让坦克车爬坡、过坎，穿越高墙，这是“条件简化”的案例。以“空间简化”为例，SMART汽车只能坐两个人，颇受年轻人的欢迎。而且，日益拥挤的街道和停车位，也促进了这类汽车的销售。快餐、自助餐是“时间简化”的很好例子。随着现代社会工作节奏的加快，费时的点餐-等待-用餐让上班族越来越难以忍耐，快餐业和自助餐应运而生，生意越做越火。网上购物、支付宝付款、滴滴打车、微信支付、微信红包、微信叫外卖都属于“时间简化”和“操作简化”的很好例子。

在电学里，经常把复杂电路加以简化，使学生明白其中的逻辑关系。同样，当对系统进行解析时，也是将复杂系统加以简化，以便清晰了解系统的结构。典型的例子就是在解剖学上经常使用的骨骼标本、肌肉标本、脏腑标本以及经络穴位图表。这些标本，省略、删除了无关内容，突出了需要展示的内容，就呈现出标本的功能，如图 2-6-5 所示。

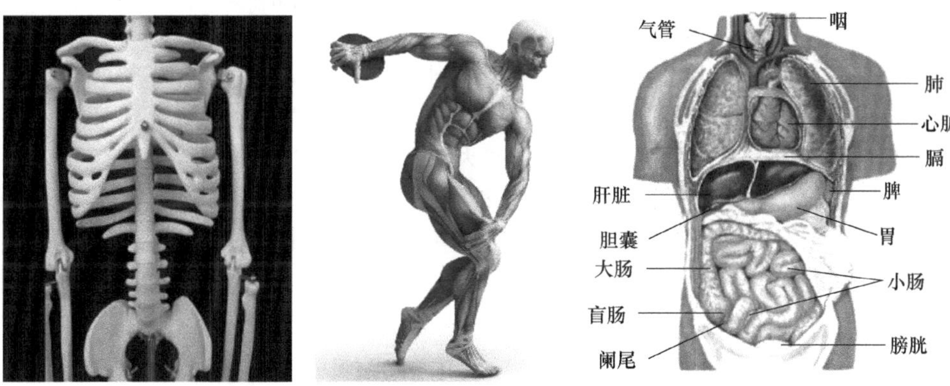

图 2-6-5　骨骼标本、肌肉标本、脏腑标本的“简化”示意

客观世界是复杂的，人们往往希望通过“简化”的方式加以表现，这样既便于理解，又便于诠释。例如，人们用行政地图、地形地图、物产地图以及地球仪来简单描述需要强调描述的内容。地图限于空间和面积，一定隐藏了一些细节或者其他不需要展示的内容。

另外一些“简化”变革的方法就是“排除”或者“消减”。人们将不需要的物质排除掉，剩下有用的物质。工业用的过滤装置、除尘装置、降噪装置、污水处理装置，其原理就是“排除”，如图 2-6-6 所示。

家庭用的空气净化装置、吸尘器、汽车消声器也是这种通过“排除”“过滤”取其精华、去其糟粕的创新例子，如图 2-6-7 所示。

图 2-6-6　工业过滤、降噪、除尘和污水处理的“排除”创新

图 2-6-7　家用空气净化器及其净化原理、吸尘器、汽车消声器的“排除”创新

【妙技锦囊】这个世界，有时复杂，有时简单，其实是不断变换的。当造物变得越来越复杂，一定会有简化的形式出现；反之，简单的事物也可能变得复杂起来，以实现其高层次的目标、功效。“大道至简”的创新技巧就是让工匠从复杂中跳出来，通过“简化”“消减”“排除”“抽象”“提炼”等方式来创造时间、空间、条件、操作以及功能上的简约，给创造物带来新的价值。

第7技　纵横交错

释义：“纵横交错”是让功能和系统跨越、交叉的一种创新方式，其语汇还包括交汇、跨界、越界、合成、双赢、共赢等。

标识符号：

“纵横交错”的“纵”代表南北方向；“横”代表东西方向，交错表示交叉和错杂。横的竖的交叉在一起，形容事物或情况十分复杂，交叉点很多。也称为“纵横交贯”。此成语来自宋代吕祖谦《左氏博议·秦取梁新里》：“纵横交错，举非此理，左顾右盼，应接不暇，果何自以窥天理之真在哉?”“纵横交错”在自然界是大量存在的，山峦沟壑，树木阡陌，大路小巷都表现出“纵横交错”状态。人类较早发明的文字、编织物等，也无不印着“纵横交错”的痕迹，如图 2-7-1 所示。

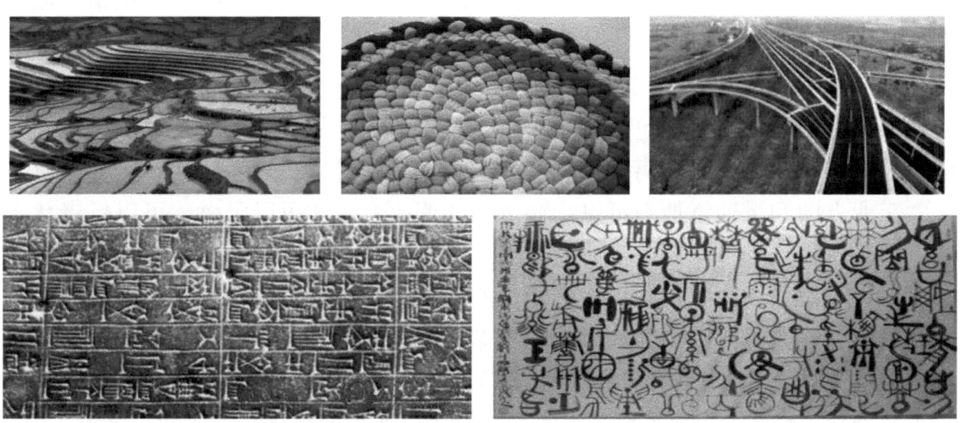

图 2-7-1　阡陌沟壑、编织物、立交桥以及古代文字的“纵横交错”状态

交叉的含义是两种功能的相互作用，与聚合不同之处在于，聚合是功能的组合与叠加，而交叉是功能的配合，是相互的支撑作用，其效果往往大于简单的叠加，是乘数效应而非加数效应。

比如说广播和固定电话的结合，就催生了移动电话，这也是一种“交叉”。

玻璃制造业经历了“合成”方法的创新之路。要去掉最早玻璃的颜色，玻璃工人需要引入新的原料，比如锰和石灰石，彻底改变原来的化学配方；合成的玻璃更加透明清晰。合成方法是否有效，则由玻璃的清晰度来检验。古代陶匠在给陶器上釉时，需要在这两种方法中选一种。古代陶器有很多种黑色，有些是通过化学合成而产生的，有些则是通过反复上釉烘干，才得到黑色的效果。

布料的经纬交合移转到造船的领域，变成了卯榫咬合。卯榫就是两块木头合在一起，其中一块削出凸起的榫，另外一块挖好凹入的卯，然后将它们拼合起来，有时候需要铁钉来加固，但如果卯榫削得很好，就不需要铁钉。卯榫是一种“纺织”木头的方法；纺织工和木匠都专注于做出紧密的、成直角的接合。

从光学的“交叉”原理可以看出，“交叉”不等于简单的叠加。例如等量的红光加上绿光，等于黄光，互补于蓝光，也就是与蓝光互补形成白光；而等量的红光加上蓝光等于品红光，互补于绿光，即与绿光互补形成白光；而等量的绿光加上蓝光等于青光，互补于红光，即与红光互补形成白光。

食品添加剂也算是较早的功能“交叉”，食品添加剂让食品味道更好，或者色泽美观，或者口感更好，更酥软等，是传统食品的跨越升级。食品添加剂大大促进了食品工业的发展，并被誉为现代食品工业的灵魂，这主要是它给食品工业带来许多好处，其主要作用是防止食品变质、改善感官的感觉、保持提高营养价值。当然，如果这种添加剂对身体有害，则将退出历史舞台。

食品添加剂是少量添加于食品，可以改善食品的外观、风味、组织结构或贮存性质的非营养物质。

食品添加剂具有以下三个特征：一是它一般不单独作为食品来食用；二是既包括人工合成的物质，也包括天然物质；三是加入食品中的目的是为改善食品品质和色、香、味以及为防腐、保鲜和加工工艺的需要。

工业上的润滑油添加剂可以让润滑油性能改变，如可以阻燃，可以抗老化变质，或者改变其凝点、黏度及润滑性能等，是对传统润滑剂的升级。

润滑油添加剂概念是加入润滑剂中的一种或几种化合物，以使润滑剂得到某种新的特性或改善润滑剂中已有的一些特性。添加剂按功能分主要有抗氧化剂、抗磨剂、摩擦改善剂、极压添加剂、清净剂、分散剂、泡沫抑制剂、防腐防锈剂、流点改善剂、黏度指数增进剂等类型。这种“交叉”创新具有“改性”特点。

日常生活中，Nike 与 iPhone 交叉，让穿着 Nike 鞋的运动者伴着 iPhone 音乐的节奏进行。这种创新既促进了 Nike 球鞋的销售，又促进了 iPhone 的销售。

另外一个很好的例子是加油站与便利店交叉。欧美等发达国家由于市场竞争激烈，成品油销售下滑，加油站数量减少，但加油站经营范围却大幅拓宽。加油站已经不仅仅是给汽车加油的地方，而是综合了加油、洗车、修车、餐饮娱乐、便利店等非油品经营的服务项目。目前，欧洲 80%以上的加油站开设了便利店业务，非油品销售量已经占总销售收入的 30%~40%，利润率占总利润 40%~50%，有便利店的油站销量已经占总销量的 60%~80%，毛利也已达到油品毛利的 50%

左右，而且比例还在进一步地上升。

传统加油站只管加油，当加油站与便利店交叉，就给驾车族带来很多方便，如停车休息一下，喝饮料、吃点心、买杂志等。这一交叉既给加油站带来生意，又给便利店赚取利润，可谓一石多鸟，如图 2-7-2 所示。

图 2-7-2　Nike 与 iPhone 交叉、加油站与便利店交叉

类似的功能交叉还有书店酒吧，看书的读者在读书之余喝饮料、咖啡，这让图书和咖啡的销售双双提高。还有那些旅馆酒吧，让无聊的住客在酒吧里消磨一下时间，这不但提高旅店的入住率，还卖出很多酒水。还有火车餐厅，让乘车一族有吃有喝，不但赚了车票钱，餐饮收入也十分可观，如图 2-7-3 所示。

图 2-7-3　酒店酒吧和书店咖啡吧的功能交叉创新

在网络时代，功能交叉和跨界的创新实例比比皆是。例如，淘宝、微信原来是做网上购物和信息沟通的企业，他们发展出来的支付宝、余额宝的支付和存取款的新功能跨界颠覆了传统银行业务。而传统银行也不甘寂寞，他们开设网银，进入网络支付领域。再拿淘宝为例，他们通过网络购物、网上虚拟商店的形式，狠狠地颠覆了实体商店，让很多实体店生意萧条，逼得实体店纷纷开设网上商店以弥补线下的不足。另外一方面，某些纯粹的网店，又跑到线下开设体验店，以满足客户的体验诉求。无论是美国的优步打车（Uber）还是中国本土的滴滴打车，都把传统的出租汽车业颠覆得一塌糊涂，一些传统的出租车公司也开始触网，想与这些分享经济的弄潮儿争个高下。

谈到“交叉”变革，“滴滴打车”真是走出一个传奇发展的轨迹。

截至 2015 年 9 月，第三方调研数据显示，滴滴已占据国内出租车叫车软件市场 99%的份额，达到 120 亿美元，而规模化必然伴随着不断延展的品牌冲动。滴滴每天实现 300 万个出租车订单，超过 300 万个的专车订单，峰值 223 万个的顺风车订单，业务覆盖全国 360 个城市。

“滴滴出行” App 改变了传统打车方式，培养出大移动互联网时代下引领的用户现代化出行方式。比传统电话召车与路边扬手招车，滴滴打车的诞生更是改变了传统打车市场格局，颠覆了路边拦车概念。利用移动互联网特点，将线上与线下相融合，从打车初始阶段到下车使用线上支付车费，画出一个乘客与司机紧密相连的完美闭环，最大限度优化了乘客打车体验，改变传统出租司机等客方式，让司机师傅根据乘客目的地按意愿“接单”，节约司机与乘客沟通成本，降低空驶率，最大化节省司乘双方资源与时间。

2016 年 1 月 11 日，“滴滴”公布：在过去一年里，“滴滴出行”全平台（出租车、专车、快车、顺风车、代驾、巴士、试驾、企业版）订单总量达到 14.3 亿个，位居全球第一。

有意思的是，一些车企也直接加入了“滴滴”打车的行业。例如，“T3”就是红旗汽车或者一汽集团与“滴滴”的结合。这一结合既使厂家的汽车有了销路，又介入了出租车行业，在这个市场里赚取利润。

谈到“交叉”与“跨界”，人们一定不会忘记支付宝。支付宝是国内领先的第三方支付平台，可以提供“简单、安全、快速”的移动支付解决方案。支付宝公司从 2004 年建立开始，旗下有“支付宝”与“支付宝钱包”两个独立品牌。支付宝主要提供支付及理财服务。包括网购担保交易、网络支付、转账、信用卡还款、手机充值、水电煤缴费、个人理财等多个领域。在进入移动支付领域后，为零售百货、电影院线、连锁商超和出租车等多个行业提供服务。还推出了余额宝等理财服务。截至 2013 年年底，支付宝实名认证的用户数超过 3 亿。2013 年，支付宝单日交易笔数的峰值达到 1.88 亿笔。其中，移动支付单日交易笔数峰值达到 4518 万笔，移动支付单日交易额峰值达到 113 亿元人民币。自 2014 年第二季度开始成为当前全球最大的移动支付厂商。“移动支付”让无数手机控用户轻松支付，这一“跨界”十分成功。图 2-7-4 给出了一些跨界和交叉创新品牌。

图 2-7-4　支付宝、淘宝、滴滴从网上向实体的跨界、苏宁从实体店向网上跨界

“交叉”与“跨界”创新真是威力无穷。“交叉”还有“双赢”“共赢”的意思。中国古人曰：“单丝不成线，独木不成林。”“二人同心，其利断金。”“万

人操弓，共射一招，招无不中。”“上下同欲者胜。”“人心齐，泰山移。”“能用众力，则无敌于天下矣；能用众智，则无畏于圣人矣。”下面给大家讲一个“共赢”“互补”的例子。

老希尔顿创建希尔顿酒店帝国时，曾指天发誓：我要使每一寸土地都生长出黄金来。几十年前，希尔顿以 70 万美元买下华尔道夫大酒店的控制权之后，他以极快的速度接手管理了这家纽约著名的宾馆。一切欣欣向荣，很快进入正常的最佳营运状态。所有的经理们都认为已经充分利用了一切生财手段，但老希尔顿却一言不发地查找着可能没有充分利用的空间。他的脚步时常在酒店前台有所停顿，他的目光像鹰一样，注视着大厅中央巨大的通天圆柱。希尔顿独自推敲过这些柱子的构造后发现，这 4 根柱子是空心圆柱，在建筑上没有支撑天花板的力学价值，那么它们存在的意义是什么，美观？但没有实用价值的装饰，无异于空间的一种浪费。希尔顿最不能容忍的就是一箭只射一雕。于是他叫工人把它们迅速改造成了 4 个透明玻璃柱，并在其中设置了漂亮的系列玻璃展箱。这回，这 4 根圆柱就不仅仅是装饰性的了，在广告竞争激烈的时代，它们便从上到下充满了商业意义。没过几天，纽约那些精明的珠宝商和香水制造厂家便把它们全部包租下来，纷纷把自己琳琅满目的新产品摆了进去。老希尔顿坐享其成，每年都是由此净收入 20 万美元租金，而这些珠宝商、香水制造厂因为进驻了希尔顿经营的高档酒店，让自己展出的商品抬高了身价，也达到了广告效果。

小米全屋智能家居系统，充分地利用了纵横交错的概念，把各种家居设施连在一起，为未来的万物互联提供基础的平台体系，如图 2-7-5 所示。

图 2-7-5　小米全屋智能家居系统

我国的水稻专家袁隆平先生研究的水稻杂交技术，让水稻的产量大大提高，其根本的原理就是多系统的交叉。

当今的世界，各式各样的会议和外事活动，各式各样的结盟、同盟、条约或者联盟，都代表了国际政治上的交叉。这种交叉活动越活跃，越会带来外交上的成果。

再举出一个“交叉”创新的例子，即购物车的发明创造。1919 年，自助购物在美国加州全面开展，杂货店每一种商品旁边都配有一个店员称重、打包。顾客都是手提着一大堆东西等着结账，效率低下。1920 年，郭德曼开了一家大阳杂货店公司，3 年内扩张到 55 家。那时自助超市只提供一个金属丝织成的篮子，当店员看到顾客一个篮子满了之后，会帮顾客送到收银台，然后给他们一个空的篮子。为了销售更多商品，郭德曼绞尽脑汁要找到让顾客更省力的购物方式。一天他看到办公室的折叠椅，激动得跳了起来，抓起购物篮子放到椅子上试了试，然后跑到修理间，让工人给折叠椅子加上了四个轮子。就这样，改变人们生活的购物车问世了。之后，郭德曼还对购物车做了几个升级，篮子在不用的时候可以拿下来，折叠车可以相互嵌套堆叠，这样更节省空间。

最初，顾客们对这个新奇的玩意儿并不感兴趣。他为了“创造需求”，聘请了专业的男女演员，让这些假扮的购物车使用者在卖场中频繁“走秀”。推着购物车购物不再显得尴尬，这种行为反而逐渐流行起来，购物车最终形成了规模。很快，超市购物车需求量激增，郭德曼还将自己设计的购物车注册了专利。有机构的调查研究显示，较大的购物车会刺激顾客多达 40%的采购欲望，这项发明牵涉到了设计、营销以及心理学的多学科“交叉”，也是将购物、效率和轻松享受购物过程多功能的“合成”与“交叉”。

【妙技锦囊】“纵横交错”的方法是引导工匠运用跨界思维进行创新的可行路线。传统的交叉比较狭义。在当代，这种跨界就更加广义，甚至超越我们的想象，跨界创新包括交叉、搭接、链接、交汇、越界、合成、双赢、共赢等，内容真是十分丰富，需要工匠们运用更发散的思维。

第8技　层出不穷

释义："层出不穷"就是通过"嵌套"或者"叠层"设计来提升创造物功效和价值的创新技巧。

标识符号：

"层出不穷"与"嵌套""叠层"是一层一层的包含关系，是一类创新技巧，在日常生活中就经常出现。

例如，传统的手风琴、中国古代使用的折扇，折叠伞既属于"叠层"，又属于"缩放"创新案例，如图 2-8-1 所示。

图 2-8-1　折扇、折叠伞和手风琴的"层出不穷"创新案例

大家熟知的俄罗斯套娃就是一类典型的嵌套创新例子。这类套娃造就了一个产业，而且经久不衰。与之类似的"嵌套"创新有我国的象牙、玉石、木质镂空雕刻以及鼻烟壶等，都以其精美的嵌套内部雕工和绘画为世人所赞叹，如图 2-8-2 所示。

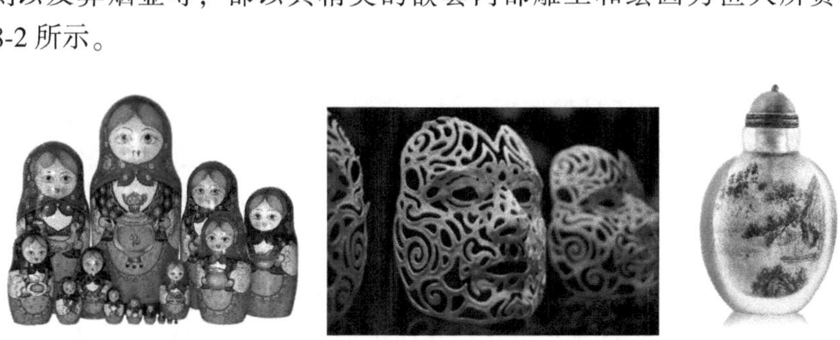

图 2-8-2　俄罗斯套娃和中国的镂空雕刻和鼻烟壶是"嵌套"创新案例

俄罗斯套娃是俄罗斯特产木制玩具，一般由多个一样图案的空心木娃娃一个套一个组成，最多可达十多个，通常为圆柱形，底部平坦可以直立。最普通的图

案是一个穿着俄罗斯民族服装的妇女，叫作“玛特廖什卡”，这也成为这种娃娃的通称。农妇头扎花头巾、身穿绣花衣服、系着围裙。她健壮能干、略有些肥胖，生了许多孩子。肚子里还藏着好多小娃娃，寓意着人丁兴旺。这也反映了俄罗斯民族对母亲的敬重。套娃是俄罗斯最具民族特色的手工艺品，不过其历史不过百余年，是19世纪末一位艺术家受一种类似的日本民间玩具的启发而创作的。

关于套娃，还有一个有意思的传说。据说有一个男孩被情所困，三个女孩让他无从抉择，于是他远走俄罗斯去散心。一周后他回来了，给三个女孩都带了礼物。

送给第一个女孩的是俄罗斯套娃，套娃很可爱，打开第一层，再打开一层，又打开一层，五个一模一样的套娃一只套着一只。他告诉女孩，俄罗斯套娃有一个美丽的传说：“很久以前有一个俄罗斯小伙子，很小就失去了父母，和妹妹相依为命，但妹妹在一次牧羊途中被风雪所困，最终丢失了。哥哥对妹妹非常思念，就刻了一个木头娃娃带在身边。每一年哥哥都会刻上一个稍微大一些的木头娃娃，在他心目中妹妹又长大了一岁，就这样过了很多年，哥哥刻了很多木头娃娃。”讲到这里，他对女孩说：“套娃是亲情的象征，代表哥哥对妹妹的思念，不管今后发生什么，我都会像爱套娃一样地爱你。”女孩明白了男孩的意思，哭着将打开的套娃一只只套了起来。

送给第二个女孩的也是俄罗斯套娃，打开第一层，再打开一层，又打开一层，他告诉女孩，俄罗斯套娃有一个美丽的传说：“从前，有两个好朋友，一个是木匠，一个是画家，画家快过生日了，木匠花了很长时间，用最好的椴木凿了一套一个比一个小的娃娃，送给画家做生日礼物，画家收到后爱不释手。他想，如果给这些木头娃娃画上色彩艳丽的衣服，一定更招人喜欢。于是他开始调配色彩，给木头娃娃穿上好看的衣裳，果然人见人爱。从此，套娃就成了纯洁友谊的象征。”他对女孩说：“不管今后发生什么，我都会像爱套娃一样地爱你。”女孩明白了男孩的意思，哭着将打开的套娃一只只套了起来。

送给第三个女孩的还是俄罗斯套娃，套娃很可爱，打开第一层，再打开一层，男孩突然按住了女孩的手说：“俄罗斯套娃有一个传说，可以帮助人们实现心中的愿望。打开套娃找最小的一个，偷偷地告诉他你心中的愿望，并且要提醒他，你必等到美梦成真才会再打开这个娃娃，然后再把他关进去，恢复原状。这个被你关在大娃娃腹中的小娃娃会迫不及待地想早点出来，因此会想办法早日实现你的愿望。”男孩对女孩说：“我已经向里面那个最小的娃娃许了我的愿望，如果你打开就必须帮我实现我的愿望。”女孩点点头，毫不犹豫地打开了最后一个套娃，里面有张纸条，上面写着：嫁给我吧，我会像爱套娃一样地爱你！女孩幸福地扑进男孩的怀里。男孩说：“三个俄罗斯套娃的传说都是真的。我爱她们，就像爱俄罗斯套娃一样。但爱也有不同的内容，有的是亲情，有的是友情，有的是爱情。”

在工业领域，最常见的嵌套设计是轴与轴套和轴承结构了。他们是嵌套技术的良好应用，如图 2-8-3 所示。

图 2-8-3　轴与轴套以及轴承设计中运用的嵌套创新

类似的嵌套技术还有拉杆箱的把手、照相机的支架以及衣柜的推拉门等，因为他们又属于伸缩收放的技术，在缩放的创新里也有所描述，如图 2-8-4 所示。

图 2-8-4　拉杆箱、照相机支架和推拉门运用的嵌套创新

飞机也是“嵌套”设计的产物。在几千米高空飞行，飞机完全进入低气压和缺氧环境。如果不将乘客和飞行员封闭在一个壳体之中，提升壳体内部气压并为壳体供氧，乘客和飞行员是无法生存的。为此，飞机的设计和制造就融入大量“嵌套”创新的内容，从其表层到内层结构骨架，到内饰，以及供乘客舒适享受和方便的场所，都蕴含无数工匠的心血和智慧。

火箭也是典型的“嵌套”创新产物。固体火箭发动机结构由前封头、外壳、装药、喷管装置和后封头等部分组成。封头、外壳和喷管装置构成发动机燃烧室，固体推进剂在其中燃烧。前封头上通常装有点火装置。前封头是薄壁结构，用金属制成，形状有球形、椭球形或环—球形。大型固体火箭发动机常分段制造，靠增加段数获得所需的推力，外壳为薄壁壳体，用合金钢、铝合金、复合材料制成。外壳内壁有浸胶石棉布隔热层。外壳外表面也涂有很薄的隔热层，以减小气动加热的影响。喷管装置（单喷管或多喷管）固定或铰接在火箭发动机后封头上，在控制系统操纵下使燃气流偏转，产生控制力矩。由此可见，火箭是一个十分复杂的多层“嵌套”系统。

与火箭类似，卫星更是一个复杂的“嵌套”设计典型。人造地球卫星系指环绕地球运行的无人航天器，它是人类探索、开发和利用太空的主要工具。卫星结构的主要功能包括承受载荷、安装设备和提供构型三个方面。承受载荷部分是根据卫星结构需要承受作用在卫星上的静力和动力载荷；安装设备是需要为星载仪器设备提供固定安装界面并保持一定精度，包括电子设备、推进剂贮箱、气瓶和管路，以及天线、太阳电池阵等附件；提供构型是卫星的骨架，为卫星提供构造外形，为卫星和运载火箭的连接提供接口，以及为卫星地面操作设备的安装提供接口等。卫星的壳体也是不断创新进步的过程，从硬壳式结构发展到半硬壳式结构以及夹层结构，并开始使用一些新型的高强轻金属材料结构，将卫星的星载设备包裹其中。

我国的“天宫”空间站是目前国际上最活跃的空间站之一。看到空间站发回来的录像，无不感慨中国空间技术的进步。显然，空间站就是一种典型的嵌套技术的应用。

日常生活中，从芝麻汤圆，到保温杯，再到家用电冰箱，无不用到嵌套技术。在工业领域，小到复合夹层的管道，大到飞机、火箭和卫星以及航天飞机空间站，“嵌套”创新无处不在。“层出不穷”的创新技巧对于尖端设备而言，更是不可或缺，如图 2-8-5 所示。

图 2-8-5　保温杯、飞机内部、火箭和卫星的“嵌套”结构

【妙技锦囊】大自然的鬼斧神工，留给这个世界无数个“嵌套”，小到一层一层的洋葱，各式各样的水果，大到一层一层的地壳，无不给我们以“层出不穷”的启迪。所以导入“层出不穷”的创新技巧，就是要引导工匠们主动将“嵌套”　“叠层”创新技术运用到日常的创新之中，让这类创新成果“层出不穷”。

第9技　四平八稳

释义：“四平八稳”是指“对称性”的变革，是通过平衡、对称、稳定的方式来完成某种功效的创新技巧。这也是很多产品和事物的常规态势，是符合多数人的审美观。

标识符号：

“四平八稳”出自施耐庵《水浒全传》第四十四回：“戴宗、杨林看裴宣时，果然好表人物，生得面白肥胖，四平八稳，心中暗喜。”常规的释义是形容身体各部位匀称、结实。后常形容说话做事稳当。在创新技巧方面用其“对称”“平稳”“平衡”之意。

作为“四平八稳”创新手段，是运用平衡、稳定、协调、对称等手段来提升事物、系统和产品的功效。所谓的“四平八稳”或者“对称”，也是利用对称的审美和平衡技术的一种创新设计。

对称分为轴对称和中心对称。地球上的生物很多都是对称生长的。图 2-9-1 和图 2-9-2 给出了很多对称植物和对称生物的美丽照片。

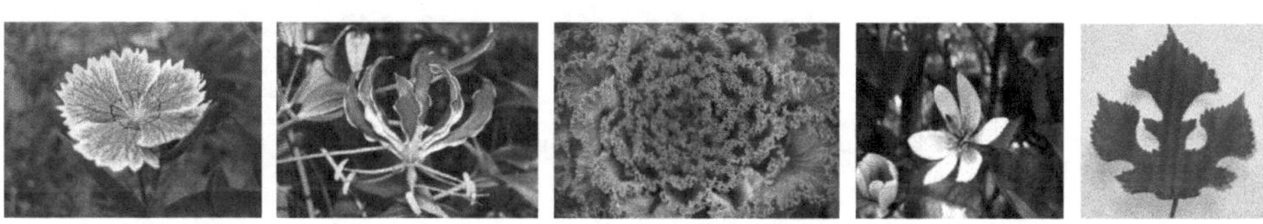

图 2-9-1　地球上对称性的植物

图 2-9-2　地球上对称性的动物

大自然十分喜欢对称和平衡，就连下的雪，结的冰，一些金属和盐类的结晶都呈现美丽的对称形状，如图 2-9-3 所示。

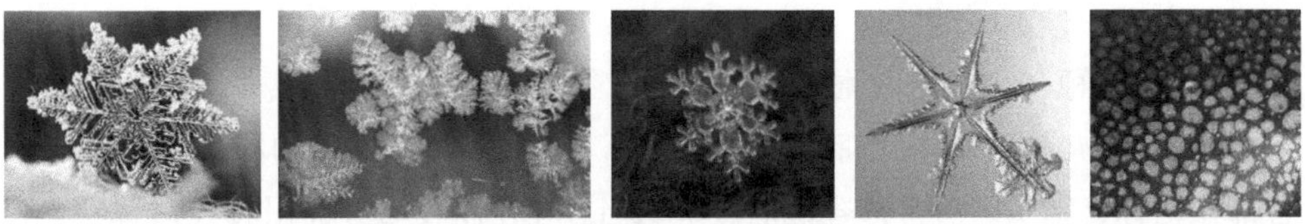

图 2-9-3　自然界的各种结晶体的对称特征

中国艺术和哲学都是“对称”“平衡”的，中国的剪纸和很多艺术表达都充分运用了“对称”的概念，如图 2-9-4 所示。

图 2-9-4　剪纸艺术表现出的“对称”设计

双面绣是从艺术角度的“对称”设计，在布的两面同时展现图片的效果，如图 2-9-5 所示。

图 2-9-5　双面绣的对称艺术创作

双面绣是在一块底料上，一针同时绣出正反色彩一样图案的一种绣法。它和单面绣不同，单面的绣法只求正面的工致，反面的针脚线路如何则可以不管；而双面绣则要求正反两面一样整齐匀密。绣时将线尾剪齐，从上刺下，再在离针二三丝处起针，将线抽剩少许线尾，下针时将线尾压住，连线几次短针，将线尾藏住，使正反两面都不露线头。另外，刺双面绣时还要把针垂直布面，不刺破反面的绣线。而且要掌握住排针顺序，按照次序均匀地排列针脚，不能疏密不当，才可使两面相等。双面绣要注意藏头，就是将线尾隐藏在最后的针脚中，不能露出线头。可见，双面绣的对称和平衡术还是很讲究的。

从审美的角度，“对称”是非常普遍的设计理念，如建筑物、家具等，常常使用“对称”设计，如图 2-9-6 和图 2-9-7 所示。

图 2-9-6　不同建筑的对称创新设计

图 2-9-7　不同家具的对称与平衡设计

自行车、双轮车、四轮车、汽车以及四脚驮驴都属于对称和平衡的设计造型，如图 2-9-8 所示。

图 2-9-8　对称平衡设计的各种行走交通工具

飞机、汽车与摩天轮都属于平衡对称设计的典型，如图 2-9-9 所示。

图 2-9-9　飞机、汽车与摩天轮的“平衡”设计

提起当今遍及世界各地的“平衡”设计产物——自行车，其发明过程却非常曲折。最早发明自行车的是一个德国的看林人，名叫德莱斯（1785—1851年）。德莱斯每天都要从一片林子走到另一片林子，多年走路的辛苦，激起了他想发明一种交通工具的欲望。他想，如果人能坐在轮子上，那不就走得更快了吗？就这样，德莱斯开始设计和制造自行车。他用两个木轮、一个鞍座、一个安在前轮上起控制作用的车把，制成了一辆两轮车。人坐在车上，用双脚蹬地驱动木轮运动。就这样，世界上第一辆简陋的自行车就问世了。1817 年，德莱斯第一次骑自行车旅游，一路上受尽人们的讥笑，……他决心用事实来回答这种讥笑。一次比赛，他骑车 4 小时通过的距离，马拉车却用了 15 个小时。尽管如此，仍然没有一家厂商愿意生产、出售这种自行车。德莱斯是个爱动脑筋的人，他还发明了绞肉机、打字机等，都能减轻劳动强度。现在铁路工人在铁轨上利用人力推进的小车，也是德莱斯发明的。

1839 年，苏格兰人马克米廉发明了脚踏板，装在自行车前轮上，使自行车速度大大提高了一步。1840 年，英格兰的铁匠麦克米伦，在德莱斯发明的基础上，进行了改进。他在后轮的车轴上装上曲柄，再用连杆把曲柄和前面的脚踏板连接起来，并且前后轮都用铁制，前轮大，后轮小。这样一来，人的双脚真正离开了地面，由双脚的交替踩动变为轮子的滚动。1842 年，麦克米伦骑上这种车，一天跑了 20 公里路。到 1861 年，法国的米肖父子在前轮上安装了能转动的脚踏板，车子的鞍座架在前轮上面。真正具有现代化形式的自行车是在 1874 年诞生的。英国人罗松在自行车上别出心裁地装上链条和链轮，用后轮的转动来推动车子前进。但仍然不够协调与稳定。1886 年，英国的机械工程师斯塔利，从机械学、运动学的角度设计出了新的自行车样式，装上前叉和车闸，前后轮大小相同，以保持平衡，并用钢管制成了菱形车架，还首次使用了橡胶车轮。因此他被后人称为“自行车之父”。他所设计的自行车车型与今天自行车的样子已经基本一致了。1888 年，爱尔兰的兽医邓洛普，从医治牛胃气膨胀中得到启示，将自家花园用来浇水的橡胶管粘成圆形并打足气装在自行车上，这成为充气轮胎的开端。充气轮胎是自行车发展史上的一个划时代的创举。它不但从根本上改变了自行车的骑行性能，而且完善了自行车的使用功能。看来，自行车的发明真是前赴后继。自行车的创新充分体现“对称”技巧的应用，包括前后轮的链条连接、两个脚踏板以及可转向车把的平衡等。图 2-9-10 和图 2-9-11 给出一些其他的“平衡”“对称”设计的案例。

图 2-9-10　篮球场、乒乓球台和双杆的平衡设计

图 2-9-11　飞机、轮船和皮划艇的平衡设计

各式电动平衡车如图 2-9-12 所示。

图 2-9-12　各式各样的电动平衡车之“平衡”设计

在其他均衡领域，还包括人类营养的平衡、身体的劳逸结合。在经济领域也有很多关于通胀和通缩的平衡、进出口的平衡等，真是不胜枚举。

【妙技锦囊】 世间万物，阴阳平衡，天人合一。平衡是世界的普适规律。能量守恒、物质不灭、物极必反。把握万事规律，应用平衡、协调技巧，可达事半功倍之效果。“四平八稳”作为工匠创新的普遍和常规的手段，其生命力毋庸置疑。希望工匠能够积极运用这种的创新技巧在产品开发、工具设计和系统改造领域，通过“协调”和“平衡”来创造功效。

第10技 东倒西歪

释义：“东倒西歪”是通过不对称、反对称、反平衡的方式进行的创新技巧。这是与“四平八稳”这种对称式创新完全相反的创新方式。

标识符号：

所谓的“东倒西歪”，顾名思义，就是不对称或者反对称、反平衡的意思。这显然是利用与“对称”“平衡”相反的原理进行的创新活动。

世界上虽然存在大量的对称和平衡，但也确实存在着一些非对称的事物。就拿动物来讲，一些动物就出现非对称的变异，如图 2-10-1 所示。

图 2-10-1　世界上一些非对称的动物案例

人类很早就利用非对称、非平衡进行创新了。最典型的例子莫过于在人类社会频繁应用的杠杆了。

提起杠杆，不会忘记阿基米德，这里面还有一个故事。阿基米德将自己锁在一间小屋里，正夜以继日地埋头写作《浮体论》，一天突然闯进一个人来，一进门就连忙喊道：“哎呀！你老先生原来躲在这里，国王正调动大批人马，在全城四处找你呢。”阿基米德伸手抓过一顶圆壳小帽，随大臣一同出去，直奔王宫。

看到阿基米德从外面进来，国王连忙迎上前去，恨不得立即向他下跪，说道：“啊，亲爱的阿基米德，你是一个最聪明的人，先王在世时说过你都能推动地球。”因为他曾给当时的国王亥尼洛写信说：“我不费吹灰之力，就可以随便移动任何重量的东西；只要给我一个支点，给我一根足够长的杠杆，我连地球都可以推动。”可这个小国王并不懂得什么是科学，他只知道在大难临头的时候，借助阿基米德的神力来救他的驾。可是罗马军队实在太厉害了，他们作战时列成方队，前面和两侧的士兵将盾牌护着身子，中间的士兵将盾牌举在头上，战鼓一响这一个个方队就如同现代的坦克一样，向敌方阵营步步推进，任你乱箭射来也丝毫无损。这支军队称霸地中海，所向披靡。一个小小的叙拉古哪里放在眼里。这时由罗马执政官马赛拉斯统帅的四个陆军军团已经挺进到了叙拉古城的西北，城外已是鼓声齐鸣，杀声震天了。

在这危急的关头，阿基米德捻着银白的胡须说："如果单靠军事实力，我们绝不是罗马人的对手。若能造出一种新式武器来，或许还可守住城池，以待援兵。"国王一听这话，立即转忧为喜说："先王在世时早就说过，凡是你说的，大家都要相信。这场守卫战就由你全权指挥吧。"两天以后，天刚拂晓，罗马统帅马赛拉斯指挥着他那严密整齐的方阵向护城河攻来。今天方阵两边还预备了铁甲骑兵，方阵内强壮的士兵肩扛着云梯。马赛拉斯在出发前曾口出狂言："攻破叙拉古，到城里吃午饭去。"在喊杀声中，方阵慢慢向前蠕动。

照常规，城头上早该放箭了。可今天城墙上却是静悄悄地不见一人。罗马人正在疑惑，城里隐约传来吱吱呀呀的响声，接着城头上就飞出大大小小的石块，开始时大小如碗如拳一般，以后越来越大，简直有如锅盆，山洪般地倾泻下来。石头落在敌人阵中，士兵们连忙举盾牌护体，谁知石头又重，速度又急，一下子连盾带人都砸成一团肉泥。罗马人渐渐支持不住了，连滚带爬地逃命。这时叙拉古的城头又射出了密集的利箭，罗马人的背后无盾牌和铁甲抵挡，那利箭直穿背股，哭天喊地，好不凄惨。阿基米德到底造出了什么秘密武器让罗马人大败而归呢？原来他制造了一些特大的弩弓——发石机。这么大的弓，人是根本拉不动的，他就利用了杠杆原理。只要将弩上转轴的摇柄用力扳动，那与摇柄相连的牛筋又拉紧许多根牛筋组成的粗弓弦，拉到最紧时再突然一放，弓弦就带动载石装置，把石头高高地抛出城外，可落在1000多米远的地方。

原来这杠杆原理并不是简单使用一根直棍撬东西。就如水井上的辘轳，它的支点是辘轳的轴心，重臂是辘轳的半径，力臂是摇柄，摇柄比辘轳的半径长，打起水来就很省力。阿基米德的发石机也是运用这个原理。罗马人哪里知道叙拉古城有这么多新玩意儿。

就在马赛拉斯刚被打败不久，海军统帅古劳狄乌斯也派人送来了战报。原来，当陆军从西北攻城时，罗马海军从东南海面上也发动了攻势。罗马海军原来并不十分厉害，后来发明了一种舷钩装在船上，遇到敌舰时钩住对方，士兵们再跃上敌舰，变海战为陆战，占一定的优势。今天克劳狄乌斯为了对付叙拉古还特意将兵舰包上了一层铁甲，准备了云梯，并号令士兵，只许前进，不许后退。奇怪的是，这天叙拉古的城头却分外安静，墙的后面看不到一兵一卒，只是远远望见几副木头架子立在城头。当罗马战船开到城下，士兵们拿着云梯正要往墙上搭的时候，突然那些木架上垂下来一条条铁链，链头上有铁钩、铁爪，钩住了罗马海军的战船。任水兵们怎样使劲划桨都徒劳无功，那战船再也不能挪动半步。他们用刀砍，用火烧，大铁链分毫无损。正当船上一片惊慌时，只见大木架上的木轮又"嘎嘎"地转动起来，接着铁链越拉越紧，船渐渐地被吊起离开了水面。随着船身的倾斜，士兵们纷纷掉进了海里，桅杆也被折断了。船身被吊到半空后，这个大木架还会左右转动，于是那一艘艘战舰就像荡秋千一样在空中摇荡，然后有的船被摔到城墙上或礁石上，成了一堆碎片；有的船被吊过城墙，成了叙拉古人的战利品。这时叙拉古的城头上还是静悄悄的，没有人射箭，也没有人呐喊，好像是座空城，只有那几副怪物似的木架，不时伸下一个个大钩钩走一艘艘战船。罗马人看着这怪物，吓得全身哆嗦，手腿发软，只听到海面上一片哭喊声和落水碰石后的呼救声。克劳狄乌斯在战报中说："我们根本看不见敌人，就像在和一只木桶打仗。"阿基米德的这些"怪物"原来也是利用了杠杆原理，并加了滑轮。经过这场大战，罗马人损兵折将，还白白丢了许多武器和战船，可是却连阿基米德的面都没见到。这可是不对称的杠杆发挥的威力。

人们发明并利用杠杆原理创造了大量的工具，如扳手、钳子、指甲刀、起子、夹子、撬杠、剪子、筷子、镊子、杆秤等，简直不胜枚举，图 2-10-2 给出大量例子。

图 2-10-2　大量利用不对称、反对称的杠杆原理完成的创新创造

不少建筑设计利用了对称和平衡原理。而另外一些建筑设计，却故意运用了不对称的审美。悉尼歌剧院、帆船酒店以及莫斯科红场上的瓦西里升天大教堂，都是非对称设计的代表作，如图 2-10-3 所示。

家具多采用对称设计，因为人类的四肢、五官都是对称生长的。一些非对称设计的家具却获得越来越多人的喜爱。可以结合室内风格，表达其个性之美。图 2-10-4 给出一些非对称设计的家具。

图 2-10-3　迪拜的帆船酒店、悉尼歌剧院以及莫斯科的瓦西里升天大教堂

图 2-10-4　非对称设计的家具

艺术创作的“非对称”设计就更加普遍了，可以体现作者丰富想象力和表现力，图 2-10-5 给出一些非对称的艺术品。

图 2-10-5　具有非对称设计风格的艺术品

在公路、铁路建设、机械设计方面人们运用了大量的“东倒西歪”非对称创新手法。如为了抵消离心力而进行的弯道倾斜设计，为了某种功能需求而对凸轮的顶起设计，为了减轻承重受力，对大桥的凸起设计等，如图 2-10-6 和图 2-10-7 所示。

图 2-10-6　公路弯道的倾斜设计、大桥的拱起设计和铁路弯道的倾斜设计

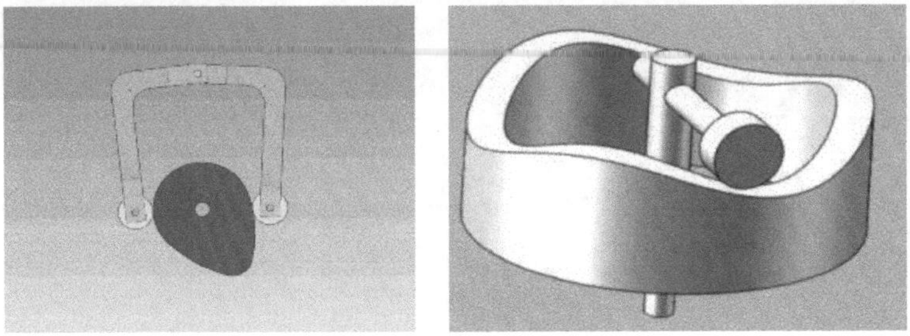

图 2-10-7　机械的凸轮设计

在波兰的索波特、英国的温莎、阿联酋首都阿布扎比、荷兰的鹿特丹都有一些歪房子的设计，独具特色。巴塞罗那高迪的建筑设计更是一种非对称的结构，让人耳目一新。

【妙技锦囊】 这个世界除了存在大量的平衡与对称的事物之外，还存在大量非对称、非平衡的事物。“东倒西歪”作为创新手段，让工匠从平衡和对称的思维中跳出来，通过非对称、非平衡以及非协调的方式进行创造，这也不无大量创新的契机。

第11技　精雕细琢

释义：“精雕细琢”就是追求极致的精准，是设计和工艺上的无微不至和完美追求，其相关的语义还包含精确、准确、细微等。这是工匠精神的集中体现。这种“精雕细琢”往往给产品、系统或者构件创造倍增的价值。

标识符号：

“精雕细琢”或者“精准”是通过精密的设计、选材和制造，让创新的创造物达到最高的标准，创造最高的价值。

欧阳修《归田录》中记载，汴京开宝寺塔“在京师诸塔中最高，而制度甚精，都料匠预浩所造也。”所谓都料匠，也就是工匠的总管，又称为总工匠。预浩把塔建好后，却是“望之不正而势倾西北”，成了斜塔。大家都奇怪怎么回事，预浩解开了谜团：“京师地平无山，而多西北风，吹之不百年，当正也。”意大利的比萨斜塔闻名于世，但为什么会倾斜，直到今天也不明所以，唯一可以肯定的这并不是设计者的初衷。“年龄”远远大于比萨斜塔的开宝寺塔，则是在充分考虑气候因素前提下的刻意之举。西安小雁塔，更有“三离三合”的神奇，即：三次地震时分裂，又三次自行“复合”。其原理是什么呢？近代在修复小雁塔时发现，当时的工匠根据西安地质情况将塔基用夯土筑成了一个半圆球体，受震后压力会均匀分散，从而使塔身像“不倒翁”一样。古人在建塔时，充分考虑风势地势等原因，精密设计、选材、建造，充分体现“精雕细琢”的创新理念。

中国古代匠人为了生意，都自专其业，穷终身之力，甚至世代相传，不断钻研，达到炉火纯青的地步。例如，古代江南所产漆制品精美绝伦，其中关键工序为擦漆和配料，据有关记载：“擦漆油工，向来甬人独擅其法，纯用右拇指腡面著实推擦之，大约一点漆，著木擦至半小时，……，寻常一方寸之木，穷一人一日之力，往往尚不克完成，其金贵可知矣。”由此可见中国古代工匠“精雕细琢”的程度。

我国是世界上最早养蚕织丝的国家。丝织商人以上等蚕茧抽丝织绸，剩下的恶茧、病茧等则用漂絮法制取丝绵。漂絮完毕，篾席上会遗留一些残絮。当漂絮的次数多了，篾席上的残絮便积成一层纤维薄片，经晾干之后剥离下来，可用于书写。这种漂絮的副产物数量不多，在古书上称它为赫蹏或方絮。这表明了中国造纸术的起源同丝絮有着渊源关系。

纸的发展也是经过了一个个曲折和不断“精准”的过程。自公元105年发明造纸后，造纸术就从河南向经济文化发达的其他地区传播。蔡伦被封到陕西洋县为龙亭侯，造纸术就传到汉中地区并逐渐传向四川。据蔡伦家乡湖南耒阳的民间传说，蔡伦生前也向家乡传授过造纸术。东汉末年山东造纸也比较发达，出过东莱县的造纸能手左伯。公元2世纪，造纸术在我国各地推广以后，纸就成了和缣帛、简牍的有力的竞争者。公元3~4世纪，纸已经基本取代了帛、简而成为我国唯一的书写材料，有力地促进了我国科学文化的传播和发展。公元3~6世纪的魏晋南北朝时期，我国造纸术不断创新。在原料方面，除原有的麻、楮外，又扩展到用桑皮、藤皮造纸。在设备方面，继承了西汉的抄纸技术，出现了更多的活动帘床纸模，就是用一个活动的竹帘放在框架上，可以反复捞出成千上万张湿纸，提高了工效。在加工制造技术上，加强了碱液蒸煮和舂捣，改进了纸的质量，出现了色纸、涂布纸、填料纸等加工纸。

再看测量仪器的“精准”：中国最早与“精准”相关的测量仪器当属指南针，指南针的发明让人们学会了寻找方向和位置。

东汉张衡制造漏水转浑天仪，用漏壶滴水推动浑象均匀地旋转，一天刚好转一周。北宋元祐三年（1088年）苏颂和韩公廉等创制水运仪象台，已运用了擒纵机构。

计时器，即钟表的发展历史也是人类“精准”创新的历史。

原始人凭天空颜色的变化、太阳的光度来判断时间。古埃及发现影子长度会随时间改变。古代巴比伦人6000年前发明日晷在早上计时，也发现水的流动需要的时间是固定的，因此发明了水钟。古代中国人也有以水来计时的工具铜壶滴漏，还会用烧香计时。将香横放，上面放上连有钢珠的绳子，作为计时节点。

公元1300年以前，人类主要是利用天文现象和流动物质的连续运动来计时。例如，日晷是利用日影的方位计时；漏壶和沙漏是利用水流和沙流的流量计时。

公元前140年—公元前100年，古希腊人制造了用30~70个齿轮系统组成的奥林匹克运动会的计时器。这台仪器被称为“安提凯希拉天体仪”，由29个彼此咬合的铜质齿轮和多个刻度盘构成，大小与一个午餐盒相当。它于1901年在希腊安提凯希拉岛附近一艘古代沉船上被发现，因此得名。现保存在希腊国家考古博物馆。

近代钟表的发展，同样的也是“精雕细琢”的不断创新。

1283年在英格兰的修道院出现史上首座以砝码带动的机械钟。13世纪意大利北部的僧侣开始建立钟塔（或称钟楼），其目的是提醒人祷告的时间。16世纪中在德国开始有桌上的钟。17世纪，逐渐出现了钟摆和发条。它运转的精度得到了很大的提高。乔万尼·德·丹第被誉为欧洲的钟表之父。他用了 16 年的时间制造出一台功能齐全的钟，被称为宇宙浑天仪，它能够表示出天空中一些行星的运行轨迹，还可以对宗教节日和每天的时间有所反映，它于 1364 年开始被使用。1657 年，惠更斯发现摆的频率可以计算时间，造出了第一个摆钟。1840 年，英国的钟表匠贝恩发明了电钟。20 世纪，开始进入石英化时期。1946 年，美国的物理学家利比博士弄清楚了原子钟的原理。两年后，创造出了世界上第一座原子钟，原子钟至今也是最先进的钟。它的运转是借助铯、氨原子的天然振动而完成的，它可以在 300 年内都能准确运转，误差十分小。

又如温度计，是通过金属或者液体热胀冷缩原理或者受热体的电参数变化来测量温度变化的创新产物。

大家熟知的体重计也是精准设计的产物，从早期的磅秤，到后来的弹簧式体重计，再到电子体重计，就是利用力传感器，在置物平台上放上重物后使表面发生形变而引发了内置电阻的形变，电阻的形变必然引发电阻阻值的变化，电阻阻值的变化又使内部电流发生变化产生了相应的电信号，电信号经过处理后就成了可视数字。图 2-11-1 显示了上述的几种早期发明的精准设计物品。

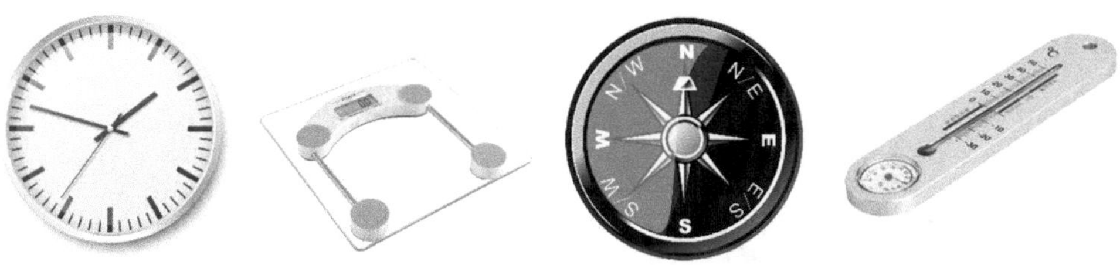

图 2-11-1　钟表、体重计、指南针、温度计为早期的精准设计产物

当今的大量测量设备和仪器仪表大都属于精准变革的产物，包括三坐标测量仪、电流计、压力表、电阻仪、真空表、流量计、湿度仪、海拔仪等。图 2-11-2 给出一些仪器仪表的图片。

图 2-11-2　电流表、水表、三坐标测量仪、电压表、压力表和湿度计

医疗上的精准设计应用很多，如经常用的血压计、血糖仪、心率仪等，这方面的研究成果越来越丰富，如图 2-11-3 所示。

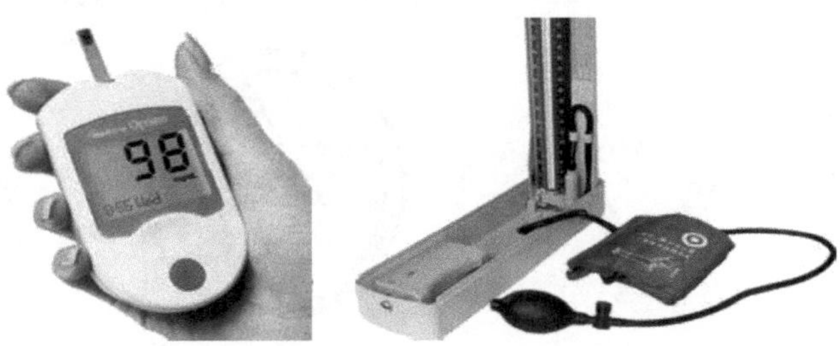

图 2-11-3　人体测量的仪器——血糖仪和血压计

光是汽车上用的“精准”变革产物就十分多，例如测速仪、测温计、油量计、里程表等。飞机上控制面板上的仪表就更加丰富了。

伺服电机当属近代工业的重要发明，它可以“精准”地控制电机微小的动作，达到精确的目标。伺服电机（Servo Motor）是指在伺服系统中控制机械元件运转的发动机，是一种辅助马达的间接变速装置。

伺服电机可使控制速度、位置精度非常准确，可以将电压信号转化为转矩和转速以驱动控制对象。伺服电机转子转速受输入信号控制，并能快速反应，在自动控制系统中，用作执行元件，可把所收到的电信号转换成电动机轴上的角位移或角速度输出。简单点说就是：平常看到的那种普通的电机，断电后它还会因为自身的惯性再转一会儿，然后停下。而伺服电机和步进电机是说停就停，说走就走，反应极快。从“精准”角度看，伺服电机是普通电机的一大跨越。

丝杠也是让机械行程更精准的产物，其精度可以控制到双零级，如图 2-11-4 所示。

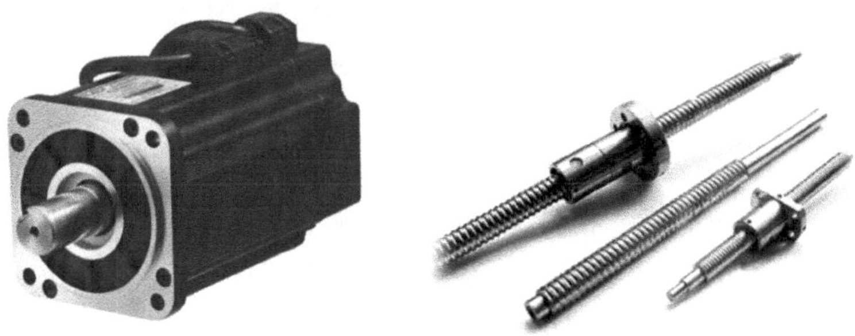

图 2-11-4　伺服电机与精密丝杠

以上的例子是狭义的“精准”案例，广义的“精准”案例更多。例如人们细分市场，精准地定义客户群，制造适应这类客户群的特定商品。

人们把服装细分为高档、中档和低档，或者分为春夏秋冬四季装，或者分为童装、女装、男装、职业装、工装、休闲装、运动装、戏装、礼服等，可以精准地面向不同的着装需求。

人们还把洗涤用品分为洗头、洗面、沐浴、洗衣、洗碗、洁厕、去污等琳琅满目的不同种类商品，精准对接不同客户群。仅就洗头而言，人们还研制了去头屑、柔发、护发、生发、亮发、养发等不同系列产品，让产品细分的精准度越来越高。现在人们通常按用途把纸张细分为六大类：印刷用纸及纸板类；书写、制图及复制用纸及纸板类；包装用纸及纸板类；生活、卫生及装饰用纸及纸板类；技术用纸及纸板类；加工纸原纸类。

如果我们把某一类纸再精准细分，又有很多类型。就拿生活、卫生用纸而言，又可以分为餐巾纸、洁面纸、厕所卫生用纸、厨房卫生用纸等。

洗涤用品和纸的部分“精准”创新的案例如图 2-11-5 所示。

图 2-11-5　洗发水和卫生纸的“精准”细分产品

老年人手机便是功能转移和“精准”变革的结果，它保留了普通手机所具有的所有功能，删除了诸如拍照摄像、彩信上网等功能，而针对老年人的特点增加了整点报时、提高了铃声音量、增大了按键面积等，让老年人能够方便熟练使用手机，方便了老年人的生活。这种手机肯定会有其特定的客户，随着世界人口老龄化，老年客户群会越来越大。

快捷酒店业更是“精准”创新的典型。某酒店首席运营官回忆当年创业时的环境：“在 1995 年前后，我们发现在国内旅游者的住宿需求与星级饭店的供给之间存在着巨大的鸿沟。许多国内旅游者抱怨在上海找不到合适的住宿设施，但是奇怪的是，我们发现星级饭店的平均出租率还不到 60%，非星级饭店的出租率水平甚至还要更低。在经过详尽的市场调查后，发现国内旅游者需要的是一种新产品，这种新产品的质量要比大部分星级饭店的质量高，但是价格要比大部分星级饭店的价格低。”所谓的“一星级的大堂，五星级的大床”是“精准”创新的主打方向，其他包括上网及办公条件的改进，同时舍去了很多奢侈的设施。让原来一家不入流的饭店，通过“精准”定位改造，更好地满足了出差频繁商务人士的实际需求。

精准医疗（Precision Medicine）是最近发展起来的医疗趋势。其本质是通过基因组、蛋白质组等组学技术和医学前沿技术，对于大样本人群与特定疾病类型进行生物标记物的分析与鉴定、验证与应用，从而精确寻找到疾病的原因和治疗的靶点，并对一种疾病不同状态和过程进行精确分类，最终实现对于疾病和特定患者进行个性化精准治疗的目的，提高疾病诊治与预防的效益。精准医疗的重点不在“医疗”，而在“精准”。与个体化医疗相比，精准医疗更重视“病”的深度特征和“药”的高度精准性；是在对人、病、药深度认识基础上，形成的高水平医疗技术。

再给大家讲一个有意思的“精准”故事。有人在男士用的小便池里印上一只苍蝇的图形，这只“苍蝇”就印在排水口附近，偏左一点地方。结果男士们在小便时就更“精准”地对正小便池，不至于流到池外了。还有一种设计就用一个挂着“小足球”的“球门”来引导人们准确小便。这两个发明主要利用心理学原理。如果给小便池的排水口设计为一个标靶，并用箭头作为指示，那么势必会引起一些人的逆反心理，将会有一部分人反而故意地不服从上面的指示，故意尿到池外。但是这只无伤大雅的“小苍蝇”或者“足球门”却可以“邀请”大家去“进攻”。设计者是以一种不经意、温和、生动的方式感染和影响人的行为，如图 2-11-6 所示。

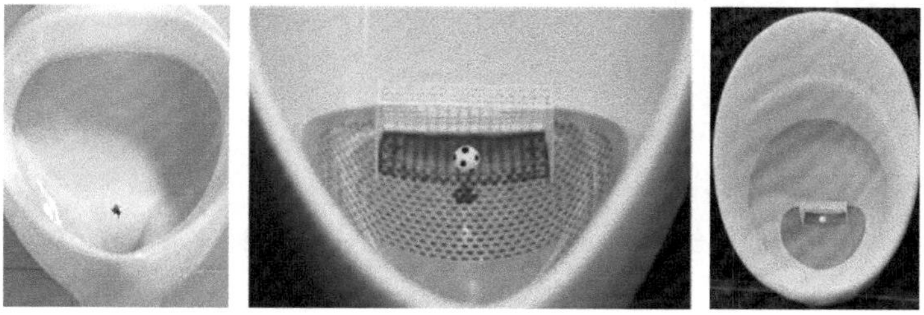

图 2-11-6　小便池里的“苍蝇”和“足球门”之精准创意

再给大家讲一个“精准”改变人生的故事。有一位青年在美国某石油公司工作，他所做的工作就是巡视并确认石油罐盖有没有自动焊接好。石油罐在输送带上移动至旋转台上，焊接剂便自动滴下，沿着盖子回转一周，作业就算结束。他每天如此，反复好几百次地注视着这种作业，枯燥无味，厌烦之极。他想创业，可又无其他本事。他发现罐子旋转一次，焊接剂滴落 39 滴，焊接工作便结束了。一天，他突然想到；如果能将焊接剂减少一两滴，是不是能节省点成本？于是，他经过一番研究，终于研制出“37 滴剂”焊接机。但是，利用这种机器焊接出来的石油罐，偶尔会漏油，并不理想。但他不灰心，又研制出“38 滴型”焊接机。这次的发明非常完美，解决了漏油问题，而且节省了焊接剂。不久便生产了这种机器，改用新的焊接方式。虽然节省的只是一滴焊接剂，但那“一滴”却替公司增加了每年 5 万美元的新利润。这个青年，就是后来掌握全美制油业 95%实权的石油大王——洛克菲勒。“精雕细琢”的变革改变了洛克菲勒的人生，能见别人所未见，才能做别人所不能做。

“大数据”技术就是通过网络进行的“精准”创新技巧。美国的 Target 百货公司上线了一套客户分析工具，可以对顾客的购买记录进行分析，并向顾客进行产品推荐。一次，他们根据一个女孩在 Target 连锁店中的购物记录，推断出这一女孩怀孕，然后开始通过购物手册的形式向女孩推荐一系列孕妇产品。这一做法让女孩的家长勃然大怒，事实真相是女孩隐瞒了怀孕的消息。

阿里巴巴每天有海量的交易和数据在阿里的平台上跑着，他们通过对商户最近 100 天的数据分析，就能知道哪些商户可能存在资金问题，此时的阿里贷款平台就有可能出马，与潜在的贷款对象进行沟通。这让贷款的成功率大大提升。

最近风靡全球的 Tik Tok 之所以受欢迎，主要是因为它研究了一种算法，可以精准地预测客户的浏览倾向，不断地向客户推送他们喜欢的节目，不断地吸引客户持续浏览。

【妙技锦囊】“精雕细琢”是工匠精神的精髓，也是一种工作技巧。“精”可以创造价值，当然“粗”同样可以创造财富，这是创新的两个方向。这里是想引导工匠以“精”取胜，通过“精”达到“准”。一方面用“精雕细琢”来引导工匠精益求精的工作风格，追求精准、精确和精细，另一方面想通过这种细微的聚焦来根本改变创造物的本质和功能，从而创造更好的功效和更高的价值。

第12技　伸缩自如

释义：“伸缩自如”是通过缩放、扩大与缩小、延展与压缩、展开与折叠所完成的创新技巧。

标识符号：

“伸缩”的创新例子很多，在嵌套给出的一些案例，如照相机伸缩支架、拉杆箱包应该也同时属于“伸缩”的创新技巧范畴。伸缩与嵌套有类似的内容，也有不同之处。

日常生活中有太多伸缩的例子。人们常常佩戴的眼镜，就能够伸缩，使用时打开两个眼镜腿架在两个耳朵上，不用时可以折叠缩小放到眼镜盒里。用的雨伞，平时就折叠缩小放到伞套里，使用时才打开。用的婴儿车，使用时打开，不用时可以折叠缩减占用空间，其他如折叠椅、瑞士军刀、伸缩卷尺，都大量应用了“伸缩自如”的创新技巧，如图2-12-1所示。

图2-12-1　折叠伞、折叠椅、婴儿车、瑞士军刀、眼镜、卷尺的“伸缩”创新

关于伞的发明，说法很多。相传在4000年前，当时的部落首领黄帝与另一个部落首领蚩尤在涿鹿打仗。时值春末夏初，风刮土扬，烈日炎炎。黄帝命人在

战车上撑起一个叫作“华盖”的用具，就是用来遮住阳光、挡住风沙。后来，黄帝打胜了。古人迷信，以为是“华盖”保佑的结果，因此视它为荣誉和权力的象征，黄帝走到哪里，华盖跟到哪里。所谓华盖就好像一顶圆形布盖子下边支着一根长棍，不能收拢也不能伸大，比较笨重。盖即伞的前身，只是盖与普通老百姓无缘。南北朝以后，一些官吏富有人家，让工匠仿制盖，采用绫罗丝绸当面料，骨架比盖小，又可撑可收的防雨遮阳的用具——伞问世了。流传较广而又有文字记载的还是那位神通广大的鲁班先师。据说鲁班在乡间为百姓做活，媳妇云氏每天往返送饭，遇上雨季，常常被淋。鲁班在沿途设计建造了一些亭子，遇上下雨，便可在亭内暂避一阵。亭子虽好，总不便多设。云氏突发奇想，“要是随身有个小亭子就好了”。鲁班听了媳妇的话，茅塞顿开。于是他依照亭子的样子，裁了一块布，安上活动骨架，装上把儿。世界上第一把“伞”就这样问世了。而据《玉屑》记载，伞是鲁班的媳妇为关心终日在外劳作的丈夫而发明的。孰是孰非，真是无法考证。

据传，公元前1100年，中国人已经使用伞，那时已经用伞表示身份。伞骨用竹或檀香木制成，上面覆以树叶或羽毛做的伞面。公元12世纪英语才出现“伞”这个词。以前一直只有阳伞，到1733年，巴黎人用油布做伞面，才制成雨伞。1750年，英国的汉威到外国旅行后带了一把伞回伦敦，轰动一时。又有说，早在公元前1200年，埃及的贵族们外出旅游时常常要奴隶为他们撑太阳伞。罗马人用伞遮挡地中海地区的阳光。在英国，18世纪才开始使用雨伞。佰纳斯伞一度是女性的专用品，表示女人对爱情的态度。把伞竖起来，表示对爱情坚贞不渝；左手拿着撑开的伞，表示“我现在没有空闲时间”；把伞慢慢晃动，表示没有信心或不信任；把伞靠在右肩，表示不想再见到你。到了19世纪，男人才开始使用伞。由于英国多雨，伞是英国生活中不可缺少的一部分，成为传统的英国生活方式的象征，也成为伦敦商人和官员必备之物，英国人的象征——约翰牛就手中拿着雨伞。在文学作品、电影中，伞也是不可缺少之物。英国于1969年还建立了伞博物馆。伞还有多种用途。伞有时被当作武器。1978年，一个被流放的保加利亚人在滑铁卢大桥上被刺客用伞尖刺伤，中毒身亡。有的伞柄可以喷洒胡椒粉，用来制止恶狗追咬。有的伞柄里有灯光可照明探路。至于折叠伞的发明，有说是英国人，也有说是德国人，还有说是日本人，的确很难考证，也不是本书研究的重点。我们所关注的只是这种“伸缩自如”变革的技巧而已。

可以伸缩自如的发明一直在不断积累。从早期的折叠帐篷，到四肢伸缩自如的机器人和机器驮驴，无所不包，如图2-12-2所示。

机械类的伸缩最常用的是气缸活塞，无论是蒸汽机、汽车、发电机组、建筑机械、空压机等大量机械设备都应用这一原理。飞机起落架和笔记本电脑也属于伸缩的典型应用案例。图2-12-3给出了一些有关伸缩的设计案例。

图 2-12-2　伸缩自如的帐篷、机器驮驴和机器人

图 2-12-3　气缸活塞、飞机起落架和笔记本电脑的伸缩创新设计技巧

说起起落架，人们忘不了霍华德·休斯，他并没有发明飞机，而是对客机提出了一系列的创新设计。比如，他重新设计了可收放式起落架、连杆和连接件等收进机体内部，从而减小了飞行中的空气阻力。这种创新改进对第二次世界大战时期的一系列战斗机设计都有影响。

生活中的伸缩设计比比皆是，简单的如可折弯的饮料吸管，日常用的伸缩扶梯（包括上下飞机的移动式伸缩扶梯）、节日用的折叠灯笼、我们平常用的折叠扇都属于此类创新，如图 2-12-4 所示。

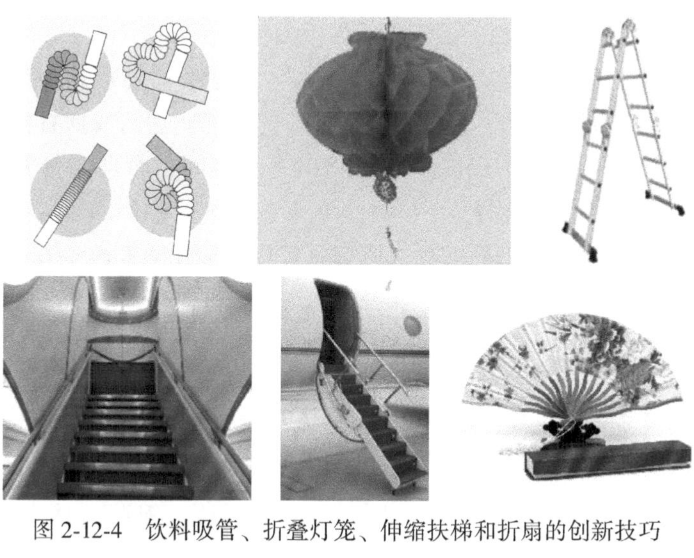

图 2-12-4　饮料吸管、折叠灯笼、伸缩扶梯和折扇的创新技巧

折扇具有悠久历史。据记载，折扇起源于西汉，有说起源于东晋，也有说起源于南齐，还有说折扇在唐代由高丽传入，也有说是北宋年间由日本进贡传入，说法不一。折扇又名“撒扇”“纸扇”“繖扇”“掐扇”“摺迭扇”“摺叠扇”“聚头扇”“聚骨扇”“櫂子扇”“旋风扇”，是一种用竹木或象牙做扇骨、韧纸或绫绢做扇面的能折叠的扇子。用时需打开，成半规形，聚头散尾。折扇内包含着“伸缩”的创新，也包含着“对称”的变革。

折叠灯笼在中华民族悠久历史中扮演着重要的角色，象征着中华文明的灿烂，也象征国家的昌盛繁荣。在古代，其主要作用是照明，后来灯笼就成了中国人喜庆的象征。从种类上有宫灯、纱灯、吊灯等。从造型上分，有人物、山水、花鸟、龙凤、鱼虫等，除此之外还有专供人们赏玩的走马灯。

中国的折叠灯笼起源于1800多年前的西汉时期，每年农历正月十五元宵节前后，老百姓家家户户都挂起红灯笼，以示庆贺。后来灯笼就成了中国人喜庆的象征。灯笼的种类越来越丰富，花样也更多。据史料记载，唐代开元天宝年间的“上元灯节”曾“置百枝灯树，高八十尺，竖之高山，上元夜点之，百里皆见，光明夺月色”，成为当时一大景观。

唐宋时期，随着官定灯节假日制定，彩灯的制作进入盛世。每逢元宵之夜，家家户户张灯结彩，远远望去，万家灯火，形成“月华连昼色，灯影杂星光”的瑰丽景色。

折叠自行车也属于“伸缩”创新的范畴。一般折叠车由车架折叠关节和立管折叠关节构成。通过车架折叠，将前后两轮对折在一起，可减少45%左右的长度。整车在折叠后可放入登机箱和折叠包内，以及汽车的后备箱。在折叠的过程中也不需要借助外来工具，可手动将车折叠展开。在折叠后通过座杆作为支撑点以使折叠后能立稳。折叠自行车携带、使用方便舒适。

而折叠家具则是突破传统家具的设计模式，通过折叠可以将面积或体积较大的物品尽量压缩。细细品味，会发现一种独特的美感，它们或拥有灵活自由的使用方式，或功能多样化，不仅能为居室腾出不少空间，而且兼具安全、便于整理、多功能、便于运输等优势。

伸缩门也是“缩放”创新的现代产物，被广泛应用，如图2-12-5所示。

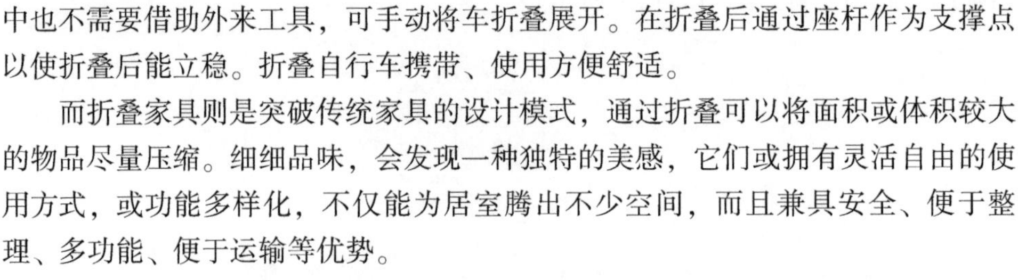

图2-12-5　折叠自行车、折叠家具和伸缩门的“缩放”创新

可折叠的消防水管、可伸缩的蛇形管、可折叠的帐篷、平常用的可伸缩的卷尺、可折叠的旅行包和拉杆，这种“缩放”的创新真是无所不在。

“伸缩自如”在机械制造上的变革，要数气缸活塞的发明最为典型。见过旧式火车的人都清楚，当曲轴旋转时，通过连杆的传动，活塞便做往复运动，由气缸内壁、气缸盖和活塞顶面所构成的工作容积则会发生周期性变化。活塞从气缸盖处开始运动时，气缸内的工作容积逐渐增大，这时，气体即沿着进气管，推开进气阀而进入气缸，直到工作容积变到最大时为止，进气阀关闭；活塞反向运动时，气缸内工作容积缩小，气体压力升高，当气缸内压力达到并略高于排气压力时，排气阀打开，气体排出气缸，直到活塞运动到极限位置为止，排气阀关闭。当活塞再次反向运动时，上述过程重复出现。总之，曲轴旋转一周，活塞往复一次，气缸内相继实现进气、压缩、排气的过程，即完成一个工作循环。

另外一类广义的“缩放”是电子数码的压缩和解码技术，包括电子文件的压缩和解码，例如一些存储器的发明，从早期的碟片，到现在的U盘，体积越来越小，而存储量越来越大。VCD的发明也是“缩放”变革的案例。

【妙技锦囊】“伸缩自如”创新方法既可以用于有形的伸缩，如体积、面积、重量、长短等，也可以应用于无形的伸缩，包括频率、功率、振幅、能量、强度、照度、磁通量、电量、辐射、黏性等。这里给工匠们留下很多想象和创意的空间。

第13技　留有余地

释义："留有余地"是设计与创新的容错、给出冗余量、留出冗余方案和手段的手法，避免因为主系统崩溃而造成更大损害。通过这样的设计对原系统加以补救、加固，提升系统的可靠性和可持续性。

标识符号：

"留有余地"是创新设计的重要原理，为了避免某一机制的失效，采用另外原理机制，另外动力的设计可以加以补充或者补救，即为冗容设计。

动物是给自己留有余地的，狡兔有三窟就是例子。人当然也不例外。越是关系人身安全的设施，这样的设计就越有必要。轮船上的救生船、救生衣、救生圈，飞机上的氧气面罩、救生衣就是属于冗容设计。人们并不希望这些物品真正用上，但必须具备，以防万一，如图 2-13-1 所示。

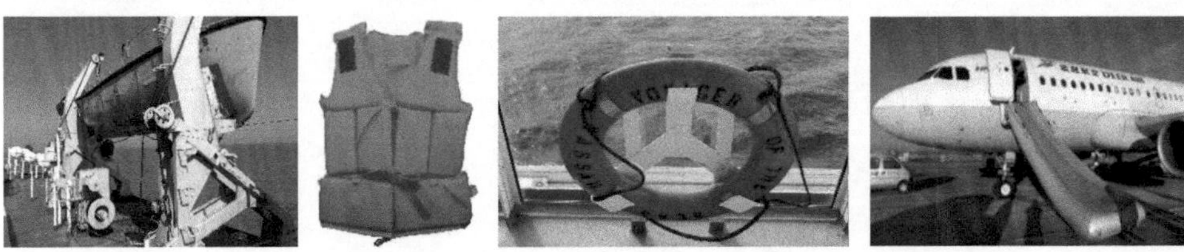

图 2-13-1　救生船、救生衣、救生圈、飞机滑梯的冗容设计

飞机的双发动机是冗容设计的另外典型的例子。飞机的双发动机，或者多发动机，目的也是一样的，当其中一台发动机失效，还能保证飞机的动力。战斗机的弹跳仓和降落伞也是冗容设计，当飞机被敌机摧毁，通过弹跳仓将飞行员弹射出机舱，让飞行员跳伞逃生。图 2-13-2 给出上述冗容设计的案例。

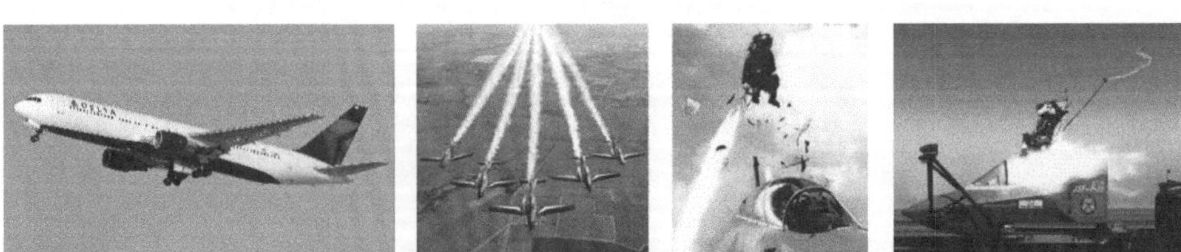

图 2-13-2　飞机双发动机、战斗机的弹跳仓设计

汽车上的多原理制动系统。按功划分为行车制动系、驻车制动系和辅助制动系。行车制动系是由驾驶员用脚来操纵的，故又称脚制动系，它的功用是使正在行驶中的汽车减速或在最短的距离内停车。驻车制动系是由驾驶员用手来操纵的，故又称手制动系，它的功用是使已经停在各种路面上的汽车驻留原地不动。第二制动系是用于在行车制动系失效的情况下，保证汽车仍能实现减速或停车的一套装置。在许多国家的制动法规中规定，第二制动系也是汽车必须具备的。经常在山区行驶的汽车以及某些特殊用途的汽车，为了提高行车的安全性和减轻行车制动系性能的衰退及制动器的磨损，用以在下坡时稳定车速，还设计了辅助制动系。按制动能量传输又可以分为机械式、液压式、气压式、电磁式、组合式。按回路多少分为单回路制动系、双回路制动系。按能源分为人力制动系、动力制动系、伺服制动系。这些“冗容”的设计都是为了行车的安全。

汽车上的安全气囊也是一种“冗余—保险”设计。大型汽车上还设计了多逃生通道，以便乘客遇到紧急情况时顺利逃生。在出现意外情况下，除了逃生通道，还预备了可以砸碎玻璃的安全锤等，如图 2-13-3 所示。

图 2-13-3　汽车多制动和逃生通道、安全锤设计

另外，楼宇的防火通道、降落伞备用伞包等也属于为保证安全的冗容设计，而飞机洗手池的感应+按键冲水则属于另外的情况，目的在于万一感应方式失效，还能够保证手动出水，如图 2-13-4 所示。

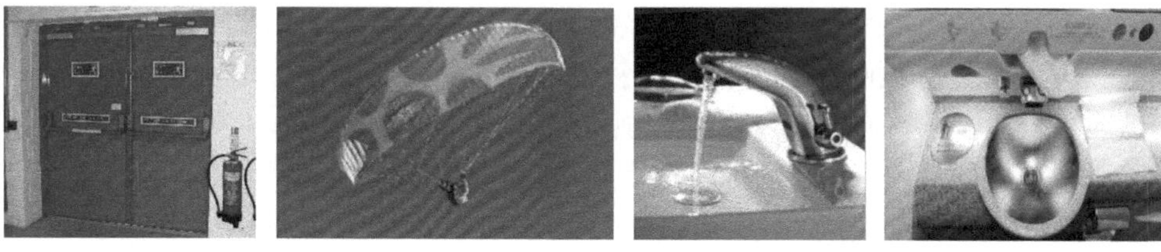

图 2-13-4　防火紧急逃生门、降落伞备用伞包和感应+按键出水的洗手池

在化工设备系统里常常有一种备机设计，即当一台主机出现问题，另外的备机马上启动，以避免全流程的停机。这种备机设计虽然会造成某些投资冗余，但与全线停机损失比较，其投入产出比还是很高的。

在通信工程中，“冗容”指出于系统安全和可靠性等方面的考虑，人为地对一些关键部件或功能进行重复的配置。当系统发生故障时，比如某一设备发生损坏，冗余配置的部件可以作为备援，及时介入并承担故障部件的工作，由此减少系统的故障时间。“冗容”尤用于应急处理。“冗容”可以存在于不同层面，如网络冗余、服务器冗余、磁盘冗余、数据冗余等。

另外一个“冗容”变革的例子是倒计时红绿灯，它通过计时器告诉过马路的人和车辆红灯剩余的时间，可以提醒往来行人及车辆做好准备。哈尔滨大街上还出现了“会说话”的红绿灯。不少行经哈尔滨中央大街、友谊路等地的市民发现，街头竟出现了会说话的信号灯。记者采访获悉，原来这是交警部门安装的“视障人士声响辅助器”，不但能给视障人士提供帮助，对其他行人也是一种提醒和规范。每当行人过街，信号灯为红灯时，就会反复响起“红灯，请留步”的语音提示，当信号灯为绿灯时则提示“绿灯，请过马路”，并伴有急促的提示音。考虑到习惯边过马路边玩手机的市民，这种新型信号灯会及时提醒行人，注意安全。这是安全“冗容”创新的很好例子。

下面给大家讲一个和“冗容”有关的小故事。一位顾客到理发店理发，突然下起了大雨，理发到一半时他的手机响了，他的老板让他立即将一份拟好的协议打印出来，送到客户的公司。这下可把那位顾客急坏了，望着窗外的大雨和镜子里刚理了一半的头发，他进退两难，思考再三，他最后还是放弃理发，带着“新发型”跑出去，冒着大雨去打印协议，显得十分狼狈。理发店的老板发现平日来理发的顾客多是周边的写字楼里的白领，他们常常是趁工作空闲时偷溜出来理发。于是，一项新的服务很快就在理发店诞生了。经过了策划，理发店老板置办了各种办公设备，包括电脑、打印机、复印机等。如果顾客临时接到任务，或是需要及时处理一些文档，可以在理发店完成。这项服务一推出，就吸引了那些每日工作繁忙的顾客，这样理发时就不用战战兢兢了。理发店反而依靠这个特色服务，赢得了众多白领的口碑和光顾。这也算是一种“冗容”创新。

在生活中，为残疾人行走的专用路线，酒店旅馆里的备用雨伞，备用盥洗用品、保险柜、迷你酒吧和电冰箱，楼宇里的双电梯加行走楼梯，建筑物里的紧急照明灯，方程式赛车的检修人员，高速公路边上的临时停车道，汽车的临时停车三角路牌和双闪灯，汽车上的备用轮胎，轮船上的救生艇，餐厅里的打包餐盒，工厂里阀门上用的安全锁扣都属于“冗余”设计的内容。图 2-13-5 给出几个例子。

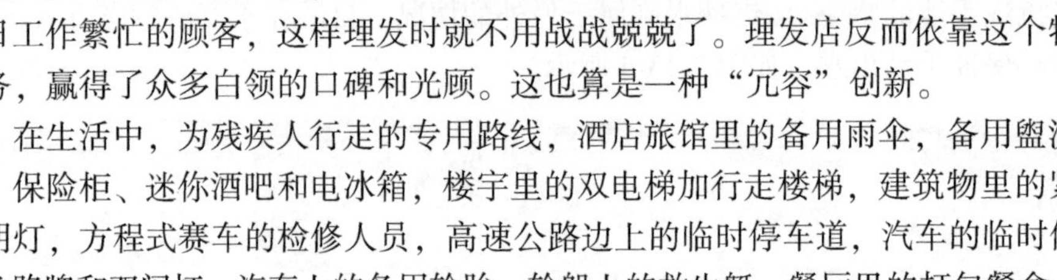

图 2-13-5　汽车备胎、安全锁扣、安全气囊、应急通道、紧急停车标识以及应急灯的“冗余”设计

在校园门口的安全防撞立柱，家庭里的备用钥匙，门锁的安全防盗链，防止儿童触摸电源的安全堵头，电脑的双系统，手机的双卡设置，家庭的铁门和木门双门防盗系统，都属于冗余设计创新。

有个“留有余地”的哲理故事。话说有一个佛门弟子，做事非常认真，日夜参禅，可是收效甚微。一天，他去请教师父，师父听后，给他一个葫芦、一把盐，说：“你把葫芦装满水，再把盐放进去，让它很快融化。”弟子立即照办。可过了一会儿，他又来找师父，说：“师父，水太满了，摇不动啊。想用筷子进去搅，可葫芦口又太小了，进不去。所以，这盐都沉到下面去了，化不了啊！”师父听后笑着说：“呵呵，那还不好办嘛，你先把葫芦里的水倒掉一些，然后再用力摇一摇，看看如何？”徒弟又立即按照师父说的去做了。果然是立竿见影，葫芦里的盐很快就融化了，清水变咸水了。这一下，徒弟终于悟出了其中的“真谛”。原来，留有余地往往有利于事情的成功。

【妙技锦囊】综上所述，无论是哲学思想还是方法技巧，“留有余地”都是重要的行事原则，也同时是工匠创新的重要抓手。“留有余地”是通过冗余、加大保险系数、留有出路、给出空间方式的创新技巧。在关系到人类生命的场合，这种创新的意义尤其明显；除了减少对人类的伤害，“留有余地”还可以用于减少其他方面的损失，包括对环境、野生动物、财产等的影响。“留有余地”的应用潜在空间十分广阔。

第14技　草船借箭

释义：“草船借箭”是通过借能、借势、借力的形式进行变革的技巧。大自然和人造系统蕴含着大量无用的、被浪费的能量，如果手段合适，机巧适宜，完全可以引导过来，为我所用。

标识符号：

“草船借箭”是《三国志》中脍炙人口的故事。当时曹操率大军要征服东吴，孙权、刘备联合抗曹。孙权手下大将周瑜智勇双全，但心胸狭窄，妒忌诸葛亮的才干。因水中交战需要箭，周瑜要诸葛亮在十天内负责赶造十万支箭，哪知诸葛亮只要三天，还愿立下军令状，完不成任务甘受军法处罚。周瑜想，三天不可能造出十万支箭，正好利用这个机会来除掉诸葛亮。他一方面让军匠们不要把造箭的材料准备齐全，另一方面命大臣鲁肃去探听诸葛亮的虚实。鲁肃见了诸葛亮。诸葛亮说：“这件事要请你帮我的忙。希望你能借给我20只船，每只船上30个军士，船要用青布幔子遮起来，还要一千多个草把子，排在船两边。不过，这事千万不能让周瑜知道。”鲁肃答应了，并按诸葛亮的要求把东西准备齐全。两天过去了，不见一点动静，到第三天四更时候，诸葛亮秘密地请鲁肃一起到船上去，说是一起去取箭。鲁肃很纳闷。诸葛亮吩咐把船用绳索连起来向对岸开去。那天江上大雾弥漫，对面都看不见人。当船靠近曹军水寨时，诸葛亮命船一字摆开，叫士兵擂鼓呐喊。曹操以为对方来进攻，又因雾大怕中埋伏，就派六千名弓箭手朝江中放箭，雨点般的箭纷纷射在草把子上。过了一会儿，诸葛亮又命船掉头逃跑，让船的另一面受箭。太阳出来了，云拨雾散，诸葛亮令船赶紧往回开。这时船的两边草把子上密密麻麻地插满了箭，每只船上至少有五六千支箭，总共超过了十万支。鲁肃把借箭的经过告诉周瑜时，周瑜感叹地说：“诸葛亮神机妙算，非我所及也。”诸葛亮借能、借料，巧妙之极。

我们这里是借用“草船借箭”这个典故来导出的一种创新技巧，引导工匠巧妙地借力使力，为构造物创造功效和价值。

古时候用水车灌溉，用水车舂米都是典型的“借能”创新案例，如图2-14-1所示。

风车是一种带有可调节的叶片或梯级横木的轮子用来收集风力机械能的装置。在我国，使用风车的历史很早。在辽阳三道壕东汉晚期的汉墓壁画上，就画有风车的图样，距今已有1700多年的历史。明代开始应用风力来驱动水车以灌溉农田。

图 2-14-1　水车灌溉、水车舂米、驴拉磨以及风车的借能创新

在欧洲，第一架见于记录的风车是公元 1180 年诺曼底的一个风车，这种风车有一个卧式的主动轴和垂直的帆翼，所以许多人认为这很可能和 10 世纪有垂直主动轴的东方风车无关，而是欧洲人自己发明的。到 19 世纪，风车的使用达到全盛时期。据记载，当时仅荷兰就有一万多架风车，美国农村更有一百多万架风车。到 20 世纪初，丹麦还保留有十多万架风车。在英国、希腊等岛屿国家的乡村中，都广泛地使用风车。在一些动力资源缺乏和交通不便的草原牧区、沿海岛屿，仍然用它的动力来进行一些工作。

瓦特发明了蒸汽机，代表第一次工业革命的开始。蒸汽机其实就是“借能”于加热蒸汽的案例，通过蒸汽推动活塞，通过活塞和连杆带动轮子的转动，出现了第一部蒸汽机车。汽轮机是在蒸汽机基础上发展起来的，原理相近，如图 2-14-2 所示。

图 2-14-2　瓦特发明的蒸汽机、早期的蒸汽机车、内燃机结构与应用的内燃机

人类通过"借能"进行创新的案例十分丰富。例如电的发现，人们通过煤炭的热能转化为蒸汽机，带动发电机发电，我们称之为火力发电。后来发展出燃油发电、燃气（天然气）发电、核电等，更广泛的应用还包括风力发电、光伏发电、海浪发电、水力发电等，如图 2-14-3 所示。

图 2-14-3　火电站、水电站、核电站、风力发电、海浪发电及光伏发电

风力发电机是将风能转换为机械功，机械功带动转子旋转，最终输出交流电的电力设备。广义地说，风能也是太阳能，所以也可以说风力发电机是一种以太阳为热源，以大气为工作介质的热能利用发电机。风力发电的原理是利用风力带动风车叶片旋转，再透过增速机将旋转的速度提升，来促使发电机发电。依据目前的风车技术，大约是 3 m/s 的微风速度（微风的程度），便可以开始发电。因为风力发电没有燃料问题，也不会产生辐射或空气污染，风力发电正在世界上形成一股热潮。

太阳能光发电是将太阳能直接转变成电能的一种发电方式。它包括光伏发电、光化学发电、光感应发电和光生物发电四种形式，在光化学发电中有电化学光伏电池、光电解电池和光催化电池。太阳能热发电是先将太阳能转化为热能，再将热能转化成电能，它有两种转化方式：一种是将太阳热能直接转化成电能，如半导体或金属材料的温差发电，真空器件中的热电子和热电离子发电，碱金属热电转换，以及磁流体发电等；另一种方式是将太阳热能通过热机（如汽轮机）带动发电机发电，与常规热力发电类似，只不过是其热能不是来自燃料，而是来自太阳能。

前面曾经谈到的降落伞也是“借能”的例子，高空跳伞意味着将势能转化为空气与伞壁的摩擦热能以及动能，也是能量转化的过程。厕所里马桶的水箱浮球是利用水的浮力来完成一些动作，而吊车与电梯的平衡重物也是利用重力进行作业力的平衡，如图 2-14-4 所示。

图 2-14-4　水箱浮球、起重机平衡重物、降落伞、电梯对重的“借能”创新

自来水笔是利用重力让墨水缓缓流出，用于书写。而机械设计里的冷却系统则是利用空气、水和油液的循环，带走热量，达到输送能量的作用，通常称为空冷、水冷、气冷系统，如图 2-14-5 所示。

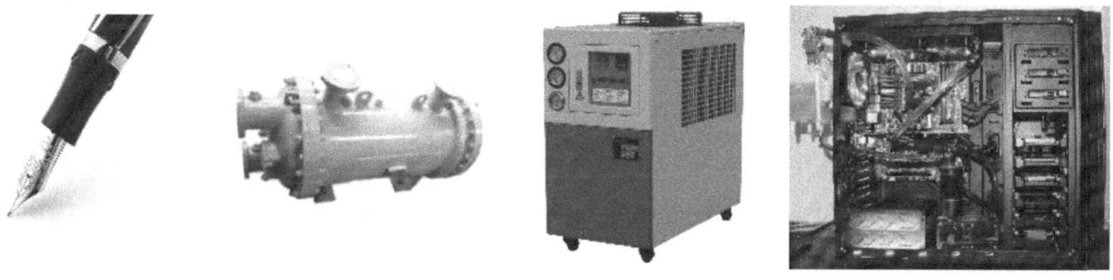

图 2-14-5　自来水笔、油冷、气冷、水冷系统的“借能”创新

自来水笔的“借能”变革历经曲折。就拿钢笔来说，1809 年，英国颁发了第一批关于贮水笔的专利证书，这标志着钢笔的正式诞生。早期的贮水笔，墨水不能自由流动。写字的人压一下活塞，墨水才开始流动，写一阵之后又得压一下，否则墨水就流不出来了。这样写起字来当然很不方便。1829 年，英国人詹姆士·贝利成功地研制出钢笔尖。它经过特殊加工，圆滑而有弹性，书写起来相当流畅，深受人们的欢迎。然而，这种笔必须蘸墨水书写，十分麻烦。到 1884

年，美国一家保险公司的一个叫华特曼的雇员，发明了一种用毛细管供给墨水的方法，比较好地解决了上述问题。这种笔的笔端可以卸下来，墨水用一个小的滴管注入。

最早的能够自己吸墨水的笔出现于20世纪初期，采取了一个活塞来吸墨水。当笔中采用了皮胆后，就要用一个铁片插入一个缝中去挤压皮胆来吸墨水。到1952年，又出现了用一根管子伸进墨水中吸水的施诺克尔笔，直到1956年，才发明了常用的毛细管笔，当压住笔尖时，墨水可以从笔尖的细缝中持续缓缓流出用于书写。

提起自来水笔，还引出另外一个“借能”类型的发明。一名佳能工程师不小心将一个加热过的熨斗放在了钢笔上，墨水从笔尖喷了出来。他随后根据这一原理发明了喷墨打印机。

日常生活中也有很多例子，例如在海上的帆船和冲浪活动，放的孔明灯和放的风筝，冬天的高山滑雪、滑草和滑沙活动，溪水漂流活动，都是一种“借能”的活动。

另外一个“借能”的案例是水冷空调的发明。水冷空调又叫环保空调，是一种近年来兴起的利用自来水的温度来达到冷却室内温度的空调机。

20世纪70年代，瑞典科学家卡尔蒙特发明以纸为介质的湿帘。人们开始在湿帘的基础上不断研发节约能源、保护环境的设备。在2500年前埃及人利用芦苇编织成窗帘，在窗帘上加水，通过空气对流及水蒸发作用，对室内进行降温，此为最早期的蒸发式降温湿帘。人站在海边时，海风轻轻吹过时感觉特别凉爽，这是因为海水吸收空气中的热量而蒸发，使空气温度下降，从而带给我们凉爽的冷空气。蒸发型冷气机就是根据这一自然现象，将大自然现象与高科技的人工蒸发制冷技术相结合，研发出的新一代环保、节能型空调。

在水上，人们用气垫船来输送旅客，在空中，人们发明了氢气球用来运输或者从事气象活动，是另外一种借力，借的是水和空气的浮力。而电梯井下的弹簧可以减少在电梯坠落时的损伤，汽车底盘的弹簧可以减少汽车的颠簸，则借的是弹力，如图2-14-6所示。

图2-14-6　气球、气垫船和汽车弹簧的借力设计

棉花与浓硝酸和浓硫酸的混合酸发生作用后，就制成了俗名为火棉的炸药。其原因是硝酸能提供大量的氧，足以使棉花剧烈地燃烧。火棉燃烧时，有大量的热放出去，生成大量的气体——氮气、一氧化碳、二氧化碳与水蒸气。据测定，火棉在爆炸时，体积竟会突然增大 47 倍！火棉的燃烧速度更是让人大吃一惊，它能够在几万分之一秒内完全燃烧。无色无味的氧气在极低的温度、很高的压力下，会凝结成浅蓝色的液态氧气。把棉花浸在液态氧气里，就成为一种液氧炸药。一旦用雷管起爆，爆炸起来，威力巨大。炸药也是典型的“借能”创新，其能量来自炸药里的化学能。

提起炸药，人们会想起不怕死的工匠诺贝尔。1850 年，诺贝尔在巴黎学习化学，后随父亲辗转圣彼得堡和瑞典，他开始研究硝化甘油炸药。1862 年进行引爆试验，发明了“诺贝尔发火件”，就是导火索的前身。他发现了安全制造硝化甘油的方法，冒着一次次爆炸的危险进行试验改进，在发火件基础上又发明了雷管，相继成功发明了高速爆炸炸药、缓性炸药、特征炸药、兵工炸药、燃烧炸药等，被誉为“炸药之父”。

下面这个故事是广义的“借能”案例。美国西雅图华盛顿大学的校方曾经选择了一处地点，准备在那里修建一座体育馆。消息一传出，立即引起了教授们的强烈反对。没想到，学校很快便顺从了教授们的意愿，取消了修建体育馆的计划。原来，教授们之所以抵制校方的计划，是因为这个拟建的体育馆选定的位置在校园内的华盛顿湖畔。一旦场馆建成，就遮挡了教职工从餐厅欣赏美景的视线。

为什么校方会如此尊重教授们的意见呢？原因是与当时美国的平均工资水平相比，华盛顿大学教授们的工资要低 20%左右。为何华盛顿大学的教授们在没有流动障碍的前提下自愿接受较低的工资呢？很多教授之所以留下完全是出于留恋西雅图的湖光山色。西雅图位于北太平洋东岸，华盛顿湖等大大小小的水域星罗棋布，天气晴朗时可以看到美洲最高的雪山之一——雷尼尔山峰，开车出去还可以看到一息尚存的圣海伦火山。因为在华盛顿大学教书可以享受到这些湖光山色，所以很多教授愿意牺牲获取更高收入的机会。他们的这种偏好，被华盛顿大学的经济学、心理学教授们戏称为“雷尼尔效应”。由此看来，华盛顿大学教授的工资，80%是以货币形式支付的，而 20%是由美好自然环境的“风景能”来补偿的。如果因为修建体育馆而破坏了这种景观，就意味着工资降低了 20%，教授们就会流向其他大学。那样，华盛顿大学就不能以相对低的货币工资聘请到高水平的教授了。这种广义的“借能”，是借助自然旖旎风光的能量来留住人才，也很值得好好研究。

由此延伸到房地产开发的技能，例如，借助周边的美丽的山水环境开发房地产，借助周边的大学、中学教育资源来开发房地产，可能会使得房地产的价格不菲。

广义的“借能”，还涉及管理方面的“借能”，例如把工作进行分担转移，借助不同部门的力量来共同完成一个计划，这就属于管理方面的“借能”。其中包括不同部门的相互“借能”，包括下级通过上级的帮助完成某项任务，上级通过某个下级部门的协助来完成某项任务，部门之间的互相协助，都属于管理方面的相互“借能”。

【妙技锦囊】“草船借箭”是通过借能、借势、借力方式的创新技巧。三国诸葛亮的“草船借箭”蕴含着大智慧，包括对气候的了解、对敌人的熟悉等。“草船借箭”会让工匠开阔思路，主动思考如何利用大自然和周围环境中被遗弃浪费的资源，创造价值。在全球资源紧张、能源匮乏的当今时代，“草船借箭”的创新技巧一定会有更广阔的创新空间。

第15技　五味俱全

释义：“五味俱全”即通过味道、气味以及气体浓度的变化进行的创新技巧。这一创新主要针对人的嗅觉、味觉和触觉感官，通过给感官带来的享受或者刺激，产生某种功效。

标识符号：

人类在利用气味、味道和浓度的变化创新历史悠久，而且内容丰富多彩。

所谓气味：气味 = 气 + 味。气就是气体，挥发物，它是一种物质，通常是小分子，所以容易变成气体。味是感官感知，相当于传感器，是指分子作用在感官表面后产生物理量的改变，产生的信号通过神经传到大脑。所以，气味不是指一种物质，而是物质之间相互作用的过程。

北魏贾思勰《齐民要术·蔓菁》中写道：“九英，叶根麤大，虽堪举卖，气味不美。”唐杜甫《谢严中丞送青城山道士乳酒一瓶》中：“山瓶乳酒下青云，气味浓香幸见分。”宋梅尧臣《答王德言遗柑》中：“荆州持大橘，亦自名黄柑；忽得洞庭美，气味何可参。”这些都是古人对“气味”的描述。

大家都知道法国巴黎的香水十分有名，却不知300年前的巴黎，空气中散发着阵阵腐臭，路易十四死后摄政的奥尔良大公菲利浦的母亲在一封信中写道：“大街上臭气熏天，由于酷暑鱼肉腐烂，再加上成百上千的人在大街上随处小便，令人作呕。”那时巴黎的空气中散发的恶臭还与腐败的尸体有关。18世纪的巴黎是一个拥有60多万人口的大都市，当时死者的遗体只是埋入土中，任其自然腐败。由于墓场与居民区和市场相邻，腐烂的尸体臭味，非常难闻。从18世纪末开始，巴黎当局花了两年时间才把以往积累的两百万具遗骸转到巴黎南部的采石场深埋。

另一个臭源来自身体。据传，法国国王路易十四64年才洗过一次澡，这一惊人纪录保留在路易十四的御医每天为他做的身体状况的详细笔记上。根据当时的常识，洗澡是一种医疗手段，如果没有医生的吩咐，就是巴黎上流社会的绅士、淑女也绝不轻易洗澡。当时的医学常识认为，体臭越强烈说明身体越健康。在这种“时尚”推动之下，今天看来雍容华贵的巴黎社交界，其实气味并没那么高雅。尽管体臭是优异的标志，但毕竟难闻，于是用来与体臭抗衡的香水便应运而生。那时最受欢迎的是动物性香料，如龙涎香、麝香、麝猫香一类。

到18世纪中叶以后，动物性香料由于气味过于呛人而逐渐失去巴黎人的青睐，于是巴黎人的兴趣又转向了植物性香料。柠檬、橘子、玫瑰花等都可以制成香袋、香水。法国南部的里维埃拉沿海气候湿润，当地小镇格拉斯就成了用来制成香水的各种鲜花的栽培中心。直到今天，这里仍是制造香水的重要地区。风靡世界的香奈儿 5 号香水就诞生于此。它也为法国赢得了“香水之国”的美誉。

说起香奈儿 5 号香水还有段传奇故事。菲律宾的一个渔夫，走进一家昂贵的精品店里，他没有开口说任何话，只是沉默地伸出五根手指，就买到了他所想要的一瓶香水。香奈儿的 5 号香水，让 5 号成为香水界的一个魔术数字，代表一个美丽的传奇。为什么命名为 5 号呢？5 是香奈儿女士的幸运数字；在调香师恩尼斯波呈现给香奈儿女士的众多香水样品中，她选择了第 5 支；而 5 号香水的发表日期，恰在 5 月 25 日，正好与香奈儿第 5 场时装发表会同时举行，因此，“5”成为一个与香奈儿密切相关的传奇数字。

产生气味的香料，历史也很悠久，可以追溯到 5000 年前。黄帝神农氏时代，早有采集树皮、草根作为医药用品来驱疫避秽。当时人类对植物挥发出来的香气已经非常重视，又加以自然界花卉的芳香，对它产生了美感。因此在上古时代就把这些有香物质作为敬神拜佛、清净身心之用，同时也用于祭祀和丧葬。后逐渐用于饮食、装饰和美容上。我国在夏、商、周三代前就开始了对香料的使用。

在 1897 年，开掘公元前 3500 年埃及皇帝曼乃斯古墓时，发现美丽的油膏缸内，其膏质仍有香气，似是树脂或香膏。该物品现可在美国和开罗博物馆内看到。当时的僧侣可能是采集、制造和使用香料、香油或香膏者。印度、希腊等文明古国也是最早使用香料的国家。

与香料类似的还有香精、香水、清新剂、除臭剂等物质，如图 2-15-1 所示。

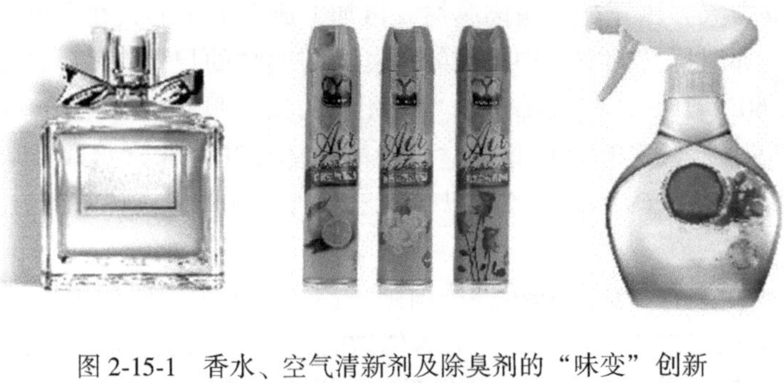

图 2-15-1　香水、空气清新剂及除臭剂的“味变”创新

研究表明，很多植物液是可以消除异味的，例如，鹿蹄草提取液可以消除烟草味，柏木提取液可以消除腐臭味。植物液除臭过程是很复杂的，但是基本原理是通过离子力结合后，再气相溶解，然后发生化学反应。经过雾化后的植物液进入空中后形成薄雾，小液滴表面带有静电将臭气分子吸引或吸附从而完成消除异味分子的过程。

有一类“味变”是反向的，例如有些家庭用的煤气或者天然气是无味的，一旦泄露将会导致人不知不觉地中毒。为了警示作用，这种可燃气体的供应部门将供应的气体故意加入一些无毒有臭味的气体。一旦泄漏，人们更容易识别。

谈到“味变”，也有一种不让人愉快的发明，那就是催泪瓦斯，也称催泪弹。催泪弹中装有镁铝、硝酸钠和硝酸钡等物质。引爆后，镁在空气中迅速燃烧，放出含紫外线的耀眼白光，同时放出的热量使硝酸盐分解，氧又进一步促进镁、铝燃烧。里面还装有易挥发的液溴，它能刺激人的敏感部位——眼鼻等器官黏膜，催人泪下。有时还装有毒剂——西埃斯，它会引起大量流泪、剧烈咳嗽、喷嚏不止，令人难以忍受，严重的可导致死亡。

生活中充满了笑，这种笑是受感情支配的。可有这样一种气体，只要你一闻到它，就会情不自禁地大笑起来。这种气体被称为“笑气”。这就是一氧化二氮，又称氧化亚氮。这是一种无色有甜味气体，在室温下稳定，有轻微麻醉作用，并能致人发笑，能溶于水、乙醇、乙醚及浓硫酸。氧化亚氮是人类最早应用于医疗的麻醉剂之一。“笑气”也是一种“味变”创新的发明。

中国明代名医李时珍尝百草，编《本草纲目》的故事几乎家喻户晓。1552年，李时珍开始编写《本草纲目》，为此他穿上草鞋、拿上药锄，踏遍山山水水，遍访民间百姓，尝遍百草滋味，绘制草兽图谱，记录百草药性，几次差点中毒身亡。经过半生耕耘，终于在1578年，61岁的李时珍经过三次大修改，编写成功并出版了《本草纲目》。在编撰中，他参看了800多种书籍，走了几万里路，请教了几万人次，记下几百万字笔记，历时27年，完成了52卷、190多万字的巨著《本草纲目》。他把中药分为16部62类，收载药物1893种，载入药方11096个，并附有动植物插图1110副。《本草纲目》对中医的贡献巨大，对人类医学的潜在贡献尚未被世界所认识。笔者相信，将来一定会被越来越多的人所认识，其贡献会更加巨大。

除了满足人们嗅觉的“味”，另外满足人们舌尖味蕾的创新产品也有好多，如人们常常接触的调味料、味精、酱油、鸡精、糖果、甜味剂等，如图2-15-2所示。

图 2-15-2　调味料、酱油、醋、豆瓣酱、鸡精以及各种糖果

谈到味精的发现，也有一段历史。1907 年，日本东京帝国大学的研究员池田菊苗的妻子因一次忘了买菜，急将黄瓜和海带放在一起给丈夫做了一份汤，结果备受丈夫的赞扬，最后，池田菊苗拿了一包海带去实验室进行分析，最后终于发现汤之所以美味，是因为海带里含有一种叫“谷氨酸钠”的物质，就是海带汤蒸发后留下的棕色晶体。这些晶体尝起来有一种难以描述但很不错的味道。这种味道，池田教授在许多食物中都能找到踪迹，尤其是在海带中。池田教授将这种味道称为“鲜味”。继而，他为大规模生产谷氨酸晶体的方法申请了专利。池田教授将谷氨酸钠称为“味之素”。这种风靡整个日本的“味之素”，很快传入中国，改名为“味精”。不久，味精风靡全世界，成为人们不可缺少的调味品。

提到调味，另外一大发明是糖精。一位叫法尔贝里的化学家从实验室回来，没有洗手就坐上桌子吃饭。他发现所吃的马铃薯格外甜，他想到自己手上沾上的物质，饭都没吃完就回到实验室。经过实验，法尔贝发明了糖精。糖精就是用煤焦油里提炼出来的甲苯，经过磺化、氯化、氨化、氧化、结晶、脱水等步骤制成的。糖精也称糖精钠，是最古老的甜味剂，糖精的甜度为蔗糖的 300～500 倍，它不被人体代谢吸收，在各种食品生产过程中都很稳定。糖精钠很多年来都是世界上唯一大量生产与使用的合成甜味剂，但对糖精的安全性一直存在争议。1972 年，在一次试验中，发现大量的糖精可导致雄性大鼠患膀胱癌，从此糖精的使用在国际上日益减少。

谈到美味的点心，还有一个典故。相传东晋时期一名大将军，见到战士们日夜血战沙场，英勇杀敌，屡建战功，甚为感动，随即传令烘制民间喜爱的美味糕饼，派人送往前线，慰劳将士，以表“点点心意”。自此以后，“点心”的名字便传开了，并一直沿用至今。

桂花糖是桃源的特产之一，驰名中外。好多年以前，桃花源里长着一棵青桂树。这棵青桂树树干不粗，但枝叶长得格外茂盛。它 25 年打一次苞，50 年开一次花。桂花一开，香味好浓，飘得好远。引得远近的人都到这里来看桂花。这一年，青桂树又开花了，可是桂花刚开，就遇到一阵狂风，把花都吹落在地上。又被风一吹，吹到山脚里。只听见“轰隆”一声塌了一堆土，把桂花埋在土里。

赶来赏花的人感到很奇怪，青桂树应该开花，怎么树上只见叶子不见花？不过他们议论了一阵也就回去了。日子又过去了十多年，人们又闻到一股股青桂花的香味。大家又赶来赏花。可是青桂树上的桂花没有开。这股香气是从哪里来的？原来这香气是从离青桂树不远的土里飘出来的，桃花源的土变香了。这消息一下轰动了上村下落的人，来的人就更多了。邻村姓王的兄弟俩，也来看稀奇。回到家里，弟弟不解地问哥哥，土怎么会香？哥哥也认为这里面恐怕有名堂。兄弟俩一商量，决定挖开泥土看一看。他俩在香土边挖呀挖，挖了三天三夜。最后，锄头挖下去，从土里冲出一股香气，兄弟俩被熏得醉醉的，倒在了地上，过了很久很久，他俩才醒过来，睁眼一看，地上铺着桂花，身上盖着桂花，土里那股香气带着桂花还在往地上喷。怎么土里会喷出桂香来？兄弟俩一想，这才想起十多年前那青桂树只开了花，很快桂花就无影无踪的事来。莫不是桂花埋在这土里了？他俩把这些桂花一担一担挑到家里，挖了个大坑，用泥封起来。从此以后，他们就做起了桂花生意。人们听说是五十年才开一次花的青桂花，都争着来买，仅仅几天，挑来的桂花就卖了很多。兄弟俩一商量，又想出了新办法：用大米做成糖，一锅糖，撒一把桂花在里头，这种糖一上市，销得飞快，人们吃着甜甜的，闻着香香的，谁不争着抢着买呀？兄弟俩做的糖渐渐出了名，手艺也越来越精，后取名为洋糖，这也就是后来的桂花糖。

酒水、饮料是另外一类满足人类味觉享受的创新，如行销全球的可口可乐、各种白酒、洋酒等。可口可乐的由来还有以下这段小故事。美国小镇上，一天一个小孩去药店要买一瓶治头痛的药。药剂师看见已经无货了，只好自己来配，他将一瓶类似治头痛的药水，配上苏打水、糖浆交给了买药的小男孩。刚过一会儿，小孩又来购买此药了，药剂师和老板经过无数次的反复配比，一个月过后，终于配成了一种味道奇特，而且又非常可口的深红色饮料，这就是最早的可乐。可口可乐是美国可口可乐公司生产的世界著名的碳酸饮料之一。据统计，现在可口可乐公司日生产量居世界各种饮料产量之冠，如图 2-15-3 所示。

图 2-15-3　可口可乐、白酒、洋酒等“味变”创新

人类的味觉享受花样繁多，例如各种各样的点心、食品，以及无穷无尽的烹调花样和菜系，为了味觉享受，人们学会了烹调，做出了丰富多彩的菜肴。国际

上著名的菜系有中国菜、法国菜、意大利菜、德国菜、日本菜、韩国菜等。

烹调是通过加热和调制，将加工、切配好的烹饪原料熟制成菜肴的操作过程，其包含两个主要内容：一个是烹；另一个是调。烹就是加热，通过加热的方法将烹饪原料制成菜肴；调就是调味，通过调制，使菜肴滋味可口，色泽诱人，形态美观。

中国的“味变”创新更加多样化，早在春秋战国时期的中国，饮食文化中南北菜肴风味就表现出差异。到唐宋时，南食、北食各自形成体系。到了宋代，北咸南甜的格局形成。发展到清代初期时，川菜、鲁菜、粤菜、苏菜成为当时最有影响的地方菜，被称作“四大菜系”。到清末时，浙菜、闽菜、湘菜、徽菜四大新地方菜系分化形成，共同构成汉民族饮食的“八大菜系”。

除八大菜系外还有一些在中国较有影响的菜系，如潮州菜、东北菜、本帮菜、赣菜、鄂菜、京菜、津菜、冀菜、豫菜、客家菜、清真菜等菜系，都具有独特的风味。

《舌尖上的中国》一书的作者通过每个人舌尖上的故乡构成了整个中国，并且形成了“吃”的文化，得以传承。中国人用智慧巧妙地从自然界获取美味，这一切之所以能够实现，都得益于他们对上天和食物的敬畏以及对自己深爱的那片土地的眷恋。《舌尖上的中国》还提供了主要食材的相关资料、全书美食地图以及多篇名家说美食的随笔散文，让读者对于中国美食文化、风土人情有更深入的体会。这本书名为介绍美食，实则勾勒众生，让读者深入体会美食带给中国人的集体记忆和超越食物的家国情怀。

图 2-15-4 显示了各种点心、烹调和菜品。

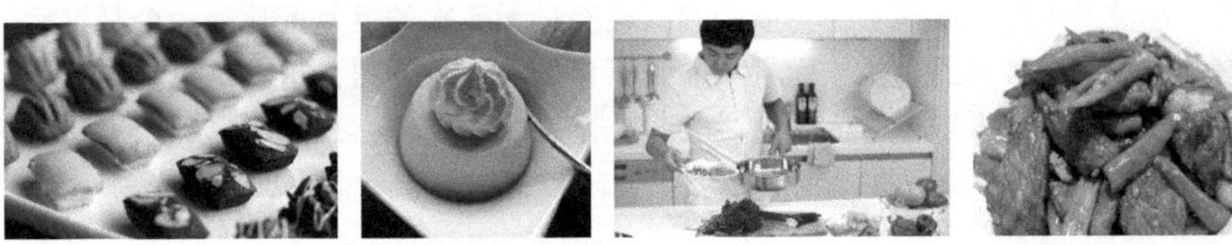

图 2-15-4　点心、布丁、烹调和菜品

按照遗传代谢理论的研究，某些病症的临床表现是可以通过闻气味来进行初步诊断的。因为代谢的原因，一些遗传代谢病的患儿会发出特殊气味，比如苯丙酮尿症会有鼠尿味、异戊酸血症会有汗脚味、枫糖尿症会有烂白菜味。通过气味诊断疾病，也是“味变”创新的一个经典。

“品茶”是一种人类的口感的享受，是温感和味感的融合。中国茶叶种类繁多，大到六种类茶，小到千万种茗茶。而许多茶类的制作技艺已经被列入了国家非物质文化遗产当中，这是非常值得我们骄傲的一件事。在生活中，有常见的绿茶、白茶、黑茶、青茶、红茶、黄茶等一些大类茶。还有小到许多人没听过的小品种茶，真是琳琅满目。

在“五音六律”和“五光十色”里重点介绍了人类在声音和色彩感知方面的创新技巧。除了味觉，人类在触觉感官方面的创新内容也有不少，例如暖炉、暖气、冷气、空调的发明，是满足人们对环境的感知需要。各种衣服、鞋帽的发明是满足人们皮肤和身体的享受。一些按摩、推拿、热敷、足浴用品、仪器设施是为了满足人类皮肤、肌肉和身体方面的感知需要。这些创新内容我们不做另外划分，就归类在“五味俱全”里一并描述。这个“味”也代表身体的感知“滋味”。

【妙技锦囊】“五味俱全”是一种专注于“味道”“气味”和“感官刺激”方向的创新。所谓的五味是指酸甜苦辣咸这五种滋味，广义的“五味”还包含香臭酸臊膻这五味。更广义的五味还包括涉及人类触觉、温感等方面的创新。在人类历史上，工匠们已经通过“五味俱全”手段做了大量的发明创造。在这个领域，还有不小潜在的创新空间。因为人类对于“五味”的追求永远不满足，这“五味”还远远未达到“俱全”的程度。

第16技　须弥芥子

释义：“须弥芥子”是通过“维变”来进行的创新方法。人们所指的“维变”是广义的，既有通过升维、降维手段进行的创新，又有通过增强、消减、变速、减速、突变、蜕变手段进行的创新，旨在给创造物脱胎换骨，从而改变功效、创造价值。

标识符号：

“须弥”一词原是梵文音译，在佛经中也称为“曼陀罗”，是古印度神话传说中的名山。据佛教观念，它是诸山之王，世界的中心。而“芥子”是芥菜的种子，极其微小。“须弥芥子”，言偌大的须弥山纳于芥子之中，反之亦然。“须弥山”与“芥子”可互相转化、相互包容。这里，人们用此成语寓意事物的“维度”变换。“须弥芥子”的“维变”是变革创新的一种非常奇巧的技能，就是一种变维度的变革，从某一维度跳跃到另一维度，或者让一维空间的事物转变成二维、三维、四维乃至多维空间。反之，也可以将多维变成少维。除此之外，还有通过增强、削弱、增速、减速以及某种突变、蜕变等手段完成的创新。

世界上维变的例子很多，就拿打印来说，原来只能黑白打印，通过“色变”的创新技巧，让打印出现色彩，变得更漂亮。

平面上的打印还是二维的，当三维打印技术的出现，打印变成立体的，这就是人们常说的从2D打印到3D打印的“维变”。

原来的电视属于平面电视，也就是2D的电视，只能看平面图像，随着立体电视，或者3D电视的出现，人们可以看到逼真的立体图像了，如图2-16-1所示。

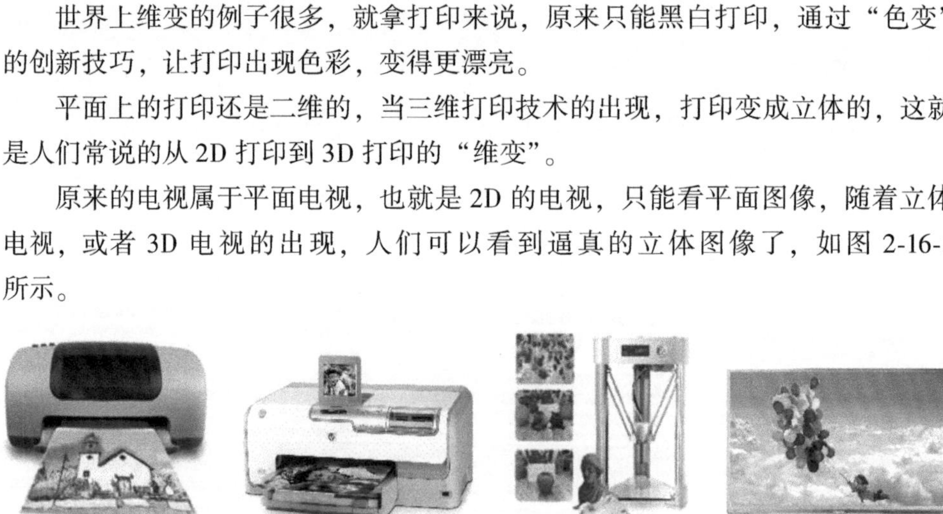

图 2-16-1　打印机转化为 3D 打印机，平面电视变成 3D 电视

物理世界可以进行“维变”创新，商业世界其实也有类似的变革。例如过去人们消费是到商店里见到实物商品，进行体验式消费，随着网络的发达，体验消费逐渐被非体验式的网络消费所取代。人们越来越多地依赖二维画面对商品的了解，而非三维体验，这也是属于降维的“维变”创新案例。

当今时代“维变”创新的商业模式越来越多，原来人们写信需要信封、信纸、邮票，还要邮筒、邮局、邮递员，才能完成信息传递，现在电脑上的数字信息传递十分快捷，“降维”了，但成功了。原来购物需要到银行取钱，用钱购物，现在可以用支付宝、微信支付；原来发红包需要红纸袋装上钱，现在用手机就能解决，这是“降维”变革成功的案例。

青岛的“红领”服装，实施的是 C2M 商业生态，其含义就是消费者（即 C）在终端提出个性化的服装需求，跨过传统中间渠道，即一层层的批发商和零售商，直接对接工厂（即 M），工厂快速完成服装定制，包括邮寄时间，这个过程一般只需要 7 天，既节省了时间，又让制造商和消费者双双获益。

其实这种变革也是不容易的。“量产”和“定制”原本水火不容，但经过十余年的探索，红领终于在业内率先实现了“大规模定制”。每天，有 2000 件完全不同的定制服装在“红领”的工厂加工完成。这种定制，变成用户直接面向生产厂，省略了批发商、零售商、体验购物等诸多环节，是典型的“降维”创新，如图 2-16-2 所示。

图 2-16-2　红领的服装定制化创新

谈到商业模式变革，海底捞也是一个很好的案例，他们的服务是“升维”的。从餐前服务、候餐服务、用餐服务都做到无微不至和超值享受。他们的管理却是“降维”的，普通干部可以审批 200 万元的支出，还给普通员工打折、换菜

和免单权，员工还可以免费送顾客一道菜——积极推动员工创意营销，这“一升一降”的“维变”极大促进了其事业的发展，如图 2-16-3 所示。

图 2-16-3　海底捞的管理“维变”创新

常规、普遍化的“维变”设计还如中国古代中药房里的多层抽屉、立体仓库、多层印制电路板等，如图 2-16-4 所示。

图 2-16-4　中药房抽屉、立体仓库、多层印制电路板的“维变”创新

下面谈谈眼镜的“维变”创新历程。苏州是我国眼镜的发源地，苏州生产眼镜不仅历史悠久，明代崇祯初年（1628 年），苏州眼镜史上出现了一位杰出的技师，名叫孙云球，原籍吴江。他从小勤奋好学，当时他看到视力不佳的人很痛苦，但“单照”镜之类又使用不方便，于是他就精心研制一种可常架在眼镜框上的镜片，由“单照”变为“双照”。他经过反复多次试验，利用机械原理发明创造了镜片研磨机器——牵陀车。这种牵陀车是用脚踏转动，采用矿石砂、白泥、砖灰等作研磨剂或抛光材料，把镜片磨成凸凹透镜，以适应眼睛屈光的需要，最后终于掌握了磨片技术，用天然水晶石磨制出镜片。同时他又掌握了“对光”（验光）的技术，按照人的年龄和不同的视力研制出老花、近视、远视等品种以及各种光度的镜片，并编制了一套“随目对镜”的原始验光方法用以验目配境。这样就可以随目配镜，效果丝毫不差，戴在脸上也比较方便、舒适，以适应各人视力的需要，这是我国自主验光配镜的开始。后来，孙云球又发明研制了不同用途的光学镜头，有百花镜、鸳鸯镜、放大镜、多面镜、幻容镜等数十种之多。从此，孙云球制造的眼镜名扬各地。可惜，这样一位有作为的技术人才，33 岁就病逝了，但他留下一部名为《镜史》的科技著作. 对推动后世眼镜制造技术，起着不可估量的作用。继孙云球之后到了清代乾隆、嘉庆年间，苏州又出了

一个制造眼镜的工匠，名叫褚三山，他进一步发展了制造眼镜的技术，颇有影响。由于苏州出了孙云球、褚三山两位杰出的制造眼镜的技术人才，从而推动了当时苏州眼镜行业的形成和发展。在1735年，苏州已出现了专门生产眼镜的手工作坊。到了清康熙年间，眼镜的制作与销售已在北京、上海、苏州、天津、广州等地蓬勃发展，眼镜已成了专门的商品。

如果把传统眼镜看成是“二维”的，增强现实或者虚拟现实眼镜要算是“三维”的了。智能制造时代“维变”创新生动的例子，就是“增强现实”或者“虚拟现实”眼镜的出现。这种眼镜可以将实在的现实与“虚拟现实”结合起来。

广义地说，增强现实技术就是一种将真实世界信息和虚拟世界信息“无缝”集成的新技术，是把原本在现实世界的一定时间空间范围内很难体验到的实体信息，如视觉信息、声音、味道、触觉等，通过电脑等科学技术，模拟仿真后再叠加，将虚拟的信息应用到真实世界，被人类感官所感知，从而达到超越现实的感官体验。真实的环境和虚拟的物体实时地叠加到了同一个画面或空间同时存在。

视觉的增强现实技术，不仅展现了真实世界的信息，还可以将虚拟的信息同时显示出来，让两种信息相互补充、叠加。用户利用头盔显示器或者眼镜，把真实世界与电脑图形多重合成在一起，便可以看到真实的世界围绕着他。

这种技术可以应用于尖端武器、飞行器的研制与开发、数据模型的可视化、虚拟训练、娱乐与艺术等领域等，而且由于其具有能够对真实环境进行增强显示输出的特性，还可应用在医疗研究与解剖训练、精密仪器制造和维修、军用飞机导航、工程设计和远程机器人控制等领域。在医疗领域，医生可以利用增强现实技术，轻易地进行手术部位的精确定位。在军事领域，部队可以利用增强现实技术，进行方位的识别，获得实时所在地点的地理数据等重要军事数据。在古迹复原和数字化文化遗产保护领域，文化古迹的信息以增强现实的方式提供给参观者，用户不仅可以通过头盔看到古迹的文字解说，还能看到遗址上残缺部分的虚拟重构。在工业维修领域，通过头盔式显示器将多种辅助信息显示给用户，包括虚拟仪表的面板、被维修设备的内部结构、被维修设备零件图等。在网络视频通信领域，使用增强现实和人脸跟踪技术，在通话的同时在通话者的面部实时叠加一些如帽子、眼镜等虚拟物体，在很大程度上提高了视频对话的趣味性。在电视转播领域，增强现实技术可以在转播体育比赛的时候实时地将辅助信息叠加到画面中，使得观众可以得到更多的信息。在娱乐、游戏领域，增强现实游戏可以让位于全球不同地点的玩家，共同进入一个真实的自然场景，以虚拟替身的形式，进行网络对战。在旅游、展览领域，人们在浏览、参观的同时，通过增强现实技术将接收到途经建筑的相关资料，观看展品的相关数据资料。在市政建设规划，采用增强现实技术将规划效果叠加真实场景中以直接获得规划的效果。在交通旅游领域，通过增强现实显示器（最终看起来像一副普通的眼镜），信息化图像将出现在您的视野之内，并且所播放的声音将与您所看到的景象保持同步。图 2-16-5 和图 2-16-6 给出部分增强现实技术应用的情景。

图 2-16-5　医疗、教学、游戏应用的增强现实技术

图 2-16-6　增强现实头盔以及在旅游、时装方面的应用

“元宇宙”也属于复合的“升维”创新。“元宇宙”的本质是虚实融合、超越现实和引领现实。“元宇宙”具有以下六大特征，即社交性、永续性、沉浸性、开放性、经济性和丰富性。

在设备点检和维护领域，工人在巡检时看到设备的同时，可以在眼镜上看到如何点检，如何保养的指导说明或者动作示范。这无疑又是“维变”的另一创举，如图 2-16-7 所示。

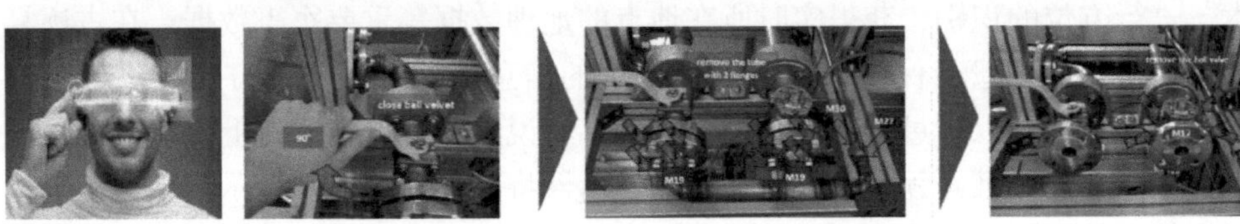

图 2-16-7　佩戴智能眼镜的工人眼前出现的虚拟影像

谷歌眼镜包括了一条可横置于鼻梁上方的平行框架，一个位于镜框右侧的宽条状电脑，以及一个透明显示屏。总体而言，该产品的外形绝对不会像人们通常理解的传统眼镜的设计。眼镜可以用语音操作，还可以用视觉控制。在佩戴者视线上会有一个光标，向上看能与光标互动，查看天气，发信息，做智能手机能做的事。除了具有智能手机功能，它还能与环境互动，增强现实效果。

根据视频演示，这种眼镜可提供天气、交通路线等信息，用户还可以用语言发信息、发出拍照指令等，它还能显示附近的好友。举个例子：如果看到地铁停运，眼镜会告诉用户停运的原因，提供替代路线；如果看到自己喜欢的书，可以查看书评和价格；如果在等朋友，眼镜会显示朋友的位置。

再谈谈 3D 电视的发展。不需戴眼镜也能呈现 3D 效果的电视能够将已存在的电影和视频资料快捷转换为 3D 立体资料，又能同时和 2D 画面兼容。它利用人的双眼观察物体的角度略有差异，能够辨别物体远近，产生立体的视觉这个原理，把左右眼所看到的影像分离，从而令用户无须借助立体眼镜即可裸眼体验立体感觉。

3D 立体电视利用了眼睛的视觉特性来产生立体感。人眼的立体视觉特性是立体电视与立体电影的共同基础。人类在观看周围世界时，不仅能看到物体的宽度和高度，而且能知道它们的深度，能判断物体之间或观看者与物体之间的距离。

至于在娱乐场所被追捧的动感 4D 电影，更是“维变”创新的代表作，如图 2-16-8 所示。

图 2-16-8　动感 4D 电影的真实场景

“维变”往往来源于思维的变革。如果将互联网思维比作“高维”，那么工业思维就是“低维”。当“高维”的入侵者去毛利率、去库存、去渠道、去营销、去管理，将这些独立的维度都降为零，“低维”领域所受的攻击无疑是毁灭性的。互联网时代的企业需要更多地接触用户、粉丝与市场，它的组织形式注定是更为扁平化、去中间化的，将实现管理和产品合一，内部和外部合一，像红领集团推进的 C2M 无疑也是“降维”创新。

下面介绍一下“突变”概念。著名的洛仑兹提出的“蝴蝶效应”现象是指事物发展的结果对初始条件和边界条件具有极为敏感的依赖性。初始条件极小的偏差将会引起结果的巨大差异。

1979 年 12 月 29 日，洛仑兹在华盛顿美国科学促进会上说“一只蝴蝶在巴西扇动翅膀会在得克萨斯引起龙卷风吗?”引起世界对“突变”的思考。

2003 年，北美历史上发生了最严重的大停电事故，造成了 60 亿美元的直接损失。经联合调查小组的专家证实，不过是一些长得过分茂密的树丛使俄亥俄州克里夫兰附近的电线短路。

突变理论、蝴蝶效应会给客观世界发展带来重大的影响。一点细微的变化都会引起世界更大的突变性和不可控制性。

一条不引人注目的小道消息通过互联网可能会迅速传遍世界，蝴蝶效应使越来越多的个体被莫名其妙地卷入危机的旋涡，甚至因此而走向崩溃；相反，也可能因为一件独特的小事、一个点子被大肆渲染，一夜走红，闻名天下，进而被模式化、标准化、连锁化而坐收渔利。

21 世纪的商业时代，是一个以 1%决定胜负的时代。在这个时代，一个细节就可以左右企业的成败和兴衰。如果说一个企业在产品或服务上注重细节的改进，也许只给用户增加了 1%的方便，得到的却是客户 100% 的购买行为。因为当客户做出购买决策前，自然会货比三家，在同质市场上，相同的材料、相同的产品功能等“相同项”都被抵消了，对决策起作用的就是那 1%的细节。正是 1%细节的比较优势打动了客户，赢得了市场。这也应验了密斯·凡·德罗的一句话：“魔鬼在细节”。过去摧毁一座金融帝国可能需要一个很漫长的过程。但是现在，即使是经营了上百年的金融帝国也可能因为 1%的疏漏在一夜之间倾塌。

了解“突变”理论，对于我们的“维变”创新具有很好的推动和指导意义。

智能手机就是一个多维度聚合产物。其中某个维度的增强，或者添加，或者消失，都会影响手机在用户那的体验，从而改变其商业命运。人们增强电池续航能力，也许就会让用户青睐，提升销量；人们增强摄影像素和拍摄清晰度，就会迎来大量粉丝；人们提升手机下载速度和存储量，也会吸引大量人群，人们为老年人设计“降维”手机，增大字体、减少操作难度，会开拓这一新市场；人们让手机测量血压、心跳和血糖，这样的手机会给那些患者人群带来方便，赢得他们的青睐。“传音”手机因为拍摄和音箱的改进博得了非洲客户的青睐。

开展一项企业管理工作或制度、改善方案，需要有一个“试点”验证，就像科学家们做无数次的实验，才能找到真正正确的方案或“良药”，同样，管理也是有同样的原理，先要在基层“试点”，然后，依据企业的实际情况，采取“升维”或“降维”的方式推动。

我国已经进入了无现金的时代。偷钱包？人们基本不带钱包。偷自行车？自助式自行车到处都是，偷了也卖不出去。让小偷失业的，是社会环境的“降维”打击。

【妙技锦囊】“须弥芥子”的创新方法是通过“维变”的方式来改变世界。世界本来处于频繁的“维变”状态，动物由单细胞进化为多细胞；矿物由单晶体演变为多晶体；人类的综合过程就是不断地升维过程，而人类的解析过程又是不断地降维过程。西医喜欢肢体解剖，而中医喜欢脏腑辨证，一个降维，一个升维。中西医的结合也许最能够让未来的医学焕发光彩。“须弥芥子”创新在当今世界无疑有着广阔的应用空间，应该成为当代工匠们用心思考和广泛应用的创新技巧。

第17技　滴水成冰

释义：“滴水成冰”是指通过相位转化、物理变化、化学反应而完成的创新技巧。

标识符号：

“滴水成冰”原指天气寒冷之意。引入此成语意指水结冰的“相变”在变革中的举一反三的作用，广义的“相变”还包括物理、化学的变化。

“相变”原来是物理学的词汇，这里做了一些广义的延伸，除了涵盖传统物理的相变意义之外，物理形态的变化以及化学反应变化也可以包含在内。例如，在电学里模拟量和数字量的相互转化、不同种信号的转换、不同材料化学和物理结构的转换也都包含在内。“滴水成冰”的“相变”创新与“格物穷理”的“理变”创新有雷同之处，他们之间的边界是模糊的，但侧重点各有不同，“理变”更多是针对“机制和原理”的变化，而“相变”更多指物质“理化形态”的变化。

典型的相变是物理形态的变化，如水在一定条件下变成冰，在另外条件下变成蒸汽。人们利用这种“相变”发明了很多东西，早年人们冬天从冰冻的河里凿出冰块深埋在地下，夏天挖出来用于清凉和食品保鲜；人们制作了冰棒，冰激凌供炎热的夏天食用，制作冰袋用来给高烧的病人降温，人们发明了冰箱用于食品冷冻和保鲜等，冰箱的原理就是典型的利用介质的液气相变过程循环带走热量，不断制冷。人们发明蒸汽机作为动力，人们还发明加湿器，通过水蒸气来增加干燥空气的水分和湿度。酒心巧克力的制作很有意思，人们将酒结成冰，在巧克力里蘸一下，就将酒包入巧克力中，在常温下，巧克力是凝固的，而酒却是液体的，吃起来口感很好。几个典型的发明如图 2-17-1 所示。

图 2-17-1　冰激凌、空气加湿器、冰袋、冰棒及酒心巧克力

制造业利用“相变”的例子就更多了，利用人们把空气低温加压变成液体，再利用空气中不同气体，如氢气、氮气、氧气、二氧化碳等气体的不同沸点，分离出这些纯净气体，工业制氧、制氢就是这个原理。人们还把一些气体变成液体，便于运输，或者用于特殊场合。例如人们把天然气、煤气液化装罐，便于输送。人们将液态氮用于医疗，包括去除文身。人们还通过超低温把二氧化碳制成干冰，用于各种降温或者制造舞台烟雾等。图 2-17-2 是几个案例。

图 2-17-2　液态氮用于去除文身、干冰的舞台烟雾效果、制氧设备

金属的冶炼成型过程也有大量“相变”例子，如人们炼铁、炼钢最后冷却成型，不同的相位有不同的组织结构，有不同的金属特性，便于加工成型，便于改变其力学性能。钢铁在加热和保温、冷却过程会形成奥氏体、珠光体或是马氏体组织，让钢铁具有不同的硬度、耐磨性、可加工性等。图 2-17-3 给出一些钢铁金相组织图片。

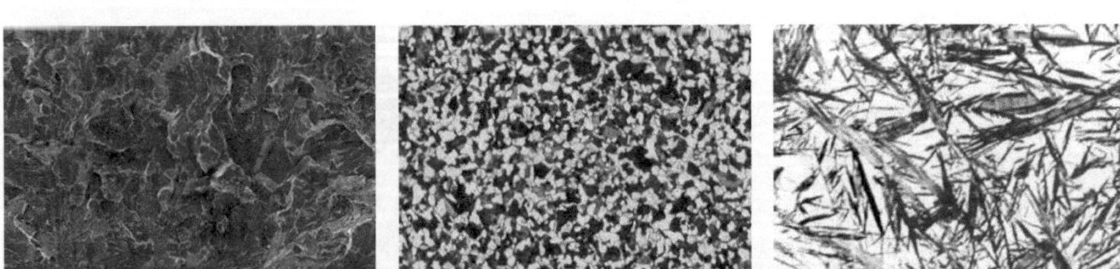

图 2-17-3　钢铁的奥氏体、珠光体和马氏体金相组织

当代社会应用最多的是电的相变，如模拟量和数字量的转化。典型的例子是电报机、电话机和留声机的发明。人们把点点停停的机械动作变成电信号传递出去，再转化点点停停的动作，通过莫尔斯码翻译成为人们要表达的意思，于是发明了电报。人们利用声音的振动压迫石墨片，转化成为强弱不同的电信号，再逆转成为振动发出声音，于是电话机就诞生了。人们将声音、歌唱、音乐引起的振动刻在塑胶圆盘上，然后再将细针顶住盘上的纹路，转变成振动，再放大成声音，于是发明了留声机。这算是20世纪最有名的一些发明了，如图2-17-4所示。

图2-17-4　电报机、电话机和留声机

19世纪30年代，由于铁路迅速发展，迫切需要一种不受天气影响、没有时间限制又比火车跑得快的通信工具。此时，发明电报的基本技术条件（电池、铜线、电磁感应器）也已具备。1837年，英国人库克和惠斯通设计制造了第一个有线电报，且不断加以改进，发报速度不断提高。这种电报很快在铁路通信中获得了应用。他们的电报系统的特点是电文直接指向字母。

与此同时，美国人莫尔斯也对电报着了迷。在41岁那年，他从法国学画后返回美国的轮船上，医生杰克逊将他引入了电磁学这个神奇世界。在船上，杰克逊向他展示了“电磁铁”，通电能吸起铁的器件，断电铁器就掉下来的特点。还说“不管电线有多长，电流都可以神速通过”。这个小玩意儿使莫尔斯产生了遐想：既然电流可以瞬息通过导线，那能不能用电流来传递信息。为此，他在自己的画本上写下了“电报”字样，立志要完成用电来传递信息的发明。

回美国后，他全身心地投入研制电报的工作中去。他拜著名的电磁学家亨利为师，从头开始学习电磁学知识。他买来了各种各样的实验仪器和电工工具，把画室改为实验室，夜以继日地埋头苦干。他设计了一个又一个方案，绘制了一幅又一幅草图，进行了一次又一次试验，但得到的是一次又一次失败。1836年，莫尔斯终于找到了新方法。他在笔记本上记下了新的设计方案：电流只要停止片刻，就会现出火花。有火花出现可以看成是一种符号，没有火花出现是另一种符号，没有火花的时间长度又是一种符号。这3种符号组合起来可代表字母和数字，就可以通过导线来传递文字了。莫尔斯的奇特构想，也就是著名的“莫尔斯电码”，也是电信史上最早的编码，是电报发明史上的重大突破。

莫尔斯在取得突破以后，马上就投入紧张的工作中去，把设想变为实用的装置，并且不断地加以改进。1844年5月24日，是世界电信史上光辉的一页。莫尔斯在美国国会大厅里，亲自按动电报机按键。随着一连串嘀嘀嗒嗒声响起，电文通过电线很快传到了数十公里外的巴尔的摩。他的助手准确无误地把电文译了出来。莫尔斯电报的成功轰动了美国、英国和世界其他各国，他的电报很快风靡全球。

电话机是美国人贝尔于 1876 年发明的。他用两根导线连接两个结构完全相同、在电磁铁上装有振动膜片的送话器和受话器，首先实现两端通话。但通话距离短、效率低。1878 年出现了炭精送话器，使电话机送话器效率大大提高，受话器的结构也有改进。最早的电话机是磁石电话机，靠自备电池供电，用手摇发电机发送呼叫信号。1880 年出现共电式电话机，改由共电交换机集中供电，省去手摇发电机和干电池。1891 年出现了旋转拨号盘式自动电话机，它可以发出直流拨号脉冲，控制自动交换机动作，选择被叫用户，自动完成交换功能。从而把电话通信推向一个新阶段。

留声机诞生于 1877 年。世界上发明留声机的人就是誉满全球的发明大王——托马斯·阿尔瓦·爱迪生。爱迪生根据电话传话器里的膜板随着说话声会引起震动的现象，拿短针作了试验，从中得到很大的启发。说话的快慢高低能使短针产生相应的不同颤动。那么，反过来，这种颤动也一定能发出原先的说话声音。于是，他开始研究声音重发和再生的问题。1877 年 8 月 15 日，爱迪生让助手克瑞西按图样制出一台由大圆筒、曲柄、受话机和膜板组成的怪机器。爱迪生指着这台怪机器对助手说："这是一台会说话的机器"，他取出一张锡箔，卷在刻有螺旋槽纹的金属圆筒上，让针的一头轻擦着锡箔转动，另一头和受话机连接。他摇动曲柄，对着受话机唱起了"玛丽有只小羊羔，雪球儿似一身毛……"唱完后，把针又放回原处，轻悠悠地再摇动曲柄。接着，机器不紧不慢、一圈又一圈地转动着，唱起了"玛丽有只小羊羔……"与刚才他唱的一模一样。在一旁的助手们，碰到一架会说话的机器，竟然惊讶得说不出话来。"会说话的机器"诞生的消息，轰动了全世界。1877 年 12 月，爱迪生公开表演了留声机，外界舆论马上把他誉为"科学界之拿破仑·波拿巴"，是 19 世纪最引人振奋的三大发明之一。爱迪生在 1877 年设计的留声机，成为世界上最早的录音装置。

电报、电话、留声机都算是典型的"相变"创新。

值得一提的是，在制造业应用广泛的一种"相变"发明，人们不会忘记传感器，这个小小的东西，让人们把各种各样物理信号采集下来，直接转换为电信号，通过数字传递出去，才让各种各样的系统可控。传感器是控制系统的鼻子、眼睛、耳朵和舌头，是人类五官的延伸，如图 2-17-5 所示。

传感器早已渗透到诸如工业生产、宇宙开发、海洋探测、环境保护、资源调查、医学诊断、生物工程，甚至文物保护等极其广泛的领域。可以毫不夸张地说，从茫茫的太空到浩瀚的海洋，以至各种复杂的工程系统，几乎每一个现代化

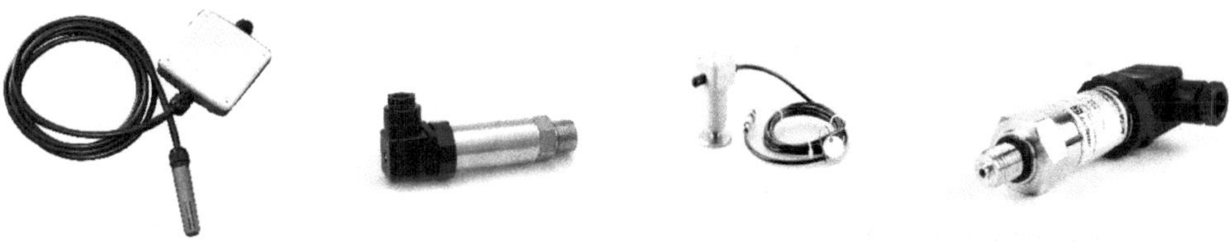

图 2-17-5　温湿度传感器、压力传感器、速度传感器和气体传感器

项目，都离不开各种各样的传感器。传感器一般由敏感元件、转换元件、变换电路和辅助电源四部分组成。敏感元件直接感受被测量，并输出与被测量有确定关系的物理量信号；转换元件将敏感元件输出的物理量信号转换为电信号；变换电路负责对转换元件输出的电信号进行放大调制；转换元件和变换电路一般还需要辅助电源供电。

说到 20 世纪人类的伟大发明，人们也不会忘记水泥，水泥的凝结和硬化是一个复杂的物理—化学过程，其根本原因在于构成水泥熟料的矿物成分本身的特性。水泥熟料矿物遇水后会发生水解或水化反应而变成水化物，由这些水化物按照一定的方式靠多种引力相互搭接和联结形成水泥石的结构，产生强度。简单说就是水泥粉末在与水接触之后发生的复杂“相变”，最后变得十分坚硬，成为建筑上不可或缺的材料。

为了环保，人们发明了降解塑料，还发明了更轻、更薄、更清晰的液晶电视，人们发明了可以褪色的圆珠笔，可以书写密信的可变色的墨水，古代至今一直使用的蜡烛，日常使用的泡沫灭火器，海水淡化装置可以将海水变成可食用的淡水，人工降水的技术和方法，各种金属冶炼技术，可无线充电的技术。这些都是一些“相变”创新的例子。

生活中还有一些“相变”创新的例子，例如人们以前洗手、洗脸、洗澡多用肥皂，现在都变成液体，人们将“洗”进行了细分，发明了洗手液、沐浴露、洗发水、护发素等。过去人们用肥皂洗衣，有了洗衣机，人们发明了洗衣粉，后来又用洗衣液代替了洗衣粉，如图 2-17-6 所示。

给大家讲一个洗涤方面通过“相变”创新的小故事。大家可能听到老一辈提到过“胰子”这个词。从前每到过年杀猪时，人们把猪胰脏捣碎，制成“胰子”洗手、洗脸用。所谓“胰子”就是人们现在所说的肥皂。那么最早的肥皂是谁发明的呢？传说古埃及有个庄园主请了一个厨师做饭，小厨师因太忙没时间仔细洗脸。有天晚上不小心，把灶下的一盆羊油踢翻了，全部浇在炭灰里，小厨师怕被主人责骂，连忙用手将混有羊油的炭灰一把一把地捧了出去，以免被人发现。他捧完炭灰后洗手时，忽然发现手上竟然出现了一些白糊糊的东西，而且手洗得特别干净，甚至连以前很难洗掉的污垢都不见了。原来，这“白糊糊”的

图 2-17-6　肥皂、洗手液、洗衣粉、洗衣液、沐浴露和洗发水的固态、液态的变革

东西就是“胰子”，也就是人们所说的肥皂。肥皂是由易溶于油的亲油基和易溶于水的亲水基组成的。这两个基团分别溶于油和水中，降低了油水的界面张力，从而把油水本不能互溶的两种物质连接起来不使其分离，被肥皂乳化后的油以微小的粒子分散于水中而不分层。肥皂的这种性质，能显著降低界面张力，这种化合物统称为表面活性剂。由于肥皂和其他表面活性剂有这种性质，因此产生润湿、渗透、乳化、分散、起泡和去污等作用。过去的肥皂是在大锅里熬出来的。制皂工厂的大锅里盛着牛油、猪油或者椰子油，然后加进烧碱用火熬煮。油脂和氢氧化钠发生化学变化，生成肥皂和甘油。因为肥皂在浓盐水中不溶解，而甘油在浓盐水中的溶解度很大。因此，可以用加入食盐的办法把肥皂和甘油分开。当煮到一段时间后，倒进去一些食盐细粉，大锅里便浮出厚厚一层黏糊的膏状物。用刮板把它刮到肥皂模型盒里，冷却以后就结成一块块的肥皂了。

下面给大家讲一个变色太阳镜的“相变”创新例子。夏天烈日当空，阳光非常刺眼，为了保护眼睛不受刺激，可以戴上太阳镜，这样可以把损害眼睛的紫外线过滤。这种眼镜在室内和普通镜子没什么区别，在阳光或强光下会变黑，镜子会变色，这是为什么呢？究其原因，只是因为这种特殊的镜片在熔化的玻璃中加入氯化银和氯化铜而已。原理在于氯化银在阳光的照射下进行了氧化还原反应：氯离子被氧化为氯原子，而银离子则被还原为银原子。这样，银原子便会把镜片变黑，遮挡阳光。在变色镜片中加入一种特殊的感光剂——硫化银，它是一种化学物质，能够以微小的晶体状态均匀地分布在镜片中。一旦强光照射，这些颗粒状的晶体对光线立即形成反射或散射，使镜片变黑、变暗；光线变暗时，镜片又能自行恢复成原有的透明状态。

大家都知道人造金刚石吧，人们在陨石里发现了石墨和碳，又发现天然的金刚石里也夹杂着石墨和碳。于是人们得出结论，金刚石是石墨和碳在不同的条件下转化成的。原理归原理，但要使石墨和碳变成金刚石，谈何容易。人们用各种各样的方法对石墨和碳进行加压，挤压不行，撞击也不行……最后，人们终于想到利用“热胀冷缩”的方法给它加压，人们设计了一种特殊的装置，在熔化的铁液中掺入少量的碳，使碳和铁液混在一起，然后把烧红的铁液一下子倒入冷水中，水立即产生了强烈的嘶鸣声，一团团水蒸气迅速升腾着。熔化的铁立即变成了固体，同时，内外产生了非常强大的压力，使金属铁中的那些碳变成一颗颗很小的亮晶晶的结晶体，这就是人类历史上最早的人造金刚石。人造金刚石不像天然的金刚石那样有光泽，但具有超硬特性和优异的物理、化学性能。这可是通过“相变”创新完成“点石成金”的很好例子。

第二次世界大战中，德国占领了丹麦，下达了逮捕著名科学家、诺贝尔奖获得者玻尔的命令。玻尔被迫离开自己的祖国。为了表示他一定要返回祖国的决心，并防止诺贝尔金质奖章落入德国法西斯手中，他机智地将金质奖章溶解在一种特殊的液体中，在纳粹分子的眼皮底下巧妙地保存下来。第二次世界大战结束，玻尔重返家园，从溶液中还原提取出金，并重新铸成奖章。原来，金的化学性质不活泼，它不受空气和水的作用，也不溶于一般的化学溶剂中，这个能够溶解金子的液体就是王水。而这个“相变”创新的化学反应就让波尔成功骗过了德国人。

管理中也经常出现这样一种“相变”，就是各种努力和手段的应用，促进事物从“量变”达到“质变”。

【妙技锦囊】“滴水成冰”是通过固体、液体和气体的“相变”或者从模拟量到数字量的变化等这种广义的“相变”所进行的创新。如果将这些狭义和广义“相变”背后所蕴含和延伸出来的物理形态、化学结构变化都算在内，其想象的余地的确十分丰富，这无疑会给工匠提供广袤的开拓和创新空间。

第18技 偷梁换柱

释义：“偷梁换柱”这一技巧就是通过材料、原料变化来实现的功能变化、功效变化的创新技巧。

标识符号：

“偷梁换柱”一般指将某种事物改变为其他替代物的伎俩，最早出自红楼梦。与之相近的成语还有偷天换日、偷龙换凤等。按照成语的原意是指以次充好，以劣充优，这里去掉其贬义，是通过发明物材质的变化来改变其功效的创新手段。这种变革在人类文明进步中十分明显。

例如，早期人们穿草鞋，后来发明了布，改成布鞋，发明了橡胶又采用橡胶做面料，出现了胶鞋，为了美观耐用，人们用动物皮革做面料，制成了皮鞋，如图 2-18-1 所示。

图 2-18-1　制鞋材料的演变——草鞋、布鞋、胶鞋和皮鞋

提起草鞋，还有文化在其中蕴含，也有不少“材变”的经历。草鞋的编织材料各种各样，有稻草、麦秸、玉米秸，东北有乌拉草。草鞋是中国山区居民自古以来的传统劳动用鞋，穿着普遍，相沿成习。无论男女老幼，凡下地干活，上山砍柴、伐木、采药、狩猎等，不分晴雨都穿草鞋。草鞋既利水，又透气，还轻便、柔软、防滑，而且十分廉价，并有按摩保健作用。特别是夏天走长路，穿上草鞋清爽凉快，软硬适中，步履敏捷，两脚生风，给人一种惬意感；雨天穿着它，既透水，又防滑；冬雪天内穿一双厚袜子，外套满耳子草鞋，既保暖，又防滑，如遇冰雪，再套上铁制的脚码子，防滑效果更好。草鞋已成为中国山区人装束的一个显著民俗特点。20 世纪 30 年代中期，工农红军在陕北建立根据地，开展游击战，战士们靠穿草鞋，小米加步枪，翻山越岭，打了不少胜仗。草鞋在中国起源很早，历史久远，可算是中国人的一项重要发明。它最早的名字叫“扉”，相传为黄帝的臣子不则所创造。由于以草作材料，非常经济，平民百姓

都能自备。据史料记载，古代的侠客、隐士似乎以穿草鞋为时髦。电视剧中的大侠也大抵是如此装束，的确显得十分飘逸、洒脱、超然。《三国演义》中的刘皇叔就是卖草鞋出身。说明草鞋在古代不仅平民百姓普遍穿用，连皇帝、侠客们也穿草鞋。从文献和先后出土的西周遗址中的草鞋实物，以及汉墓陶俑脚上着草鞋的画像证实，可确知早在3000多年前的商周时代就已出现了草鞋。草鞋在中国社会生活中形成了一种文化，那就是草鞋文化。它体现了勤劳和智慧，表现了勇气和奋斗。

殷商时，随着礼制的出现，已有各种鞋履，可说皮、绵、布、草俱全。据《实录》中说："夏商舄履皆以皮为之。"哈密市五堡墓地出土的3000年前的长筒皮靴，就是很好的证明。其靴长12.7 cm，宽9.4 cm。由靴面、靴底、靴腰三部分，以细皮条缝制而成。自靴底毛靴腰最上部约19.5 cm，靴尖上翘，并在其上及跟、靴内外两侧各附一铜扣装饰。

商代贵族，脚穿翘头船式样的翘尖鞋，而商代武士穿的则是薄底翘尖皮履。从河南安阳出土的商代玉人，也见已着履，并有鞋翘。其实，在殷商时，人们已熟练地掌握了丝织技术，丝织物和纺织物已普遍流行。当时在贵族阶层中，除穿皮履外，还普遍地穿着各种麻鞋和丝鞋了。

在日用材料方面，人类也在不断发明和进步之中，例如建筑，人们从使用钢材，到铝材，到塑料，再到复合材料，如图2-18-2所示。

图2-18-2　钢材、铝材、塑料及复合材料

复合材料的诞生虽然历史悠久，但其应用近年来十分热门。所谓复合材料，是由两种或两种以上不同性质的材料，通过物理或化学的方法，在宏观（微观）上组成具有新性能的材料。各种材料在性能上互相取长补短，产生协同效应，使复合材料的综合性能优于原组成材料而满足各种不同的要求。复合材料的基体材料分为金属和非金属两大类。金属基体常用的有铝、镁、铜、钛及其合金。非金属基体主要有合成树脂、橡胶、陶瓷、石墨、碳等。增强材料主要有玻璃纤维、碳纤维、硼纤维、芳纶纤维、碳化硅纤维、石棉纤维、晶须、金属丝和硬质细粒等。复合材料的主要应用领域有航空航天领域、汽车工业、化工、纺织和机械制造领域。

复合材料在很多领域都发挥了很大的作用，代替了很多传统的材料。复合材料按其组成分为金属与金属复合材料、非金属与金属复合材料、非金属与非金属复合材料。按其结构特点又分为纤维增强复合材料、夹层复合材料、细粒复合材料、混杂复合材料等。复合材料主要可分为结构复合材料和功能复合材料两大类。结构复合材料是作为承力结构使用的材料，基本上由能承受载荷的增强体组元与能连接增强体成为整体材料同时又起传递力作用的基体组元构成。增强体包括各种玻璃、陶瓷、碳素、高聚物、金属以及天然纤维、织物、晶须、片材和颗粒等，基体则有高聚物（树脂）、金属、陶瓷、玻璃、碳和水泥等。由不同的增强体和不同基体即可组成名目繁多的结构复合材料，并以所用的基体来命名，如高聚物基复合材料等。结构复合材料的特点是可根据材料在使用中受力的要求进行组元选材设计，更重要的是，还可进行复合结构设计，即增强体排布设计，能合理地满足需要并节约用材。功能复合材料一般由功能体组元和基体组元组成，基体不仅起到构成整体的作用，而且能产生协同或加强功能的作用。功能复合材料是指除机械性能以外而提供其他物理性能的复合材料。如导电、超导、半导、磁性、压电、阻尼、吸波、透波、摩擦、屏蔽、阻燃、防热、吸声、隔热等凸显某一功能。统称为功能复合材料。功能复合材料主要由功能体和增强体及基体组成。功能体可由一种或以上功能材料组成。多元功能体的复合材料可以具有多种功能。同时，还有可能由于复合效应而产生新的功能。复合材料应该算是“材变”创新的最新动向，是潜力巨大的创新领域。

谈到复合材料，21 世纪前后它们在民用飞机上的用量更是大幅度增长。例如，一架 A380 所用的复合材料重达 30 t，占飞机结构重量的 25%；波音 787 上复合材料用量占飞机结构重量的 50%。波音 787 采用全复合材料的机身，其机翼、短舱及内装饰都用了大量复合材料。复合材料的不断出现是未来“材变”的主要方向，包括机器制造材料、建筑材料、生活用品材料等。

谈到设备的轻型化，就让人想起铝。铝是最环保的绿色金属，具有良好的加工性能、物理性能、力学性能及抗腐蚀性。因其优异的综合性能，大到重要的航空航天器，小到包装容器、锅碗瓢盆，都离不开铝。

汽车上使用铝代替钢，重量减轻 10%，燃料可以节省 8%；交通工具每使用 1 kg 铝，可降低 20 kg 二氧化碳排放。铝的密度约为钢的 1/3，铝代替钢制造汽车，可使整车重量减轻 30%~40%，制造发动机可减重 30%，铝质散热器比相同的铜制品轻 20%~40%，铝车轮可减重 30%左右。

谈到汽车安全性，全铝车身吸收的撞击力量比钢还要大，因此更能保证车内驾乘人员的安全。因为铝的优良特性，今天铝合金已被广泛使用到汽车各部位，如仪表台及发动机支架、铝合金车轮、悬挂系统零件、保险杠防撞梁、汽缸、车门及热交换器等。

近代“材变”创新的最突出产物应属塑料的发明。塑料可以替代木材、建材、铝材、铜材、钢材、玻璃、布料、纸张等，成为生活中离不开的“万能”

材料，广泛应用在日常生活用品、机械制造、建筑、装饰、服装鞋帽、医疗等各行各业，如图 2-18-3 所示。

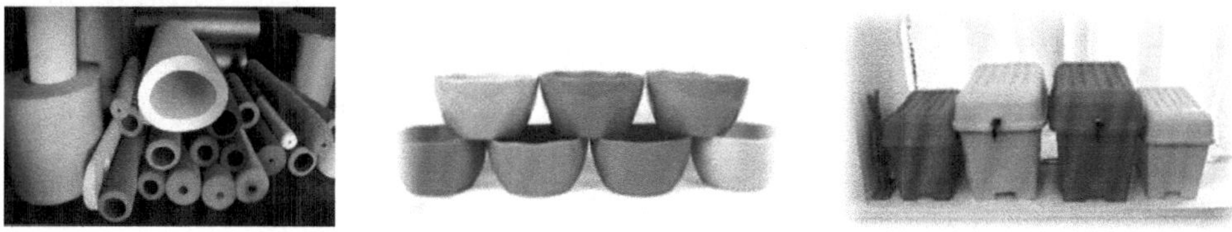

图 2-18-3　各样的塑料制品

随着人类文明的进步，早期人们用树皮书写，后来改成竹简，再后来发明了纸张，现在有了电子书写板，如图 2-18-4 所示。

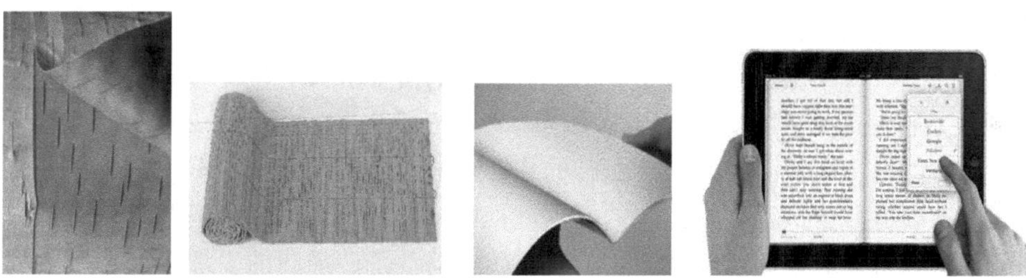

图 2-18-4　人类书写从树皮到竹简、纸张、电子书写板的变化

1986 年甘肃天水放马滩出土的西汉文帝时期的纸质地图残片，表明了当时的纸可供写绘之用。从纸的质量来看，西汉初年的造纸技术已基本成熟。中国造纸术的创新已在“第 11 技　精雕细琢”中讲述，此外不再赘述。

建筑材料的“材变”就更是层出不穷。就拿常用的水泥来说，有普通水泥、高强度水泥，后来又发明彩色水泥，以及可以防水的密封水泥。墙砖也从普通的烧结砖瓦变成空心墙砖，如图 2-18-5 所示。

图 2-18-5　建筑材料墙砖材料的变化，从普通砖到空心砖和瓷片

提到墙砖，古罗马人做得非常出色。罗马砖比较薄，但在形状和大小方面差异很大。罗马人无愧是烧砖大师，这让他们能够建造出一种令人赞叹的形式，就是砖拱结构。先前在修建拱形结构的时候，由于砖块都是长方体，做成拱形结构

的时候，砖与砖之间会有一些三角形的空隙，这些空隙就用砂浆来填补。但是时间一久，砂浆的黏度会降低，进而危及整个拱形结构。罗马人想出了解决方法，就是制造一些楔形砖；这项创新使工人能够修建稳定的砖拱结构；这种形式很快散布到所有的罗马建筑，从水渠到住宅都可以见到它的踪影。楔形砖需要更复杂的模具，烧制的时候，也不能机械地照搬烧制方形砖的办法。烧砖工人必须像炒菜那样，将楔形砖来回翻转，才能让其受热均匀，烧出高强度的楔形砖来。

建筑上用的硅藻泥是一种以硅藻土为主要原材料的内墙环保装饰壁材，具有消除甲醛、净化空气、调节湿度、释放负氧离子、防火阻燃、墙面自洁、杀菌除臭等功能。由于硅藻泥健康环保，不仅有很好的装饰性，还具有功能性，是替代壁纸和乳胶漆的新一代室内装饰材料。

提起建筑材料，人们不会忘记瓷砖。瓷砖的历史应该追溯到公元前，当时，埃及人已开始用瓷砖来装饰各种类型的房屋。人们将黏土砖在阳光下晒干或者通过烘焙的方法将其烘干，然后用从铜中提取出的蓝釉进行上色。中国是陶瓷艺术的中心，早在商殷时期就生产出一种精美的白炻器。

在中世纪伊斯兰时期，所有瓷砖的装饰方法在波斯达到了顶峰。随后，瓷砖的运用逐渐盛行全世界，在瓷砖的历史进程中，西班牙和葡萄牙的马赛克、意大利文艺复兴时期的地砖、安特卫普的釉面砖、荷兰瓷砖插图的发展以及德国的瓷砖都具有里程碑式的意义。

依用途、成型、烧成、施釉、吸水率、品种及生产工艺，瓷砖又可以划分为：外墙砖、内墙砖、地砖、广场砖、工业砖；干压成型砖、挤压成型砖、可塑成型砖；氧化性瓷砖、还原性瓷砖；有釉砖、无釉砖；瓷质砖、炻瓷砖、细炻砖、炻质砖、陶质砖；抛光砖、仿古砖、瓷片、全抛釉、抛晶砖、微晶石、劈开砖、广场砖（文化砖）；印花砖、抛光砖、斑点砖、水晶砖、无釉砖等。由此可见，仅瓷砖的“材变”就如此丰富。

弗兰克·盖里的古根海姆博物馆，在西班牙毕尔巴鄂。这座建筑蕴含着一个观光客看不到的故事。早在20世纪90年代，毕尔巴鄂的官员准备兴建一座艺术博物馆，他们希望借此振兴这个过气港口的经济。盖里设计过许多金属建筑，在这个街道错综复杂的地方，用这种材料来盖建筑是很合适的。他准备把金属材料像被子那样铺开，分散照射在建筑物上的光线，以便让这座庞然大物看上去没有那么惊人。起初，他的事务所用不锈钢做实验，但不锈钢去面的反光效果和盖里设想的相差甚远。无奈之下，他想到使用钛，这种金属“既温暖又有质感”，但在20世纪90年代实在是很昂贵和罕见的，并不适合用来做建筑材料。当年生产的钛都是军用的，只用在飞机的零部件上，是特别贵重的金属，没有人会想到把它用在地面建筑上。盖里访问了匹兹堡一家生产钛的工厂，想看看有没有办法改变生产这种金属的方法。盖里说：“要求厂家继续寻找正确的方法，重新调配油和酸性剂的比例，改变轧辊和温度，制造出想要的材料”。盖里和别的设计师刚开始的时候并不知道自己想要的到底是什么。另外还得为此创造新的机器，这是更加难以对付的技术挑战。盖里拥有的轧辊都是用来将熔化的钢压成薄片的，但这些轧辊精度不够，而且也太过笨重，更何况他还想把建筑的表面做成格子图案，以便分散折射光线。为了轧出紧密的钛片，支撑轧辊的支架也得重新设计；他们借鉴汽车的液压减震器，对机架进行了全新的设计和调整。这种领域转移带来了更多的难题。要依照新的轧辊机来生产这种金属，盖里和他的团队在每个步骤都要掌控这种材料的美观性和实用性。这花了整整一年。几个工厂最终制造出了钛合金片，压制出格子图案，每片 1/3 mm 厚。这些钛片比不锈钢薄得多，弹性也更好，风一吹会微微抖动。落在表面上的光线确实被散射了，这些有着菱形图案的金属片也真的很牢固。这可谓在建筑材料的“材变”创新领域的精工细作啊！

工业上“偷梁换柱”的创新例子也不少。例如煤渣，工业固体废物的一种，火力发电厂、工业和民用锅炉及其他设备燃煤排出的废渣，又称炉渣。主要成分是二氧化硅、氧化铝、氧化铁、氧化钙、氧化镁等。根据成分的不同，还可用于制造水泥、砖和耐火材料等。废煤渣的具体用途包括制造砌筑砂浆和墙体材料、水泥混合材料、作轻混凝土骨，将煤渣和石灰按 3∶1 的比例混合，可作为屋面保温或室内地基材料。煤渣还可作筑路材料、喷砂用砂等。“煤渣”既可“变废为宝”，也是“材变”的创新产物。

玻璃的发明与不断改善，也是“偷梁换柱”创新的很好例子。玻璃制造业的历史至少有 2000 年。古代的配方是将沙子和氧化铁混合起来，这样产生一种蓝绿色，造出来的玻璃有点模糊，不透明。经过多次试错，在添加了蕨灰、草木灰、石灰石和锰之后，人们终于制造出透明度较高的玻璃。尽管如此，这种玻璃的品质依然不是很高，而且制造过程复杂。中世纪制造窗户玻璃的方法是，用一根管子将融化的玻璃吹出来，迅速地旋转管子，做出玻璃板的形状；然后用石板来压平这块炙热的玻璃板，再把它分切成小块。然而这个生产过程非常缓慢不说，成本还特别高。由于窗户玻璃十分珍贵，贵族每逢出行，都将他城堡的窗户拆下来带走。那时候普通人家的窗户往往并没有装上玻璃，而是蒙着一层油纸。

当时的人特别想要透明的大玻璃窗，因为玻璃窗不但可以遮风挡雨，还能隔断街路上的臭气。17 世纪末期，在亚伯拉罕·泰瓦尔的指导下，法国圣日耳曼玻璃厂的工人掌握了制造大片玻璃的诀窍。亚伯拉罕·泰瓦尔曾在 1688 年造出一块长 80~84 in（1 in=25.4 mm）、宽 40~47 in 的玻璃。随后制造大玻璃的技术突飞猛进，到了 18 世纪初期，用来加热玻璃的熔炉也得到改善，制造大片窗户玻璃的成本也已经降得很低。

在医疗领域，也有不少“材变”的例子。人们发明创可贴和透明包扎带，可随时查看伤口愈合状况，如图 2-18-6 所示。

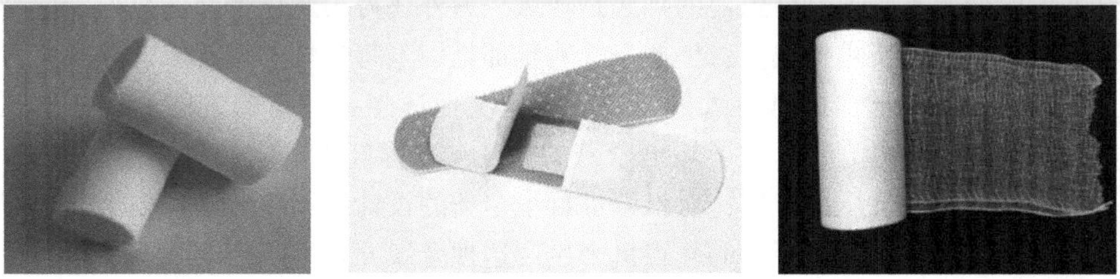

图 2-18-6　普通绷带、创可贴和透明绷带

提起创可贴，还有一段充满爱的故事。在 20 世纪初，埃尔·迪克森太太刚结婚，对烹调毫无经验，常在厨房切着手或烫着自己。埃尔·迪克森那时正在一家生产外科手术绷带的公司里工作，他很快就能熟练地为太太包扎。他想，要是能有一种包扎绷带，在太太受伤而无人帮忙时，她自己能包扎就好了。

于是，他开始做起实验。如果把纱布和绷带做在一起，就能用一只手来包扎伤口。他拿了一条纱布摆在桌子上，在上面涂上胶，然后把另一条纱布折成纱布垫，放到绷带的中间。但是有个问题，做这种绷带的粘胶暴露在空气中时间长了就会干。迪克森试了许多不同布料盖在胶带上面，期望找到一种在需要时不难揭下来的材料。后来他发现，有种粗硬纱布能很好地完成这个任务。当迪克森太太又一次割破手时，就自己揭下粗硬纱布，把她聪明丈夫发明的绷带贴在伤口上。

迪克森发明的这种备好的绷带使他工作的美国 J&J（强生）公司发达起来。工厂的主管凯农先生将它命名为 Band-Aid。Band 指的是绷带，而 Aid 是帮助急救的意思。以后，J&J 公司就把 Band-Aid（邦迪）作为各种急救和手术绷带产品的名称，后来也成了绷带的同义词。

医疗材料还有很多“材变”的新发明，骨水泥就是很好的例子。经过多年研究，可以黏结人类骨骼的骨水泥在 20 世纪 60 年代初终于问世。为了便于保存、运输，骨水泥由白色粉末和无色带刺激气味的液体两部分制剂组成。使用时，只要按一定比例，将它们倒在一起调和，即可在室温下发生聚合反应。开始像砂浆，进而如同稀粥，接着变成面团一样，可以揉捏、挤压成任意形状，最后逐步固化，整个过程只有十几分钟。医生在其硬化前，将它置于准备更换关节的部位，随即安上人工关节。等到反应结束，局部温度稍微升高。摸上去有些发烫。此时，与优质建筑水泥同样坚固的骨水泥便成功地将人工关节与人体骨骼镶嵌，并牢牢地固定了。手术后经过短期康复，换上的关节即可发挥作用，如为人工髋关节置换，一段时间后便可下地行走。这种固定相当牢靠，可保持十几年，乃至二十几年。

类似的医疗材料，包括钛合金的骨骼、陶瓷义齿、不锈钢的心脏支架、人工血管、人工假肢、可被人体吸收的肠衣手术缝线等，可以列举不少。

下面给大家讲一个利用“材变”成功的例子。美国莱福公司的实验人员发现，二氧化硅研磨料可以使牙膏变成一种半透明的胶状物，而这种研磨料从未用于牙膏的生产。于是，他们推出了CLOSE-UP牌牙膏，这种著名的淡红色胶状牙膏很快登上了当时美国牙膏销售的第三把交椅。莱福公司后来又在CLOSE-UP牙膏中加入氟，使它具有了防蛀牙功能，莱福公司的经理们为这种以6~12岁儿童为对象的牙膏起名为“艾姆”。孩子的喜好往往能够左右一个家庭对于牙膏的偏好，这两种产品曾一度占据了美国20%的牙膏市场。

日常生活中用的床垫，以前用的稻草的，后来变成了棕垫，再后来变成了海绵垫和塑胶垫。以前用的窗框是用木质的，后来变成了铝合金的，让窗框更轻、更薄、更耐用。以前用的雨伞是用树叶做的，后来改成油布的，再后来又改成塑料或者高密度布的。

【妙技锦囊】“偷梁换柱”，去其贬义，取其精华，实为工匠创新的重要手段。在很多工科大学里都设有材料科学这样的专业，可见其重要性。工匠可能会发明新材料，也可以通过不同的现有材料、成熟材料的相互替代、组合，有的是为了节约成本，有的是为了提高性能，有的是为了便于制造加工，有的是为了减轻重量，无论是出于哪种目标，都是为了让创造物产生新的功效，带来新的价值，这里大有文章可做。

第19技 上下左右

释义：“上下左右”是指通过位置变化、方向变化、角度变化而进行的创新技巧。

标识符号：

“创新”有时候很简单，只要方向、角度、位置上有所变化，就带来一种新功能和效果。

人们在生存过程中创造了很多劳动技巧和狩猎技巧，也许算是最早的“位变”创新了，为了争夺、战争以及竞技娱乐，人类发明了很多拳法，包括中国著名的武当、少林等拳法，流行于韩国、日本的柔道、跆拳道等；为了强身健体，人们还发明了太极拳、瑜伽、体操、击剑等，如图 2-19-1 所示。

图 2-19-1　跆拳道、柔道、太极拳、各种武术、舞刀、击剑和瑜伽

现在人们更关心健康，为了锻炼身体，除了各种球类活动，人们还发明了跨栏、吊环、单双杠、平衡木、鞍马等，如图 2-19-2 所示。

图 2-19-2 高低杠、吊环、平衡木、鞍马和双杠

从竞技体育到健身，人们发明了越来越多的器材，如跑步机、各种锻炼和拉伸肌肉、让身材更健美的塑形器械，都应该算作“位变”创新的产物，如图 2-19-3 所示。

图 2-19-3 跑步机及各式健身器材

早期，人们通过“位变”，还创造了很多娱乐手段，最早的位变就是中国人创造的九连环，比较典型的当属多米诺骨牌，比较复杂的是魔方，如图 2-19-4 所示。

图 2-19-4 多米诺骨牌、魔方和九连环

风筝也是一种“位变”创新产物，利用风力吹起形态各异的漂浮物，带给人们娱乐的享受。风筝古称“鸢”，著名的风筝产地山东潍坊又称鸢都，可见潍坊制作风筝历史的悠久。用竹子扎制骨架，高档丝绢蒙面，手工绘画。工艺与美术的结合，体现了风筝的玩赏价值。潍坊风筝和京式风筝、津式风筝等交相辉映，鼎足而立。

潍坊风筝的源头可以追溯到鲁国大思想家墨翟制作第一只“木鸢”，至今已有2000多年的历史，但真正开始兴盛走向民间却是在明代。到清朝中叶，潍坊开始出现专门从事风筝制作的民间艺人。相传有位姓陈的哑巴艺人（这可算扎风筝的工匠）扎的风筝新颖好看，放得又高又稳，远近闻名。这时，清明节前后竞放风筝也成了当地的踏春风俗。据《潍县志稿》载：“本邑每逢寒食，东门外，沙滩上……板桥横亘，河水初泮，桃李葩吐，杨柳烟含，凌空纸鸢，高入云端。”“清明，小儿女作纸鸢、秋千之戏，纸鸢其制不一，于鹤、燕、蝶、蝉各类外，兼作种种人物，无不惟妙惟肖，奇巧百出。”曾做过七年潍县县令的大诗人兼书画家郑板桥曾写过这样的诗来怀念潍县：“纸花如雪满天飞，娇女秋千打四围，五色罗裙风摆动，好将蝴蝶斗春归”，把潍县的风筝特点和放风筝的风俗描写得淋漓尽致。“一百四日小寒食，冶游步上白浪河，纸鸢儿子秋千女，乱草新来春燕多。”这是潍县诗人郭麟对他家乡清明寒食放风筝的真实描写。风筝的造型模仿自然事物、社会生活以及神话传说中的形象，都寄托着“吉祥”和“吉庆”、兴趣和理想。那绚丽多彩的颜色，与其说是所模仿事物的标志，毋宁说是人们对美好生活的向往。据史料记载，早在清代，潍县城里的风筝作坊和店铺就有30余家，清明时节在集市上摊的有数十户，外地客商在这里络绎不绝，生意十分兴隆。潍坊风筝选材讲究、造型优美、扎糊精巧、形象生动、绘画艳丽、品种繁多、起飞灵活。在中国的风筝家族中，潍坊风筝历史悠久，题材最丰富、广博。以其材料的奇特选用，设计的夸张变形，画工的年画技法，以及放飞的巧用力学原理，构成了浓郁的乡土气息和独特神韵，蜚声古今中外，如图2-19-5所示。

图2-19-5　风筝——典型的“位变”创新产物

提起“上下左右”这种“位变”创新，人们早年使用的压水井也是一个例子。人们用的压水井，上面有一个活塞，下面有一个阀门，这个活塞和阀门都是一个单向阀，使空气往上走而不往下走，压水的把手连着活塞，下压把手让活塞往上提时，阀门开启，可以将下面管子里的空气抽到上面空腔来；上提把手，让活塞往下走时，阀门关闭，空气从活塞边上冒出来，如此循环将下面管子里抽成真空，水就在大气压的作用下，被抽上来了。但有时密封不好，活塞往上走时外面的空气会漏进去，活塞往下走时，空腔的空气也可能从阀门处漏进下面的管子里，这样就很难将管子抽空了。由于水有一定的密封作用，人们在上面加上水后密封效果就提高了，很快就能抽上水来，这就是引水的作用。

过去人们开凿钻井也应该列入“位变”创新活动。早在公元前一世纪，中国就拥有了深井钻探这项技术，钻孔深度可以达到地下约 1.5 km 深处。他们当时搭建了钻孔平台，让吊臂将钻头调离到距井 60 多米的高度。钻头下叠放着许多中间空心的石盘，用来固定钻头的下落方向。麻绳把钻头捆住，以便在钻头深入地里后可以通过吊臂再次拉起来。他们就是用这样的钻井技术在地下寻找天然气，并通过天然气来烧制蒸发卤水得到盐巴。在美国，第一次有记录地采用深钻技术是在 1820 年的西弗吉尼亚州。

中国古代农业发展史上最重大发明——铁犁，也算“位变”创新的产物。第一次出现铁犁可能是在公元前 4 世纪，在汉代由当时的朝廷推广开来，成了当时很受欢迎和常见的农耕工具。这项发明最重要的就是开发出了一个可调节的支柱，用来改变刀片和梁的距离，可以精确地调节犁地的深度。这项“位变”创新技术一直被大家所忽略，后来在 17 世纪引入英国和荷兰，使得当地的农产品量大幅提升。

中国发明磁石罗盘大概是在公元前 4 世纪的时候。罗盘是用来占卜或者为远行的人指明方向。在公元前 4 世纪的时候，鬼谷子写的书中记载“有磁石可以吸铁”。把用磁铁制作的勺子放在一块刻有方位的铜板上，用来指明方向，也就是原始的指南针。通过磁力改变方向、指示方向，这可是重要的“位变”发明。

帆船是利用风力前进的船，也属于“位变”创新的产物。帆船是继舟、筏之后的一种古老的水上交通工具，已有 5000 多年的历史。中国宋、元、明、清时代使用过的帆船有平底沙船、尖底的福船、广船和快速小船，以及大型战船楼船和运粮的漕船。帆船主要靠帆具借助风力航行，靠桨、橹和篙作为无风时推进、靠泊与启航的工具。

当空气流动得快的时候，在正面挡住它的物体就会受到空气的冲击，这种冲击产生的压力称为动压力。当帆船顺风行驶时，就是空气对帆的动压力推动帆船前进的。由“流速增加，压强降低”的伯努利原理知道，当空气向一个方向流动时，它向侧面作用的力就要相对减小。也就是说气体流动速度越大的地方，动压力压强越大，而静压力压强越小。流速越小的地方，动压力压强越小，而静压力压强越大。这样气体流速小的地方对流速大的地方就会产生一个侧向的压力，这个力称为静压力。当迎风驶帆时，船正是在风的静压力推动下前进的。

帆所受静压力的产生，主要是帆具有像机翼一样的弧形。把帆的横截面和机翼的横截面对照一下，就可以看到它们的共同点。当气流通过帆或机翼时，由于机翼上面和帆的前面的气流要走更长的距离来和机翼下面和帆后面的气流相汇合，因而就加快了流速，使帆的前面和后面及机翼的上面和底面的气流产生了不同的流速。流速慢处的压强比流速快处的静压强大，这个压强差使机翼产生了向上的升力，也使帆获得了向前的动力。这个动力即可以让飞机或者帆船产生“位变”。

15 世纪初期，中国明代郑和率领庞大船队 7 次出海，到达亚洲和非洲 30 多个国家，所使用的都为风力驱动的帆船。现代帆船始于荷兰。1660 年，荷兰的阿姆斯特丹市长将一条名为“玛丽”的帆船送给英国国王查理二世。1662 年，查理二世举办了英国与荷兰之间的帆船比赛。1720 年，爱尔兰成立皇家科克帆船俱乐部。1851 年，英国举行环怀特岛国际帆船赛。1870 年，美国和英国首次举行横渡大西洋的美洲杯帆船赛。1900 年，第 2 届奥运会帆船开始列为比赛项目，如图 2-19-6 所示。

图 2-19-6 “位变”创新产物——帆船

中国古代的围棋、西方人创造的国际象棋、中国的象棋都属于让“位变”给人们带来乐趣，同时也辅助人们锻炼智力的一种发明，如图 2-19-7 所示。

图 2-19-7　围棋、国际象棋和中国象棋

提起国际象棋，还有一段传奇故事。这是印度的一个古老传说，舍罕王打算重赏国际象棋发明人、宰相西萨・班・达依尔。这位聪明的大臣跪在国王面前说：“陛下，请您在这张棋盘的第一个小格内，赏给我一粒麦子，在第二个小格内给两粒，第三格内给四粒，这样下去，每一小格内都比前一小格加一倍。陛

下，把这样摆满棋盘上所有64格的麦粒，都赏给您的仆人吧！”“爱卿，你所求的并不多啊。”国王说道，心里为自己对这样一件奇妙的发明赏赐的许诺不致破费太多而暗喜，“你当然会如愿以偿的！”国王命令如数付给达依尔。计数麦粒的工作开始了，第一格内放1粒，第二格内放2粒，第三格内放4粒……还没有到第二十格，一袋麦子已经空了。一袋又一袋的麦子被扛到国王面前来。但是，麦粒数一格接一格飞快增长着，国王很快就看出，即便拿全印度的粮食，也兑现不了他对达依尔的诺言。这些麦子究竟有多少？打个比方，如果造一个仓库来放这些麦子，仓库高4 m，宽10 m，那么仓库的长度就等于地球到太阳的距离的两倍。而要生产这么多的麦子，全世界要2000年。尽管印度舍罕王非常富有，但这么多的麦子他是怎么也拿不出来的。这么一来，舍罕王就欠了宰相好大一笔债。要么是背负不能履行承诺、欠债给达依尔的名誉损失，要么就干脆砍掉他的脑袋。结果究竟如何，可惜史书上没有记载。

很多复杂的机械设备，都离不开最简单的结构，如齿轮、蜗轮蜗杆、连杆等，而这些简单的机构，“位变”创新十分普遍。

通过涡轮与蜗杆作用，改变机械转动的方向，由纵向轴转动改变成横向轴的转动，让转动变化了90°。类似的还有伞齿轮，也是转动轴方向的改变，可以让动作变为垂直或者所需要的角度，如图2-19-8所示。

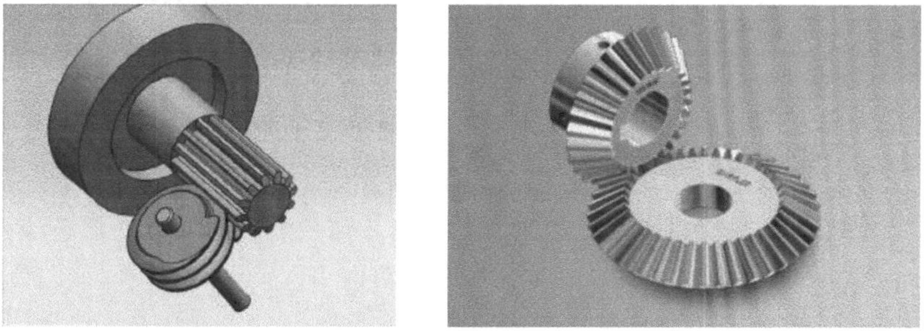

图2-19-8　涡轮、蜗杆和伞齿轮的“位变”设计

最初的汽车是用舵来控制驾驶的。把汽车行驶中产生的剧烈振动传递给驾驶者，增加其控制方向的难度。当发动机被改为安装在车头部位之后，由于重量的增加，驾驶员根本没有办法再用车舵来驾驶汽车了。方向盘这种新设计便应运而生，它在驾驶员与车轮之间引入的齿轮系统操作灵活，很好地隔绝了来自道路的剧烈振动。

另外一种位变是齿轮与齿条，让转动变成平动，反之亦然。而凸轮的作用又有所不同，它是通过转动一个凸轮，周期性顶起某一机械零件，起到推动作用。传统蒸汽火车的曲轴也是如此，都可以起到由平动到转动的作用。曲轴是气缸产生的平动不停地驱动轴的转动，从而带动车轮的转动让机车行走的，如图2-19-9所示。

图 2-19-9　齿轮与齿条，涡轮、凸轮、蒸汽机车以及曲轴的平动变转动原理

降落伞、热气球、滑翔伞、漂流都是通过“位变”实现的一种运输或者娱乐设施。

立体仓库、物流小车、升降台、吊车、生产流水线、传送带都是通过位变进行生产活动的设备、设施。

几乎所有的运动项目都包含着“位变”的内容，如高尔夫球、篮球、足球、排球、水球等，更不用说各种田径运动、体操运动、游泳运动、健身运动等。

【妙技锦囊】“上下左右”代表了方向、位置、角度的变化，通过此类变化引导工匠们让他们的创造物改变功效、提升价值，就是我们这一创新方法的主旨。如果说重构、重组是逻辑顺序的创新，而“上下左右”则代表了方位的变化。工匠要充分运用空间想象能力，发挥立体几何效应，让创新更充满活力。

第20技　曹冲称象

释义：“曹冲称象”是通过变参照物、变参数、变数量、变强度、变参照系的创新方法。

标识符号：

用大家熟悉的典故“曹冲称象”这一成语和典故来描述这种改变参照物、改变参数的变革方式。三国时期孙权送来了一头巨象给曹操，曹操想知道这象的重量，询问属下，都说不出称象的办法。曹操的小儿子曹冲说：“把象放到大船上，在水面所达到的地方做上记号，再让船装载其他东西，当水面也达到记号的时候，称一下这些东西，那么比较下就能知道了。”曹操听了大喜，马上照这个办法做了。这是一个典型的改变参照物的例子。大象太重无法称量，而石头却可以称量，用等重的石头做参照物，自然就知道大象的重量了。

所谓的“曹冲称象”也称为“参变”创新手法，是指让参数变化或者参照物的变化的手段，广义的“参变”也包括数值、强度的变化等。

古诗“两岸青山相对出，孤帆一片日边来”，以及现代电影《闪闪的红星》歌曲“小小竹排江中游，巍巍青山两岸走”，则是对“参变”现象最好的描述。众所周知，判断一个物体是运动还是静止，首先要选取一个物体作为标准，这个被选作标准的物体称为参照物。参照物可以任意选定。选择不同的参照物来描述同一个物体的运动状态，可能得出不同结论。所以运动和静止都是相对的。怎样解释法国飞行员在空中能顺手抓住一颗飞行的子弹？射出的子弹在空中飞行时，由于受到阻力影响，速度将逐渐减小，当子弹到达飞行员和他驾驶的飞机（驾驶舱不封闭）旁边时，如果子弹正好与飞机同向，且飞行的速度相同（或差不多），选飞机为参照物，因子弹与飞机之间没有位置变化，所以子弹相对于飞机来说就是静止的，飞行员顺手把它抓住自然就不会受到伤害。

电影片放映原理就是参照物变化的例子，利用人眼睛的视觉暂留特点，每一帧图片微小的变化连续起来就完成一个完整的动作。在地铁看到的涵洞墙上动态广告也类似，因为列车在行驶，每帧图片的动作连接起来，就让图片动了起来。

自1839年出现照相术后，欧美许多国家的发明家再接再厉，为记录和再现活动影像进行了不懈努力。其中，对形成电影贡献最大的是美国的依斯曼、爱迪生和法国的卢米埃尔兄弟。依斯曼于1889年发明了将感光乳剂涂布在赛璐珞长条上的感光胶片，从而不仅便于拍摄长时间的活动影像，而且使透视或放映这些影像成为可能。爱迪生发明了使用感光胶片连续拍摄的摄影机，并于 1891 年发表了他制作的可供一个人通过放大镜观看活动影像的活动视镜。法国的卢米埃尔兄弟则在依斯曼和爱迪生成就的基础上，研制成功采用新传动方式的电影机，1895 年 2 月 13 日获得“摄取和观看连续照相试验用的机器”的首项专利。同年 3 月 30 日，机器改进后再获专利，并正式定名为“电影放映机”。1895 年 12 月 28 日，在巴黎大咖啡馆的印度厅首次把影片放映在银幕上供许多人观看。后来就把这一天视为电影诞生之日。《火车到站》《工厂大门》《水浇园丁》等短纪录片的摄制上映表明电影完成了发明阶段。

进入 1896 年后，在短短半年的时间里电影放映风靡欧美许多国家。远离欧美的中国也于 1896 年 8 月 11 日在上海首次放映了法国电影，当时称为“西洋影戏”。1905 年，曾在日本学过照相技术的沈阳人任景丰，从北京东交民巷的德国商人手中购得法国制的木匣手摇摄影机及胶片 14 卷，在他开设的丰泰照相馆，利用日光在露天拍摄了著名京剧演员谭鑫培的舞台纪录片《定军山》，这是中国人自己拍摄的第一部影片。

另外一种“参变”是“模拟驾驶”，又称为驾驶仿真，或虚拟驾驶。模拟驾驶让体验者在一个虚拟的驾驶环境中，使其感受接近真实效果的视觉、听觉和体感的汽车驾驶体验。模拟驾驶游戏让玩家在无限趋近真实环境的城市里模拟驾驶汽车，汽车类型包括轿车、卡车、救护车、赛车、公共汽车等各种车型，甚至还可以设计一辆属于自己的车辆。除了模拟驾驶汽车，火车、轮船、飞机都可以开发出模拟驾驶软件和硬件设施。驾驶模拟培训具有效果逼真、节能、安全、经济，不受时间、气候、场地的限制，驾驶训练效率高、培训周期短等优势，在新车型开发和驾驶培训方面应用十分广泛，如图 2-20-1 所示。

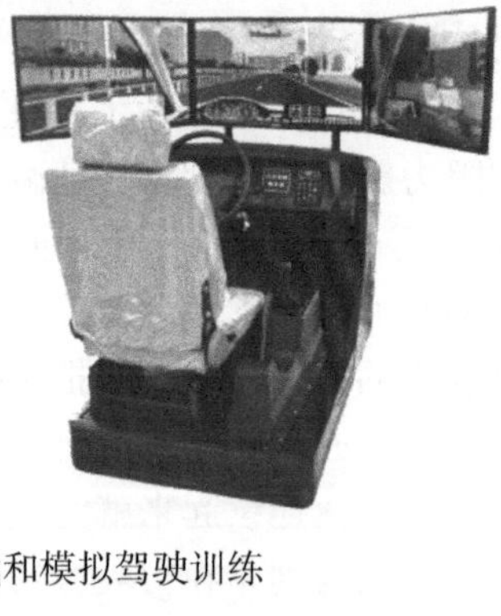

图 2-20-1　模拟驾驶汽车游戏和模拟驾驶训练

当代流行的赛车电子游戏就是通过参照物背景的变化，将赛车的情景模拟出来，出现一个个惊险的画面，也模拟撞车或者飞出路面的场景，形成对游戏者的视觉刺激。而游戏者可控的部分以画面上自己“驾驶的车”为主，这样一个互动过程是对实际情景的模拟，但完全不是实际的情景。

仿照这种游戏的原理，人们研究了模拟飞机驾驶舱，因为实际驾驶舱会很昂贵，模拟驾驶舱是通过画面让驾驶员感受飞机的飞行、起落情景，通过控制“驾驶舱”的模拟控制按钮和器件，让飞行员掌握飞行技巧。这比一个真实飞机的训练风险小、成本低得多。一旦这种模拟训练合格，飞行员才在实际的飞机上进行真实的飞行训练。图 2-20-2 给出一些案例图片。

图 2-20-2　电影放映、模拟飞行训练和赛车电子游戏

高速公路被拉长的提示字，也是“参变”的例子，因为要提示运动中的车子，字体就故意拉长，如图 2-20-3 所示。

图 2-20-3　公路上拉长的提示字

提到“参变”创新，改变数字、强度的例子就更多，在电器系统里我们遇到的变频调速、变阻调光、变压输电虽然应用的电学原理并不相同，但其“创新”技巧基本类似，都是通过某一参数的变化引起某事件物理特性变化，从而达到某一目标。变频调速就是通过改变输入电的频率，让马达速度降低或者升高，同时达到节电的功能；而变阻调光则是通过调节线路的电阻，从而改变线路的电流，控制灯光亮度，达到调光的目标；变压输电则是通过调高输电的电压，让输电过程中的能耗降低，在输出端再将电压调低，达到应用的标准，如图 2-20-4 所示。

在电器家族里，这种改变参数的调节系统比比皆是，例如让声音变化的功率放大装置，让温度变化的变热控制系统，让电流变化的变流器，让光管颜色变化

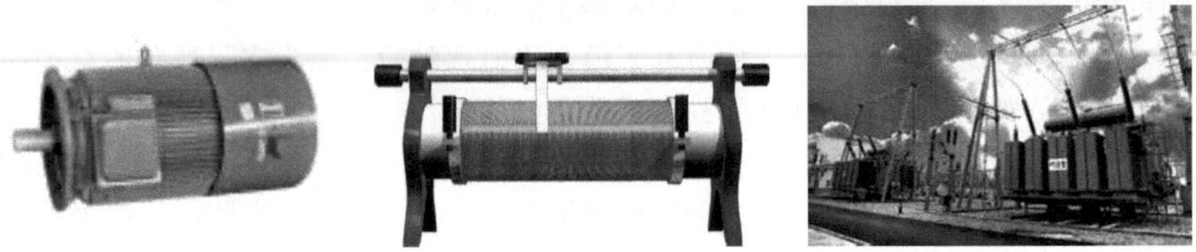

图 2-20-4　变频调速电机、变阻器和变压输电系统的“参变”创新

的变色系统都是典型的例子。一个音乐喷泉，既让水流喷射的强度方向不断变化，又让灯光和音乐随之变化，更是一种综合的多维“参变”系统。

讲到“曹冲称象”，给大家讲另外一个中国古代故事，名为“刻舟求剑”。

有一个楚国人出门远行，他在乘船过江的时候，一不小心，把随身带着的剑落到江中的急流中。船上的人都大叫：“剑掉进水里了！”他马上用一把小刀在船舷上刻了个记号，然后回头对大家说：“这是我的剑掉下去的地方。”众人疑惑不解地望着那个刀刻的印记，有人催促他说：“快下水去找剑呀！”楚国人说：“慌什么，我有记号呢！”船继续前行，又有人催他说：“再不下去找剑，这船越走越远，当心找不回来了！”他依旧自信地说：“不用急，不用急，记号刻在那儿呢。”直至船行到岸边停下后，这个楚国人才顺着他刻有记号的地方下水去找剑。可是，他怎么能找得到呢！船上刻的那个记号是表示这个楚国人的剑落水瞬间在江水中所处的位置，掉进江里的剑是不会随着船行走的，而船和船舷上的记号却在不停地前进。等到船行至岸边，船舷上的记号与水中剑的位置早已风马牛不相及了。这个楚国人用上述办法去找他的剑，不是太糊涂了吗？他在岸边船下的水中，白费了好大一阵工夫，结果毫无所获，还招来了众人的讥笑。这则寓言告诉我们，剑对于其参照物——刻痕的位置发生变化，那个楚国人却以为是静止不动的，当然不能成功了。

与“曹冲称象”类似的例子是爱迪生求解灯泡容积的故事。一天，发明家爱迪生把一只灯泡交给他的助手——普林斯顿大学的数学系毕业生阿普顿，要他算出玻璃灯泡的容积。阿普顿拿着灯泡琢磨了好长时间，于是用皮尺在灯泡上左右、上下量了一阵，又在纸上画了好多的草图，写满了各种尺寸，列了许多道算式，算来算去还未有个结果。爱迪生见他算得满头大汗，就对他说：“我的上帝，你还是用这个方法算吧！”他在灯泡里倒满了水递给阿普顿说：“把这些水倒进量杯里，看一看它的体积，就是灯泡的容积了。”助手听了顿时恍然大悟，于是照法很快就算了出来。

这两个例子都是“参变”概念的运用。当无法称量大象，改变参照物，想办法称量与大象等重的可称量物品，也就是小小曹冲想起的办法——称量石头，碎石头和大象让船下沉的深度相同，就意味着等重量了。爱迪生测量灯泡容积也是如此，因为灯泡形状不规则，很难测量，于是就改变参照物，测量与灯泡等容积的水，因为水具有可塑性，可以与灯泡形状完全吻合，水又可以被塑造成容易度量的立方体形状，变得易于度量。

另外一类类似于“曹冲称象”的创新是失重试验、风洞试验和高压氧舱试验。

大家知道，在航天飞行中，航天员长期处于失重状态，为了了解和适应这种失重状态，要创造模拟太空的失重情景。在地面上主要是在深水池中利用浮力做失重训练，这也是航天员最初做的训练，另一种是在离心机上做超重训练。航天员进行失重训练主要有两种方式：一是利用失重飞机；二是利用失重水槽。失重水槽是目前世界各国航天员进行出舱活动训练的重要设施。目前，美国、俄罗斯和日本均建有失重水槽。

设计飞机、高速列车或者汽车，要模拟高速运动时的各种情景，如外形对空气阻力的影响等，风洞实验就应运而生了。风洞试验的理论依据是运动相对性原理和流动相似性原理。根据相对性原理，飞机或者列车在静止空气中飞行所受到的空气动力，与飞机或者列车静止不动、空气以同样的速度反方向吹来的作用是一样的。就飞机试验而言，飞机迎风面积比较大，如机翼翼展小的几米、十几米，大的几十米，使迎风面积如此大的气流以相当于飞行的速度吹过来，其动力消耗将是惊人的。根据相似性原理，可以将飞机做成几何相似的小尺度模型，只要保持某些相似参数一致，试验的气流速度在一定范围内也可以低于飞行速度，并可以根据试验结果推算出真实飞行时作用于飞机的空气动力。风洞实验的理论依据是流动相似原理。由于风洞尺寸、结构、材料、模型、实验气体等方面的限制，风洞实验要做到与真实条件完全相似是不可能的。通常的风洞实验只是一种部分相似的模拟实验。模型通常都是缩尺的，也有全尺寸的，有时还可以按一定要求局部放大。对于几何对称的实物，还可以利用其对称性做成模拟半个实物的模型。

另外一种“参变”装置就是高压氧舱。大家知道，氧气是由血液携带的，氧气进入肺里就会立刻溶解到血液中，溶解的过程就像将一勺白糖放到水中很快就被溶解了。正常人的血液中所溶解氧气量与环境压力有关系，人们生活在一个大气压的环境下，由于空气中的氧气只有 1/5，所以人血里溶解的氧气很少，满足不了人体的需要。氧气容易进入红细胞中并随红细胞移动而运输，溶解在血里的氧很少却非常重要。因为红细胞携带的氧气比溶解到血中的氧气高几十倍，所以正常人能满足运送氧气的吸氧量。1956 年，荷兰的科学家将小猪身上的血从动脉抽出后再从静脉注入盐水，然后放到高压氧舱中并加上三个大气压的氧气，小猪在这个高压氧舱中活了 15 min，把血重新输入小猪的身上后它活得还是很好，小猪是靠溶解氧而继续活着的，科学家将此实验命名为无血液的生命。经过多次实验后得出结论：人在高压氧舱中溶解在血液中的氧随着氧舱的压力增高而增加。在两个大气压的氧舱里吸纯氧后溶解在血里的氧气增加了 14 倍，而在 3 个大气压下就增加了 21 倍。于是人们就开始研究高压氧对疾病的治疗，经过多年的摸索实践，人们发现高压氧可以适用于以下疾病的治疗：煤气、硫化氢、沼气等有害气体中毒，脑血栓、脑出血、脑外伤、神经炎、脉管炎、糖尿病坏疽、难愈合的溃疡、胎儿发育不良、新生儿窒息、急性气栓症、减压病、高原病、突发性耳聋、美尼尔综合征、眩晕症。与普通吸氧相比，高压氧的力度更大，效果更好，能够直接利用氧量解决缺氧问题，高压氧还具有抗菌等效果。这可是利用“压力与氧量”参数变化的创新案例，如图 2-20-5 所示。

图 2-20-5　风洞试验、失重试验和高压氧舱的“参变”创新

“曹冲称象”这类创新方法十分有用。5D 电影也是一种典型的“参变”创新技术。人们通过模拟现实中的情景，包括声音、动作，甚至气味形成让人身临其境的感觉。“增强现实”和“虚拟现实”以及“混合现实”技术也是令人瞩目的“参变”应用领域，有着广阔的拓展前景。无论是在娱乐领域还是工程领域，工匠们运用此方法可以开启无穷的创新空间。

【妙技锦囊】“曹冲称象”是指通过“参照物变化”所达成的创新。人们经常说：“换一个角度看问题，结果就完全不同”“退一步海阔天空”，这些就是一种“参变”的概念。人们看见一只长得像猫一样大的老鼠，惊呼“好大一只老鼠!”见到一只像羊一样小的大象，惊呼“好小一只大象啊!”从绝对的大小来看，到底是哪个更大？因为是参照物不同而已。这种变换参照体系的思维会给人们带来不少创新的启示。工匠要善用不同的参照体系来看这个世界，从而引导出意想不到的创新成果。

第21技　五光十色

释义："五光十色"是通过改变创造物的颜色、改变其色彩的方式进行的创新技巧。

标识符号：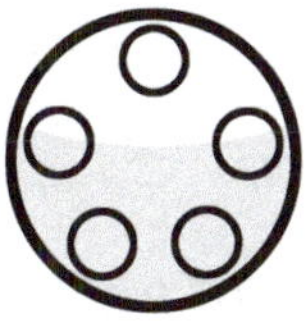

没有光源就没有色彩感觉。光是电磁波，波长为380~780 nm的电磁波才能引起人们的色知觉。低于或者超出这个范围的光人们就看不到了，称为红外线或者紫外线。物体之所以有颜色是因为不同物质对七色光中不同色光的吸收和反射不同。因为不同物体具有不同的反光曲率，人们称为色素。

色彩包括不同色系，可划分为色调、色度、明度、饱和度、色值、浅色泽、暗色泽等，这些是如何影响人们对于颜色的感受，这也是色彩学所涉及的范畴。

从人类对色彩的感知而言，暖色包含红、橙、黄以及这三种颜色的变种。它们分别是烈焰、落叶以及日出和日落的颜色，它们通常象征活力、激情和积极。

冷色系包含绿色、蓝色和紫色，相对暖色，强度要弱。它们是夜、水和自然的代表颜色，通常给人的感觉是舒缓，放松，以及有一点冷淡。

基本色以及暖色系和冷色系如图2-21-1所示。

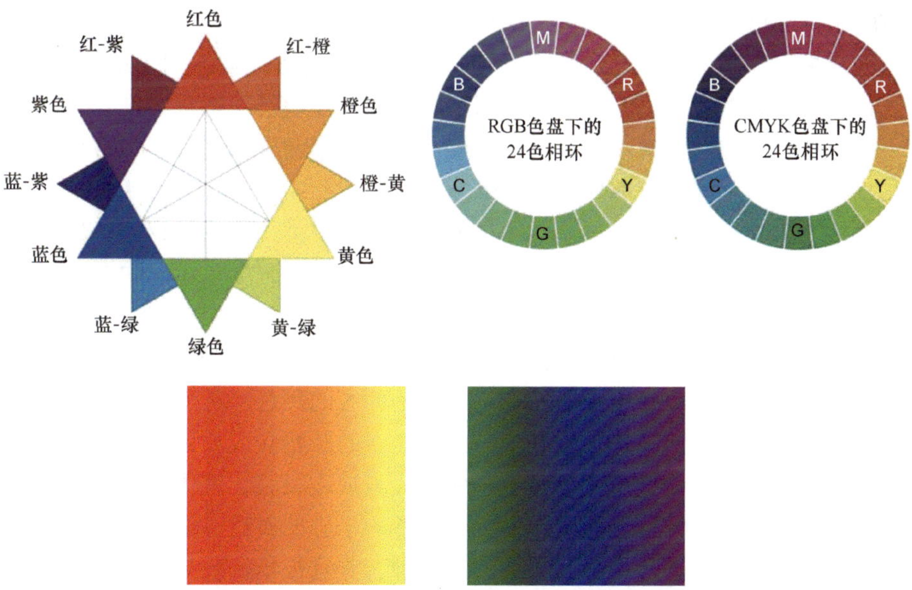

图2-21-1　基本色以及暖色系和冷色系示意

颜色和人类的感觉密切相关。天寒地冻，世界的色彩偏于蓝白色，称为冷色；温暖炎热，天地变得金黄或者火红，称为暖色。人们在布置自己的房间时会因为自己的喜好而选择颜色。图 2-21-2 分别给出了暖色和冷色房间的布置。

图 2-21-2　暖色和冷色的房间布置

色彩也与人类情感和习俗密切相关。某种颜色会唤起某人的情绪反应，但是同样的颜色对于另外一个人而言，唤起的可能就是另一种完全不同的情绪反应。这与个人偏好有关，又与文化背景和宗教习俗有关。文化的差异则让一种色彩在某国象征幸福或者愉悦，而在其他的国家则变成了压抑。

红色与愤怒有关，不过它也与盛大的事件有关，红色也预示着危险。

在西方以外的地方，红色有不同的含义。譬如，在中国，红色象征繁荣和幸福，它用来谋求幸运的降临。在东方文化中，红色是结婚日新娘着装的颜色，不过在南非，红色则是丧服的颜色，这个差异还不小呢。

橙色是一种充满生气和活力的颜色。柔和的橙色让人联想到大地以及秋色。因为它与季节的变换有关，橙色一般用来表现变化和运动的感觉。

因为橙色也与同名的水果有关，它也让人联想到健康和活力。通常认为橙色更友善和诱人，不像红色那样具有挑衅性。

黄色被认为是最明亮、最具活力的暖色。它让人联想到快乐和阳光，不过，黄色也与欺诈和懦弱有关。黄色还与希望有关，在一些国度里，家中有亲人参军打仗的人家会挂黄丝带。黄色也与危险有关，不过没有红色那么强烈。

在一些国度，黄色有完全不同的含义。比如，在埃及，黄色是奔丧的颜色，而在日本，黄色代表勇气。在印度，黄色则是商人的颜色。

绿色是一种非常务实的颜色。它可以象征新的开始和成长，它也意味着新生和富饶。另外，绿色也可表示嫉妒和猜忌，代表缺乏经验，就像人们常说某个青年显得十分青涩；绿色还继承了蓝色所有具备的平静的属性，但是它也吸收了一些黄色的活力。绿色有一种平衡和协调的效果，并且很稳定。亮绿色更具活力和生机，而橄榄绿则更多表示自然界。

蓝色通常与忧伤有关。蓝色也广泛用来象征冷静和责任，浅蓝色有一种非常清新和友好的感觉，而深蓝色则是更多表示可靠和力度。蓝色也与和平有关。在许多文化中，蓝色有灵魂和宗教上的寓意。

一直以来，紫色都与高贵有关。它是红色和蓝色的合成色，具有这两种颜色的一些属性。它也与创造力和想象力有关。在泰国，紫色是寡妇的葬服色。深紫色则通常与财富和忠诚有关，而浅紫色则更多让人想到浪漫。

黑色是最强烈的中性色。往好的方面看，它通常与力量，高雅以及严谨有关；从坏的方面看，它也与邪恶、死亡以及神秘有关。黑色是许多西方国家葬礼色。在一些文化中，它与叛乱关系紧密，并且也与万圣节和玄学有关。

在光谱上，黑色对立面就是白色，不过跟黑色一样，它能与其他任何颜色搭配很好。白色通常与纯洁、干净、贞操联系起来。在西方，白色通常是新娘在婚礼上穿的颜色。白色通常也与医疗行业有关。尤其是跟医生、护士、护理联系起来。白色也与上帝有关，天使就被人认为是身着白色的。

灰色是一种中立色，通常是在光谱冷色区一端。有时，灰色被视为是忧郁或是压抑，灰色一般都显得保守和正式，不过也可以显得很现代。有时它被视作是哀悼色。

褐色通常与大地、树木和岩石扯上关系。它是彻头彻尾的自然色和暖系中立色。因其坚定和质朴的性质，褐色也与信赖和可靠联系起来。它也可以被视作迟钝和无趣。

作为一个简单、快速和具有普适性的参考：红色代表激情、爱情、愤怒；橙色代表活力、快乐、生气；黄色代表快乐、希望、虚伪；绿色代表新生、富饶、自然；蓝色代表冷静、责任、忧伤；紫色代表创造力、高贵、财富；黑色代表神秘、优雅、邪恶；灰色代表忧郁、保守、严谨；白色代表纯洁、干净、贞洁；褐色代表自然、健康、可靠；米黄色或茶色代表保守、虔诚、无趣；奶油色或乳白色代表平静、优雅、纯粹。

色彩在人类心理学上有不同的应用性格。色彩学主要将人类的性格分为红、蓝、黄、绿四种。可经过测试分析得出属于什么颜色的性格。

红色性格，快乐的带动者。做事情的动机很大程度上是为了快乐，快乐是这些人的最大驱动力。他们积极、乐观，天赋超凡，随性而又善于交际。典型代表：《西游记》取经路上那位爱闹腾，好耍小聪明的八戒。

蓝色性格，最佳的执行者。持久深入的关系是他们这类人所着意建立和维系的。他们具有可贵的品质，对待朋友忠诚而诚挚，并在思想上深层次地关心和交流。典型代表：《三国演义》中聪明反被聪明误的周瑜，遇见更“蓝”性格的天才诸葛亮，一步三计，算计太多，把自己最后给气死。

黄色性格，有力的指挥者。这类人深层次的驱动力来自对计划的实现和完成。他们一般都具有前瞻性和领导能力，通常都有很强的责任感、决策力和自信心。典型代表：《红楼梦》里算尽机关，出尽风头的王熙凤。

绿色性格，和平的促进者。他们的核心是对和谐与稳定的追求，缺乏锋芒与棱角。他们宽容透明，通常都非常友善，适应性强，是很好的倾听者。典型代表：《水浒》中功成身退，唯一没去打方腊的入云龙公孙胜，梁山的第一明白人。

遗憾的是，少数人对颜色的分辨并不敏感，色盲检验板就是检验人们对色彩是否敏感的手段，如图 2-21-3 所示。

图 2-21-3　色盲检验板

自然界是色彩的最伟大创造者。鸟类利用美丽的羽毛来吸引异性，变色龙以及大量的动物都利用颜色的变换来掩护自己，还有一些动物利用变换的颜色来吓跑天敌。

人类在生活中创造了很多通过色彩进行安全提示的标识物。动物颜色就具有警告性，一些凶猛的、有毒刺毒针的动物往往长有红色黄色的斑纹或者条纹，这些颜色给人们以启示，如图 2-21-4 所示。

图 2-21-4　有毒或者凶猛动物的色彩启示

人们在长期实践中，定义了红色代表禁止，黄色代表警示，蓝色代表安全提示，而绿色代表一般性安全提示。老虎线也称为警戒线，是对危险边界的提示，如图 2-21-5 所示。

图 2-21-5　安全提示和警戒线

国家明确统一的安全警示标志牌是保证安全的一项重要举措。按照规定，为便于识别，防止误操作，确保运行和检修人员的安全，采用不同颜色来区别设备特征。在电力系统方面的应用，如电气母线，A 相为黄色，B 相为绿色，C 相为红色，明敷的接地线涂为黑色。在二次系统中，交流电压回路用黄色，交流电流回路用绿色，信号和警告回路用白色。安全警示标志牌分为颜色标志和图形标志。颜色标志常用来区分各种不同性质、不同用途的导线，或用来表示某处安全程度。图形标志一般用来告诫人们不要去接近有危险的场所。为保证安全用电，必须严格按有关标准使用颜色标志和图形标志。我国安全色标采用的标准，基本上与国际标准草案（ISD）相同。一般采用的安全色有以下几种。

（1）红色：用来标志禁止、停止和消防，如信号灯、信号旗、机器上的紧急停机按钮等都是用红色来表示“禁止”的信息。

（2）黄色：用来标志注意危险，如“当心触电”“注意安全”等。

（3）绿色：用来标志安全无事，如“在此工作”“已接地”等。

（4）蓝色：用来标志强制执行，如“必须戴安全帽”等。

（5）黑色：用来标志图像，文字符号和警告标志的几何图形。

因为红色光谱穿透的距离最远，人类通过红绿灯进行交通提示，这一创新成果对人类生活的影响十分深远，每年拯救了大量发生在马路交叉路口的生命，如图 2-21-6 所示。

交通信号灯俗称红绿灯，它的诞生还有一段故事。19 世纪初，在英国中部的约克城，红、绿装分别代表女性的不同身份。其中，着红装的女人表示我已结

图 2-21-6　交通路口的红绿灯设计

婚，而着绿装的女人则是未婚者。后来，英国伦敦议会大厦前经常发生马车轧人的事故。受到红绿装启发，1868 年 12 月 10 日，机械师德 · 哈特设计制造了高 7 m，挂着一盏红、绿两色的提灯——煤气交通信号灯，这是城市街道的第一盏信号灯。在灯的脚下，一名手持长杆的警察随心所欲地牵动皮带转换提灯的颜色。后来在信号灯的中心装上煤气灯罩，它的前面有两块红、绿玻璃交替遮挡。不幸的是，只面世 23 天的煤气灯突然爆炸自灭，让一位正在值勤的警察断送了性命，但警察的死并没有停止红绿灯的使用。

经过改良后，增加了一盏黄色的灯，红灯表示停止，黄灯表示准备，绿灯则表示通行。之所以采用这三种颜色，用这三种颜色作为交通信号也和人们的视觉结构和心理反应有关。人的视网膜含有杆状和三种锥状感光细胞，杆状细胞对黄色的光特别敏感，三种锥状细胞则分别对红光、绿光及蓝光最敏感。由于这种视觉结构，人最容易分辨红色与绿色。虽然黄色与蓝色也容易分辨，但因为眼球对蓝光敏感的感光细胞较少，所以分辨颜色，还是以红、绿色为佳。

染织和服装设计是人类应用色彩最多的方式。人们把不同色彩染在布上，做出漂亮的服装，色彩的变幻无穷无尽，如图 2-21-7 所示。

图 2-21-7　传统的蜡染和不同色彩的服装

很多染料的发现也是“色变”创新的产物，这种发现往往是偶然而得。帕金读大学的时候，教授霍夫曼让他研究一种治疗疟疾的药——金鸡内霜。这天他像往常一样做实验，将重铬酸钾加进煤油里提炼出来的苯胺里，无意中发现试管底部有些黑暗的沉淀物。他叹了一口气，刚想把沉淀物从试管里倒进垃圾箱，可转念一想，觉得这种物质很奇怪，便萌生了探究一下的念头。于是，帕金把这黑色的沉淀物放入酒精中，摇了摇，却惊奇地发现它竟变成了紫色。帕金顺手将身边的一块绸子，放在这种溶液里浸泡，绸子居然也成紫色的了。第二天，他将这块染色的绸子，用肥皂清洗，然后放在太阳光下暴晒，令人惊奇的是，紫色不但丝毫不褪，色泽还鲜艳如初。无心插柳柳成荫，这个意外让帕金发明了紫色的染料。

服装设计有三大要素，包括款式、面料和色彩，其中色彩变化是设计中最醒目的部分。服装的色彩最容易表达设计者的情怀，同时易于被消费者接受。火热的红、爽朗的黄、沉静的蓝、圣洁的白、平实的灰、坚硬的黑，服装的每一种色彩都有着丰富的情感表征，给人以丰富的内涵联想。除此之外，色彩还有轻重、强弱、冷暖和软硬之感等，当然，色彩还可以让人们在味觉、嗅觉、感性上浮想联翩。

绘画也是人类利用色彩变化进行创作的最普遍形式，如图 2-21-8 所示。

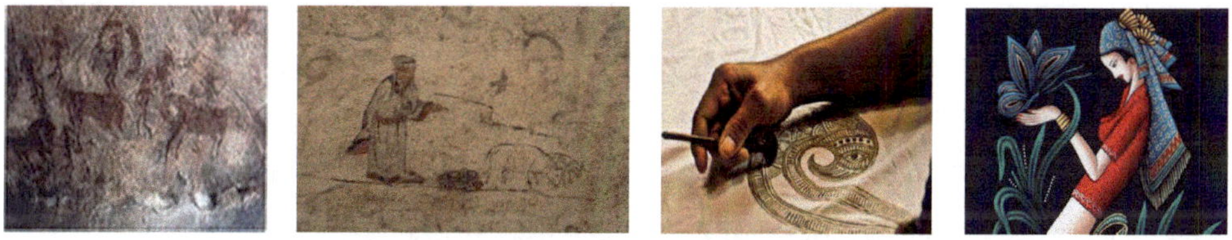

图 2-21-8　人类通过色彩变化进行绘画创作

一般认为，从古埃及和中国等东方文明古国发展起来的东方绘画，与从古希腊、古罗马发展起来的以欧洲为中心的西方绘画，是世界上的两大绘画体系。这两大绘画体系在历史上互有影响，对人类文明都做出各自独特的重要贡献。绘画本身的可塑性决定了它具有很大的自由创造度，它既可以表现现实的空间世界，也可以表现超时空的想象世界，画家可以通过绘画来表现对生活和理想的各种独特的情感和理解，因为绘画是可视的静态艺术，可以长期对画中具有美学性的形式和内容进行欣赏、玩味、体验，所以它是人们最容易接受而且最喜爱的一种艺术。

已知最古老的绘画位于法国肖维岩洞（Grotte Chauvet），部分历史学家认为它可以追溯至 3200 年前。那些画经由红赭石和黑色颜料作雕刻及绘画，主题有马、犀牛、狮子、水牛、猛犸象或是打猎归来的人类。石洞壁画在世界各地均十分常见，例如法国、西班牙、葡萄牙、中国、澳大利亚及印度等。

中国的绘画工艺十分古老，可以上溯到原始社会的新石器时代，距今至少有

7000余年。最初的中国绘画，是画在陶器、地面和岩壁上的，渐而发展到画在墙壁、绢和纸上。使用的基本工具是毛笔和墨，以及天然矿物质颜料。在无数画家不断探索、创新的努力之下，逐渐形成了鲜明的民族风格，并有着自己独立的绘画美学体系。中国原始绘画技巧虽幼稚，但已掌握了初步的造型能力，对动物、植物等动静形态也能抓住主要特征，用以表达先民的信仰、愿望以及对于生活的美化装饰。中国绘画又名国画，它包括卷轴画、壁画、年画、版画等各种各样的门类。有时特指以中国独有的笔墨等工具材料按照长期形成的传统而创作的绘画。中国画现分为三大画科：人物画、山水画、花鸟画；有工笔与写意两大种画法；有卷、轴、册、屏等多种装裱形制。

谈到"色变"，有一个非常有名的故事，这就是四色猜想，堪称是世界近代三大数学难题之一。四色问题的内容是："任何一张地图只用四种颜色就能使具有共同边界的国家着上不同的颜色。"用数学语言表示，即"将平面任意地细分为不相重叠的区域，每一个区域总可以用1、2、3、4这四个数字之一来标记，而不会使相邻的两个区域得到相同的数字。"这个问题经历了100多年的和无数数学家的证明，都没有很好解决。电子计算机问世以后，由于演算速度迅速提高，加之人机对话的出现，大大加快了对四色猜想证明的进程。美国伊利诺伊大学哈肯与阿佩尔合作编制了一个很好的程序，就在1976年6月，他们在两台不同的电子计算机上，用了1200 h，作了100亿判断，终于完成了四色定理的证明，轰动了世界。这是100多年来吸引许多数学家与数学爱好者的大事，当两位数学家将他们的研究成果发表的时候，当地的邮局在当天发出的所有邮件上都加盖了"四色足够"的特制邮戳，以庆祝这一难题获得解决。

抗日战争时期，为了把消息安全地传递出去，地下党写了一封"空白"的密信，正是这封空白信挽救了无数人的生命。原来，这张白纸并非无字，而是白字，是用醋写的。用醋在白纸上写字，晾干后不会留下任何痕迹。醋的主要成分是醋酸，属于有机物，有机物的汁液干了之后会变得透明，用微火加热，透明的汁液又会变成棕色。

下面讲一个降妖巫婆剑刺草人流血的"色变"故事。大家知道，只有有生命的物质才可能有血液，但降妖的巫婆只需将宝剑在圣水中一点，就可以将身穿黄表纸衣服的草人刺出血来，大家目瞪口呆，以为巫婆真的刺死了妖怪。这是怎么回事？其实，巫婆的剑根本不是什么宝剑，那圣水只不过是普普通通的纯碱溶液。草人穿的黄表纸是用天然染料染过的，这种染料是从姜黄中提取出来的。剑上沾有纯碱溶液，碰到姜黄这种物质就会发生化学反应，使黄色立即变成红褐色，看上去就像血一样。化学上，把像姜黄这类能够以本身颜色的变化来指示某些物质的酸碱性的称为指示剂。常见的有石蕊指示剂、酚酞指示剂等。人们把液体用洁净的玻璃棒蘸取，滴入紫色石蕊试液，如果试液显红色，说明液体显酸性；如果试液显蓝色，则说明液体显碱性；如果溶液不变色，则是中性。酚酞作为一种常用指示剂，也被广泛使用于酸碱滴定过程中。通常情况下酚酞遇酸溶液不变色，遇中性溶液也不变色，遇碱溶液变红色。

谈到“石蕊”，也有一段发明小故事。波义耳买了一束紫罗兰插在花瓶里，这时，他的助手拿了几瓶盐酸起来，在花瓶附近，助手将盐酸倒进小玻璃瓶里，只见一股烟雾立即在室内弥漫开来，波义耳见状害怕浓雾会腐蚀花儿，就把花儿放在清水里洗了一下，忽然，他发现一种有趣的现象，紫罗兰变成了红色的。“会不会是在盐酸的作用下才改变颜色的呢？”波义耳又连续做了几次试验，结果依旧，于是他依此发明了检验酸溶液的石蕊试纸。

谈到“色变”创新，人们不会忘记烟花和信号弹。在电视或电影里，经常看到军队作战时，靠信号弹传递消息。信号弹发射后，会发出五颜六色的焰火。这些信号弹里装的是普普通通的化学药品——金属盐类。原来，许多金属盐类在高温下能够发出各种彩色的光芒。例如，硝酸钠与碳酸钠会发出黄光，硝酸镁发出红光，硝酸钡发出绿光，碳酸铜、硫酸铜会发出蓝光，铝粉、铝镁合金会发出白光。这种现象，在化学上称为焰色反应。平时放的烟花，里面装有燃烧剂、助燃剂、发光剂和发色剂。燃烧剂也是用黑色火药做的。正因为黑色火药燃烧时能够产生大量的热与光，人们用它来把发光剂与发色剂引燃，并使焰火爆破，使发光剂向四面八方散开去。助燃剂由硝酸钾、硝酸钡等组成。硝酸钾、硝酸钡等一受热就分解，放出大量的氧，使燃烧剂烧得更猛。发光剂是铝粉或者镁粉，这些金属的粉末能够猛烈燃烧，放出强烈的光芒。发色剂是利用金属盐来实现的。音乐喷泉也会有美丽的光彩效果，使用的原理不同，但其“色变”创新的意义是一样的，如图 2-21-9 所示。

图 2-21-9　彩色信号弹、烟花和音乐喷泉的“色变”创新案例

有一种化学武器称为“烟幕弹”。引爆后，会产生大量的烟雾，形成云海。以前的战争中，这种武器经常被拿来使用来迷惑敌人。为什么烟幕弹会产生这么多有毒的烟？原来烟幕弹里装有黄磷，引爆后黄磷迅速燃烧而产生的五氧化二磷与水蒸气生成偏磷（有毒）和磷酸的液滴，这些液滴又会与五氧化二磷颗粒悬浮于空中，形成“云海”。这也算一种类似“色变”的发明吧。

同时，“变色眼镜”也属于“色变”创新的例子，已在“第 17 技　滴水成冰”中讲述，此处不再赘述。

提起“五光十色”的创新，不会忘记迪士尼。迪士尼1922年创办了欢笑动画公司，制作出一部叫《小欢乐》的动画片。由于制作成本高，推销员携款潜逃，刚刚完成《爱丽丝卡通国》短片的制作，公司就倒闭了。迪士尼卖掉摄影机，提着一只行李箱、几件绘画工具和40美元来到洛杉矶。中间又完成了《幸运兔子奥斯华》《疯狂的飞机》《疯狂的高卓人》《糊涂交响曲》等系列动画片，并把米老鼠的形象搬上银幕，米老鼠也逐渐家喻户晓。但因为迪士尼的得力助手被挖走，迪士尼自己也重病一场，公司停止了米老鼠动画的制作。迪士尼没有就此止步。1932年重整旗鼓，完成彩色动画片《花儿与树》，米老鼠的形象还获得奥斯卡特别奖。此后又推出《三只小猪》《白雪公主》《小鹿斑比》《幻想曲》等一系列经典动画片，这时又创作出可爱的卡通角色唐老鸭。迪士尼先后获得三次奥斯卡特别奖。从此，迪士尼的创作便源源不断，一个个经典卡通片问世，包括《仙履奇缘》《睡美人》《森林王子》等。晚年的迪士尼没有停止脚步，开始最大的冒险项目——建造迪士尼乐园。很多人并不看好他的冒险，他甚至压上了个人的人寿保险去圆自己的梦。1955年7月，世界上第一个迪士尼乐园在加州落成，公园开放6个月就有300多万人蜂拥而至。迪士尼“五光十色”的创意造就了今天迪士尼王国“五光十色”的辉煌。

我国在新冠疫情的防控中也通过二维码颜色的变化来辨识手机持有者有没有感染或者有没有注射疫苗。

在企业或者医院里，人们用着装的色彩来区分不同的职责分工。

在大街上人们用不同的色彩来区分垃圾桶分类的内容。

中国的菜肴讲究色、香、味，人们用色彩来提高人的食欲，色是菜肴的重要元素。

中国有一位作家，写了一本书叫《性格色彩学》。他用不同的色彩来区分人不同的性格。

总之，通过色彩的创新真是无穷无尽。

【妙技锦囊】综上所述，“五光十色”作为创新方法，表面看起来其内涵并不十分丰富，其外延却十分多彩，实际上应用的情景更是十分广泛。希望工匠娴熟地运用“五光十色”的创新技巧于日常的生产和创造活动，尤其是善用电子化的手段，以“色变”来创造价值。

第22技 千形万态

释义：“千形万态”是指通过改变形态、形状以及样式所进行的创新方法。这种变革不是“质”的变化，而是“形”和“型”的变化，由此给创造物增加功效和价值。

标识符号：

“形变”是很多创新的基础。中国传统工匠——铁匠，应该是这种“千形万态”的古老行业了。铁匠，俗称打铁的，红炉、风箱、铁砧、铁锤、铁钳、鸡嘴錾、鸭嘴錾等应该是铁匠的全部家当了。铁匠上炉开工一般是三人一组，俗称“铁三锤”，师傅左手拿火钳，右手握小锤，也称“带路锤”。第二个人称为“第二锤”，也叫“打下锤”的，或叫“拿大锤”的，多由有一定经验、快满师的大徒弟担当。第三人被称为“打帮锤”的，由刚学艺不久的小徒弟担当，其工作最苦，要给炉子加碳，拉风箱，还要忙里抽空打“第三锤”。打铁时，师傅手握扁平直角梯形小锤，不用很大力，主要用来掌握方向和力度，指挥“第二锤”打，小锤指到哪里，辅锤打到哪里。轻重缓急也都由主锤指挥，而且收尾的细活都由主锤完成。大锤轻则10来斤，重则20多斤，锤把柔软，一般人是使不了的，所以“打大锤”既是个力气活，又是个技术活。就这样，各样的工具物件，“千形万态”，包括锄镰镢锨就在这些能工巧匠手里打成了。

中国传统工匠——木匠，也是“千形万态”创新的高手。木匠讲究工具，俗称“三分手艺，七分工具”，斧、锤、锯、刨、钻、凿、墨斗、角尺、曲尺等，大小成套，五花八门。仅是木工刨子就有几十种，如平木刨、外圆刨、内圆刨、槽口刨、线条刨、光刨、细刨、弯刨、座刨，还有三尺长的板凳刨，不足两寸长的镗刨以及由多片“刨舌”组成的蜈蚣刨等，真是琳琅满目，且用料讲究，做工精细，件件精致。在木匠手里，大到亭台楼阁，雕梁画栋；小到桌椅板凳，箱笼柜橱无所不能。因此，他们也是“千形万态”的高手。

从字面上讲，物体发生的伸长、缩短、弯曲等变化都称为形变。形变有弹性形变和塑性形变两种。物体的形变是由于外因或内在缺陷，在外力作用下物质的各部分的相对位置发生变化的过程。凡物体受到外力而发生形状变化谓之“形变”。形变的种类有纵向形变、体积形变、切变、扭转、弯曲，还包括弹性材料的应变、塑性材料的永久形变和液体的流动等。

“形变”是这个世界上最丰富的变化内容，天上的云彩几乎随时都在变化着其形状和形态，地上的万物每天都在变化着，植物由绿芽长高长大，开花结果，到枯萎腐烂；而动物也不断循环着这个由生，到年轻，再到中年，再走向死亡的形态变化过程。即使是没有生命的高山、河流也是如此，每天在变化着其形状与形态。

人们始终不甘寂寞，不满足于静止，而追求着变化。就拿时装设计和鞋帽设计来说，从古至今，国内国外不知在“形变”方面翻新了多少花样，而且这种变革也永远不会停止，如图 2-22-1 所示。

图 2-22-1　服装与鞋帽的“形变”创新

以鞋子的“形变”作为特写，也演绎出不少有趣的变革故事。对于残疾人、老人等行动不便的特定群体，穿鞋是一件很麻烦的事，为了解决这个棘手问题，有人设计了一款没有传统的鞋带、直接两腿一蹬就穿上、不分前后向、没有左右脚区别的鞋子，使穿鞋这件事变得更为简单。更为重要的是，它通过一种无差别的方式来解决弱势群体的问题，它没有传统的老弱病残专用的那些标签，相反它是每个人都可以用的，甚至是一件很潮的鞋，实现使用方式上的平等。从功能层面到心理层面的设计，十分难得。

另外一对双头拖鞋的设计灵感来源于中国传统文化中的太极阴阳哲学，鞋子两头呈圆弧状，外形类似花生壳，一条 S 形曲线将鞋子一分为二，体现了东方哲学。其分开的两条拖鞋带体的长度各为拖鞋本体总长度的 4/5，要穿时无须顾及拖鞋的鞋头方向，只要用脚轻触拖鞋带体将脚深入即可穿上，而拖鞋带体材质也十分柔软，脚踩下去又方便又舒适，如图 2-22-2 所示。

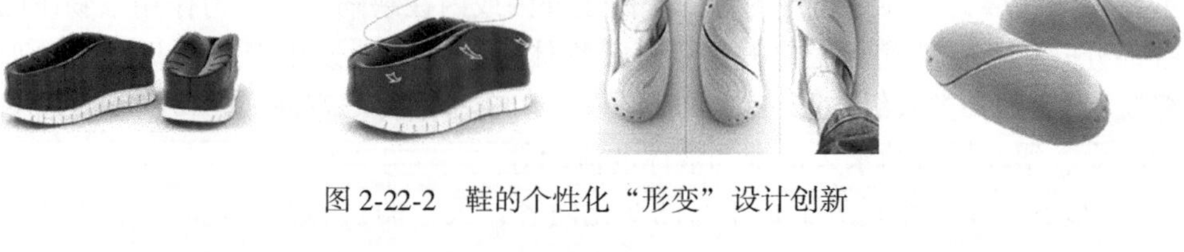

图 2-22-2　鞋的个性化“形变”设计创新

服装设计有一种称为仿生物形态的设计，强调对生物外部形态美感特征与人类审美需求的结合。例如仿蝴蝶、蝙蝠的时装设计，仿花草植物的设计。这里面也包含无穷无尽的变化，通过并置、层叠、镂空、肌理等方法表现出不同生物的美感，从而衬托和展现人的美。

小电器设计以及各种日用品设计也是一个不断变化的过程，永无止境，层出不穷，如图 2-22-3 所示。

图 2-22-3　小家电和层出不穷的日用品“形变”设计

人类的窠臼就是房屋建筑。不像是鸟巢，相对单一，建筑设计包含着人类文明进步的结晶，也是创意无穷的产物，如图 2-22-4 所示

图 2-22-4　千变万化的建筑“形变”设计

提起建筑设计上的“千形万态”，中国人恐怕对北京的古建筑印象十分深刻，从金碧辉煌的故宫，到气势恢宏的颐和园，到天坛、北海和圆明园，都是出自著名的“雷氏家族”之手。雷氏从康熙年间起，共有 7 代人在 260 年间为清朝皇室设计建造宫廷、园林、庙宇和陵寝。为了传承家族手艺，从第五代雷景修起，开始将祖上图纸、设计文案、平样、烫样及各种手艺诀窍收集起来加以保留，形成极其庞杂的建筑体系。大到宫殿、城门，小到屏风、石碑，无不有其独特设计规矩。所以被誉为“样式雷”。这种传承的工匠将中国建筑的“千形万态”表现得淋漓尽致，如图 2-22-5 所示。

图 2-22-5　故宫、颐和园、北海和圆明园的“千形万态”设计

家具设计更显现人类的智慧，“形变”是让家具变化的主要手段，如图 2-22-6 所示。

图 2-22-6　家具的“形变”设计

类似的“形变”设计不计其数，就拿书写笔来说，从古代的毛笔，到铅笔，到钢笔，笔头由尖笔头变为圆珠笔头，通过“形变”让书写更流畅，如图 2-22-7 所示。

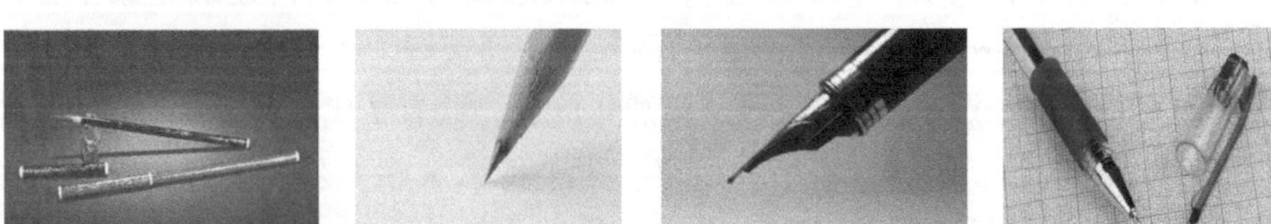

图 2-22-7　毛笔、铅笔、钢笔和圆珠笔的“形变”设计历程

这里还有一些例子，椅子腿加转滚轮，这种“形变”可以让搬动更便捷；

普通楼梯变成旋转楼梯，可以节省室内空间，如图 2-22-8 所示。

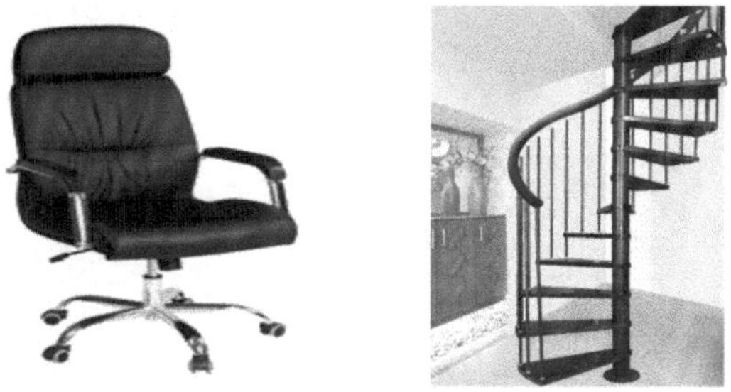

图 2-22-8　便于移动的椅子、旋转楼梯可节省空间

还有一些个性化的巧思“形变”设计，如图 2-22-9 所示。

图 2-22-9　蒜形碗、折纸灯、书架台灯、建筑物的“形变”创新

在工业上这样的例子还有很多，例如一字形螺钉帽改为星形螺钉帽，让紧固更给力；圆头螺母变为六角螺母，外六角改为内六角螺母，让紧固更方便。热敏开关——就是利用双金属片各组元层的热膨胀系数不同，当温度变化时，主动层的形变要大于被动层的形变，从而双金属片的整体就会向被动层一侧弯曲，则这种复合材料的曲率发生变化从而产生形变的这个特性来实现电流通断的装置。

开水煲的温控开关、荧光灯的辉光启动器就是很好的例子。一般带加热的电器都要用到这个部件。它的原理就是双金属片“形变”的原理，如图 2-22-10 所示。

图 2-22-10　为方便紧固不同“形变”的螺母以及利用热“形变”的热敏开关

在“迭代”和“渐进”的创新技巧中我们曾经提到乐高积木的故事，同时也是利用“形变”给人们带来乐趣的创新，如图 2-22-11 所示。已在“第 4 技　更新换代”中讲述，此处不再赘述。

图 2-22-11　乐高积木和积木堆成的建筑

另外一种“形变”创新的产物就是魔方。魔方与中国人发明的“华容道”、法国人发明的“独立钻石”一起被称为世界三大智力运动。而魔方受欢迎的程度更是智力运动界的奇迹。

魔方，也称鲁比克方块，是匈牙利布达佩斯建筑学院厄尔诺 · 鲁比克教授在 1974 年发明的，英文名为：Rubik’s Cube，是一种娱乐玩具。当初鲁比克教授发明魔方，仅仅是作为一种帮助学生增强空间思维能力的教学工具。但要使那些小方块可以随意转动而不散开，不仅是个机械难题，还牵涉木制的轴心、座和榫头等。他将魔方转了几下后，才发现如何把混乱的颜色方块复原竟是个有趣而且困难的问题。鲁比克就决心大量生产这种玩具。魔方发明后不久就风靡世界，人们发现这个小方块组成的玩意儿实在是奥妙无穷。三阶魔方是由富有弹性的硬塑料制成的正方体。核心是一个轴，并由 26（中间一层为 8 块，其余两层各 9 块）个小正方体组成。包括中心方块有 6 个，固定不动，只有一面有颜色。边角方块（角块）有 8 个（3 面有色）可转动。边缘方块（棱块）12 个（2 面有色）也可转动。除三阶魔方外，还有二阶、四阶至十三阶，近代新发明的魔方越来越多，它们造型不尽相同，但都是趣味无穷。

三阶魔方总的变化数为 43，252，003，274，489，856，000。

四阶魔方共有 401，196，841，564，901，869，874，093，974，498，574，336，000，000，000 种变化。

五阶魔方的总变化状态数为 282，870，942，277，741，856，536，180，333，107，150，328，293，127，731，985，672，134，721，536，000，000，000，000，000 种。

如图 2-22-12 所示。

图 2-22-12　拆开的三阶魔方、二阶与三阶魔方、三阶四阶与五阶魔方

中国早在西汉时期就出现了以大麻和少量苎麻纤维制造的纸张，折纸艺术起源于中国，它也是“形变”创新的产物之一。折纸又称“工艺折纸”，是一种以纸张折成各种不同形状的艺术活动。在大部分的折纸比赛中，要求参赛者以一张无损伤的完整正方形纸张折出作品。折纸与自然科学结合在一起。折纸不仅成为建筑学院的教具，还发展为现代几何学的一个分支。折纸慢慢发展为一项儿童玩具，有益身心、开发智力和思维的活动，折纸是一个和平与纪念的象征手段，也是一个极佳的消遣方式。

日本最早出现纸是隋炀帝大业六年，多才多艺的高句丽高僧昙征把造纸术传到了日本，昙征本人也被日本人称为“纸神”。从那之后，折纸在日本很快兴起并且被广泛运用到了佛教礼仪当中。在公元 1200 年左右，日本出现了比较复杂的纸模型。当时的日本武士流行一种礼仪，交换自己的刀和一种特殊折法折出的纸花来证明友谊。并且纸模型被用于庆祝婚礼。到了室町幕府时期，纸成为廉价品，折纸开始流传到社会各个阶层，这一时期在日本的传统节日女儿节，母亲们开始折出各种纸偶用于祭祀，并且一直流行到今天。然而在日本，关于折纸文物最早的记载也是 18 世纪以后，江户时代的一些浮世绘作品反映了折纸在日本的情况，1797 年，三重县桑名市长円寺的僧人义道一円写出了世界第一部折纸书《秘传千羽鹤折形》并将之出版。

现代折纸已经不再只是儿童的玩意。它可以是一种既富挑战性又能启发思维的有益身心的活动。折纸当然也属于“形变”创新的案例，如图 2-22-13 所示。

图 2-22-13　纸折的龙和蜻蜓

“形变”的另外一个具有历史意义的案例当属“结绳”了。古人通过结绳记事，是那个时代非常先进的记录方式，配合语言使用，会起到事半功倍的效果。结绳记事一旦掌握方法，实际上可以终生不忘。

从颜色上，人类至少可以用七种色彩以及黑白两色，共九种颜色赋予其含义。

从材质上，绳子可以用动物毛线绳、树皮绳、草绳、麻绳等，各种材质的绳子，有几十种类别。

从粗细上，最少能够分成粗、中、细三种不同规格的绳子。

从经纬上，有横向绳子，也有纵向绳子，有主绳，也有支绳。

这样，就能构成最基本的几百个绳结词汇，组合起来能够完整有效地记载生活中发生的事物。

但结绳记事最大的问题，就是表达烦琐和麻烦，编制需要时间，而且保存困难，表达的意思又实在有限，相对于甲骨文都显得过于臃肿烦琐，所以最终被淘汰掉，如图 2-22-14 所示。

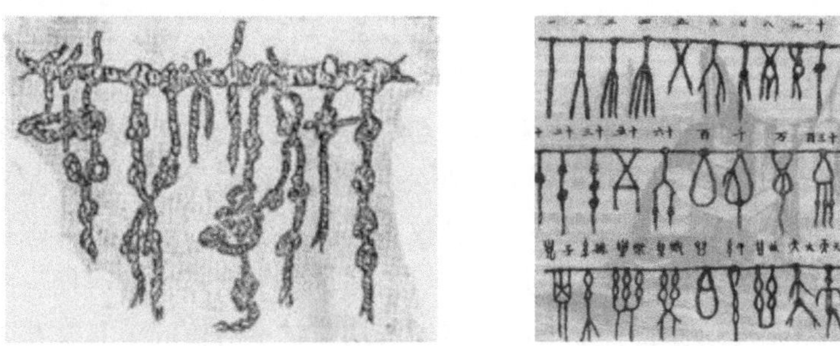

图 2-22-14　古代通过“形变”进行结绳记事

还有一个关于“形变”的小故事，在生活中，人们发现有些玻璃或玻璃器皿上有很多花纹，这是用一种叫氢氟酸的物质刻的。原来，氢氟酸的腐蚀性较强，能轻而易举地“吃”掉玻璃，被称为玻璃的“天敌”。具体操作过程是：先在玻璃上均匀地涂好一层致密的石蜡，然后用工具在石蜡上写字、作画、标刻度，使要雕刻的部分露出玻璃，再用适量的氢氟酸涂在上面，让它把玻璃“啃”去一层。氢氟酸涂得多，玻璃就“啃”得深，涂得少，就“啃”得浅，这样，玻璃器皿上就出现了人们想要的花纹和图案了。种类“形变”是通过化学变化来实现的。

中国古代灯具的变化就记载了“形变”创新的轨迹。

中国最早的灯具发明和使用可追溯到公元前 7 万年。那时，没有金属和铜可以用来制作灯，人们就用中空的石头和贝壳取而代之。这些中空的石头里被放满了苔藓和其他植物，然后浸在动物脂肪里。动物脂肪可以代替油，第一盏灯就是这么诞生的。在中国，据出土的甲骨文记载，人类早在殷商时期，就会使用松脂火把照明。到了周朝时期，青铜器和陶器的大量使用，为灯具的出现创造条件。春秋战国时，照明用的灯具开始出现，豆就是当时照明所用的工具，它是依照当时的食器——豆的形状制成。瓦豆灯是最早的灯具实物。当时人们是用豆脂作为燃料，将豆脂盛放在陶制的小碗里，放上一根灯芯，点燃照明。从古体字的“燈”就能看出，灯是从豆演变而来的。古籍中有记载：灯源于豆，瓦豆谓之登。战国时期的灯具以青铜质为主体，多为贵族使用器，陶质灯因为传统的陶豆无异，往往被称为陶豆，并没有归于灯类，这类灯为下层社会所用，战国时期的灯具除了个别多枝灯外，还出现了人俑灯、仿日用器形灯、雁足灯等，如图 2-22-15 所示。

图 2-22-15　战国前后出现的灯具“形变”

到了秦代，灯具铸造极其华丽。《西京杂记》卷三记载：“高祖初入咸阳宫，周行库府。金玉珍宝，不可称言。其尤惊异者，有青玉五枝灯，高七尺五寸。作蟠螭，以口衔灯。灯然，鳞甲皆动，焕炳若列星而盈室焉。”

两汉时期，我国的灯具制造工艺又有了新的发展，并且由于这一时期盛行“事死如生，事亡如存”的丧葬观念，使本为日常生活用具的灯具也成了随葬品中的常见之物。众多出土文物表明，这一时期的灯具不仅数量显著增多，材质和种类也有新的发展，这说明灯具的使用已经相当普及。从质地上看，在青铜灯具继续盛行、陶质灯具以新的姿态逐渐成为主流外，还出现了铁灯和石灯；从造型上看，除人俑灯和仿日用器形灯之外，还出现了动物形象灯；从功用上看，不仅有座灯，还有行灯和吊灯。

在我国的灯具史上，成就最高的釭灯也是出现在西汉。这种灯是供宫廷贵族使用的青铜灯，灯的火苗上方带有连着烟管的烟罩，灯烟可以经由罩和管排入蓄水的灯身里达到“取光藏烟”的环保效果。其中最著名的釭灯就是 1968 年河北省满城县出土的“长信宫灯”，如图 2-22-16 所示。

很多发明是在不经意之中实现的。在第二次世界大战期间，美国政府需要大量的飞机轮胎以及军靴等橡胶制品。通用电气工程师詹姆斯·怀特（James Wright），当时试图用硅制作一种橡胶替代品，因为这种元素在自然界中广泛存在。在对硅油进行测试时，他向其中添加了硼酸，结果变成了一种带有弹性和黏

图 2-22-16 我国秦汉时代的灯具“形变”创新

性的物质。尽管没有人能够为其找到实际用途，但它却成了一种有趣的玩具。这就是流行的“形变”儿童玩物——橡皮泥，如图 2-22-17 所示。

图 2-22-17 橡皮泥的“形变”创新

比当今的橡皮泥更早的“形变”活动应该追溯到人类的陶器和瓷器时代了。古代制作陶罐最简单的方法是：将黏土捏成长条，沿着平碟的边缘，一圈又一圈地叠起来。后来出现了一项小小的创新，就是把切掉上半截的葫芦放在平碟下面，这样陶匠在将黏土一圈圈地叠起来时，可以更方便地转动陶罐。这项创新虽小，但其实等于迈出了很大的一步，意味着陶匠开始使用转轮了。这项创新于公元前 4000 年在如今的伊拉克地区就出现了，大约在公元前 2500 年传到地中海地区。大约从公元前 1000 年起，希腊的陶匠开始使用转轮，那时木头或者石头做成的圆碟，放在磨尖的石头基座上。陶匠的助手稳稳地拨动转轮，而陶匠则用双手塑造黏土的形状。转轮的动力意味着一种全新的制造方法，陶匠再也不用先把黏土捏成长条了，他可以将一整块湿土直接做成陶罐。这样做出来的陶罐虽然小，但它是整体成型的。将几个在转轮上做出的罐身拼接起来，就可以做出更大的陶罐。无论大小，在陶罐干燥以后，陶匠会把它们放在转轮上，一边旋转一边用刮刀去掉多余的黏土。

在日常生活中，人们用的可折叠的纸杯，可以变形折叠的雨伞，可以伸缩叠的拉闸门，号称“上班神器”的可折叠自行车以及儿童玩具变形金刚；在工作中，人们用的可以伸缩折叠的工具箱，可以伸缩折叠的梯子，以及灵活变形的多轴机械手，无不包含着形变的创新。

【妙技锦囊】“千形万态”的创新方法是启发工匠通过外表和形态的变化来

获取创造物功效和价值变化的创新手段。自然造物，给了这个世界十分丰富的形变奇观。遍布全球的旅游景点，给人们提供了无数个鬼斧神工的形变造型启示。人类历史的发展，又积累创造了无数的形变创新案例。为了这种“形变”，工匠可能要用到其他的变革方式加以辅助，如“偷梁换柱”“层出不穷”“伸缩自如”等方法，最终达到“千形万态”的创新目标。

第23技　五音六律

释义：“五音六律”是通过声音变化、音调变化而进行的创新方法。

标识符号：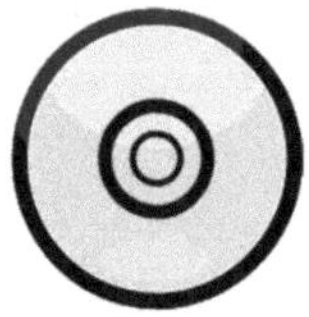

所谓“五音六律”是指中国古代对音律的界定，五音是指宫、商、角、徵、羽五个音阶；六律是指定乐器的标准。《尚书·益稷》：“予欲闻六律，五声，八音，在治忽；以出纳五言，汝听。”《孟子·离娄上》：“不以六律，不能正五音。”十二律又分为阴阳两类，凡属奇数的六种律称阳律，偶数的六种律称阴律。另外，奇数各律称“律”，偶数各律称“吕”，故十二律又简称“律吕”。五音六律中的六律是指阳律。我们提出的“五音六律”是指通过音律的变化所完成的创造与创新。

据史料记载，在夏代已经有用鳄鱼皮蒙制的鼍鼓。商代已经发现有木腔蟒皮鼓和双鸟饕餮纹铜鼓。受青铜时代影响，商代还出现了编钟、编铙乐器，它们大多为三枚一组。各类打击乐器的出现体现了乐器史上打击乐器发展在前的特点。始于公元前5000余年的体鸣乐器陶埙从当时的单音孔、二音孔发展到五音孔，它已可以发出十二个半音的音列。这些中国古代乐器如图2-23-1所示。

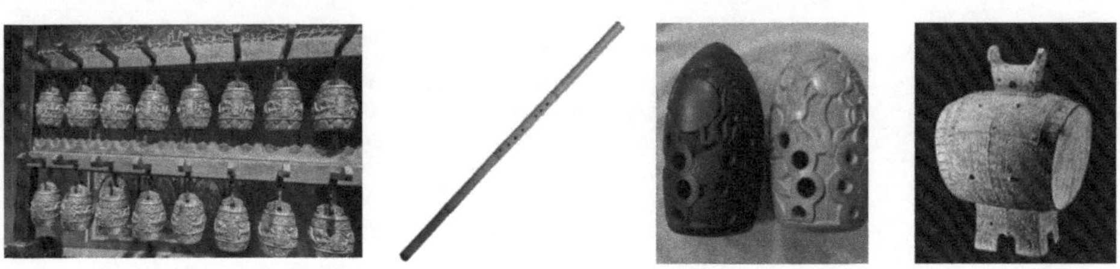

图2-23-1　中国古代乐器——编钟、萧、陶埙和双鸟饕餮铜鼓

和“音变”相关的，中国传统也有一种职业，叫作“更夫”，也就是夜间敲竹梆子或者敲锣为百姓报时的人。古代因为缺少计时工具，靠燃香计时，更夫入夜时点上一炷香，一炷香燃尽时开始出外打更，转圈再燃上一炷香，自己倒头便睡，等这一炷香快燃烧完，他们习惯就醒来，再出去打下一圈更，每两个小时一个更段，也就是一炷香的燃烧时间。每次打更的敲梆子方法不一样，通过“慢—慢”“快—快”“一慢两快”“一慢三快”“一慢四快”的咚咚声来区别不同时段。

类似于更夫的敲梆子，古时沿街叫卖的卖货郎也使用一种叫“拨浪鼓”的东西招徕顾客。拨浪鼓鼓身扁平，有一长柄，双耳用绳子系有小球，鼓面、鼓身漆以彩绘，转动手柄小球敲击鼓面发出清脆悦耳的响声。鼓面以牛皮或羊皮蒙制，而且常常是多个小鼓叠摞在一起同时发声，叮叮咚咚，十分好听，成为卖货郎来到的标志声。

人们利用声音、音调的变化所做的创新由来已久。人类社会究竟从什么时候开始有音乐，已经无法查考。但是早在人类还没有产生语言时，就已经知道利用声音的高低、强弱等来表达自己的意思和感情。随着人类劳动的发展，逐渐产生了统一劳动节奏的号子和相互间传递信息的呼喊，这便是最原始的音乐雏形；当人们庆贺收获和分享劳动成果时，往往敲打石器、木器以表达喜悦、欢乐之情，这便是原始乐器的雏形。

提起“五音六律”，人们会自然想起八音盒来。1796 年，瑞士的一名钟表匠安托·法布尔发明了世界上最古老的圆筒形八音盒，它被装在一枚纯金的印章内，这是世界上最古老的八音盒。这个八音盒如此小巧，仅 10 cm 左右的高度。其实是一只非常实用、豪华的纯金图章，只是在其底部内藏八音盒。当人们转动图章上部的环上发条，台座上的开关便开始演奏。安托·法布尔的发明是利用圆筒装置和调好旋律的金属梳齿通过金属片弹拨来演奏音乐的。从此随着八音盒的迅速发展，绚丽的八音盒文化为欧洲的音乐史增添了一抹亮色。

1865 年，一名伯爵为他女儿准备生日礼物，他要送的是人偶八音盒，他花重金请来了能工巧匠来打造这意外惊喜。伯爵下命令：人偶娃娃的服装必须是巴黎最漂亮时髦的，就连娃娃纹丝不乱的栗色头发也一定要用真人的头发绣上去。最后在娃娃的裙子里装上小小的八音盒，音乐响起，木偶开始旋转……她成为女儿儿时最美丽的伙伴。

第二次世界大战以后，美国大兵将精致的音乐盒带至日本，给这个正在战败后痛苦呻吟中的民族以很大的抚慰。日本的技术人员借鉴了瑞士的制造技术，并做了进一步更新，使得音乐盒的造价在当时降低了很多，并提高了产量。正如日本的钟表工业在战后迅速崛起一样，日本制造的精致音乐盒，在全球范围内，打败了位于瑞士侏罗山区的众多厂商，并且逐渐形成以瑞士和日本称霸全球音乐盒市场二足鼎立的格局。

1992 年，中国第一台具有自主知识产权的八音琴在中国宁波韵升诞生，标志着中国全方位地参与全球音乐盒这块巨大蛋糕的市场竞争，经过十多年的努力，韵升对八音琴的制造技术进行了更多的技术更新，取得了多个国家和地区 50 余项发明专利。这使得音乐盒无论在音质、音量、谱曲和外观设计等方面都有了更大的改进。韵升八音琴已占据全球八音琴市场份额的 1/4，仅次于日本，位居全球第二。

中国在音调上面的“创新”内容很多，乐器创造还有不少，如古筝、琵琶、胡琴、唢呐等，简直不胜枚举，如图 2 23 2 所示。

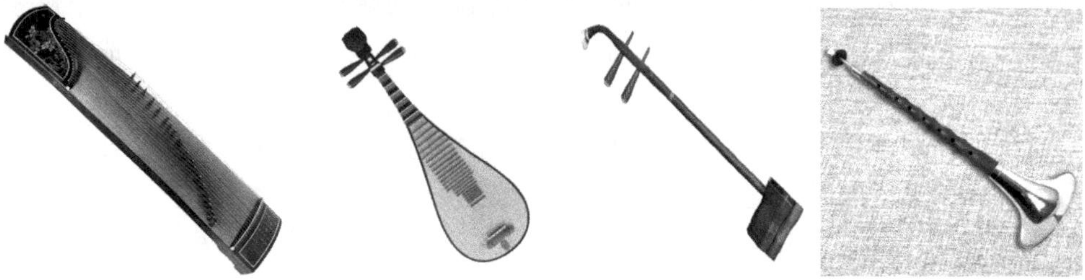

图 2-23-2　中国传统乐器古筝、琵琶、胡琴、唢呐

毋庸赘言，西方乐器的内容也十分丰富，从提琴、钢琴、风琴到管乐器，可谓五花八门、琳琅满目，如图 2-23-3 所示。

图 2-23-3　钢琴以及各种管弦乐器、演奏乐器的乐队及八音盒

工业上也利用“音变”创新来服务人类生活，如人们常见的具有提醒功能的蜂鸣器，具有各种报警功能的警报器，放大声音的扩音器，如图 2-23-4 所示。

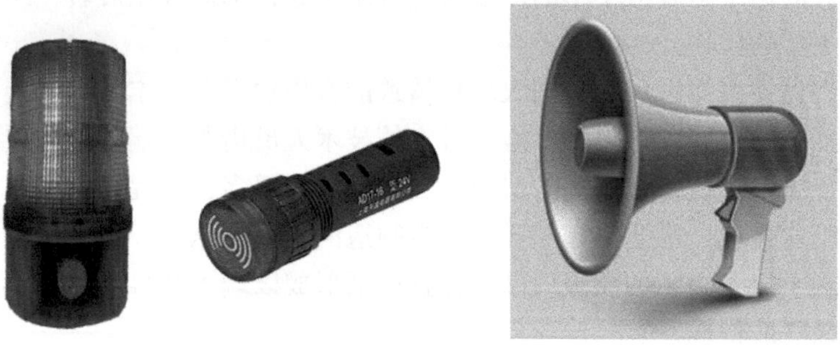

图 2-23-4　蜂鸣器、警报器和扩音器

仅仅报警器的种类就有很多，如汽车的喇叭、火车和轮船的鸣笛、救护车和警车的报警器，它们发出的声音不同，人们可以通过声音来加以区分。水开了，水壶上有一种哨声吹响了，它也是一种提示音。现在马路上的行人红绿灯往往伴有一种音乐声。当红灯的时候，音乐比较缓慢。当绿灯的时候，音乐比较急促，

催促人们快点儿通过马路。一般快餐店放的音乐节奏会比较快，它提示人们快点吃，快点离开；而有些咖啡店、茶餐厅，他们放的音乐比较舒缓，旨在给人们创造了一个温馨交流的环境和氛围。

音乐保健也是一大发明。据《帝王世纪集校》记载：早在远古尧帝时有个乐官，他仿效山川溪谷的声音，作了一支名叫《大章》的乐曲，人们听了这首乐曲后，都能心平气和，并减少了许多无谓的争端，这就是我国史料记载的第一首乐曲。音乐是一种具有振动频率的声波，当这种声波通过人的听觉器官及经络系统产生共振反应后，它不但可起到促进血液循环、加强新陈代谢、调整内分泌的作用，另外还可消散存在于人体相应经络部位和与其表里结合关系部位的淤滞气血。现代医学证明，人体内部有生理节奏与振动频率。如果用外部的音响配合人体生理节奏，就会引起极大的心理反应。音乐不但可影响人体的情绪，它还有治疗疾病的作用。我国早在春秋战国时期也提出了“五音”医学理论。《黄帝内经》曰：“五臟有声，声各有音，人有五音，即宫、商、角、徵、羽，其声大而和，轻而劲，沉而深，声音相应则无病。”又曰：“宫乱则病在脾，商乱则病在肺，角乱则病在肝，徵乱则病在心，羽乱则病在肾，五音声乱则有五病。”古人从发声而知病，这表达了五音可直接沟通人与天地自然的关系，并架起了金、木、水、火、土五行与人体脏腑相通相连的桥梁。司马迁在《史记·乐书》中说：“故音乐者，所以动血脉，通流精神而和正心也。”埃及在远古时代的著作中也称：“音乐是灵魂之药。”美国音乐治疗专家，纪兰诺女士在国际音疗研讨会上指出：“音乐的旋律、节奏和音色，通过脑感应可引起情绪反应，并进一步影响生理状态。”

催眠音乐治疗起源于第二次世界大战期间。当时美国军队医生发现，聆听催眠曲音乐不仅能改善伤病员的情绪，同时也降低了感染率和死亡率，这现象引起了世人的关注。最初，音乐家和临床医生们尝试将音乐用于临床治疗中，并通过临床研究证实其安全和有效性。之后，随着心理学、生理学、神经生物学、声学等多学科专家的介入，从音乐情绪情感反应到音乐引发人体各系统生物学效应，从音乐心理学到音乐神经生物学研究，使催眠曲音乐逐渐成为疗法。催眠音乐是常见的音乐疗法，又叫心灵修复音乐或治疗音乐，和常见的音乐不同，不是纯音乐也不是歌手用的背景音乐，而是把大脑从兴奋慢慢引导到平静状态的音乐（冥想状态）。催眠音乐主要有环境音乐（青蛙、蟋蟀、小鸟和海鸥叫声，流水、滴水和海浪声）、太空音乐（营造庞大的空间感，令听者心情舒畅而飘飘欲仙）和精神音乐（能释放负面情绪和激励信心）三类。催眠音乐在医学临床上称为音乐疗法，对治疗睡眠障碍、释放负面情绪（忧伤、烦躁和痛苦）、治疗心理疾病（自卑、抑郁、焦虑和恐惧）都有好效果，尤其是不用药物，没有副作用。催眠音乐并不限于医疗，有些和医疗无关的领域，比如消除深度的脑力和体力疲劳、提高注意力和记忆力、寻找灵感和创意、激励信心等和医疗无关，因此催眠音乐的应用范围不仅在医院，也可以应用在家庭、运动队等领域。

高雅的音乐还可以陶冶人们的情操，不协调的噪声可以令人心烦意乱，不同的乐曲可使身心产生不同的反应。自然界是音的世界，正如爱因斯坦所说："世界可以由音乐的符号组成。"人本也是音的世界，当有益的音乐进入大脑后，可使人体气血精神旺盛、脏腑经络调和，使人的情绪起到一定的激发作用。例如，当军人们听到嘹亮的军号声，会被激发奋进冲锋；听到整齐的进行曲，会挺胸大步前进；听到优美的节奏会翩翩起舞；听到"摇篮曲"会缓缓入睡；听到发出绵绵细雨的"小夜曲"会激发爱的回响。著名音乐家贝多芬曾说："音乐应当使人类的精神爆发出火花。"那么何谓音乐？先秦典籍《乐记》中曰："凡音之起，由人心生也。"音乐来源于自然，也来源于生活，更来源于生命的方方面面。音乐虽没有形象性、可视性，但它有时代性、可感性。它可调动记忆形象，激发情感反应，它能与自然交感和谐，能与人体器官极化共振。

最后给读者讲一个"音变"的有趣故事。美国有一个作曲家叫乔治·格什温。他从来没有写过交响曲，而当时美国最著名的斯坎德爵士乐团的著名指挥家却对他十分赏识，邀请他为交响乐团写一部交响曲。但是，固执的格什温声称自己对交响乐一窍不通，不肯从命。这位指挥家竟然在报纸上刊登了一则广告，说20天后，音乐厅将上演格什温的交响乐《蓝色狂想曲》。格什温看到广告，大惊失色，质问指挥家为何令他出丑，指挥家微笑着说："反正，全城人都知道了，你看着办吧。"格什温没办法，只好将自己关在屋子里，硬是用两周的时间，完成了这部作品。谁知首场演出大获成功，格什温的名气也迅速传遍美国。看来，有些变革可能是逼出来的。

上面主要介绍了与人类听觉相关联的"五音六律"创新内容。其实在动物界乃至自然界也有广阔应用前景，如机场通过模拟老鹰或者猎枪声音的驱鸟装置。有一种驱鼠装置就是通过制造一种让老鼠害怕或者厌烦的声音，让当地的老鼠离开这个区域。人们所知道并录制下来的鲸鱼叫声、老虎的喘息声、狮子的吼叫声、地震的声音、海啸的声音、火山爆发的声音、龙卷风的声音等，也许将来一定会为某种创造物所利用，催生出某种产品。

【妙技锦囊】因为和人的听觉感官的密切联系，"五音六律"作为工匠创新的方法之一，主要表现在两个方面：一是信息的传递，包括警报、提示、通知等；二是给人类带来的愉悦和享受，包括歌曲和音乐等。至于由此延伸出来的功能，如康复、医疗等，就更有想象和创意空间了。应用在动物界乃至自然界的潜在空间，更待工匠们去不断挖掘和探索。

第24技　格物穷理

释义：“格物穷理”是指通过原理变化、机理变化、机制变化所完成的创新方法。

标识符号：

所谓的“格物穷理”就是穷究事物的道理。出于明朝方孝孺《答郑仲辩》：“其无待于外，近之于复性正心，广之于格物穷理。”这里，格物表示推究事物的道理；穷理意为追寻事物的究竟，指穷究事物的原委、道理。

所谓“格物穷理”的创新方法就是人类通过“原理或者机制变化”方式让物体功能或者性能发生改变的一类创新。

公元前223年冬天，马其顿亚历山大大帝进兵亚细亚。当他到达亚细亚的弗尼吉亚城时，听说城里有个著名的预言：几百年前，弗尼吉亚的戈迪亚斯王在其牛车上系了一个复杂的绳结，并宣告谁能解开它，谁就会成为亚细亚王。自此之后，每年都有很多人来看戈迪亚斯打的结。各国的武士和王子都来试解这个结，可总是连绳头都找不到，他们甚至不知道从何处着手，大多数人只是看看而已，没有一个人静下心来想方设法解开这个神秘之结，这个结完好地保存在神庙里。

亚历山大仔细观察着这个结。许久许久，始终连绳头都找不到。他突然想：为什么不换一个规则来解开这个绳结？于是，亚历山大拔出剑来，对准绳结，狠狠地一剑把绳结劈成了两半！这个保留了数百年的难解之结，就这样轻易地被解开了。改变规则，就是改变做事的原理，就是通过“理变”的创新。

这样的例子很多，例如早期的写字用毛笔，据说是大将蒙恬打猎发现兔子尾巴的血迹而联想出来的。考古证明，中国最早的毛笔，可追溯到2000多年以前。毛笔之源一般人都以为是秦代的蒙恬，但考查殷墟出土之甲骨片上所残留之朱书与墨迹，系用毛笔所写。由此可知毛笔起于殷商之前，而蒙恬不过为毛笔之改良者。

春秋、战国时对笔的叫法各地不一，有“笔”“聿”“拂”等多种名称。直到秦实行“书同文，车同轨”，才将笔的各种名称统一称作“笔”。相传秦将蒙恬曾在善琏村取羊毫制笔，在当地被人们奉为笔祖。又据说蒙恬的夫人卜香莲也精通制笔技艺，被供为笔娘娘。到了汉代，笔已比较考究，路后是当时的制笔高手。汉代制笔头的原料除了兔毛之外，还有羊毛，鹿毛、狸毛、狼毛等，硬毫软毫并用。同时，笔管的质地和装饰也丰富起来。据正史书籍记载，我国著名的宣笔就发明于汉代。在欧洲，人们还发明了鹅毛笔，通过鹅毛空心管粘上墨水写字。

后来人们发明了铅笔，原理完全不同了。以后又出现了自来水笔，让墨水依靠重力源源不断流淌，原理的再变化就是圆珠笔的发明了，如图 2-24-1 所示。

图 2-24-1　毛笔、鹅毛笔、铅笔、自来水笔和圆珠笔的“理变”创新

铅笔的诞生，也凝聚着不同国家许多工匠的智慧在里面。

1564 年，在英格兰的一个叫巴罗代尔的地方，人们发现了一种黑色的矿物——石墨。由于石墨能像铅一样在纸上留下痕迹，这痕迹比铅的痕迹要黑得多。因此，人们称石墨为“黑铅”。那时巴罗代尔一带的牧羊人常用石墨在羊身上画上记号。受此启发，人们又将石墨块切成小条，用于写字绘画。不久，英王乔治二世索性将巴罗代尔石墨矿收为皇室所有，把它定为皇家的专用品。

用石墨条写字既会弄脏手，又容易折断。1761 年，德国化学家法伯首先解决了这个问题。他用水冲洗石墨，使石墨变成石墨粉，然后同硫黄、锑、松香混合，再将这种混合物制成条，这比纯石墨条的韧性大得多，也不大容易弄脏手。这就是最早的铅笔。1662 年在德国纽伦堡市建成世界上第一家铅笔厂——施德楼铅笔厂。

直到 18 世纪末，世界上还只有英、德两国能够生产这种铅笔。拿破仑 · 波拿巴发动了对邻国的战争后，英、德两国切断了对法国的铅笔供应。因此，拿破仑 · 波拿巴下令法国的化学家孔德在自己的国土上找石墨矿，然后造出铅笔。但法国的石墨矿质量差，且储量少，孔德便在石墨中掺入黏土，放入窑里烧烤，制成了当时世界上既好又耐用的铅笔芯。在石墨中掺入的黏土比例不同，生产出的铅笔芯的硬度也就不同，颜色深浅也不同。给铅笔套上木杆外套这一发明据说是美国的工匠门罗来完成的。他先造出了一种能切出木条的机械，然后在木条上刻上细槽，将铅笔芯放入槽内，再将两条木条对好、黏合，笔芯被紧紧地嵌在中间，这就是人们今天使用的铅笔。

魔术大师之所以吸引人，在于他的表演超乎“常理”，他们往往使用“理变”创新的点子。魔术师将两杯茶水混合，竟然使茶水变成了黑色。原来，魔术大师在水里做了手脚，将其中的一杯放了绿矾。茶水里含有单宁酸，与绿矾能发生化学反应，生成一种叫单宁酸铁的蓝黑色物质。水处理工业上用作澄清浊水的混凝剂，用于处理含铬废水及含镉废水，化学合成上用作还原剂及催化剂。医药工业中用作补血剂及局部收敛剂。

化学工艺就有大量“理变”的例子。以前全世界的碱生产都被英国垄断，中国化学家侯德榜暗下决心，一定要掌握制碱技术。他认真研究制碱法的优缺点，反复地试验，首先使用了一种自己想出的新方法，1939 年，侯德榜终于发明了“侯氏制碱法”。并配合一种合理的制作流程，大大节省了原料，降低了成本。化学的出现，让“理变”的范畴大大扩展。

讲到化学的“理变”创新，还有一个小故事。北宋有位贪财的张员外，听说有位道士能点银成金。请到家中，道士拿了一块银币投入一只焰火正炽的炭盆中，几个时辰过去后，道士扒开灰烬，从中拿出一块黄澄澄的金子。张员外见了大喜，将家中的银子悉数交给道士。不料第二天去找道士，道士却悉数将银子卷走了，张员外一气身亡。原来这是道士利用汞玩的把戏。汞是常温下唯一呈液态的金属，很容易与普通金属形成合金，这些合金统称汞合金（或汞齐）。汞齐在各行各业有着广泛的应用。古建筑上的鎏金玻璃瓦和古寺庙中的“金身”菩萨，就是利用金汞齐“镀”的。银、锡和汞组成的银锡汞齐能很快变硬，古代人们还常用它来补牙。

交通工具的动力也在不断进行“理变”的创新，早期我们靠马车，后来有了汽油汽车，再后来随着电的出现，人们发明了电车，如图 2-24-2 所示。

图 2-24-2　马车、汽车和电车的“理变”创新

人类在算术方面也做了不少发明，从最原始的结绳计数，到发明了算盘和算盘计算口诀，后来人们还发明了机械式的手摇计算器，最后出现了电子计算器，如图 2-24-3 所示。

图 2-24-3　算盘、手摇计算器和电子计算器的“理变”沿革

人类的照明也经历过不少“理变”创新，早期文明使用蜡烛，后来有了煤油灯，人们又发明了白炽灯，以后又创造了荧光灯，如今又出现了LED灯，每次都是不同的发光原理“理变”创新，如图2-24-4所示。

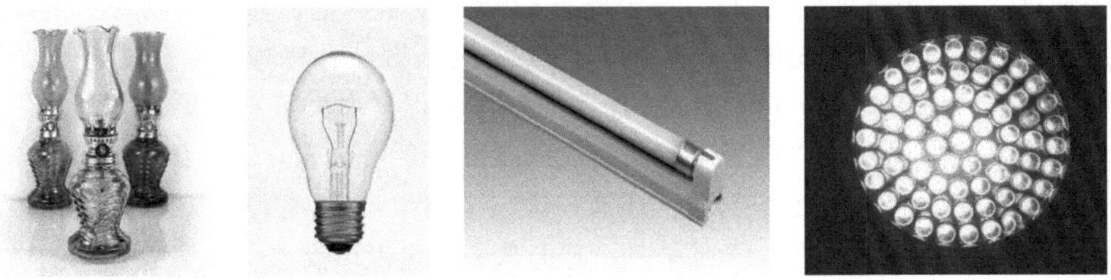

图2-24-4　煤油灯、白炽灯、荧光灯、LED灯的“理变”沿革

说到照明，真正发明电灯使之大放光明的是美国发明家爱迪生。他是铁路工人的孩子，小学未读完就辍学，在火车上卖报度日。爱迪生是一个异常勤奋的人，喜欢做各种实验，制作出许多巧妙机械。他对电器特别感兴趣，自从法拉第发明电机后，他就决心制造电灯。在认真总结了前人制造电灯的失败经验后，制订了详细的试验计划，分别在两方面进行试验：一是分类试验1000多种不同耐热的材料；二是改进抽空设备，使灯泡有高真空度。他还对新型发电机和电路分路系统等进行了研究。在19世纪初，英国一位化学家用2000节电池和两根炭棒，制成世界上第一盏弧光灯。但这种光线太强，只能安装在街道或广场上，普通家庭无法使用。无数科学家为此绞尽脑汁，想制造一种价廉物美、经久耐用的家用电灯。1879年10月，通过长期的反复试验，爱迪生终于点燃了世界上第一盏有实用价值的电灯。爱迪生非常高兴，紧接又制造很多棉纱做成的碳丝，连续进行了多次试验。灯泡的寿命一下子延长到13 h，后来又达到45 h。大家纷纷向爱迪生祝贺，可爱迪生却无丝毫高兴的样子，摇头说道：“不行，还得找其他材料!”“怎么，亮了45 h还不行?”助手吃惊地问道。“不行! 我希望它能亮1000 h，最好是上万小时!”爱迪生答道。爱迪生这时心中已有数。他根据棉纱的性质，决定从植物纤维这方面去寻找新的材料。于是，马拉松式的试验又开始了。凡是植物方面的材料，只要能找到，爱迪生都做了试验，甚至连马的鬃、人的头发和胡子都拿来当灯丝试验。最后，爱迪生选择竹这种植物。他在试验之前，先取出一片竹子，用显微镜一看，高兴得跳了起来。于是，把炭化后的竹丝装进玻璃泡，通上电后，这种竹丝灯泡竟连续不断地亮了1200 h! 这下，爱迪生终于松了口气，助手们纷纷向他祝贺，可他又认真地说道：“世界各地有很多竹子，其结构不尽相同，应认真挑选一下!”助手深为爱迪生精益求精的科学态度所感动，纷纷自告奋勇到各地去考察。经过比较，在日本出产的一种竹子最为合适，便大量从日本进口这种竹子。与此同时，爱迪生又开设电厂，架设电线。过了不久，

美国人民便用上这种价廉物美、经久耐用的竹丝灯泡。竹丝灯用了好多年。直到1906年，爱迪生又改用钨丝来做，使灯泡的质量又得到提高，一直沿用到今天。

当人们点亮电灯时，每每会想到这位伟大的发明家，是他，给黑暗带来无穷无尽的光明。1979年，美国花费了几百万美元，举行长达一年之久的纪念活动，来纪念爱迪生发明电灯100周年。爱迪生发明灯泡的过程，也是不断进行“理变”和“材变”创新的过程。

火车也是不断通过“理变”进步的过程。因为，其“动力原理”的变革是进步的根本。从烧煤的蒸汽机车，到烧柴油的柴油机车，再到用电做动力的电动机车，至少发生了三代的“理变”创新，如图2-24-5所示。

图2-24-5　从蒸汽机车、柴油机车到电动机车的三代变革

磁悬浮列车又是比较明显的“理变”创新产物，如图2-24-6所示，将在“第34技　势不可挡”中讲述，此处不再赘述。

图2-24-6　磁悬浮列车

电报和传真的发明也是“理变”创新的案例。早在1753年，当时人类对电的认识还是处在静电感应时代，一位叫摩立孙的电学家，就曾做过这样一个实验：架设26根导线，每根导线代表一个字母。美国人莫尔斯于1836年担任纽约大学艺术及设计教授。课余时间，他潜心从事电报发明工作。在他之前的科学家，往往是为了表达26个字母而设计了极为复杂的设备，而复杂的设备制作起来谈何容易。他意识到，必须把26个字母的信息传递方法加以简化。“到底用什么符号代替这些英文字母呢?”莫尔斯苦思冥想没找到答案。他画了许多符号：点、横线、曲线、正方形、三角形。最后，他尝试着用点、横线和空白组合出这

些信息来，他成功地为每一个英文字母和阿拉伯数字设计出了代表符号，而这些代表符号就是由不同的点、横线和空白组成。这是电信史上最早的编码。后人称它为“莫尔斯电码”。有了电码，莫尔斯马上着手研制电报机。他在极度贫困的状态下，终于在1837年9月4日，制造出了一台电报机。它的发报装置很简单，是由电键和一组电池组成。按下电键，便有电流通过。按的时间短促表示点信号，按的时间长些表示横线信号。它的收报机装置较复杂，是由一只电磁铁及有关附件组成的。当有电流通过时，电磁铁便产生磁性，这样由电磁铁控制的笔也就在纸上记录下点或横线。这台发报机的有效工作距离为500 m。之后，莫尔斯又对这台发报机进行了改进。莫尔斯计划在华盛顿与巴尔的摩两个城市之间，架设一条长约64 km的线路。为此，他请求美国国会资助3万美元，作为实验经费。国会经过长时间的激烈辩论，终于在1843年3月，通过了资助莫尔斯实验的议案。1844年5月24日，在华盛顿国会大厦联邦最高法院会议厅里，进行电报收发试验。年过半百的莫尔斯在预先约定的时间，兴奋地向巴尔的摩发出人类历史上的第一份电报。他的助手很快收到那份只有一句话的电报：“上帝创造了何等的奇迹!”对莫尔斯来说，这是一个最阳光灿烂的日子！电报的发明，揭开了电信史上新的一页。

1883年，在大学就读的保尔·尼泼科夫格外喜欢通信技术。在学好学校课程的前提下，他几乎把所有时间都花在阅读有关的电学知识上。他崇拜莫尔斯、贝尔等发明家。在他看来，电报、电话简直太神奇了。他想：电报能传送人的意图，电话可传送人的声音，可不可以发明一种传送图像的装置？一天，课余时间，他在教室里尝试设计一种传真装置。忽然，他看见左右邻桌的两位同学正在做一种游戏：他们桌上各放着一张大小相同的纸，纸上画满大小相同的小方格；在尼泼科夫右侧的同学在纸上写了一个字，然后按照一定的顺序告诉对方哪一个小格是黑的，哪一个小格是白的；对方按照右侧同学发出的指令，或用笔将小方格涂黑，或让它空着。这样，待对方同学将全部小方格都按指令处理后，纸上便出现了与右侧同学写的相同的字。尼泼科夫看着看着，不禁喊道：“真是一个好办法!”他想：任何图像都是由许许多多的黑点子组成的。如果把要传送的图像分解成许多细小的点子，借助一定的科学方式把这些点变成电信号，并传送出来，那么接收的地方只要把电信号再转化为点，并把点留在纸上，不就实现了图像的传真了吗？尼泼科夫决定实施这一方案。首先，必须将图像分解成许多的点。尼泼科夫想起儿时玩过的风车。受此启发，他研制出了一个扫描装置：在图像前，紧挨着放置一个可转动的螺旋穿孔圆盘，在圆盘前面安装有一个电灯。这样，当光穿过不断运动的孔时，受图像明暗的影响，光有时候亮，有时候暗。接着，要把变化的光信号变成变化的电信号。他把这个“任务”交给光电管来承担。因为光电管能根据光的亮度产生相应的电流，发送装置就这样大功告成了。

接收装置只要像电报机电码的复原一样，采用与发送相反的方式就行了。在汲取许多科学家研制经验的基础上，美国无线电公司于 1925 年研制出了世界上第一部实用的传真机。

后来，随着电子技术的进一步发展，出现了摄影管、电子束管等先进电器，再后来激光技术也得到应用。这些新电器、新技术在传真机上的应用，使传真机的传送图像清晰度、传真的速度等技术性能日臻完善。

大家所熟悉的电话“理变”也十分明显，从模拟电话到数字电话，再到智能手机，“理变”的差异巨大，这里就不一一赘述了，如图 2-24-7 所示。

图 2-24-7　从模拟电话到数字电话、再到智能手机的“理变”沿革

说到“理变”创新，不能不说说电视机发展的漫长过程。

1923 年的一天，一个朋友告诉贝尔德：“既然马可尼能够远距离发射和接收无线电波，那么发射图像也应该是可能的。”这使他受到很大启发，决心要完成“用电传送图像”的任务。他将自己仅有的一点财产卖掉，收集了大量资料，并把所有时间都投入研制电视机上，贝尔德在英格兰西南部的黑斯廷斯，建造了一个简陋的实验室。但他没有实验经费，只好用一只盥洗盆做框架，把它和一只破茶叶箱相连，箱上安装了一只从废物堆里捡来的电动机，它可转动用马粪纸做成的四周戳有小洞洞的“扫描圆盆”，还有装在旧饼干箱里的投影灯。几块透镜及从报废的军用电视机上拆下来的部件等。这一切凌乱的东西被贝尔德用胶水、细绳及电线串联在一起，成了他发明电视机的实验装置。贝尔德知道电视机的原理：应该把要发送的场景分成许多小点儿，暗的或明的，再以电信号的形式发送出去，最后在接收的一端让它重现出来。贝尔德在他简陋的实验室里年复一年地实验，他实验装置被装了又拆，拆了又装。经过 18 年的努力，1924 年春天，贝尔德成功地发射了一朵十字花。但发射的距离只有 3 m，图像也忽有忽无，只是一个轮廓。为了找出图像不清晰的原因，贝尔德又开始了新一番试验。他想原因也许是电压不足？于是他把好几百个干电池连接起来。他接通了电路，可是不小心左手触到了一根裸露的连接线，高达 2000 V 的电压立即把他击倒在地，他昏迷了过去。成功的日子终于来到了。一次，终日陪伴他的木偶头像“比尔”的脸部特征被清晰地显现在接收机上了。这一天是 1925 年 10 月 2 日清晨。“成功了！成功了！”贝尔德兴奋地喊叫着冲下楼。一把抓住一个店堂里的小伙子，拽他上楼，把他按在“比尔”的位置上。小伙子吓得直打哆嗦，但几秒钟后，他也吃惊地喊叫起来：“真是奇迹！真是奇迹！”因为贝尔德的“魔镜”里映出了他的脸。1928 年，贝尔德把伦敦传播室的人像传送到纽约的一部接收机上。不久，又出现了新的奇迹。贝尔德把伦敦一位姑娘的图像传送给她正在远洋航行的未婚夫。1929 年的一天，当英国人第一次看到电视图像时，无不兴高采烈，奔走相告。在他们中间的电视发明者贝尔德激动地流下了热泪。

经过不断地改进设备提高技术，贝尔德的电视效果越来越好，他的名声也越来越大，引起了极大的轰动。后来贝尔德电视发展公司成立了。随着技术和设备的不断改进，贝尔德电视的传送距离有了较大的改进，电视屏幕上也首次出现了色彩。贝尔德本人则被后来的英国人尊称为电视之父。

随后若干年，从机械电视开始，涌现出电子电视，从黑白电视发展到彩色电视，后来又出现了等离子电视、液晶电视等不同种类，代表了不同的“理变”创新，如图 2-24-8 所示。

图 2-24-8　法国老式电视、液晶显示电视和等离子电视

在电视或电影里，人们经常看到军队作战时，靠信号弹传递消息。信号弹发射后，会发出五颜六色的焰火，你知道这利用的是什么原理吗？其实这些信号弹里装的是普普通通的化学药品——金属盐类。原来，许多金属盐类在高温下能够射出各种彩色的光芒。光芒将战场照亮，让战士发现目标。随着科技进步，人们研究了红外夜视技术，这种技术在不必照亮战场的情景下，我们的战士仍然可以看到对面敌人的目标，所用的原理完全不同。它是利用敌人自身发出的热量——红外线的影像来寻找目标。看来，“理变”的创新可以无孔不入。

当今的世界有很多跨界的打击，都是典型的原理的变化给这个世界带来的冲击。比如，现在很少见到小偷，也是手机支付，很少用现金，让小偷失去了生意。经常听到这样的广告，送礼就是送健康，这就是另一种格物穷理的广告案例。阿里巴巴、淘宝或者京东的出现，让很多个体户或者是专卖店转变了经营理念。

我国在汽车方面的换道超车，就是典型的格物穷理打击，电动汽车使中国走在了前面。

【妙技锦囊】“格物穷理”的创新方法是引导工匠进行跨越式的创新，当人们对某种创造物或者运动方式的创新走到极限，始终无法突破之时，就要思考是否能够完全打破原来的规则或者原理，另辟蹊径来解决问题了。此时，“格物穷理”的创新思维也许会让工匠们眼前一亮，走出当前困境，创造出一片新天地。正如某个格言所说：丢失的钥匙不见得在灯光下才能找到。灯下看得清，未见得有钥匙。尝试着打开手电，照亮别处。

第25技　牵肠挂肚

释义：“牵肠挂肚”是指通过联动、连锁、反馈而进行的创新技巧。

标识符号：

“牵肠挂肚”原意是指对亲人的牵挂、惦念。此处取其“牵连”与“联动”之意。顾名思义，“联动”即是联合行动，其一动引起其二动，其二动又会引起其三动，相互关联，传递动能。

谈到“联动”，让人马上联想起“多米诺骨牌”。机械上大量运用“联动”的原理进行变革，就拿传动来说，有链条传动、齿轮传动以及皮带传动等，如图2-25-1所示。

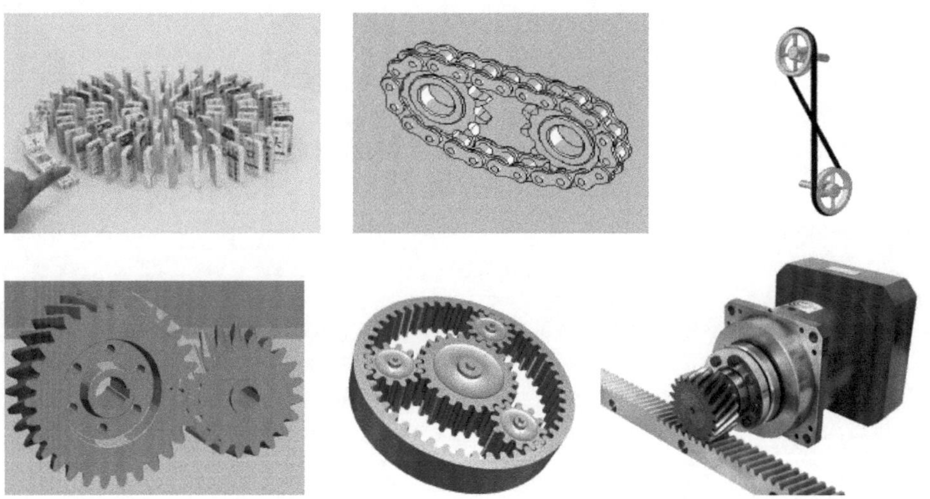

图2-25-1　多米诺骨牌、链条传动、皮带传动、齿轮和齿条传动示意图

提起多米诺骨牌，这里还有一段很有意思的故事。早在宋宣宗二年，中国民间就出现了一种名叫“骨牌”的游戏。这种骨牌游戏在宋高宗时传入宫中，随后迅速在全国盛行。当时的骨牌多由牙骨制成，所以骨牌又有“牙牌”之称，而民间则多称之为“牌九”。1849年8月，在中国生活长达8年之久的意大利传教士多米诺回到了自己的故乡意大利米兰。他把从中国带回去的许多礼物拿出来送给家人。然而，多米诺的女儿对他带回去的许多珍贵礼物丝毫不感兴趣。为了取悦女儿，多米诺最后拿出一套当时在中国民间盛行的“牌九”逗引她。没有

想到，她的女儿对那一套精致的28张骨制“牌九”却情有独钟。从此她对此礼物爱不释手，经常把玩。至于“多米诺骨牌”日后之所以能在欧洲盛行的原因，这还得从多米诺女儿的男友阿伦德说起。阿伦德对多米诺的女儿一往情深、百依百顺，但平素他对待其他人却总是粗鲁暴躁，更是米兰城当时出了名的急脾气。为了纠正男友的陋习，多米诺女儿想出了用骨牌“治疗”他的方案。她要求男友在规定的时间里把28张骨牌一张挨着一张整齐地竖起来，不许倒下，如果不成功就一周不同他约会，也不同他参加任何舞会。多米诺女儿的这一办法很灵，经过两个月的练习，男友阿伦德不仅每次都能又快又好地摆放好骨牌，而且渐渐地养成了耐心细致的好习惯，急脾气也改了不少。传教士多米诺女儿的“教训”男友之法成了当时米兰人的趣谈，摆放牌九的游戏也一传十、十传百，成为米兰城人们喜闻乐见的游戏。为了推广骨牌游戏，多米诺后来又将制作骨牌的材质逐步变为木制，并发明了各种的玩法。不久，木制骨牌就迅速地在意大利及整个欧洲传播，骨牌游戏又成了欧洲人的一项高雅活动。人们为了感谢多米诺给他们带来这么好的一项游戏，就把“牌九”转而命名为“多米诺”，骨牌游戏也被命名为多米诺骨牌游戏。到19世纪，“多米诺骨牌”游戏开始成为世界性的活动。

与多米诺骨牌一样具有“联动”创新的玩具算是魔方了。本书在“第22技千形万态”中提到的魔方是一个由9个小方块组成的正方形，6个面涂了6种颜色，人们要做的就是转动小方块，把每个面的颜色打乱，然后再想办法把每个面恢复到相同的颜色。看上去有些无聊，不过要想恢复原状并不是一件容易的事。20世纪80年代，魔方成了风靡世界的玩具，据称最多时全世界有1/5的人都玩过魔方，很多人因它而废寝忘食，如同着了魔，因此才被称为“魔方”。甚至有人因长时间玩魔方而导致手腕受伤，有的夫妻因为沉迷魔方而彼此疏远最后导致离婚。很多国家都成立了魔方俱乐部，而围绕魔方开展的比赛也是层出不穷。魔方是匈牙利人艾尔诺·鲁比克在1974年的发明，因此魔方又叫“鲁比克方块”。鲁比克是匈牙利的一位建筑师，后来又受聘在大学里授课。他在给学生讲授三维设计课时，为了让学生能更形象地认识空间立方体的组成和结构，他开始动手制作教具。他把相同大小的9个小立方体组成一个大立方体，并在中间用可伸缩弹簧连接，便于旋转，再把每面涂成不一样的颜色，便于学生观察大立方体和小立方体的关系。但经过几次翻转之后，他突然发现自己没法把它扭转到最初的状态了。为了解开魔方变化之谜，他通过数学计算的方式求解，这花了他一整个月的时间。经过计算得出，魔方在扭转时产生的变化无穷，假设一个人一生不停地拧转魔方，每秒钟拧转一次，每次不同的图案，那么这辈子他也未必能把魔方还原到相同的颜色。鲁比克为之着迷，他也意识到这可能成为受人欢迎的智力玩具，于是在1975年向匈牙利专利局申请了专利，并于第3年得到了专利权，如图2-25-2所示。

图 2-25-2　鲁比克和拆开的魔方

鲁比克委托当地的一家小玩具厂商生产销售，不过摆在货架上的魔方十分不起眼，根本无法吸引顾客的目光，销售也十分惨淡。1978 年，一位匈牙利籍移民到一家咖啡店喝咖啡，见到一位服务员坐在吧台上不停拧转手里的魔方，甚至因此忘记了自己要给咖啡续杯的任务。他并没因此生气，而是对他手里的魔方产生了很大的兴趣，喜欢数学的他知道这个小小魔方里面蕴含着大量的数学变化，并不是一件简单的玩具。他迫不及待地花高价钱从服务员手里买来了魔方，并开始玩起来，越玩越感觉到了它的魅力。他对魔方产生了极大的兴趣，并寻找到了鲁比克，希望帮他将这个发明推销到海外去。后来他真这么做了，在德国纽伦堡贸易博览会上，他拿着魔方到处走动，吸引人们的注意力，并不时地让路人尝试将魔方变回原来的颜色，毫无疑问，人们很难做到，而事先研究过魔方变化规律的他很轻松地做到了，这让人们感到非常神奇。果然，后来他接到了不少订单，魔方逐渐卖到了全世界各地。

2014 年，也就是魔方度过 40 岁生日的这一年，匈牙利总统向鲁比克颁发了国家最高奖“匈牙利圣 · 伊什特万勋章”，和他一同获奖的是匈牙利的诺贝尔文学奖获得者凯尔泰斯 · 伊姆雷（2002 年获奖）。可见魔方在匈牙利人心中的地位。

复杂机械“联动”的例子有很多，几乎任何机械都是一个复杂的联动系统。图 2-25-3 给出两个机械联动示意图。

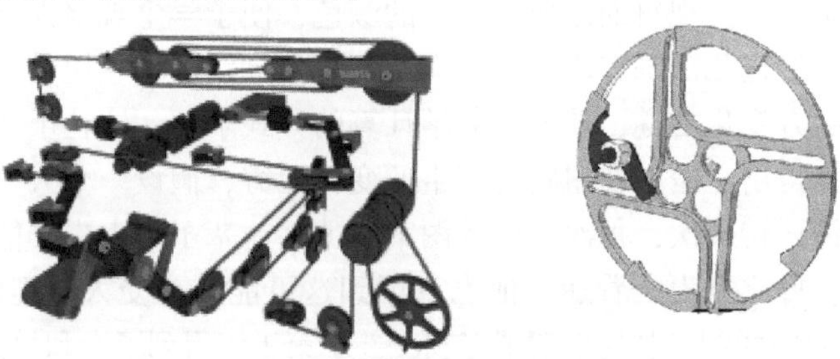

图 2-25-3　复杂的机械联动示意图

消防联动也是典型的复杂联动系统，包括烟气传感、报警、自动喷淋等，仅仅自动喷淋系统就是一个“联动”体系，如图 2-25-4 所示。

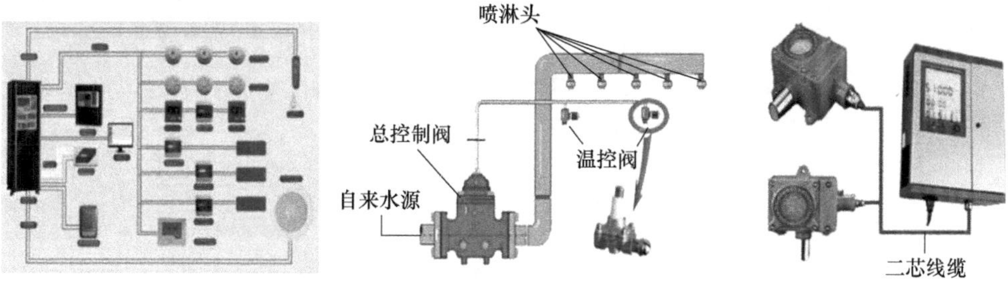

图 2-25-4　消防连锁系统、自动喷淋、烟气报警的“联动”结构示意图

很多连锁开关和安全连锁装置也属于“联动”设计，图 2-25-5 给出阀门连锁装置和连锁开关示意。

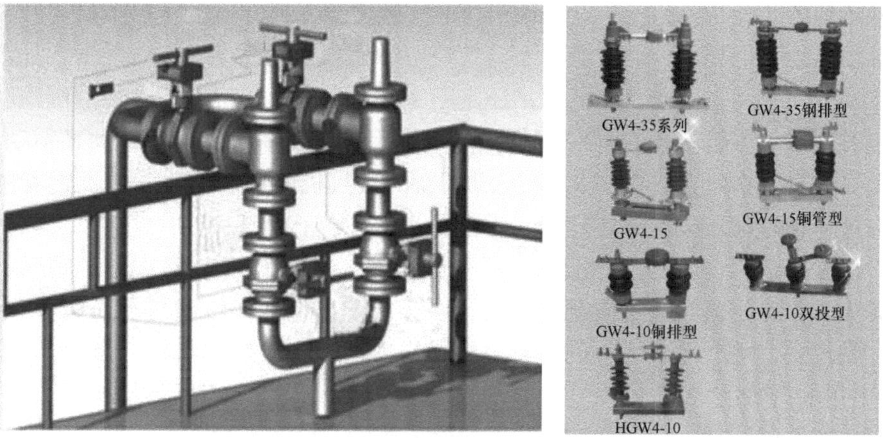

图 2-25-5　阀门连锁和连锁开关系列的“联动”创新

人们喜爱的声光音乐喷泉也属于“联动”创新的产物。当音乐响起来，喷泉随着音符跳跃，灯光随着音符变换颜色，整体是一个“联动”体系，如图 2-25-6 所示。

在当今世界，很多创造物都是“联动”，也就是“牵肠挂肚”创新的产物，如蒸汽机、火车、汽车、飞机，再如各种机械设备。

提起蒸汽机，当然就会想起瓦特。关于瓦特改良蒸汽机的故事有很多版本。

一个版本是说瓦特在厨房里看祖母做饭。灶上坐着一壶开水，开水在沸腾。壶盖啪啪啪地作响，不停地往上跳动。瓦特观察好半天，感到很奇怪，猜不透这是什么缘故，就问祖母，什么使壶盖跳动？祖母回答说：“水开了，就这样。”

图 2-25-6　声光水“联动”的音乐喷泉

连续几天，每当做饭时，他就蹲在火炉旁边细心地观察着。起初，壶盖很安稳，隔了一会儿，水要开了，发出哗哗的响声。突然，壶里的水蒸气冒出来，推动壶盖跳动，蒸汽不住地往上冒，壶盖也不停地跳动着，好像里边藏着个魔术师，在变戏法似的。瓦特高兴了，几乎叫出声来，他把壶盖揭开盖上，盖上又揭开，反复验证。他还把杯子、调羹遮在水蒸气喷出的地方。瓦特终于弄清楚了，是水蒸气推动壶盖跳动，这水蒸气的力量还真不小呢。后来，瓦特终于利用蒸汽推动的原理发明了蒸汽机。1769 年，瓦特把蒸汽机改成为发动力较大的单动式发动机。后来又经过多次研究，于 1782 年完成了新的蒸汽机的试制工作。机器上有了联动装置，把单动式改为旋转运动，完善的蒸汽机终于成型。

另外一个版本就更神奇了，甚至有点荒唐。据说在 18 世纪中叶，英国格拉斯哥大学，有位名叫里德斯德的教授，一天晚上，他把瓦特约到自己的办公室，对瓦特说：“我知道你是个很聪明的机器修理工，我想请你帮我一个忙。”瓦特说：“我能帮你什么忙呢?”里德斯德教授说：“我的一套机器图纸被人偷去了。但是要按照图纸把这台机器造出来是非常困难的，偷图纸的人一定会来找你帮忙加工的。如果那人来找你，请你务必告诉我。”就在这时，教授的一个青年助手，拎着一个水壶进来，给他俩每人倒了一杯咖啡。那位助手把水壶放在火炉上，关上门就出去了。教授起身走到门边，把门反锁了起来。教授和瓦特边喝咖啡边谈着教授的图纸，渐渐地，瓦特觉得头昏脑胀，他估计是咖啡有问题，只觉得浑身无力，一会儿就昏昏沉沉地睡着了。当瓦特醒来时，已经是第二天了，他睁眼一看，里德斯德教授已经死了，在教授的颈上有一枚 5 cm 长带有软木塞的针。瓦特支撑着爬起来去开门，却发现门是反锁着的，钥匙在教授的身上。瓦特回忆起昨晚的事，怀疑是那个助手干的。但那个助手出去了就再没有进来，教授颈上的针又是谁扎的？他盯着教授颈上的毒针和那软木塞仔细看了好一会，终于弄明白了：水蒸气在膨胀时，它的压力比水要大多了。那个助手把水壶放在火炉上时，就把插有毒针的软木塞堵在壶嘴上了，并且将壶嘴对准了教授的颈部。水烧开的时候，因壶嘴被软木塞子堵着，蒸汽的压力就不断增加，最后蒸汽的压力达到一定程度，软木塞带着毒针喷射出去，射向了教授。警察来了以后，瓦特谈了自己的想法。经过警察的侦破，凶手果然就是教授的助手。后来，瓦特从水蒸气得到启发发明了蒸汽机。

人们很难确定这些故事的真实性，但瓦特改良蒸汽机却是确凿的。而且因为蒸汽机的连杆发明，使气缸推动活塞的平动变成了转动。这可是典型的“牵肠挂肚”。

提起汽车，有一个人物人们也不会忘记，那就是一个叫本茨的德国人。本茨早年创办工厂，从生产建筑材料到生产发动机，可谓困难重重。妻子甚至变卖了自己的嫁妆来支持丈夫的研究。1886 年 7 月 3 日，本茨开着自己研制并用自己发明的火花塞点火内燃机做动力的三轮车上路了，也就行驶了 1000 m，噪声大，而且常常因为链条断裂而抛锚。还是勇敢的妻子贝尔塔厉害，她在 1888 年的 8 月的一天早晨 5 点，竟然用丈夫经过改进之后的三轮车——“奔驰 1 号”载着两个儿子，开去 100 km 以外的普福尔茨海姆看望外婆。一路上的奔波，引来路人观看，也经历了不少坎坷，甚至有一段坡路不得不下车推行，汽化器堵塞了，她用发针捅开，他们总算在傍晚时分到达了目的地。小城里的人都跑出来围观这个“怪物”。贝尔塔马上给本茨发了电报报喜。本茨接到电报激动不已，妻子的成功也给了他信心。他后来携自己设计的汽车参加了慕尼黑博览会，开始了奔驰汽车的生产，他的妻子贝尔塔也成为世界上第一位女汽车驾驶员。

除了汽车，火车、飞机、轮船，还有无穷无尽的机械设备，几乎都离不开“牵肠挂肚”的结构设计。

现在乘坐高铁是一系列信息的联动，从手机 App，到平台电脑，到售票大厅，到火车上的乘务员，到检票处，无不连通在一起，如图 2-25-7 所示。

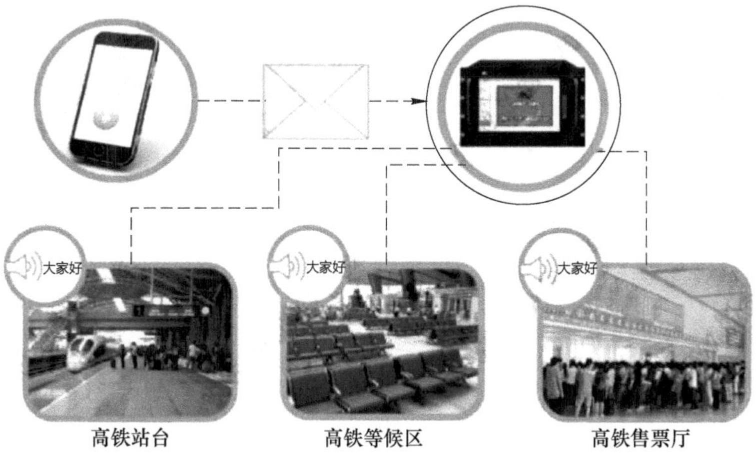

图 2-25-7　高铁信息的联动

有些表面上看是两个国家之间的战争，但实际上，它对全球的经济有深刻的影响，包括石油、天然气、粮食、工业品、钢铁，还包括一些金融产品，如股票、债券、期货等。

【妙技锦囊】“牵肠挂肚”的创新方法是启发工匠通过“联动”“关联”“协调”“连锁”“传递”等方式将不同结构连接在一起，达到人们设想的功效，从而创造价值。在客观世界里，著名的“蝴蝶效应”告诉我们，世界上貌似无关的事物都存在着直接或者间接的联系。工匠主动具备“关联”思维，主动利用事物间的关联和传动关系进行变革设计，将不同事物链接起来，是“牵肠挂肚”创新的核心。

第26技　接连不断

释义：“接连不断”是一类通过连接、连通、对接、链接来实现的创新技巧。就连接而言，其方式也是多种多样，琳琅满目，有关节连接、粘接、勾连、扣合、焊接等。“接连不断”将成为世界上不可或缺的变革技巧。

标识符号：

这个世界上的很多事物都是连接在一起的，就如人身体各部分的动态连接，植物根茎叶的连接，动植物之间互相寄生的连接等。

人类关于“连接”的创新活动自远古以来就有了，人类发明了绳索，而绳索的最直接功能就是捆绑和连接。人们用绳索捆绑猎物，捆绑俘虏，捆绑收获的庄稼。人们用绳索编织成各样器件，编织的过程就是连接的过程。人类纺纱织布，纺织就是连接活动的典型案例，如图2-26-1所示。

图2-26-1　古代的纺织和现代纺织——连接创新之例

最早人类进行“连接”活动，也许是绳索的连接，用来捆绑猎物。后来人们开始了用结绳来记事，如图2-26-2所示，已在“第22技　千形万态”中讲述，此处不再赘述。

人类另外一类早期的“连接”创新，属于木器建筑或者家具的榫卯之间的连接了。“榫卯”就活像是隐藏在两块木头里的灵魂，当古代的工匠将多余的部分凿掉后，两块木头便会紧紧地互相握着，不再分开。理论上，一个方向的榫卯组合，嵌接的部分在毫无干扰的情况下，也许10年，也许15年，长时间在大自然作用力的牵引下，便会自动松脱，这是木材所含的水分受到这些作用力影响的结果，就如潮汐涨退的道理一样。然而，当榫卯结构是由不同的方向嵌接的话，

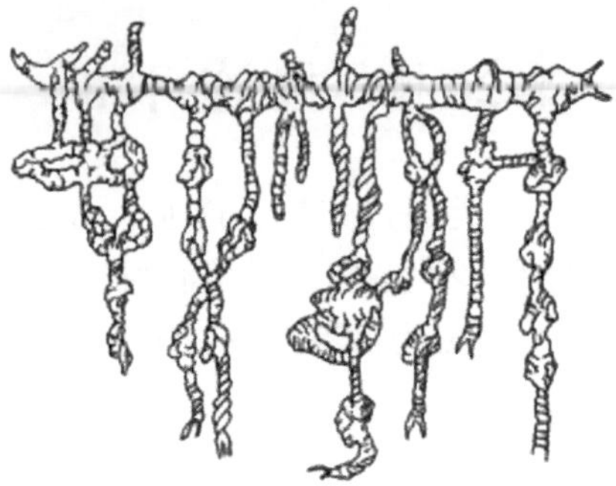

图 2-26-2　结绳记事“连接”创新案例

张紧与松脱的作用力便会互相抵消。一个榫卯如此，无数的榫卯组合在一起时，就会出现极其复杂微妙的平衡。榫卯技术在宋代达到了巅峰，一整栋大型宫殿成千上万的构件，不靠一枚钉就能紧紧扣在一起，实在是非常了不起。每当榫卯构件受到更大的压力时，就会变得越牢固。古老的木构建筑可以经历多次地震之后依然安然无恙，除了由于木材的延展力强之外，重要的是因为有一个个的榫卯在挽手维系着。中国近代研究传统建筑的先驱梁思成教授，曾经过长途跋涉，几经艰辛，在山西五台山找到一座建筑简练古朴的庙宇时，这座兴建于唐代大中十一年（857）的佛光寺已经在山野丛林中静候了1000多年，梁柱间的榫卯结构还像当初一样互相紧扣，不离不弃，这让梁先生惊叹不已。这可真好像是一对忠诚的恋人，隼对卯说：“执子之手。”卯对隼说：“与子偕老。”

另外一个重要的金属连接物是铆钉。有一个西方寓言故事是这样的：一个粗心的工人在制造铆钉时，忘了给其中一枚做个钉帽。恰巧这枚铆钉被用来给该国带兵出征的国王所骑的千里马钉马掌，在一次抗击外族入侵的战斗中，马掌脱落，但国王并不知晓，继续追赶敌人。不久，马的脚伤太重而马失前蹄。国王从马上摔下来，被乱马踩死。顿时群龙无首，军队大乱，敌军趁机反扑，一举灭掉了这个帝国。看来小小的连接，作用却不小。

榫卯和铆钉连接创新案例，如图 2-26-3 所示。

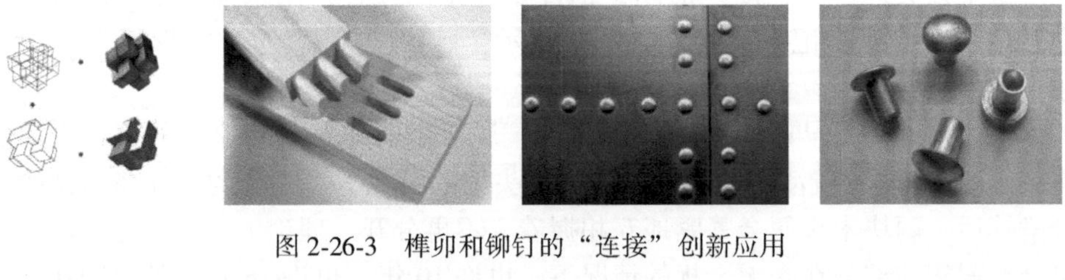

图 2-26-3　榫卯和铆钉的“连接”创新应用

提起“连接”，人们不会忘记詹天佑挂钩。詹天佑修建京张铁路关沟段时，当时国内火车车厢之间的挂钩呈抱拳状，载重超量或坡度过陡都会造成脱钩、翻车事故。如果不改进挂钩，铁路建好了也只能充样子。怎么改？詹天佑决定偕夫人到国外去考察。清朝末年，从北京出海一般都要到天津去坐海轮。詹天佑夫妇到了天津码头一看，海轮停在深水处，要上海轮必须走跳板上小船摆渡过去。詹天佑拎着皮箱几步就上了小船。詹夫人不习惯走跳板，走在上面上下颠、左右晃，吓得她心惊胆战，急忙向詹天佑伸出了手。詹天佑赶快伸手去拉，就在两手拉在一起的一瞬间，詹夫人跳上了小船，詹天佑的眼前也猛然一亮，他兴奋地拉着夫人的手说："咱们回去吧。"詹夫人惊异地问："咱们不出海啦？"詹天佑重复了一下刚才的动作："你看，问题解决啦！"后来，詹天佑根据拉手的启示发明了新式挂钩。铁路工程界为了纪念詹天佑的这个发明，亲切地称新式挂钩为"詹氏挂钩"。

关于挂钩，还有另外一个版本的故事，据载，火车自动挂钩是美国人詹内（EliHamilton Janney）发明的。1867 年有天詹内下班回家，边走边思考挂钩，突然撞着一群游戏的孩子。他们追逐打闹逗笑完了，很快又变成两人一对，欢笑着面对面，脚顶脚，胳膊伸直，手指弯曲着勾连在一起，身子后仰着转圈。詹内看着了迷，他从孩子们勾连的手形得到启示——要是能发明一种装置，像两只手一样勾连起来挂火车，问题不就解决了吗？詹内回家立即用木头制作"手指"弯曲钩在一起的模型来解决车厢的连接问题。结果因为木制勾手僵硬死板又失败了。詹内并不气馁，他想木头僵死不能灵活转动，何不用金属先制成可以分解的各个部件，然后再用转轴组装一体？经过多次试验改进，终于发明了火车的自动挂钩。挂钩开始用铁铸造，像两只拳起的手，分别安装在车体两端。拳手心做成两部分，用个销柱连接可自由分解开合，两只"拳手"用力一碰，就轻松地先分开再紧紧地钩死一起。插上销柱锁死就可以安全开车。分解列车时，轻轻提起销柱，就可轻松拉动拳手自动分开。詹内在实践中不断摸索完善，直到 1873 年才基本定型，詹内再次获得自动车钩完善专利。

我们不去推敲这两个故事的真伪，也不去论证挂钩到底是谁发明的。总之，这种"连接"的创新是历史的必然，从此詹氏机车自动挂钩造福人类至今一百多年基本没变，如图 2-26-4 所示。

图 2-26-4　老式火车挂钩和詹氏挂钩的"连接"创新

人类进入机器时代，大量的机器部件需要各式各样的连接形式，于是出现了焊接、铆接和各类连接紧固件，如螺栓、螺母、铆钉、销钉、花键、法兰等。

焊接是金属之间的无缝连接术，同样的母材或者不同的母材，通过电弧或者火焰融化，加上焊材的填充连接一体，如图 2-26-5 所示。

图 2-26-5　电弧焊接之例

图 2-26-6 给出一些紧固件的例子。

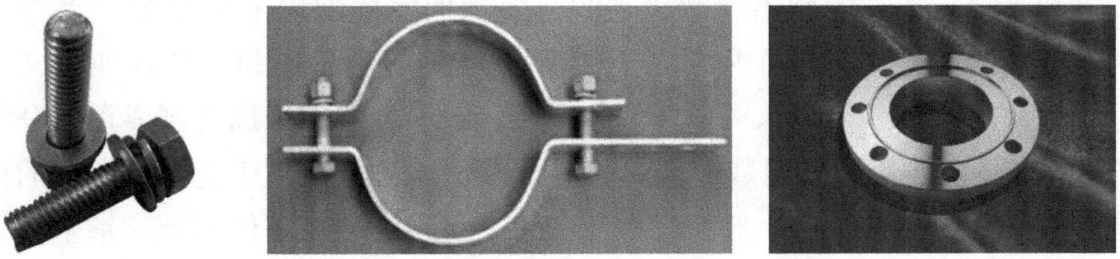

图 2-26-6　螺栓、螺母、卡箍、法兰

另外一些大家熟悉的连接“创新”产物，如钢丝绳卡子、联轴器、连杆，在机械制造中发挥的作用巨大，如图 2-26-7 所示。

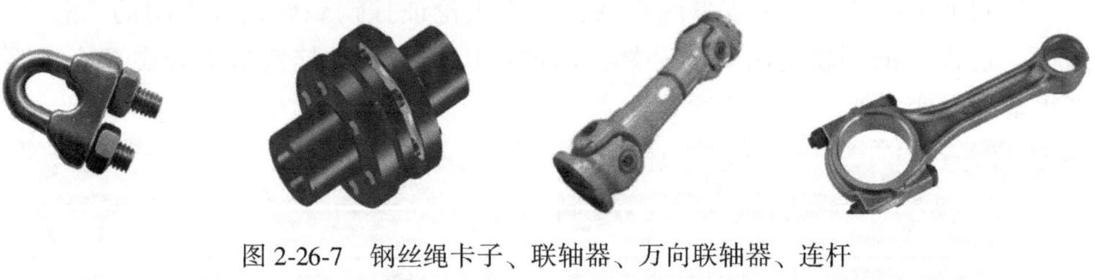

图 2-26-7　钢丝绳卡子、联轴器、万向联轴器、连杆

还有人们了解的花键轴，将不同轴体通过花键扣合连接在一起，火车的挂钩将两节车厢连在一起，汽车离合器将汽车的变速挡位连接一起，如图 2-26-8 所示。

电闸开关、插头插座代表了电气系统连接的案例，如图 2-26-9 所示。

还有一类连接也很有意思，如 3M 公司发明的办公用品即时贴，帮助人们做

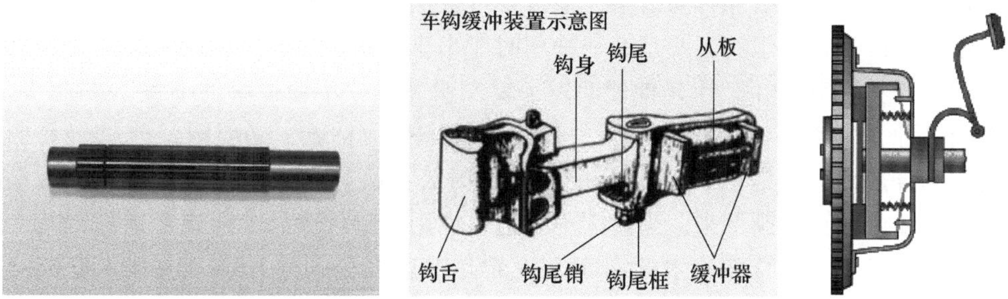

图 2-26-8 花键轴、火车挂钩和汽车离合器的连接案例

图 2-26-9 电闸开关和插头插座代表了电气系统连接案例

备忘录，而且方便取掉。在很多日用品上使用的魔术贴，方便人们连接和解开，如图 2-26-10 所示。

图 2-26-10 即时贴和魔术贴的连接创新

2002 年 6 月，以企业研发气氛活跃、产品创新层出不穷而闻名世界的美国 3M 公司迎来其创建 100 周年的日子。说起 3M 公司，人们就会自然联想到“即时贴”（Post it），这种由 3M 员工发明的可揭可粘的便条纸，如今已成为十分普及的寻常用品。

说起“即时贴”的诞生，是个十分有趣的故事。3M 公司的化学工程师阿特·弗雷是教会唱诗班成员，他在星期天参加教堂唱诗班活动时，习惯在歌本里夹一张纸片以作记认，但纸片容易滑落，他常要弯腰从地上捡起来，十分麻烦。有一天弗雷在唱诗时忽然想到，要是有一种用时能牢牢地粘在纸上，不用时又能轻易揭去的“书签”就好了。于是他便萌发了要发明一种“不会掉落的书签”的念头。发明这种“书签”的关键是要有一种既能够牢牢地粘着，必要时又能够轻易撕去的黏合剂。那年是 1974 年，巧的是，当时公司刚好有人开发出一种胶水，粘在纸上却可以轻易撕下来，当时因不知道可以用在哪种商品上而寂寞地被冷落在一角。开发出这种特殊胶水的斯宾塞·希尔弗曾在公司里开了多次技术交流会“兜售”推广，但无人响应。于是，弗雷和希尔弗两人“一拍即合”。经过一年半时间的研究和改良，一种粘揭自如的方便粘贴纸便诞生了。但当弗雷向营业部门介绍这种新产品时，销售人员认为这种产品并不会有市场需求，不感兴趣。弗雷没有气馁，他在市场部的帮助下把产品样品送给消费者使用，结果反响很好，超过九成的试用者表示会购买这种便条纸。1980 年，3M 公司正式将这种具有革命性的产品命名为“Post it”，投入市场，时至今日，它已风行全球，且被评为 20 世纪改变人类生活方式的十大发明之一。看看，小小发明，影响巨大。

类似的玩意——魔术贴是由瑞士一名工程师发明的。一次打猎回来，他发现针尾草粘在自己的衣服上。他用显微镜观察后发现，针尾草的果实有一种钩状结构，可以黏附到织物上。于是他就发明了能够用柔软的钩子来固定毛面这样一种纺织物——魔术贴就这样诞生了。其实在鸟类的羽毛中早已存在了这种结构，鸟类的正羽由羽轴和羽片所构成。羽片是由许多细长的羽枝所构成。羽枝两侧又密生有成排的羽小枝。羽小枝的一侧着生钩突，而另一侧着生节结，使相邻的羽小枝互相勾结起来，构成坚实而具有弹性的羽片，以扇动空气和保护身体。魔术贴是由一面带钩状织物与一面带绒毛状织物相贴一起产生自然粘力，用手一拉又会自然分离，有点像变魔术般的感觉，从此得名魔术贴，行业术语也称子母扣，是箱包服饰上常用的一种连接辅料。它分公母两面：一面是细软的纤维，另一面是带有勾刺的弹性纤维。公母相扣，在受到一定横力的情况下，富有弹性的勾被拉直，从绒圈上松掉而打开，然后又恢复原有的勾型，如此反复开合可达一万次之多。

人世间的很多发明都具有偶然性。1907 年，那一天法国著名的化学家彭奈迪脱斯正在实验室里整理仪器，不小心将一只玻璃瓶子打翻在地。实验室的地面是用石块铺的，玻璃瓶子摔下去还不破裂成碎片吗？出乎意料的是，瓶子并没有裂成碎片，只是出现了一些裂痕，他随手又拿出一只洗净的瓶子，轻轻地向地上摔去。这次，玻璃瓶子却被摔得粉碎。两只瓶子的情况为何如此不同？彭奈迪脱斯一时难以找到答案。时隔数天，新闻报道了一起车祸，横飞的玻璃碎片击伤了乘客，这使彭奈迪脱斯深感痛心。他不由得联想起那只破而不碎的瓶子，决心搞个水落石出。他重新找到那只瓶子，仔细观察，原来那是一只盛过某种药水的瓶子，药水蒸发后在瓶的内表面结下了一层坚韧透明的薄膜。看来，正是这层薄膜对瓶子起着保护作用。“偶然”的发现促使他进一步研究玻璃涂膜，经过多次试验，他终于找到了一种附着力强、透明度好的合适涂料。后来，他又用涂料将两层玻璃黏合在一起，发现其防止破碎的性能更好。这样，“安全玻璃”终于诞生了。“安全玻璃”也是巧用了“连接”的技巧。

广义的“连接”应该属于当代无线连接和蓝牙的发明了。无线电是科学史上最伟大的发明之一，有了无线电，人们不管身处地球的任位置都能够快捷方便地相互联系。无线电是谁发明的？西方公认是玛可尼。俄罗斯却认为是波波夫，这个问题呢争论了一个多世纪至今也没有定论。

1859 年 3 月，波波夫出生在俄国乌拉尔一个牧师的家庭里，他从小就对电工技术有一种特别的嗜好，12 岁那年自己制作了一块电池还用电铃把家里的钟改装成闹钟。18 岁时，波波夫考进彼得堡大学物理系不久转入森林学院学习，这里活跃的学术氛围使他打下了扎实的基础，由于家庭贫困，波波夫只好半工半读维持学习并且以优异的成绩毕业。1888 年，波波夫听到了赫兹发现电磁波的消息后他开始萌生要让电磁波飞跃全球的梦想。1894 年，35 岁的波波夫成功发明了当时世界上最先进的无线电接收机，他发现了天线的作用，他的接收机所使用的导线是世界上的第一根天线。1895 年 5 月 7 日，波波夫带着他发明的无线电接收机在彼得堡的俄罗斯物理学会上宣读论文并且进行演示，大获成功。1896 年 3 月 24 日，波波夫又进行了一次正式的无线电传递莫尔斯电码的表演，波波夫把接收机安放在物理学会会议大厅内，然后把发射机安装在森林学院内，两地间隔 250 m，当他的助手把信号发射出去后，波波夫这边的接收机立即清晰地接到信号，然而波波夫的发明在俄国却没有被采用。1895 年，波波夫曾经向俄国政府申请 1000 卢布进行无线电实验的投资，可是陆军部长告诉他，我绝不允许把钱浪费在这样的幻想里。这种情况可能是不少“工匠”会遇到的——他们的创新发明往往会被世俗埋没，被世界接受也需要努力，也会经历一个个磨难。

再说说玛可尼，1874 年，他出生在意大利一个农庄主的家庭。1894 年，赫兹去世，刚满 20 岁的玛可尼在电器杂志上读到了赫兹的实验报告。从小就喜欢摆弄线圈电铃的他一下子就对电磁波产生了浓厚的兴趣。他认为：既然赫兹能在几米外测出电磁波，那么只要有足够灵敏的接收机就一定能在更远的地方接收到电磁波。他在家里的楼上安装了发射电波的装置，楼下放置了接收机与电铃来相接。父亲见他不务正业大为不满，斥责他是不切实际的空想家，邻居们更是对他百般嘲讽。可是他并不气馁，终于有一天，父亲正在楼下看报纸，忽然听到一阵铃声，接着，儿子欢天喜地地跑下来抱着他大叫：“我成功了！”父亲此时才看到儿子的杰出才能，开始给玛可尼经济资助让他一心搞实验。第二年的夏天，玛可尼又完成了一次非常成功的实验，到了秋天，实验又取得空前的进展。他把发射机放在一座山岗的一侧，接收机安放在山岗的另一侧，中间距离 2.7 km，当助手发送信号时，他守候着的接收机的电铃发出了清脆的铃声。可是接下来的实验需要大量的资金，父亲已经没有能力来供给。于是，玛可尼向政府寻求援助，但是保守的意大利当局对此不屑一顾。不过，英国人对此表现出了浓厚的兴趣，很多财团愿意资助他。于是，玛可尼在 1896 年来到英国。1901 年，玛可尼在英国建立了一座高耸入云的发射塔向大西洋彼岸发射信号获得了成功。1905 年，一场关于无线电发明权的诉讼在美国沸沸扬扬。最终，北美巡回法庭判定：玛可尼是无线电的发明人。第二年，波波夫因为脑出血去世，享年才 47 岁。1909 年 11 月，35 岁的玛可尼荣获该年度的诺贝尔物理学奖。1937 年，玛可尼逝世，意大利有近万人为他送葬，英国所有无线电报和无线电话以及广播电台停工两分钟向他致哀。尽管玛可尼在西方的地位已经无可动摇，但是俄罗斯人始终认为：波波夫才是第一个发明无线电的人。这个遗案，至今还没有解决。

实际上关于无线电的发明者不同国家也有不同的看法：英国人把麦克斯韦奉为无线电之父，认为他最先指出电磁波的存在。德国人认为赫兹才是无线电的开创者，因为他最早发现了电磁波。美国人则认为德福勒思特是无线电发明者，因为他发明了无线电通信器材的心脏——三极管。究竟是谁发明了无线电通信呢？或许可以这样认为：无线电的发明是众多科学家集体智慧的结晶，他们的功绩都是不可磨灭的。

“蓝牙”（Bluetooth）一词是斯堪的纳维亚语的一个英语化版本，该词是 10 世纪的一位国王 Harald Bluetooth 的绰号，他将纷争不断的丹麦部落统一为一个王国，传说中他还引入了基督教。以此为蓝牙命名的想法最初是吉姆．卡达克（Jim Kardach）于 1997 年提出的，卡达克开发了能够允许移动电话与计算机通信的系统。他的灵感来自当时他正在阅读的一本描写北欧海盗和 Harald Bluetooth 国王的历史小说，“蓝牙”意指也将把通信协议标准在全球统一。蓝牙是一种无线技术标准，可实现固定设备、移动设备和楼宇个人域网之间的短距离数据交换的“连接”。蓝牙技术最初由电信巨头爱立信公司于 1994 年创制，当时是作为 RS232 数据线的替代方案。蓝牙可连接多个设备，克服了数据同步的难题。

无论是无线电技术和蓝牙技术的发明，都从广义上将不同地域的设备在空间上通过无线信号“连接”起来，完成了跨越式的“连接”变革。图 2-26-11 显示了无线通信和蓝牙技术的应用案例。

从“牵肠挂肚”的角度看，企业内部管理上的连接更是层出不穷，企业内部组织是互相关联的，内部组织的功能是互相关联的。从“连接不断”的角度看，企业之间会呈现上下游的关系，形成供应链，这些供应链是互相关联的，其中一个环节出了问题就会影响上下游的生产。企业和社会经济也有着密切的联系，企业的发展离不开社会的大环境，反过来，企业又会影响着社会经济的发展。

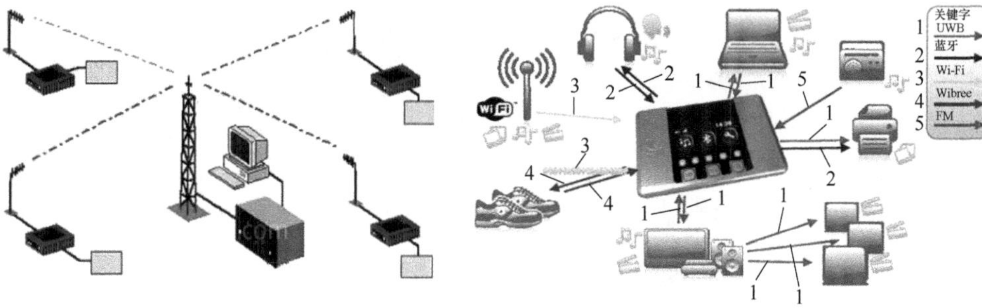

图 2-26-11　无线通信和蓝牙技术的“连接”创新案例

同样，国与国之间的关系同样也影响着世界经济的发展。

【妙技锦囊】 连接的例子，不胜枚举。如果“牵肠挂肚”更着眼于系统不同部位或者各个子系统之间的相互影响、制约和互动关系建立。与之有所区别的是，“接连不断”更着眼于物质实体之间的连接方式、形式以及材料的创新。

第27技　一反常态

释义：“一反常态”为突破常规、逆向和反向思维下的创新技巧，虽然与“含沙射影”里对冲、反冲、反作用、反弹有雷同之处，其创新的重点在于突破常规，朝着相反的方向尝试，力求达到常态思维下所不能企及的功效。

标识符号：

古代最早的“反向”创新案例也许算是弓箭了，想让箭跑得远，射中敌人，常规想法是正向抛出，发现结果并不理想。反过来向后拉，让绷紧的弓将箭弹出，却达到意想不到的结果。弓箭既可作为打猎的工具，也可作为作战的武器。与此类似，小孩子用的弹弓是简单形式的弓箭，威力小，只适于打鸟，如图 2-27-1 所示。

图 2-27-1　古代的弓箭和日常使用的弹弓

古代兵法里有“欲擒故纵”的典故，也称为“欲取故予”。“欲擒故纵”中的“擒”和“纵”是一对矛盾体。“擒”是目的，“纵”是方法。以“纵”的做法达到“擒”的目标，不是“一反常态”吗？这是典型的逆向思维，反向尝试。古人有“穷寇莫追”的说法。实际上，不是不追，是怕把敌人逼急了，让敌人狗急跳墙，集中全力，拼命反扑。不如暂时放松一步，使敌人丧失警惕，斗志松懈，然后再伺机而动，歼灭敌人。诸葛亮七擒孟获，就是军事史上一个“欲擒故纵”的绝妙战例。蜀汉建立之后，定下北伐大计。当时西南夷酋长孟获率 10 万大军侵犯蜀国，诸葛亮为了解决北伐的后顾之忧，决定亲自率兵先平孟获。蜀军主力到达泸水（今金沙江）附近，诱敌出战，事先在山谷中埋下伏兵，孟获被诱入伏击圈内，兵败被擒。按理说，已经擒拿到敌军主帅，敌军一时也不会有很强的战斗力了，乘胜追击，自可大破敌军。但诸葛亮考虑到孟获在西南夷中威望很高，影响很大，如果让他心悦诚服，主动请降，就能使南方真正稳定。不然，南方各个部落仍不会停止侵扰，后方难以安定。诸葛亮决定对孟获采取“攻心”战，断然释放孟获。孟获表示下次定能击败诸葛亮，诸葛亮笑而不答。孟获回营，拖走所有船只，据守泸水南岸，阻止蜀军渡河。诸葛亮乘敌不备，从敌人不设防的下流偷渡过河，并袭击了孟获的粮仓。孟获暴怒，要严惩将士，激起将士的反抗，于是相约投降，趁孟获不备，将孟获绑赴蜀营。诸葛亮见孟获仍不服，再次释放。以后孟获又施了许多计策，都被诸葛亮识破，四次被擒，四次被放。最后一次，诸葛亮火烧孟获的藤甲兵，第七次生擒孟获。终于感动了孟获，他真诚地感谢诸葛亮七次不杀之恩，誓不再反。从此，蜀国西南安定，诸葛亮才得以举兵北伐。“一反常态”有与“欲擒故纵”相关的意思。套用现代语言，就是不按常理出牌。本书将此列入工匠创新技巧之一是有其道理的。

人类发明了火药之后，就学会了制造火箭，火箭是弓箭的延伸，也是“反向”创新的产物。因为火箭是让爆炸起火的火焰向后喷发，推动箭头向前跑，达到射中敌人的目标。历经千年，火箭一直在改进之中，从古代简单的火箭到今天的火箭，经历了无数代的变化，射程越来越远，威力也越来越大，如图 2-27-2 所示。

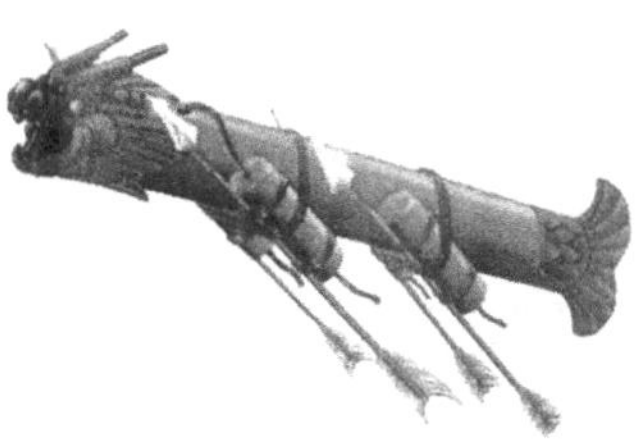

图 2-27-2　古代火箭和现代火箭的“反向”创新案例

火箭技术的研究可以追溯到古代中国。发明火药的中国人在 13 世纪就发明了“飞火箭”，并运用于战争。此后，印度人、阿拉伯人、波兰人等也曾研究过火箭技术。但美国的戈达德是第一位设想用火箭或许能载人飞向天外的人。关于戈达德的故事将在“第 32 技　含沙射影”中讲述，此处不再赘述。

另外一类“反向”创新是枪械后坐力的解决。枪械发射时子弹壳受到火药气体的压力，从而推动枪机后坐，后坐的枪机撞击和枪托相连的机框，从而产生后坐力，但是枪在设计时有缓冲机构，可以延长撞击时间从而减低后坐力。同时，高效的枪口制退器同样可以减小后坐力（原理类似火箭向后喷气）。为了抵消后坐力的影响，人们设计发明了无后坐力炮。无后坐力炮是使用动量守恒的原理发射炮弹的，不同的是它的炮管不会后退，取而代之的是炮弹的一部分碎片。炮管本身就是一根通管，但炮弹在发射时会变为两部分，弹头部分从炮管前端射出攻击目标，剩下的部分以碎片的形式从炮管后部抛出（避免伤及射手），两部分的动量差不多，并且反向运动。即产生两个反向的后坐力并且相互抵消，射手感到的后坐力就很小了，因而射击精度也提高不少。

负压式换气扇也是一项“反向”创新，人们称为工业用换气扇，主要应用于工业生产车间。其主要特点是外形庞大、超大风量能让室内形成明显的负压（气压差），从而使空气形成对流吹风。负压式换气扇有排出式、吸入式、并用式三种。排出式从自然进气口进入空气，通过换气扇排出污浊空气；吸入式通过换气扇吸入新鲜空气，从自然排气口排出污浊空气；并用式是吸气与排气均由换气扇来完成。

飞机也是“反向”创新的很好案例，传统的飞机是利用螺旋桨的气流反冲作用来驱动飞机的，而喷气式飞机则更是利用气流的反冲作用，如图 2-27-3 所示。

图 2-27-3　螺旋桨和喷气式飞机的“反向”创新案例

上面提到的螺旋桨，其“反向”功能除了使用在飞机上，还用在了轮船上，用在电风扇上，又用在抽油烟机、水泵上等。

在水上，轮船、快艇、船上用的船桨、螺旋桨等都是利用反冲原理来驱动船只前进的。而热气球、氢气球则是利用浮力的反冲作用让气球上升的，如图 2-27-4 所示。

图 2-27-4　气球和快艇的“反向”创新案例

各种枪械、火炮利用的都是弹壳里的炸药被点燃后的反冲原理，将子弹、炮弹高速推出去，如图 2-27-5 所示。

图 2-27-5　枪械火炮的“反向”创新案例

人类利用“反向”原理的创造还有很多，例如风向标，风的吹力让风向标或者空心的布袋指示了方向。跑步机也是利用“反向”原理设计的，人在皮带上行走，皮带反向往复运动，人的位移不变，但双脚在运动，达到跑步和锻炼身体的功能，如图 2-27-6 所示。

图 2-27-6　风向标和跑步机的“反向”设计原理

在制造业，人们大量应用“反向”原理进行变革设计。例如传统的生产线，人们围着产品活动，效率低下，而且工人疲劳。后来人们设计了生产线，改为让产品运动，而工人相对不动，减轻了工人疲劳，同时提升了劳动效率，这一设计就是利用了“反向”原理。人们在机加工时，当加工工件较小时，传统方式是工件转，车刀不转，这样可以节约能源；当工件很大时，人们还设计了环形车刀，由工件转变为车刀转，也可以达到节能效果，这些都是“反向”原理应用的很好案例，如图 2-27-7 所示。

广义的“一反常态”创新思维，也算是一种“反向”创新。例如当焊接时人们无法准确控制焊枪头的温度，改为将被焊物件放入恒温的焊液里浸泡焊接，就是焊接液体恒温不动，焊接件“动”起来。将“变”的要素转换为“定”，再将“定”的要素转变为“动”；人们以前加热套紧的外层使套筒松脱遇到困难，可以改为冷却内层，而非加热外层使之松脱；人们冲洗空壳容器总有残留物在其中出不来，改为将容器倒过来，一边冲洗让水靠重力流出，省时省力、不留残

图 2-27-7　工件流动而工人不动的生产线和车床车刀不动工作的“反向”原理

渣。这些都算是广义的“一反常态”创新。

人类的各种球类活动，也都是利用“反向”原理的创新。它们的共同特性就是反弹，无论是桌球、篮球、足球、排球、保龄球、乒乓球、网球、羽毛球，无一例外，如图 2-27-8 所示。

图 2-27-8　各种球类利用的“反弹”原理设计

下面讲一个“一反常态”创新成功的小故事。美国艾士隆公司董事长布希耐一次在郊外散步时，偶然看到几个小孩子在玩一只肮脏且异常丑陋的昆虫，爱不释手。布希耐顿时联想到，市面上销售的玩具一般都是形象优美的，假若生产一些丑陋玩具，又将如何？于是，他布置自己的公司研制一套“丑陋玩具”，迅速向市场推出，果然一炮打响，“丑陋玩具”给艾士隆公司带来了可观的收益，让同行们羡慕不已。于是大家纷纷效仿，“丑陋玩具”接踵而来，如“疯球”，就是在一串小球上面，印上许多丑陋不堪的面孔；如橡皮做的“粗鲁陋夫”，长着枯黄的头发、绿色的皮肤和一双鼓胀而带血丝的眼睛，眨眼时又会发出非常难听的声音。这些丑陋玩具的售价往往会超过正常玩具，而且一直畅销不衰，在美国掀起了行销“丑陋玩具”的热潮。“丑陋”的灵感获得的商业成功，为艾士隆公司带来巨大利润，究其根本原因就是抓住了儿童叛逆期的心理：追求新鲜感和逆反心理。让优美变成丑陋，也是一种成功的“反向”变革。

古时候人们用刀来将木材切削成“圆柱”，刀围着木材转。古埃及时代，人们已经发明了将木材绕着它的中心轴旋转时用刀具进行车削的技术。这无疑是一种“反向”的创新。起初，人们是用2根立木作为支架，架起要车削的木材，利用树枝的弹力把绳索卷到木材上，拉动绳子转动木材，用刀具车削。这种古老的方法逐渐演化，发展成了在滑轮上绕二三圈绳子，绳子架在弯成弓形的弹性杆上，来回推拉弓使加工物体旋转从而进行车削，这便是“弓车床”。到了中世纪，有人设计出了用脚踏板旋转曲轴并带动飞轮，再传动到主轴使其旋转的“脚踏车床”。16世纪中叶，法国有一个叫贝松的设计师设计了一种用螺丝杠使刀具滑动的车螺丝用的车床。到了18世纪，又有人设计了一种用脚踏板和连杆旋转曲轴，可以把转动动能贮存在飞轮上的车床上，并从直接旋转工件发展到了旋转床头箱，床头箱是一个用于夹持工件的卡盘。在发明车床的历程中，最引人注目的是一个名叫莫兹利的英国人，因为他于1797年发明了划时代的刀架车床，这种车床带有精密的导螺杆和可互换的齿轮。这是一台全金属的车床，能够沿着2根平行导轨移动的刀具座和尾座。导轨的导向面是三角形的，在主轴旋转时带动丝杠使刀具架横向移动。这是近代车床所具有的主要机构，用这种车床可以车制任意螺距的精密金属螺丝。3年以后，莫兹利在他自己的车间里制造了一台更加完善的车床，上面的齿轮可以互相更换。不久，更大型的车床也问世了，为蒸汽机和其他机械的发明立下了汗马功劳。

缝纫机也是一种“反向”的创新发明。缝纫机的针上上下下往复“反向”运动，将布片缝在一起。据说第一台缝纫机是美国人伊莱亚斯·豪（1819—1867年）发明的。伊莱亚斯·豪生长于马萨诸塞州的斯宾塞，并于当地一家纺织厂由学徒工成长为一名能干的机械师。也许是兴趣所致，他潜心于缝纫机的研究，到1845年4月，终于创造出一台实用的缝纫机。公开演示证明，他的发明要比敏捷的缝纫手工操作效率高出5倍。其产品在1867年巴黎展会上赢得金奖。

另外一种“反向”创新的设计是靠水蒸气推动的机器锤，锤头和汽缸的活塞杆装置能上下活动，用来锤制锻件。发明人是英国的J. 内史密斯，他也是位多产的发明家，曾经研制过小蒸汽机车，并且发明了被称为“内史密斯钢臂”的锉床。尽管他的名气已经不小了，但真正令他在世界上一举成名的是他1841年发明的蒸汽锤。人们早就在寻找一种能够锻打大块工件的工具，因为随着工业的发展，早先靠人力锻打加工零件，已不能满足社会需求。诸如火车、轮船上的许多部件靠人力简直无能为力，迫切需要更有力量的臂膀和铁锤。蒸汽机的发明，为工匠们带来一线曙光，机械师们开始考虑利用蒸汽机产生的巨大能量来实现梦想。1836 年，法国巴黎的一位叫 F. 卡韦的工厂厂主就已经制出了蒸汽锤，但还不是十分完善，直到 1841 年，内史密斯制造出了他的形如站立的“人”字形的庞然大物。内史密斯年轻时就对蒸汽机十分着迷，19 岁的时候，他就自制了一台小蒸汽机车，在爱丁堡的街上行驶了好几个月。他所发明的蒸汽锤已十分完善，锻打能力极强。1851 年，他的蒸汽锤被送到世界博览会上参加展览，在汽笛声中，许多大铁块在蒸汽锤的锻打下如同艺人手中的橡皮泥一样，人们看到这一情景禁不住发出了阵阵惊叹。从此以后，内史密斯名扬天下。蒸汽锤的发明，对重锤冶金工业的发展产生了极其重要的作用。

再讲一个和“反向”创新有关的例子。18 世纪，法国造纸商蒙戈菲尔兄弟因受碎纸屑在火炉中不断升起的启发，用纸袋聚热气做实验，使纸袋能够随着气流不断上升。1783 年 6 月 4 日，蒙戈菲尔兄弟在里昂安诺内广场做公开表演，一个圆周为 110 英尺（33.5 m）的模拟气球升起，飘然飞行了 1.5 英里（2.4 km）。同年 9 月 19 日，在巴黎凡尔赛宫前，蒙戈菲尔兄弟为国王、王后、宫廷大臣及 13 万巴黎市民进行了热气球的升空表演。同年 11 月 21 日下午，蒙戈菲尔兄弟又在巴黎穆埃特堡进行了世界上第一次载人空中航行，热气球飞行了 25 min，在飞越半个巴黎之后降落在意大利广场附近。这次飞行比莱特兄弟的飞机飞行整整早了 120 年。

现在给大家讲一个与“反向”有关的魔术。大家知道生鸡蛋放到水里，鸡蛋会下沉。魔术师表演了一个魔术，他把鸡蛋放进一个装满液体的大杯子中，鸡蛋就下沉了，可奇怪的是不一会儿，魔术师说“浮起来!”鸡蛋又浮了上来。这样反复了好几次。这可真是神了，鸡蛋能听魔术师的话。原来那杯液体不是水，而是稀盐酸，鸡蛋外壳遇到稀盐酸时会发生化学反应而生成二氧化碳气体，二氧化碳气体所形成的气泡紧紧地附在蛋壳上，产生的浮力使鸡蛋上升。当鸡蛋升到液面时气泡所受的压力变小，部分气泡破裂，二氧化碳气体向空气中扩散，从而使浮力减小，鸡蛋又开始下沉。当沉入杯底时，稀酸继续不断地和蛋壳发生化学反应，又不断地产生二氧化碳气泡，从而再次使鸡蛋上浮。这样循环往复上下运动，最后当鸡蛋外壳被盐酸作用光了之后，反应才停止，鸡蛋的上下运动也就停止了。此时由于杯中的液体里含有大量的氯化钙和剩余的盐酸，所以此时液体的相对密度大于鸡蛋的相对密度，因而，鸡蛋最终浮在液体上面。

过去，人们写好信，装进信封，贴上邮票，放进邮筒才能寄信。今天人们写一封电子邮件，又快又便宜——反常态。

过去人们过年给孩子们发红包，要找个红纸袋，装上钱，等孩子们拜年来送给他们。今天人们在手机里发个电子红包，其他都免了——反常态。

过去人们去动物园，发现动物关在笼子里或者围栏里。现在动物在外边，人们在牢笼般的车子里，看动物自由自在地游荡，这叫野生动物园——反常态。

过去购物，售货员站在柜台里给顾客拿货物，收钱。现在超市出现了，人们自己从货架上拿商品，去出口付钱。更有甚者，上网看着照片点击购物，电子支付，货物邮寄到家——一反常态。

过去人们站在银行柜台，需要银行职员帮助存钱、取款。现在对着个铁箱子（自动柜员机）干同样一件事——一反常态。

过去人们上街购物要用钱支付。现在人们带着手机上街，用微信或支付宝就可以购物——一反常态。

过去人们打车要站在马路边招手才行，乘车后付车钱。现在人们用手机打车，车来才出门上车，手机帮人们付车费——一反常态。

过去人们到饭店要按照菜谱点菜，等待厨师做好菜，上菜、吃饭、付钱。现在人们可以自助选择菜品，按量、按需取菜肴，这叫自助餐。更有甚者，电话叫餐、送餐上门，这叫外卖——一反常态。

过去人们买磁带、光碟到家，放到磁带机、光碟机里放录像、音乐。现在手机里连上蓝牙，就可以放云中的电影录像和音乐——一反常态。

在工业上人们设计了反向螺栓，越震动，螺栓越紧——一反常态。

在汽车工业人们设计了倒挡和后视镜，不用转过身来就可以倒开汽车——一反常态。

人们利用磁铁吸铁的作用设计了很多产品，还利用磁极相斥的作用，设计了很多产品，例如磁悬浮列车等——一反常态。

以前人们在航空母舰上起飞，飞机运用的是橡筋弹射和橡筋阻力制动。现在设计了蒸汽弹射和电磁弹射，这都属于反向作用的管理——一反常态。

【妙技锦囊】 俗话说：天有不测风云，人有旦夕祸福。大自然风云变幻，“一反常态”往往成为一种“常态”，让“不变”变得“不正常”。本书提出“一反常态”的创新手段，就是引导工匠客观认识这个“一反常态”的世界，勇于突破自身的思维定式，学会大胆地设想，敢于“一反常态”“打破常规”“另辟蹊径”或者“出其不意”。工匠们要善于改变事物的“规则”和“方向”，创造出全新的局面。

第28技 跌宕起伏

释义：“跌宕起伏”是一种关注脉动、振动和脉冲方向的创新技巧。起伏跌宕是一种自然现象，一方面人类要学会测量和感知；另外一方面，人类还要学会将“起伏”“脉冲”“振动”制造出来为自己服务。这也是“跌宕起伏”创新举措的意义所在。

标识符号：

人类对于脉动的研究应该追溯到远古时期的中医诊断，以脉象的浮、沉、迟、速来进行脏腑辨证的疾病诊断。后来人们用心电图来记录心率，用地震仪来记录地壳的振动，如图 2-28-1 所示。

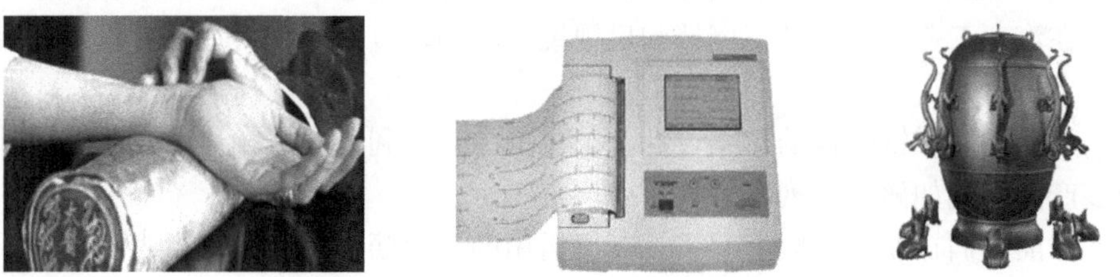

图 2-28-1 中医号脉、心电图仪和地震仪

留声机将音频脉动信号用胶盘的起伏纹路记录下来，然后再通过唱针转换成为电信号，通过喇叭转换成为音频信号，再放大。这是“脉动”创新的应用案例，如图 2-28-2 所示。

图 2-28-2 老式留声机

提起“脉动”，贝尔的故事就很有意思。1873 年，成为美国波士顿大学教授的贝尔，开始研究在同一线路上传送许多电报的装置——多任务电报，并萌发了利用电流把人的说话声传向远方的念头，使远隔千山万水的人能如同面对面地交谈。那是 1875 年 6 月 2 日，贝尔和他的助手华生分别在两个房间里试验多任务电报机，一个偶然发生的事故启发了贝尔。华生房间里的电报机上有一个弹簧粘到磁铁上了，华生拉开弹簧时，弹簧发生了振动。与此同时，贝尔惊奇地发现自己房间里电报机上的弹簧颤动起来，还发出了声音，是电流把振动从一个房间传到另一个房间。

贝尔的脑洞大开，他由此想：如果人对着一块铁片说话，声音将引起铁片振动；若在铁片后面放上一块电磁铁，铁片的振动势必在电磁铁线圈中产生时大时小的电流。这个波动电流沿电线传向远处，远处的类似装置上不就会发生同样的振动，发出同样的声音吗？这样声音就沿电线传到远方去了。这不就是梦寐以求的电话吗！贝尔和华生按新的设想制成了电话机。在一次实验中，一滴硫酸溅到贝尔的腿上，疼得他直叫喊："华生先生，我需要你，请到我这里来！"这句话由电话机经电线传到华生的耳朵里，电话成功了！1876 年 3 月 7 日，贝尔成为电话发明的专利人。

后来，无线电信号又成为当代人类文明的重要发明。随着无线电的发现，"脉动"的创新内容变得日益丰富。无线电电报、无线电广播、无线电图像传播——电视相继出现，如图 2-28-3 所示。

图 2-28-3　无线电脉冲信号的传播

后来，人们利用"脉动"原理发明很多，如超声波清洗机、振动筛，振动均匀器、振动传输带、振动洗牙器等，如图 2-28-4 所示。

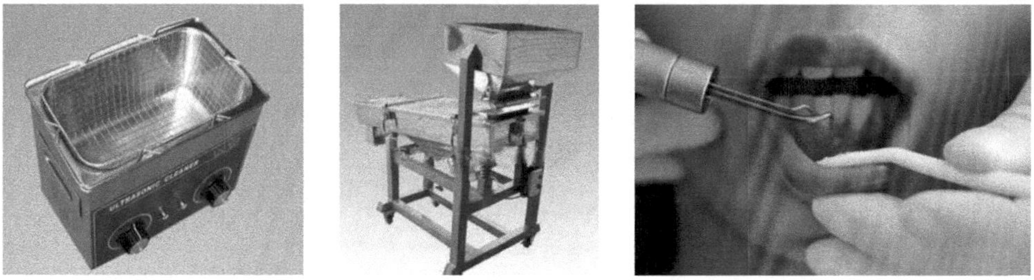

图 2-28-4　超声波清洗机、振动筛、振动洗牙器的"脉动"创新设计

人们利用"脉动"的设计还有电铃、频谱仪等，如图 2-28-5 所示。

人们利用声波脉动设计了声波脉动牙刷，还利用超声波脉动的反射原理，设计了声呐，用于侦查远距离的物体，如图 2-28-6 所示。

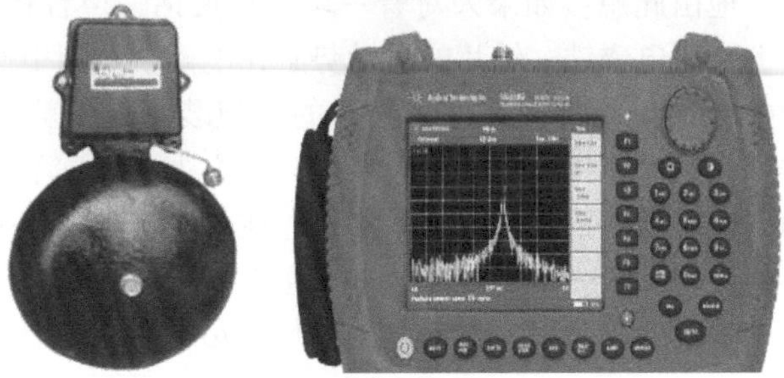

图 2-28-5　电铃和频谱仪

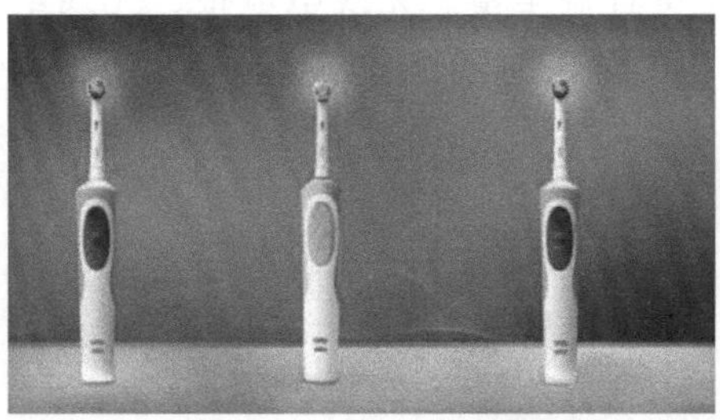

图 2-28-6　声波电动牙刷

工业发明应用较多的脉冲袋式除尘器也是“脉动”发明的典型案例。自 20 世纪 50 年代问世以来，经国内外广泛使用，不断改进，脉冲袋式除尘器在净化含尘气体方面取得了很大发展，除尘效率可以达到 99%以上，成为一种成熟的比较完善的高效除尘设备。

另外一种“脉动”发明是超声波捕鱼机，其工作原理为发射超声波电场，针对水中一切动物的大脑，刺激神经、心脏和呼吸系统，使其在水中严重缺氧，浮出水面，达到最佳捕捉效果，并能将深层的动物击昏浮出水面任意捕捞（5 min 后复活），捕大留小，不影响鱼类的繁殖生长，如图 2-28-7 所示。

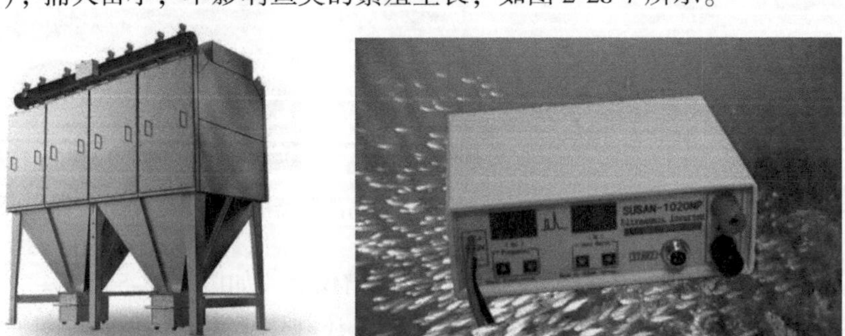

图 2-28-7　布袋式除尘器和脉动式捕鱼器

提到振动，大家会想起我国著名科学家张衡。张衡是南阳人。17 岁离开家乡，先后到了长安和洛阳，在太学里读书。他特别爱好数学和天文研究。朝廷听说张衡是个有学问的人，召他到京里做官，先是在宫里做郎中。后来，担任了太史令，叫他负责观察天文。这个工作正好符合他研究的兴趣。经过他的观察研究，他断定地球是圆的，月亮是借太阳的照射才反射出光来。他还认为天好像鸡蛋壳，包在地的外面；地好像鸡蛋黄，在天的中间。这种学说虽然不完全精确，但在 1800 多年以前，能说出这种科学的见解来，不能不使后来的天文学家钦佩。张衡还用铜制造了一种测量天文的仪器，叫作“浑天仪”。上面刻着日月星辰等天文的现象。他设法利用水力来转动这种仪器。据说什么星从东方升起来，什么星向西方落下去，都能在浑天仪上看得清清楚楚。那个时期，经常发生地震。有时候一年一次，也有一年两次。发生了一次大地震，就影响好几十个郡，城墙、房屋发生倒塌，还死伤了许多人畜。他对记录下来的地震现象经过细心的考察和试验，发明了一个测报地震的仪器，叫作“地动仪”。地动仪是用青铜制造的，形状有点像一个酒坛，四围刻铸着八条龙，龙头向八个方向伸着。每条龙的嘴里含了一颗小铜球；龙头下面，蹲了一个铜制的蛤蟆，对准龙嘴张着嘴。哪个方向发生了地震，朝着那个方向的龙嘴就会自动张开来，把铜球吐出。铜球掉在蛤蟆的嘴里，发出响亮的声音，就给人发出地震的警报。公元 138 年 2 月的一天，张衡的地动仪正对西方的龙嘴突然张开来，吐出了铜球。按照张衡的设计，这就是报告西部发生了地震。可是，那一天洛阳一点也没有地震的迹象，也没有听说附近有哪儿发生了地震。因此，大伙儿议论纷纷，都说张衡的地动仪是骗人的玩意儿，甚至有人说他有意造谣生事。过了几天，有人骑着快马来向朝廷报告，离洛阳一千多里的金城、陇西一带发生了大地震，连山都有崩塌下来的。大伙儿这才信服。

共振也是“脉动”的内容，是指一物理系统在必须特定频率下，相比其他频率以更大的振幅做振动的情形，这些特定频率称为共振频率。共振在声学中也称“共鸣”，它指的是物体因共振而发声的现象，比如两个频率相同的音叉靠近，其中一个振动发声时，另一个也会发声。在电学中，振荡电路的共振现象称为“谐振”。机械共振是指机械系统所受激励的频率与该系统的某阶固有频率相接近时，系统振幅显著增大的现象。利用共振原理的振动机械，可用较小的功率完成某些工艺过程，如共振筛等。19 世纪初，一队拿破仑士兵在指挥官的口令下，迈着威武雄壮、整齐划一的步伐，通过法国昂热市一座大桥。快走到桥中间时，桥梁突然发生强烈的颤动并且最终断裂坍塌，造成许多官兵和市民落入水中丧生。后经调查，造成这次惨剧的罪魁祸首，正是共振！因为大队士兵齐步走时，产生的一种频率正好与大桥的固有频率一致，使桥的振动加剧，当它的振幅达到最大限度直至超过桥梁的抗压力时，桥就断裂了。类似的事件还发生在俄罗斯和美国等地。有鉴于此，所以后来许多国家的军队都有这么一条规定：大队人马过桥时，要改齐步走为便步走。

对人危害程度尤为厉害的是次声波所产生的共振。次声波是一种每秒钟振动很少、人耳听不到的声波。次声波的声波频率很低，一般均在 20 Hz 以下，波长却很长，不易衰弱。自然界的太阳磁暴、海浪咆哮、雷鸣电闪、气压突变、火山爆发；军事上的原子弹、氢弹爆炸试验、火箭发射、飞机飞行等，都会产生次声波。一些国家利用次声波的性质进行次声波武器的研制，已研制出次声波枪和次声波炸弹。不论是次声波枪还是次声波炸弹，都是利用频率为 16～17 Hz 的次声波，与人体内的某些器官发生共振，使受振者的器官发生变形、位移或出血，从而达到杀伤敌方的目的。

进入 20 世纪以后，微波技术得到长足的发展，使人类的生活进入了一个全新的、更加神奇的领域。而微波技术正是一种把共振运用得非常精妙的技术。微波技术不仅广泛应用在电视、广播和通信等方面，而且“登堂入室”，与人们的日常生活越来越密切相关，微波炉便是家庭应用共振技术的一个最好体现。具有 2500 Hz 左右频率的电磁波称为“微波”。食物中水分子的振动频率与微波大致相同，微波炉加热食品时，炉内产生很强的振荡电磁场，使食物中的水分子受迫振动，发生共振，将电磁辐射能转化为热能，从而使食物的温度迅速升高。微波加热技术是对物体内部的整体加热技术，完全不同于以往的从外部对物体进行加热的方式，这极大地提高了加热效率，极为有利于环保。

微波炉的发明者是美国的斯本塞。斯本塞于 1921 年生于美国亚特兰大城。1939 年，他参加了海军，半年后因伤退役，先后进入美国潜艇信号公司和雷声公司工作，开始接触了各类电器。由于工作出色，1940 年，他由检验员晋升为新型电子管生产技术负责人。当时，英国科学家们正在积极从事军用雷达微波能源的研究工作。伯明翰大学两位教授设计出一种能够高效产生大功率微波能的磁控管。但当时英国和德国处于决战阶段，德国飞机对英伦三岛狂轰滥炸。因此，这种新产品无法在国内生产，只好寻求与美国合作。1940 年 9 月，英国科学家带着磁控管样品访问美国雷声公司，与才华横溢的斯本塞相见。在他的努力下，英国和雷声公司共同研究制造的磁控管获得成功。一个偶然的机会，斯本塞萌生了发明微波炉的念头。1945 年，他观察到微波能使周围的物体发热的现象。有一次，他走过一个微波发射器时，身体有热感，不久他发现装在口袋内的糖果被微波溶化。还有一次，他把一袋玉米粒放在波导喇叭口前，他发现玉米粒与放在火堆前一样。第二天，他又将一个鸡蛋放在喇叭口前，结果鸡蛋受热突然爆炸，溅了他一身。这更坚定了他的微波能使物体发热的论点。雷声公司受斯本塞实验的启发，决定与他一同研制能用微波热量烹饪的炉子。几个星期后，一台简易的炉子制成了。斯本塞把姜饼切成片，放在炉内烹饪。在烹饪时他屡次变化磁控管的功率以选择最适宜的温度。经过若干次试验，食品的香味飘满了整个房间。1947年，雷声公司推出了第一台家用微波炉。可这种微波炉成本太高，寿命太短，从而影响了微波炉的推广。1965年，乔治·福斯特对微波炉进行大胆改造，与斯本塞一起设计了一种耐用和价格低廉的微波炉。1967年，微波炉新闻发布会兼展销会在芝加哥举行，大获成功。从此，微波炉逐渐走入了千家万户。由于用微波烹饪食物又快又方便，不仅味美，而且有特色，因此有人诙谐地称之为“妇女的解放者”。

人类利用振动的方明还有很多，例如在医学上，人们发明了冲击波治疗仪和超声波治疗仪。在工业上设计了通过海浪振动的发电装置。在工业上还发明了超声波焊接、振动监测仪器和超声波监测仪器等。

前面提到利用“共振”制造杀伤武器，但利用“共振”为人类造福，还是尚未被完全挖掘出来的潜在领域，等待未来的工匠们去研究创新。

【妙技锦囊】本书提出“跌宕起伏”的创新技巧，旨在引导工匠们通过对于脉冲、振动、振荡、波动、共振、谐波、微波、光波、电磁波、电波、声波以及超声波的研究，发现事物的规律，创造某种功效，为自己的产品或者技术进步服务。

第29技 虚虚实实

释义：“虚虚实实”是通过创造、导入或者改变介质、媒介、填充、中介而进行的创新方法。

标识符号：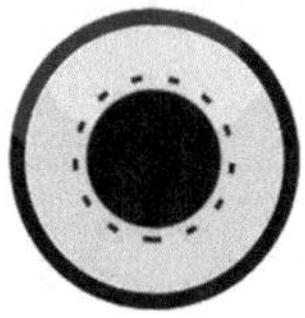

“虚虚实实”成语最早意为真真假假，以假乱真之意，多指军事上讲究的策略，善于迷惑对方。引用此成语之意为“介质填充为实，介质消失为虚”，即通过虚实变换的技巧，以及不同内容填充物的“实”来改变创造物的功效与价值。

人类最早利用“介质”的创新也许是兽皮，他们打猎剥下兽皮用来当褥子，躺在上面睡觉更舒服，他们用兽皮做成衣裤御寒、取暖或者遮羞。那时候他们并没有将其看成是什么“介质”，只是顺其自然的发现而已。

后来人们学会了纺纱织布，用布、棉花、蚕丝等作为“介质”或者填充物来取暖，或者来“包装”和“美化”自己。

后来，人们有了房屋，设计了床铺，将兽皮发展成为厚厚的床垫，还设计了枕头，将桌子上铺上桌布，椅子上铺上椅子垫，让家庭变得更加舒适美观，如图 2-29-1 所示。

图 2-29-1 床垫、枕头、桌布和椅子垫的“介质”创新案例

当然，作为垫子这类的“介质”还有很多，例如人们在鞋子里放着的“鞋垫”，在桌子与茶壶之间隔着的热茶壶托盘、沙发后面的靠枕等，如图 2-29-2 所示。

众所周知，混凝土是“聚合”创新的产物，它也是一种“介质”的创新，可以应用在建筑、交通等广泛领域。常规的混凝土里面有沙子、石头子和水泥，它们是“介质”里的“介质”。还有一种称为钢纤维混凝土的，是在普通混凝土中掺入乱向分布的短钢纤维所形成的一种新型的多相复合材料。这些乱向分布的

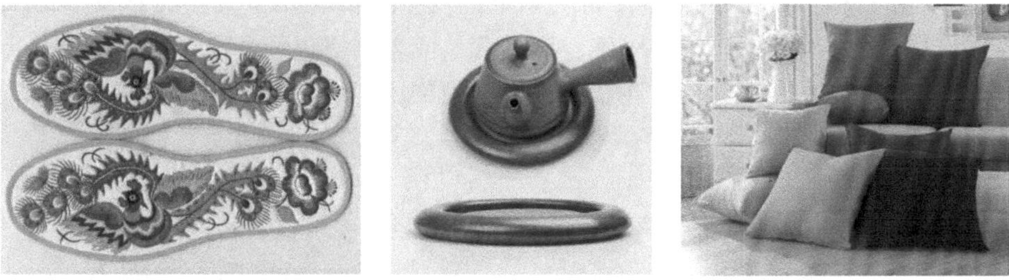

图 2-29-2 鞋垫、茶壶托盘和沙发靠枕的“介质”创意

钢纤维能够有效地阻碍混凝土内部微裂缝的扩展及宏观裂缝的形成，显著地改善了混凝土的抗拉、抗弯、抗冲击及抗疲劳性能，具有较好的延性。

大家都知道，衣服扔到火里就会点燃，但有种衣服放到火里却烧不着，这是什么“魔衣”？其实，衣服烧不坏的原因是它的材料与普通衣服不同，它是用石棉做的。石棉具有良好的抗拉强度和良好的隔热性与防腐蚀性，不易燃烧，故被广泛应用。救火队员钻入火海去救火，穿的就是这种石棉衣服。石棉是非常好的隔热、阻燃“介质”，被广泛应用。

雨衣是一种隔水的“介质”，雨衣的发明完全是出于偶然，这里也有个小故事。麦金杜斯有天下班遇到外面下雨，他没带伞，于是披了件工作服就跑出去了，奇怪的是，回到家工作服一点也没湿。原来他的这件工作服已经穿了很长时间，上面溅了很多橡胶溶液，就好像涂了一层防水胶，虽然样子难看，却不透水。好奇的麦金杜斯又试验一遍，连忙用勺子舀点水，往涂有橡胶液的地方滴，水不但没有渗进去，却顺势滚了下来。麦金杜斯灵机一动，找了一件衣服，把它全部涂上橡胶溶液制了一件雨衣。就这样，世界上的第一件雨衣问世了。橡胶成为让布制雨衣不透水的防水“介质”。当然，随着塑料的发明，新型防水“介质”的雨衣材料也应运而生。

生活中遇到的“介质”创新案例还真有不少，如弹琴的拨子，成为代替指甲，保护指甲的“介质”；创可贴的“中介”作用，用来治愈和保护伤口不被空气中的细菌感染；即时贴后面的不干胶可以起到黏结的“介质”作用，如图 2-29-3 所示。

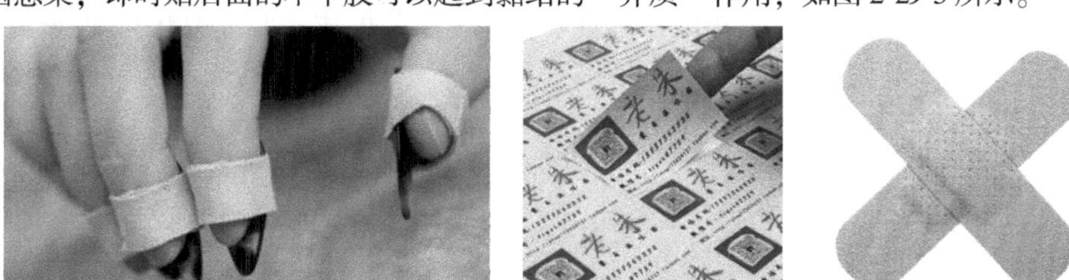

图 2-29-3 弹琴拨子、不干胶贴纸和创可贴的“介质”创新案例

人类还有很多类似的发明，如汽车里的安全气囊，一旦发生碰撞会自动弹出，将人体与坚硬的汽车硬件隔绝；充气食品或者真空包装可以让食品与外界空气隔绝，起到防止腐败，或者防止被外界坚硬物压坏的作用，如图 2-29-4 所示。

图 2-29-4　汽车安全气囊、充气食品和真空包装食品

一些复合材料中间会有一些“介质”作为填充物，起到缓冲、隔音或者保温作用，热水瓶的内胆与外壳中间也有“介质”的隔热作用，导线之间的塑胶皮、橡胶皮则起到的是绝缘的“介质”作用，如图 2-29-5 所示。

图 2-29-5　夹层墙体、保温瓶和电缆绝缘及绝缘材料的“介质”创新案例

仅仅绝缘材料这种“介质”，就经历了大量的变革，体现了人类创新的步伐从来不停息。人们最早使用的绝缘材料为棉布、丝绸、云母、橡胶等天然制品。在 20 世纪初，工业合成塑料酚醛树脂首先问世，以后又相继出现了性能更好的脲醛树脂、醇酸树脂，后来出现了缩醛树脂、氯丁橡胶、聚氯乙烯、丁苯橡胶、聚酰胺、三聚氰胺、聚乙烯及聚四氟乙烯等。20 世纪 40 年代以后不饱和聚酯、环氧树脂问世，而粉云母纸的出现使人们摆脱了片云母资源匮乏的困境。20 世纪 50 年代以后，合成树脂为基的新材料得到了广泛应用，如不饱和聚酯和环氧等，20 世纪 60 年代含杂环和芳环的耐热树脂得到了大发展，如聚酰亚胺、聚芳酰胺、聚芳砜、聚苯硫醚等。无公害绝缘材料 20 世纪 70 年代以后也发展得很快，如以无毒介质异丙基联苯、酯类油取代有毒介质氯化联苯，无溶剂漆的扩大应用等。琳琅满目的绝缘“介质”出现，也让人们感受到“介质”创新的前景。

还有一种十分有用的绝缘介质，就是“绝缘胶垫”，又称为绝缘毯、绝缘垫、绝缘橡胶板、绝缘胶板、绝缘橡胶垫、绝缘地胶、绝缘胶皮、绝缘垫片等，具有较大体积电阻率和耐电击穿的胶垫。用于配电等工作场合的台面或铺地绝缘材料。绝缘材料种类很多，可分气体、液体、固体三大类。常用的气体绝缘材料有空气、氮气、六氟化硫绝缘 PC 薄膜等。液体绝缘材料主要有矿物绝缘油、合成绝缘油（硅油、十二烷基苯、聚异丁烯、异丙基联苯、二芳基乙烷等）两类。固体绝缘材料可分有机、无机两类。有机固体绝缘材料包括绝缘漆、绝缘胶、绝缘纸、绝缘纤维制品、塑料、橡胶、漆布、漆管、绝缘浸渍纤维制品、电工用薄膜、复合制品和黏带、电工用层压制品等。无机固体绝缘材料主要有云母、玻璃、陶瓷及其制品。相比之下，固体绝缘材料品种多样，也最为重要。

在当代机械制造中应用最多的，几乎离不开的是液压、油压和气动机械，油压机、水压机和气动装置中间的“介质”是水、油或者空气，它们不仅让机械零件隔开，不直接接触，还可以传递动力，起到力学传动的作用，如图 2-29-6 所示。

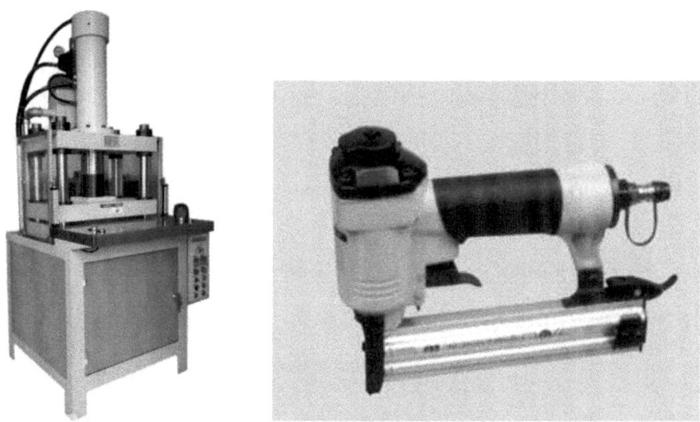

图 2-29-6　油压机和气动装置

应该说，生活中使用的加湿机、保存食品用的干燥剂也都属于“介质”类的发明。加湿机让空气中增加水蒸气和湿度，而干燥剂恰恰相反，让空气中的湿气被吸收，防止食品的腐坏，也是广义的“介质”发明，如图 2-29-7 所示。

图 2-29-7　加湿机和干燥剂的“介质”类型创新

加湿机已被广泛应用在各种领域。超声波加湿器采用每秒 200 万次的超声波高频振荡，将水雾化为 1～5 μm 的超微粒子和负氧离子，从而实现均匀加湿、清新空气、增进健康的作用。加湿机还可以去除冬季暖气的燥热，营造舒适生活环境的效果。直接蒸发型加湿器通常也被称为纯净型加湿器，是通过分子筛蒸发技术，除去水中的钙、镁离子，彻底解决“白粉”问题。通过水幕洗涤空气，在加湿的同时还能对空气中的病菌、粉尘、颗粒物进行过滤净化，再经风动装置将湿润洁净的空气送到室内，从而提高环境湿度和洁净度。所以非常适用于有老人和小孩的家庭使用，还可以预防冬季流感病菌。

食品干燥剂主要分硅胶和生石灰两种，硅胶的安全性比较高，化学腐蚀性也低一些，但生石灰的成本低，危险性却比较高。目前食品企业大多使用硅胶干燥剂，这是一种高活性吸附材料，无毒、无味、无腐蚀、无污染，可直接与食品、药品接触。

在炎热的夏天，人们经常喝啤酒解渴，打开啤酒瓶盖时经常看到啤酒向外喷沫，有时还像喷泉一样喷出来，这是为什么呢？一般来说，每升啤酒中都含有 5 g 左右的二氧化碳。在制造啤酒时，通过一定压力把它灌进瓶里。因此，每瓶啤酒里都溶解了一定的二氧化碳，而瓶里是有一定空隙的，打开时，只要轻轻摇晃，气体就形成泡沫从啤酒瓶里溢出来。添加这种气体的还有不少饮料，如香槟酒、苏打水、可乐等。这些饮料填充的发泡介质都是二氧化碳，如图 2-29-8 所示。

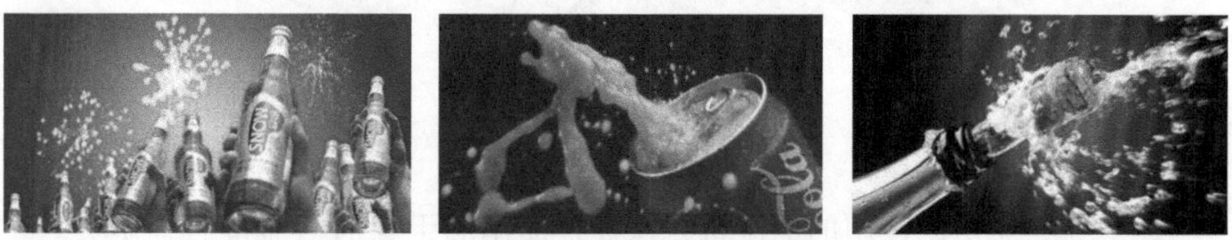

图 2-29-8　啤酒喷泉、可乐与香槟的“介质”创新

夏季，人们经常用风扇、空调来抵挡酷暑，而电影院里凉爽宜人，它用的是什么？原来电影院用冷气机来制冷，给冷气机制冷的是一种化学物质，俗称为“氟利昂”，经过压缩液化、蒸发等处理后，像汗水蒸发一样，可以带走大量的热量，从而使周围温度大大降低。臭氧层是人类及地表生态系统的一道不可或缺的天然屏障，犹如给地球戴上一副无形的“太阳防护镜”，而氟利昂却是臭氧层的“罪恶杀手”。氟利昂在大气中可以存在 60～130 年，虽然氟利昂释放量相对较少，但一个氯原子可破坏十万余个臭氧分子，从而导致平流层臭氧受到破坏，并逐渐减少。现在无氟制冷剂发展起来，逐渐取代了传统使用的制冷剂氟利昂。制冷剂是活跃在制冷机里的重要“介质”。

另外一种重要的“介质”应用当属于灭火器里的神奇“介质”了。这种介质到底是什么？我们先给大家讲一个灭火的小故事。某小城最近组建了一支消防队。有一天，消防队突然接到电话，郊区的一家葡萄酒厂起火了。接到命令的消防队员迅速赶到现场，投入紧张的扑火中，正当他们奋勇作战，即将控制大火的时候，突然发现贮水槽里的水快没有了。这下完了，这时队长突然命令队员把正在发酵的葡萄酒泼向熊熊大火。我们知道酒精能燃烧，但神奇的是，火竟然被扑灭了。原来正在发酵的葡萄酒里含有大量的二氧化碳，而二氧化碳不助燃，是最好的灭火剂。灭火器喷出来的“介质”正是二氧化碳，那么灭火器里为什么有那么多二氧化碳呢？原来，钢筒里贮藏着两种化学物质，即碳酸氢钠和硫酸。平时，这两种物质用玻璃瓶隔开分住两处，各不相扰。当灭火机头倒过来时，二者混到一块儿，发生化学反应，产生大量二氧化碳，把硫酸换成硫酸铝，再上点发泡剂，就成为泡沫式灭火器。它也同样产生二氧化碳气流，同时带有大量泡沫，可以漂在表面上帮助灭火。喇叭口的灭火机里不装化学药品，直接装着二氧化碳，那是用强大的压力把二氧化碳由气体变成液体以后，体积缩小很多。这样，一个不大的钢瓶内的液体二氧化碳，再变成气体时，就可以充满好几个房间。像液化石油气罐一样，灭火器平时紧闭阀门，救火时一拧开阀门，强大的二氧化碳气流就通过连接着的喇叭口向火焰喷去。灭火弹里装的是四氯化碳。四氯化碳灭火的道理和二氧化碳一样。平时四氯化碳是液体，在火焰附近遇热，很容易变成气体。它比同体积的空气重得多，也能紧紧地包围住火焰，隔断氧气的来路。四氯化碳灭火效果很好，由于它不导电，尤其适用于电线、电器着火时的扑救。

大家知道，煤气中毒通常指的是一氧化碳中毒，一氧化碳是煤炭燃烧不完全形成的。一氧化碳被吸入肺，并通过血管进入血液。红细胞是携带氧气及二氧化碳的“气体交换车”，通过红细胞的流动，全身组织才能进行气体交换。而一氧化碳与红细胞结合的力量比氧气大200~300倍，所以大量的一氧化碳与红细胞结合，就大大减少了红细胞带氧的能力，使组织发生缺氧导致“窒息”。麻烦的是，煤气是没有气味的，人们不知不觉就会中毒。大量使用煤气灶，人们又都离不开煤气，而煤气泄漏让人中毒的事就时有发生。于是人们就研究将煤气掺进去一种无毒但有气味的气体，一旦煤气泄漏，就会有一种刺鼻的气味冒出来，提醒人们，从而避免了很多这样的悲剧发生。这样的“介质”创新也很有意义。

再给大家讲一个“介质”创新的故事。早期，没有在真空条件下长时间加热的灯泡，玻璃表面会慢慢放出水蒸气，这些水蒸气与灯泡内的钨丝发生化学反应，产生氢气，还有灯泡接头的地方，一些材料也会释放出一些气体，正是因为这类气体的化学作用，才使钨丝变脆，灯泡壁变黑，因而就降低了钨丝灯的使用寿命。人们一致认为，只有进一步提高灯泡的真空度，才能最后解决难题。但是，工匠米兰尔的想法却恰恰相反，他把各种不同的气体分别充入灯泡内，看看各种气体和钨丝会有什么样的反应。他把氧气、氮气、氢气、水蒸气、二氧化碳等气体分别一次一次地充入灯泡，并采用高温、低压等不同的外界条件进行测试。他发现氮气在高温下并不离解，许多蒸发出的钨原子，撞击到氮分子后，又回到了钨丝上。米兰尔兴奋地发现了氮气与钨丝之间的“秘密”，经过四年的艰苦奋斗，米兰尔终于成功地制造了功率大、寿命长、效率高的充氮灯泡。后来，他又发明了以氩气代替氮气制成的小功率充气灯泡。

化学“催化剂”本身不参加化学反应，却可以加速化学反应速度，也是一种重要的“介质”。而催化剂的发明也出于偶然之间。柏齐利阿斯有一次喝葡萄酒时，不小心将手中的一点粉末掉进了酒中，结果甜甜的酒变酸了。原来，把红葡萄酒变成了醋酸，是粉末作的“怪”。它能使乙醇（酒精）与空气中的氧气发生化学反应，生成醋酸。就这样，“催化剂”被发现了。古代时，人们就已利用酶酿酒、制醋；中世纪时，炼金术士用硝石作催化剂以硫黄为原料制造硫酸。1812 年，基尔霍夫发现，如果有酸类存在，蔗糖的水解作用会进行得很快，反之则缓慢。而在整个水解过程中，酸类并无什么变化，它好像并不参加反应，只是加速了反应过程。看来，催化剂是一种能够促进化学反应，自己却无动于衷的“介质”，就像一个喜欢挑拨离间的人，让别人打得不可开交，自己却在旁边看热闹。

还有一种现代化的“介质”，我们称为“存储介质”，它的范围非常广，小到计算机系统中的几百 KB 的 ROM 芯片，大到上百 TB 的磁盘阵列系统都可以用来保存数据，又都可以称为存储，可以说存储无处不在、无处不有。包括软盘、光盘、DVD、硬盘、闪存、U 盘、CF 卡、SD 卡、MMC 卡、SM 卡、记忆棒（Memory Stick）、xD 卡等。包括软盘、硬盘和可换硬盘，这是最常见的“存储介质”媒体。这些“介质”里记录着大量的数据，可以随时提取使用。有的是可记录但不可改动补充的，有的则是可以随时擦去重新改写的。存储介质目前的应用十分广泛，电脑就不用说了，音响、摄影、录像、智能手机，还包括家用电器、机器设备、电力系统等无处不在，已经成为现代生活不可或缺的“介质”。

在新冠疫情流行的那些年，人类使用了大量的防护服、口罩、手套和眼镜等，这都属于病毒的防护介质。在如今的大数据时代，人们创造了越来越多的云平台，用于数据的交换、储存、下载和上传，并在平台上进行一些基本的运算，这也是具有互联网特征的介质。可以预见，人类对介质的应用会越来越广泛，越来越丰富。

【妙技锦囊】 天上的彩虹、沙漠中的海市蜃楼、蓝天上的云朵、水中的倒影在不断变换着色彩和形状。大自然其实就是一个虚幻世界和实物世界的不断运动和转换的过程。“虚虚实实”的变革是世界给人们的启示。工匠可以通过虚实变换、以虚代实、以实代虚、强实弱虚、强虚弱实、以实避虚、以虚避实等方法充分发掘“介质”变革的潜能。

第30技　丢卒保车

释义："丢卒保车"也是有失有得，舍尾求存、舍小得大的创新技巧，万事不可求全，总会是有得有失，而不可患得患失，必须舍得，敢于放弃，有所不为，才能有所为。

标识符号：

中国古代军事家孙子说过："将欲取之，必先予之。"哲学家老子也说过："夫唯不争，故天下莫能与之争。"在佛教中，舍即是得，得即是舍；道教中，舍是无为，得是有为；儒家曰：舍恶以得仁，舍欲以得圣；而在今人的眼里，舍是付出，是投入，得是收获，是回报。舍得是一种大智慧：孰舍孰得，是大智慧者在洞悉了大势所趋后的智慧抉择。

中国有个"塞翁失马焉知非福"的故事。在靠近边塞的人中，有一位精通术数的人。他家的马自己跑到胡人那里去了，大家都来安慰他。这个老人说："这怎么就知道不是一件好事呢?"过了几个月，他家的马带领着一匹胡人的骏马回来了，大家都祝贺他。这个老人说："这怎么就知道不是一个祸患呢?"家里多了匹良马，他的儿子又喜欢骑马，有一次从马上摔下来折断了大腿。大家都安慰他，这个老人又说："这怎么就知道不是一件好事呢?"过了一年，胡人大举侵入边塞，青壮年男子都拿起弓箭参战，靠近边塞的绝大部分人都因战争而死去。唯独他的儿子因为腿摔断了的缘故免于征战，父子得以保全性命。所以又有一个说法，叫作：祸兮福所倚，福兮祸所存。这一中国古代的"舍得"哲学理念对创新也会有很好的指导作用。

古人云：大得不得取小得是其二。最为人熟知的是项羽刘邦的楚汉相争。按约定灭秦谁先入关谁为王。刘邦先行占领了咸阳，但因羽毛未丰，自忖无法与项羽抗衡，便主动舍弃，让出关中。连"王"都能舍弃，可见刘邦是何等睿智。

有个庙里的师父问，烧壶开水，火烧未半柴不够了怎么办?弟子或说去找、去借、去买，众说纷纭。师父说，"何不把壶里的水倒掉一些?世事总不能万般如意，有舍才有得呀。"这说明，当目标定得太高，超乎能力和条件，实在难以为继，灵活处理、适度调整一下，同样可以达到"得"的效果。

这种解决问题的方法，实质上是一种"舍得"的创新理念，"舍即是得，少即是多，去即是取，无即是有"是解决当时人们所不能解决的问题的思想上、方法上的创新。

在雨果不朽的名著《悲惨世界》里，也有类似的描述。主人公冉·阿让，在一个风雨交加的夜晚，昏倒在路上，被好心的神父救起，他却在神父睡着的时候，把神父房间里的所有银器席卷一空。因为他已认定自己是坏人，就应干坏事。不料，在逃跑的途中，被警察逮个正着，可谓是人赃俱获。当警察让神父辨认失窃物品时，冉阿让绝望地想："完了，这一辈子只能在监狱中度过了!"谁知神父却温和地对警察说："这些银器是我送给他的。他走得太急，还有一件更名贵的银器烛台忘了拿，我这就去取来!"

冉·阿让的心灵受到了巨大的震撼。警察走后，神父对他说："过去的就让他过去，重新开始吧!"从此，冉·阿让洗心革面，重新做人，他搬到了一个新的环境，努力工作，积极上进。后来，他成功了，毕生都在救济穷人，做了大量对社会有益的事情。冉·阿让幸运地遇到一位品德高尚的神父，神父没有因为偷走银器而责怪他，而是包容了他的过错，这份包容改变了他的一生。这份"舍得"，是舍弃了财务，拯救和得到了一个好人。

比尔．盖茨，当年果断舍弃了在哈佛大学未完成的深造机会，改行从商，白手起家发展为世界顶级富翁，这可是"舍得"在商界中的典范。

人类经常去仿照生物来进行发明，发展成为一门学科，就叫作仿生学。人们仿照飞鸟来制造飞机；仿照游鱼，制造了声呐；这样的例子比比皆是。人们看到海参遇险时会吐出内腔，分散敌人注意力乘机逃之夭夭；壁虎遇危时会当机立"断"甩掉自己尾巴而脱身。这样的例子会给人类一种启示，失去一些，却获得另外一些，舍去局部，得到全体。

也许最早学习壁虎舍尾求生的技巧是古代的医疗和手术，人们割掉发炎腐烂的肢体而保全生命，割掉某一器官而保全身体，割掉阑尾而保全脏腑。

人们在设计战斗机时，发现战斗机被敌机击伤或者击落时，往往连宝贵的驾驶员都一起牺牲了，为了保存飞行员的生命和战斗力，人们设计了飞机弹跳舱，在飞机被击伤之后，让人弹跳出来，打开降落伞平安落地。壁虎的舍尾求生和战斗机弹跳舱，如图 2-30-1 所示。

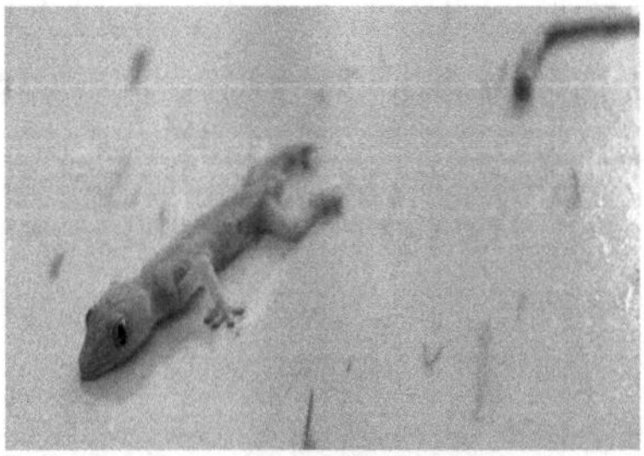

图 2-30-1　壁虎的舍尾求生和战斗机弹跳舱原理

与此类似，运用了反冲、对冲原理，当子弹射出，用来装炸药的子弹壳就会被舍去；发射卫星时，火箭的残余碎片一定会脱落，让卫星按照轨道飞行。在这些创新里，人们既使用了“对冲”原理，也就是靠火药爆炸燃烧的冲击力，将子弹或者卫星高速推送出去，同时也运用了“舍得”技巧，也就是将有用的物体保存下来，将已经无用的物体丢掉、舍去，如图 2-30-2 所示。

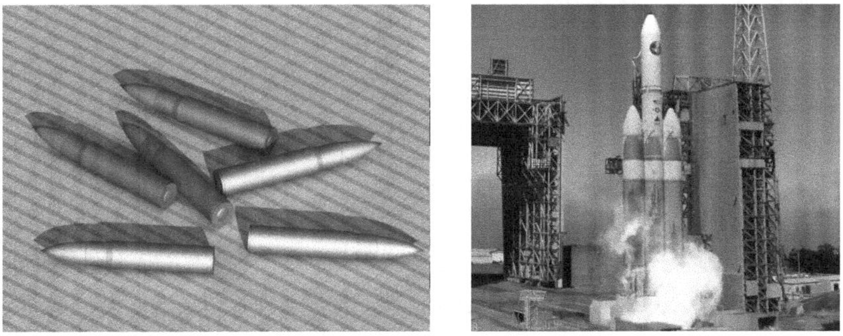

图 2-30-2　子弹弹壳和火箭发射卫星的“舍得”设计

人们舍去橡皮擦，把传统的铅笔变成可伸缩笔芯铅笔；舍去后座，设计发明了可折叠自行车，便于人们携带；人们设计了压水井，先灌进一点水（舍去），才能引出井里持续不断的水（得到），如图 2-30-3 所示。

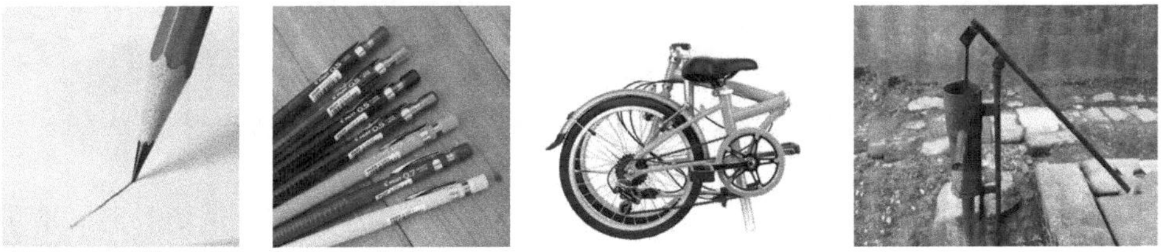

图 2-30-3　铅笔变成自动笔芯、折叠自行车和压水井的“舍得”创新

1936 年，匈牙利的比罗用一根钢圆管灌满速干油墨，在一端装上钢珠作为笔尖。然后，他在各种能书写的材质上进行书写试验，发现均可留下抹不掉的痕迹，而且笔管内的油墨也不易溢出，试验成功了。1940 年，他又对其发明进行了改进，于 1943 年 7 月 10 日申请了专利，1945 年，圆珠笔开始投入市场。

圆珠笔之所以能够写字，是因为笔头里的钢珠在滚动时，能将速干油墨带出来转写到纸上。圆珠笔芯里装的干油墨，足够可以书写 2 万字。但是，书写的字数一多以后，钢珠与钢圆管之间的空隙会渐渐变大，这样油墨就会从缝隙中漏出来，常常会弄脏衣物等，使人感到不愉快。为了解决漏油问题，专家们没有少动脑筋。有的研究油墨配方的改进，有的研究钢珠与钢圆管的硬度，可是都没能收到满意的效果。

正当这项研究毫无进展的时候，日本有个小企业主，想出了一个绝招：不是因为装的干油墨足够书写 2 万个字吗？不是因为写到那时就会漏油了吗？那我就少装一些干油墨，让笔芯里的油墨只能书写 1 万多个字就用完了，这样的圆珠笔芯漏油的问题不就解决了。于是，他就申请专利专门生产一种短支的圆珠笔芯和圆珠笔，很快受到了广大顾客的欢迎，这也让他成了一个大的企业家。他的“舍”反而让他“得”了不少。

在现实生活中还有大量广义“舍得”创新的例子。

例如，人们用人工交换时间，创造了赛车式检修模式，在方程式赛车中间，为了快速赛车解决问题，人们在人机料法环方面做足功夫，通过多人分工，并行处理，有的拆轮胎，有的安装，有的加油，可以让检修时间控制在十几秒内。舍去的是人工，换得的是时间。人们为了舍去空间来换回时间和力气，发明了电梯；人们舍去空间换来能源，发明了太阳能面板和发电设施；人们舍去空间换来温度，发明了保温瓶。保温瓶虽然笨重一些，但可以达到保温效果。人们舍去能源换人工，就发明了各类机器，取代人力；人们舍去材料换温度，还发明了羽绒服、保温墙等；人们舍去能源换资源，发明了海水淡化等装置；人们还发明了电解铝、电解镁等装置，舍去的是能源，换得的是材料，如图 2-30-4 所示。

图 2-30-4　赛车式检修、电梯、保温瓶、保温墙、海水淡化装置

例如，中国的春秋航空公司以及美国西南航空公司，通过取消商务舱、取消餐食等一系列功能删除以降低成本，同时降低票价，而消费者认为其价值高于其票价，便会欣然购买，从而获得了巨大的市场。

同样，Craftsman 是一家生产电钻的美国公司，它的 C3 充电式电钻功能强劲，但许多特色对于普通用户来说有些画蛇添足，因为他们只是偶尔用它来进行家装维修。认识到这一点后，公司将双速改为单速，降低电钻的扭矩、减少电池数量，这款简化产品反而为公司获得了更多的用户。

在印度，一些企业开发出价格极低的产品以满足巨大的低收入群体市场，如 1 分钟电话收费 1 美分，白内障手术收费 30 美元，1 辆汽车卖 2000 美元等。管理学家 C. K. 普拉哈拉德将这类企业的变革称为“甘地式创新”，企业因为满足了低阶层群体的需求而彰显了社会责任和企业价值，因而也获得更多来自社会和政府的支持和回馈。

功能减弱是另一种变相的功能舍去，基本原理是一样的。例如早几年出现的傻瓜相机，其具备了相机的所有基本功能，但性能大大降低，价格也因此比专业相机低不少，但因为销量十分可观，让企业获利巨大。

在中国，通用电气公司（GM）针对农村市场研制成功售价仅 9 万元的便携式 PC 型超声波检测仪，而传统的高端仪器售价高达上百万元。新型设备的性能肯定不如高端设备，但是仍然具备超声波仪的所有功能，因此它们在中国的销售异常火爆。

书的装潢设计上有一个十分经典的案例。1935 年，一个名叫艾伦·莱恩的人，看到了平装书的无限潜力——当时绝大多数的书籍都是“精装书”，价钱十分昂贵。他购买了许多著名书籍的平装书版权，用最低廉的成本造出了便宜的平装书，成就了一家叫作企鹅的出版社，更改变了大众的阅读习惯。

下面讲一个火箭设计上的“舍得”案例。大家知道，发射卫星的火箭推进器，装的是一种固体燃料，燃烧时温度高达 5000 多摄氏度，从而产生强大的动力，把卫星送上太空。那么，装这些料料的火箭外壳又是用什么材料来制造的？塑料不行，玻璃不行，金属也不行，充当这一重任的是金属陶瓷。烧制陶瓷时，还加了 20%的金属钴，制成金属陶瓷，金属钴以“介质”形式融入陶瓷中，它能胜任火箭喷火口的“门卫”工作。随着燃料不断燃烧，温度不断升高，陶瓷中的金属钴不断挥发，也带走了一些热量。当金属钴快要挥发完，火箭的燃料也就烧尽，整段火箭壳脱落，另一级火箭开始喷气燃烧。这样，一级接着一级，把卫星或宇宙飞船送上了太空。这里面有两个“舍得”创新，舍去了金属钴，带走了部分热量，保存了金属陶瓷外壳；舍去了燃料燃烧完毕的陶瓷外壳，获得了推力，将卫星推上天空。这是十分有意思的“舍得”变革。

人们经常会把不需要的东西清理掉，这种“舍”才能够腾出空间，放新的东西。就像日本人山下英子写的《断舍离》这本书所说，这个“断舍离”都是要“舍去”的意思，只有敢于往外扔才能够让所有剩下的东西井井有条，才能让寻物效率大大提高。

在美国纽约曼哈顿金融街上，有一家“地中海”酒吧，这家酒吧的老板叫费尔沃特·查理，他于 8 年前在曼哈顿金融街上开了一家“地中海”快餐店。由于利润少得可怜，查理曾一度陷入沮丧之中。

两年后，正当查理先生打算关门停业时，一个平时司空见惯的现象触发了他的赚钱灵感。那就是每当“道琼斯指数”出现下跌时，附近证券交易所就会跑出许多垂头丧气的男男女女，其中有相当数量的人会不约而同地踏进各家酒吧，借酒消愁解闷。然而其中有好多人喝完酒后，却因囊中羞涩而难以当场付钱，因此常常闹出顾客和老板之间不愉快的事情。

目睹这种现象之后，查理决定改弦易辙，索性将“地中海”快餐店更名为“地中海赊账酒吧”，对那些遭受经济损失的顾客，给予所承诺的赊欠酒品消费额，即换一种“先醉后还”的思路来经营酒吧，赚取“迟到的钞票”。

老板规定，只要当日的道琼斯工业指数每下跌一点，“地中海”酒吧就允许顾客赊欠 50 美分的酒账，也就是下限金额；如果该股指数下跌了 100 点，那么顾客就可以赊欠 50 美元，这是上限金额。不过，所欠金额要求在 3 个月内予以支付。

由于查理推出了堪称当今美国独一无二的酒品消费服务项目，现在“地中海赊账酒吧”天天顾客盈门，生意非常红火，平均每天的营业额达到了近万美元，如图 2-30-5 所示。

图 2-30-5　地中海赊账酒吧

再给大家讲一个关于“舍得”的小故事。美国宣传奇才哈利十五六岁的时候在一家马戏团做童工，负责在马戏团内叫卖小食品。但是每次看戏的人不多，买东西吃的人更少，饮料更是少人问津。

有一天，哈利突发奇想：向每一位买票的观众赠送一包花生，借以吸引观众。但是老板坚决不同意这个荒唐的想法。哈利用自己微薄的工资做担保，请求老板让他试一试，并承诺如果赔了就从他的工资里面扣，如果盈利了自己只拿一半，老板这才勉强同意。于是，以后每次马戏团的演出场地外就多了一个义务宣传员：“来看马戏咯！买一张票免费赠送好吃的花生一包！”在哈利不停的叫喊声中，观众比往常多了几倍，这让老板和哈利也都赚了不少钱。

看来，“丢卒保车”的理念到处可以应用。

【妙技锦囊】“丢卒保车”之成语来源于象棋游戏，其直接的寓意是舍去一个小卒子，保住一个有大用场的“车”，可以保存后续的战斗力和兵力优势。用这样的变革技巧，可以帮助工匠思考如何主动放弃一些功能或者构件，从而获得更必要的功能或者构件，旨在针对性地提升系统的功效。“舍得”理念的应用可以十分广泛，包括舍去空间换时间、舍去数量换质量、舍去时间换质量、舍去某些功能换取其他功能、舍去有形换无形、舍去金钱换信誉等。其中蕴含的创意十分丰富。

第 31 技　否 极 泰 来

释义：“否极泰来”是中国古代哲学思想的精髓，也是创新思维不可或缺的要素，与之相对应的手段还包含逆补、逆反、逆袭、变废为宝、变害为利、互补、正反转换等内容。这一创新手段是告诉工匠，所有负面的事物均可转化为有利的事物，所有的废弃之物都可以变成有用之物。我们要善于在不利条件下创造出有利环境，深度挖掘，变害为利，变废为宝，争取逆袭突围。“否极泰来”创新与“一反常态”创新有异曲同工之处。前者更强调面对失败、废弃的创造物而使之重新发挥功效。后者更强调不按常理出牌的差异性创新以及舍弃部分获得另外部分的置换性创新。

标识符号：

人类社会充满了“否极泰来”的轨迹。古人云：“祸兮福所倚，福兮祸所存”，当代人们常说：“坏事变成好事”，也是同样一个道理，这就是自然界的辩证关系。“没用的”可以转化成“有用的”；从某个角度看是“无价值的”也许换个角度就变成“有价值的”。

人们为了合理利用资源，学会将垃圾变为肥料、饲料、燃料，将废木屑变成再生板材，甚至将废烟碎末黏结压成薄片，再切丝卷入香烟里，如图 2-31-1 所示。

图 2-31-1　垃圾分类处理、再生板材的“逆转”创新

垃圾分类在日本、美国、英国、澳大利亚等国家都做得很好。特别是日本，不但把垃圾分成十来种，扔的时候还要分日子，如可燃垃圾（包括果皮、菜渣等）是每周一、三、五扔；每周二可扔旧报纸；每月第四个周一可扔不可燃垃圾，如电池等。垃圾里蕴含着巨大的资源潜力，生活垃圾中有 30%～40%可以回收利用。1 t 废塑料可回炼 600 kg 的柴油，回收 1500 t 废纸可免于砍伐用于生产

1200 t 纸的林木，1 t 易拉罐熔化后能结成 1 t 很好的铝块，可少采 20 t 铝矿。

变废为宝的例子很多，养鸡的人都很发愁鸡粪如何处理，但对有经验的人来说，鸡粪是不可多得的宝贝。经过微生物发酵后，鸡粪可以养殖蛆、黄粉虫和蚯蚓，这些虫子是鱼类和禽类的上等饲料，经过这些虫子处理过的鸡粪也变成优质有机肥。

一些看似没用的东西，也可能成为宝贝，比如树叶。桂林恭城县红岩村盛产柿子，他们偶然发现一个商机，春天没有柿子的时候，还是有许多日本人过来，原来吸引他们的是柿子叶。日本有柿子叶包着的饭团寿司，就像中国的粽子一样，因此他们对柿子叶需求很大。于是红岩村在修剪柿子树的时候，把不要的柿子叶按规格进行加工，一张三分钱出售，红岩村有万亩柿林，这不起眼的柿子叶也能给他们带来不菲的收入。

再说一个变废为宝的例子，玉雕界有位大师杨树明，被亚洲珠宝联合会授予“中国玉雕大师”。杨树明有一件非常得意的作品，是一款名为“风雪夜归人”的挂件。2004 年，他用 100 元将这件毛石买回来后，并没有想过要做什么，因为这块材料棉质较多，斑点遍布，甚至在业内人的眼中，这就是一块废料。但在杨树明看来，这块料也有它好的地方，一些地方在灯光下晶莹剔透。一天晚上，他想到了“日暮苍山远，天寒白屋贫。柴门闻犬吠，风雪夜归人”这首诗。他灵机一动：把这些棉质变成漫天纷飞的大雪如何？一个多星期后，精致完美的“风雪夜归人”的玉挂件面世。“风雪夜归人”最终以 1 万元的价格出手，之后在买家手里翻了近 100 倍。这件作品辗转至香港玩家手中，有人甚至出价 360 万元。

类似变废为宝的“创新”还有很多，如将废纸收集做成再生纸，将废塑料收集做成再生塑料，将废衣服翻新回收利用，将废油回收做成再生油脂，将废水回收过滤沉淀和处理变成饮用水，将海水淡化变成淡水。图 2-31-2 给出几个案例。

图 2-31-2　再生纸、废油处理、废水处理和海水淡化的“逆转”创新

人类有些“逆转”的创新完全是不经意的偶然发现。

伊朗人依拉迪 · 赫沙比是世界上著名的大发明家之一。有一天，他的妻子在阳台上用杀虫剂喷洒生了虫子的夹竹桃。他想：不用有毒的喷雾剂，也应当能灭虫。接着，他就开始顺着这个思路思考。没几天，他就有了主意：“人体有个部位不受虱子、臭虫和其他小虫子的侵扰，那就是耳朵”。当天，赫沙比就叫人在实验室里分析耳垢的成分。耳垢由 120 种不同物质组成，其中一种物质能驱赶甚至杀死昆虫。同年，他研制成功了从这种物质中获得的对人体无毒的杀虫剂。并在埃森召开的植物国际博览会上推荐介绍，此后人体无毒性杀菌剂问世了。

避孕套最早是由 17 世纪英国查理二世的医生康达姆发明的，并以他的名字命名了这一产品。当时的主要目的是预防梅毒的传染，避孕套是以肠衣或鱼鳔制成的。到 19 世纪中叶有了橡胶制品，后来被用于计划生育工作，在我国叫作“避孕套”，而在国外一些地方和地区叫“安全套”。现在已有许多研究证明避孕套在艾滋病的预防中发挥了一定的作用，尤其是正确使用质量良好的避孕套可以大大降低艾滋病病毒通过同性和异性性接触的传播。

亚历山大·弗莱明是个细菌学家，一次做完实验下班回家，有一个培养细菌的皿忘了盖上盖子，过些天奇迹发生了：打开的培养皿中长了青霉，长青霉的周围不长细菌。一定是青霉分泌的某种物质杀死了细菌，青霉素就这样在偶然之间被发现了！这是 1928 年的事，随后，青霉素的发现拯救了成千上万人的生命。1945 年，弗莱明被授予诺贝尔生理学奖。

以上几个小故事都有些“逆袭”“逆转”的味道。哈哈镜也是一个典型的“逆转”发明，原来是因为镜子的玻璃不平，把人照变了形，结果反而成为一种逗人发笑的产品，这就是哈哈镜。图 2-31-3 给出几个例子。

图 2-31-3　即时贴、哈哈镜的“逆转”创新案例

应该说，人类利用“逆转”原理创新的案例不计其数，例如人们利用子弹发射产生的后坐力来推出弹壳并同时给枪上膛，人们用垃圾产生的热来发电，让垃圾变化肥用来种植，将炉渣变建筑型砖，还将吃剩下的贝壳做成艺术品，等等，部分案例如图 2-31-4 所示。

图 2-31-4　自动上膛枪、炉渣墙砖、垃圾焚烧发电、贝壳艺术品

在“逆转”创新里，反向、逆向的思维很重要，将不理想的因果关系倒置，往往会产生灵感。

在动物园生意萧条之时，有人突发异想，人在外面，动物在笼子里，那是传统的动物园；如果把人关在笼子里，让动物在外面自由行动，那会不会吸引更多来访的游客？这就催生了野生动物园，造就了全新的旅游体验。让一个濒临倒闭的动物园起死回生。

人们发现感染过某些病菌的人，在治愈之后反而不会再感染。人们将这些可恨的病菌——感染人身体的脓包物质提取出来，干脆去让没病的人去感染，只要控制好量，这反而会主动提升其免疫力。于是出现了疫苗，同时出现了免疫医学，颠覆了传统的医学。

过去，人围着要生产的产品转，受空间的影响，效率不高，而且人来回走动增加疲劳，那是传统生产；老福特受屠宰场的启发，动脑筋让生产的产品流动起来，人不动，让产品围着人来转，这就诞生了第一条福特汽车生产线。

图 2-31-5 给出上述的几个例子。

图 2-31-5　野生动物园、生产线和疫苗注射的“逆转”创新

传统商店，顾客从售货员手里拿商品，再付款，这样效率不高，而且需要大量售货员来服务；为了改变这种状况，有人提出让顾客自己从货架上拿商品，然后集中付款，于是出现了受顾客欢迎的超级市场。传统银行，顾客从柜员手里取钱，这不但效率低下，也容易出差错；人们研究发明了自动柜员机，可以让顾客自己从铁箱子（自动柜员机）里取钱，不但提高了效率，还降低了差错和舞弊的现象，这就催生了现代银行。传统歌厅，演员演出，听众听歌，听众完全是被动地参与，为迎合现代人的参与热情，让观众自己点歌自己唱，自娱自乐，于是出现了卡拉 OK 歌厅，如图 2-31-6 所示。

图 2-31-6　传统商店变超市、传统银行变柜员机、传统歌厅变 KTV 的案例

类似“逆转”变革的例子还有很多，例如传统餐厅，人们点菜等待上菜，出现了一些现代餐厅：人们自助取菜，称为自助餐厅，人们不必等待，而且自由选择自己喜欢的菜肴。类似的现代餐厅还有旋转寿司和自助火锅等，如图 2-31-7 所示。

图 2-31-7　传统围餐、自助餐厅、旋转寿司和自助火锅

“变废为宝”的变革还可以给人们带来巨大财富。美国人吉姆·瑞德偶然发现，高尔夫球会因为球手的失误而掉进湖里。有一次他灵机一动潜入湖内中，却意外发现湖底有成千上万只球。于是他开始打捞这些掉落湖底的高尔夫球，并将这些旧球洗干净喷漆，再包装出售。现在，他已经拥有属于自己的高尔夫球回收公司，年收入近千万美元。

在“互补”方面，人类可谓是绞尽脑汁，不断应对一些“不足”。例如天气太冷，人们发明取暖炉和暖气；天气太热，人们发明电扇和空调；空气潮湿，人们发明空气干燥器，而空气太干燥，又发明加湿器；雾霾严重，人们又发明空气清新器；对付干旱气候，人们发明喷灌或者滴灌设备，给作物浇水；人们为残障人士设计制作了拐杖、假肢和轮椅，为他们设计了方便行走的通道；人们还为盲人设计了盲文，为聋哑人设计了手语。这林林总总的设计都是一种“互补”的创新。图 2-31-8 给出部分案例图片。

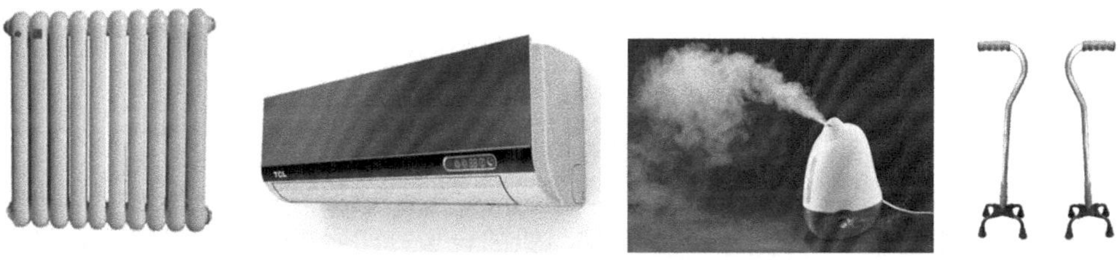

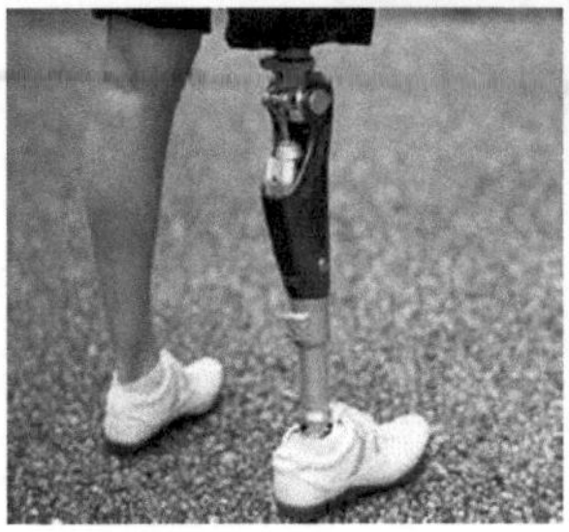
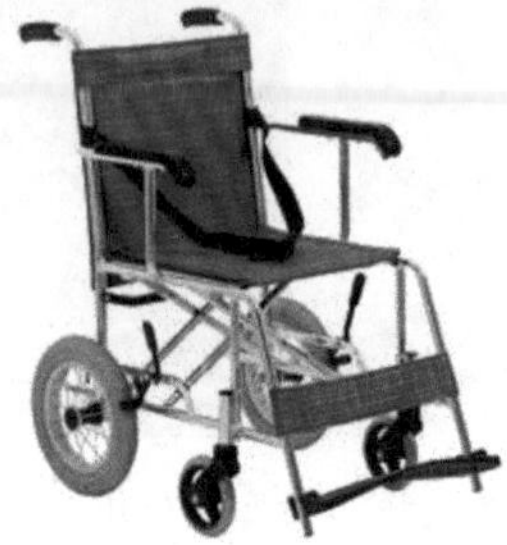

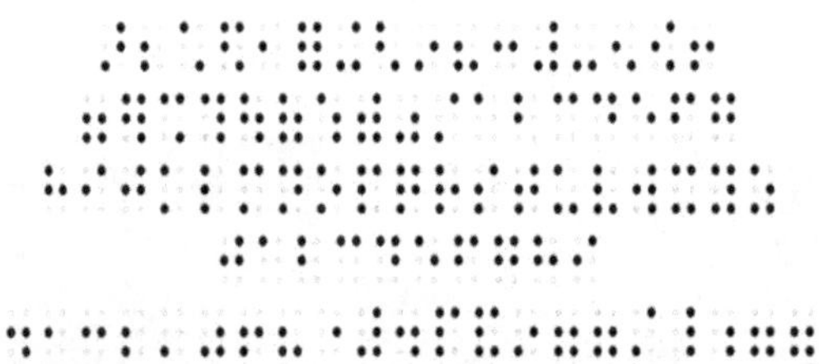

图 2-31-8　暖气、空调、加湿器、拐杖、假肢、轮椅、残障通道、盲文和喷灌设备的“互补”创新

谈到“互补”和“正反转换”，世界上还有不少这样的创新案例，电梯、电动扶梯、水平步道的上行与下行，正行与逆行靠的是驱动系统的正向和反向运动。盐湖的采盐船原来是单边驱动，在湖边掉头困难，人们研究了设置在船头与船尾的双向驱动装置，让船的转向行驶更加方便。由于轨道的限制，火车掉头十分不便，火车列车的行驶多少年都是延续正反转换双向行驶的传统，车头既可以正向行驶，也可以反向行驶。

再给大家讲一个“互补”的例子。大家熟知，在一般情况下金属与金属相互碰撞时，不但有声响，还会冒出火花来。所以，在加油站、煤气站以及运输易燃易爆物品时，尽量不使用金属物品，以免发生碰撞，冒出火花，造成危险。人们苦苦寻找，终于发现有的金属撞击了却不冒火花，它是什么金属？原来是铍，铍与铜和镍的合金在与石头或其他金属撞击时，根本不会迸出火花。人们利用这种铍合金与众不同的性质，制成了专门用于矿井、炸药工厂、石油基地等易爆区使用的锤子、凿子、刀铲等工具，铍这种与众不同的特性为减少爆炸事故和火灾做出了很大贡献。

众所周知，金属的通性是热胀冷缩，可是有一种金属却与众不同，它不仅不热胀冷缩，反而冷胀热缩，这又是什么金属？它们是锑和铋。锑最重要的用途是制造合金，生活中常用的铅，一般是锑与铅的合金。印刷书报用的铅字，如果用纯铅浇铸，由于纯铅会热胀冷缩，因此铸出的字很不清晰。而如果在铅液中加入一些锑，当熔化了的合金灌进钢模中冷却凝固时，金属锑具有热缩冷胀的特性，抵消了铅的部分热胀冷缩，就能使铸出字的笔画十分清晰，经久耐用。锑的出现，弥补了铅的不足。发明铅锑合金，就蕴含了“互补”创新的技巧。

以前，照相机只能在阳光下才能照相，晚上或者光线不好的环境就无能为力了。为了解决这个问题，人们发明了带闪光灯的照相机，即使在漆黑如墨的夜晚也能拍照，这是什么道理？原来，闪光灯里面装的是金属——镁或铝，只要将镁或铝研成极细的粉末——铝粉或镁粉，极容易燃烧，能释放出大量的热，可以把铁熔化。在闪光灯里装上极细的铝粉或镁粉，使用时只要轻轻地按一下快门，在百分之几秒内就能燃烧完毕，发出耀眼的光芒，一瞬间让胶片感光。有了闪光灯，不论天多么黑，光线多么暗，都能拍摄出照片来。这也算是人类十分巧妙的“互补”创新了。当然，现代相机的发光原理又完全不同了，这属于一种“渐进”式的创新。

以前，轮船出海前要备足淡水和食物。而现在，有的军舰出海却只储备食物，而不储备淡水，这是为什么？因为军舰上有一种特殊装置，能把海水淡化。他们利用离子交换树脂，将海水中的钙、镁等盐类的离子交换出来，使咸咸的海水淡化，提供饮用。由于离子交换作用是可逆的，用过的离子交换树脂一般用适当浓度的无机酸或碱进行洗涤，可恢复到原状态而重复使用，这一过程称为再生。在海湾地区，很多阿拉伯国家因为淡水短缺，都在海边建立起海水淡化工厂。这些工厂的工艺基本是利用这种离子交换树脂对海水淡化。这样一个反复离子交换的过程，也是“逆转”创新的典型案例，如图 2-31-9 所示。

图 2-31-9　照相机闪光灯和海水淡化装置的“互补”和“逆转”创新

【妙技锦囊】“否极泰来”是辩证思维的哲学，同时也是变革的技巧。我们依此来焕发工匠的“绝处逢生”本领，善于在不利中寻求希望，从别人瞧不起的事物中挖掘金矿，从缺失中找到互补，从逆境中找到转机，从世俗认为“不可能”的视角中跳跃出来，找到曙光。

第32技　含沙射影

释义：“含沙射影”是一贬义词，传说一种叫蜮的动物，在水中含沙喷射人的影子，使人生病。比喻暗中攻击或陷害他人。作为创新技巧，本书将其贬义去掉，选取其故事中的反弹、投影、投射、折射、反冲的意思。这也是创新中的不可或缺手段或者技巧，在人类创新实践中的运用也十分广泛。

标识符号：

人类关于“反射”的启蒙应该最早来源于阳光，照在水面的阳光映出太阳、树木的倒影，平静的水面就是一面镜子，人们在水里还看到自己的样子。后来把一面铜板磨亮，就出现了铜镜。人们还根据太阳照射物体投影的变化创造出日晷来计时，如图 2-32-1 所示。

图 2-32-1　日晷和铜镜的“反射——投影”创新

提起镜子，还有一段感人的励志故事呢。爱因斯坦小时候十分贪玩。母亲再三告诫他：“不能再这样下去了。”爱因斯坦总是不以为然地回答说：“你瞧瞧我的伙伴们，他们不都和我一样吗？”有一天，父亲给爱因斯坦讲了一件有趣的事情。父亲说：“昨天，我和邻居杰克大叔去清扫南边工厂的一个大烟囱。那烟囱只有踩着钢筋踏梯才能从里面爬上去。你杰克大叔在前面，我在后面。我们抓着扶手，一阶一阶地终于爬上去了。下来时，你杰克大叔依旧走在前面，我跟在后面。钻出烟囱，我看见你杰克大叔的模样，心想我肯定和他一样，脸脏得像个小丑，于是我就到附近的小河里去洗了又洗。而你杰克大叔呢，他看见我钻出烟囱时干干净净的，就以为他也和我一样干净呢，于是就只草草洗了洗手就大模大样上街了。结果，街上的人都笑痛了肚子，还以为你杰克大叔是个疯子呢。”父亲郑重地对爱因斯坦说："其实，别人谁也不能做你的镜子，只有自己才是自己的镜子。拿别人做镜子，白痴或许会把自己照成天才的。"爱因斯坦听了，顿时满脸愧色，从此离开了那群顽皮的孩子们。他时时用自己做镜子来审视和映照自己，终于映照出了他生命的熠熠光辉。

随着玻璃镜子的发明，人们利用"反射"原理创新出更加丰富的内容。人们创作了各种和镜面相关的案例，凸面镜、凹面镜、潜望镜、万花筒、汽车后视镜等，如图 2-32-2 所示。

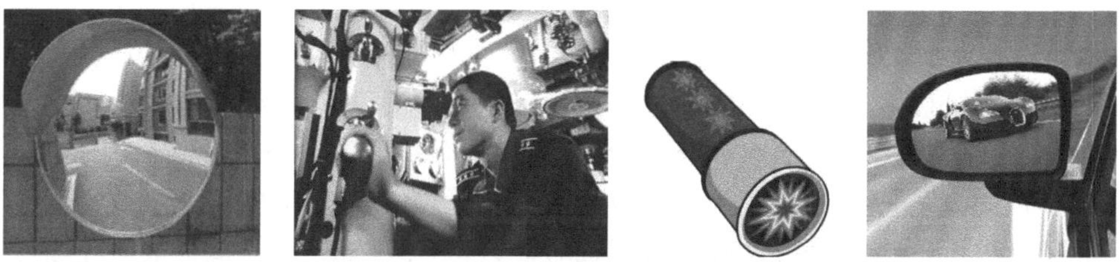

图 2-32-2　凸面镜、潜望镜、万花筒和汽车后视镜的"反射"案例

利用多次"反射"原理的潜望镜。潜望镜是指从海面下伸出海面或从低洼坑道伸出地面，用以窥探海面或地面上活动的装置。其构造与普通地上望远镜相同，唯另加两个反射镜使物体的光经两次反射而折向眼中。潜望镜的主要部件是一根长钢管桅杆，可升至指挥塔外 5 m 高的位置，两端都安装有棱镜和透镜并可将潜望镜的视野放大至 1～6 倍。潜望镜常用于潜水艇、坑道和坦克内用以观察敌情。要知道，处于水下航行状态的潜艇观察海平面和空中情况的唯一手段便是借助潜望镜了。而多数潜艇均安装有两部潜望镜，其中一部攻击潜望镜，另一部为观察潜望镜。前者用于发现和瞄准水面目标，而后者主要用于观察海空情况和导航观测。潜艇在浮出水面前，艇长都必须指挥潜艇在潜望镜刚刚露出海面的深度先用潜望镜对海平面做一次 360°的观察，以求尽早发现可能出现的敌情。只有在确认没有任何威胁的情况下潜艇才会浮出水面。

100 多年前，英国人发明的万花筒进入中国。由于当时制作材料和工艺的限制，万花筒只能作为清王朝达官贵人的私室珍藏。随着万花筒的造价变得低廉，渐渐进入了寻常百姓家。早先的万花筒，里面所看到的花是剪成碎片的彩纸，透明度很差，后来有人尝试使用更透明的彩色碎玻璃。随着时间的推移，万花筒里面的"花"，变成了彩色塑料片、光滑的玻璃珠，反射用的三块玻璃也换成了三块镜子。岁月变迁，制作万花筒的材料变了，但唯一不变的，是孩子们对万花筒中的神奇世界所倾注的热情。

透视镜虽然没有利用"反射"原理，但应用了相应的折射原理，人们由此设计出来望远镜、显微镜、放大镜等，如图 2-32-3 所示。

图 2-32-3　显微镜、放大镜和望远镜的“折射”创新案例

提起望远镜，要提一下“中国天眼”，特大型球面射电望远镜 FAST。这是安装在中国贵州省平塘县深山中里一个直径 500 m 的银色“巨碗”。这是中国自主设计研制，历时 22 年才建成的巨型天文设备，2016 年 9 月 25 日正式启用。它是迄今为止世界上最大单口径、最灵敏的射电望远镜，它的面积相当于 30 个足球场，拥有 6670 根主索和 4450 块反射面板。外圈 1579 m，走一圈需要半个多小时。它能够接收到 137 亿光年以外的电磁信号，可以对脉冲星、类星体等各种暗弱辐射源进行更精密的观测。这可谓目前世界上最大的“折射”创新产物了。

望远镜颠覆了先前那种认为人类处于宇宙中心的观点；显微镜却揭示了裸眼看不见的微生物。

望远镜和显微镜的发明，也有很多故事。17 世纪初的一天，荷兰小镇的一家眼镜店的主人利伯希（Hans Lippershey），为检查磨制出来的透镜质量，把一块凸透镜和一块凹镜排成一条线，通过透镜看过去，发现远处的教堂塔尖好像变大拉近了，于是在无意中发现了望远镜的秘密。1608 年，他为自己制作的望远镜申请专利，并遵从当局的要求，造了一个双筒望远镜。望远镜发明的消息很快在欧洲各国流传开了，意大利科学家伽利略得知这个消息之后，就自制了一个望远镜。第一架望远镜只能把物体放大 3 倍。一个月之后，他制作的第二架望远镜可以放大 8 倍，第三架望远镜可以放大到 20 倍。1609 年 10 月，他做出了能放大 30 倍的望远镜。伽利略用自制的望远镜观察夜空，第一次发现了月球表面高低不平，覆盖着山脉并有火山口的裂痕。此后又发现了木星的 4 个卫星、太阳的黑子运动，并做出了太阳在转动的结论。几乎同时，德国的天文学家开普勒也开始研究望远镜，他在《屈光学》里提出了另一种天文望远镜，这种望远镜由两个凸透镜组成，与伽利略的望远镜不同，比伽利略望远镜视野宽阔。但开普勒没有制造他所介绍的望远镜。沙伊纳于 1613—1617 年间首次制作出了这种望远镜，他还遵照开普勒的建议制造了有第三个凸透镜的望远镜，把两个凸透镜做的望远镜的倒像变成了正像。沙伊纳做了 8 台望远镜，一台一台地观察太阳，无论哪一台都能看到相同形状的太阳黑子。因此，他打消了不少人认为黑子可能是透镜上的尘埃引起的错觉，证明了黑子确实是观察到的真实存在。在观察太阳时，沙伊纳装上特殊遮光玻璃，伽利略则没有加此保护装置，结果伤了眼睛，最后几乎失明。

最早的显微镜是由一个叫詹森的眼镜制造匠人于 1590 年前后发明的。这个显微镜是用一个凹镜和一个凸镜做成的，制作水平还很低。詹森虽然发明了显微镜，却并没有发现显微镜的真正价值。事隔 90 多年后，显微镜又被荷兰人列文虎克研究成功了，并且开始真正地用于科学研究试验。列文虎克经过自己几十年坚韧不拔的努力和探索，发明了世界医学史上第一架帮助人类打开微观世界大门的显微镜。列文虎克 1632 年出生于荷兰德夫特一个普通工匠家庭，他发明显微镜的过程也是充满偶然性的。早年的列文虎克由于父亲的早逝，妈妈无力负担他求学，16 岁时，就来到首都阿姆斯特丹的一个杂货铺里当了学徒。虽然天天早起晚睡，干着脏活累活，然而，他却并没有多少的怨言，因为来到这里虽然时间不长，他却有幸结识了杂货铺对面一位和善的老大爷。老人家中藏书丰富，博学多识，他给年轻的列文虎克讲了许多充满神奇色彩的新鲜而有趣的故事，这使列文虎克懂得了想要知道的关于大自然奥秘的许多东西。于是，他一有空暇就向老人求教，在老人那里借阅图书，老人也非常喜欢这个爱读书、爱提问的好孩子。一天深夜，他正在伏案读书时，被隔壁眼镜店作坊的工匠磨制镜片的沙沙作响的声音吸引住了。他放下手中的书本，悄悄来到眼镜作坊里。他望着工匠们磨出的一块块镜片，脑际突然浮现出一个奇怪的念头：如果能磨出一块特殊的镜片，让我们能看清许多用肉眼看不清、看不到的东西该多好啊！就是这样一个灵感似的奇想，竟从此使他下定了磨制一块“魔镜”的决心。从此以后，列文虎克拜一位老工匠为师，虚心求教。有一天，这位老师傅给列文虎克讲了这样一件事：老师傅的孙子有一天偶尔将两块磨制好的透镜叠在一起放在一张废纸上看上面的字，只见这些字比原来的大好多倍，老师傅马上拿过这两块镜片放在孙子头上看头发，突然发现头发像铁丝一样粗。老师傅讲的这件事引起列文虎克的极大兴趣，他发誓一定要磨制出比眼镜镜片更精制、用途更广泛的镜片。为了达到目的，他有时候手指上的鲜血顺着磨破的伤口流淌，浸湿了镜片。功夫不负有心人，他终于磨成了两块光亮精巧的透镜。他将镜片叠起来看鸡毛，只见一根鸡毛上被放大了的绒毛像树枝一样排列着。接着，他试着将重叠在一起的两块镜片间的距离上下变化，只见随着镜片间距离的变化，直接影响着观察的效果。那么，怎样将这两块镜片各自固定起来，同时又能自由地上下调节距离？一天，他在干完杂货铺的工作后来到大街上，边走边思索。忽然间，他被一阵叮叮咚咚声所吸引，猛然抬头往左一看，是一家铁铺的铁匠在打铁。于是他来到铁铺里，看到了铁匠们打制出的一件件铁器。这时，他忽而又想到：如果能让铁匠打制一个铁架和一个铁筒，将镜片固定在镜筒的两头，然后再固定在铁架上，这样观察不是既省力又方便吗？想法既出，他马上就找了铁匠师傅，将自己的想法告诉他们。没过几天工夫，列文虎克按照自己的设想所发明的第一架显微镜终于诞生了。正当他带着胜利的喜悦准备磨制更精密的显微镜的时候，他却被杂货铺的老板以不务正业之名开除了。为了谋生，他只好辗转回到了故乡德夫特，好不容易经人介绍在市政厅的门房找到了一个当门卫的差事。他一面看门，一面继续着他对显微镜的研制、改造工作。几年之后，他终于又研制出多台更精制、完美的显微镜。同时，他运用自制的显微镜，第一次发现了血液里的血液细胞和生物王国中神奇多彩的微生物世界。于是，他将自己研制的显微镜和所发现的关于血液细胞和微生物的观察实验记载寄给了英国皇家学会。不久，他的成果终于被世界承认了。从此，这一关系着人类生命与生活的重要学问——微生物学的研究开始步入了突飞猛进发展的新世纪。

“折射”创新让人类受惠最多可以算是眼镜的发明了。眼镜最早出现于 1289 年的意大利佛罗伦萨，据说是一位名叫阿尔马托的光学家和一位生活在比萨市的意大利人斯皮纳发明的。后来，美国发明家本杰明 · 富兰克林，因为身患近视和远视，1784 年，他发明了远近视两用眼镜。1825 年，英国天文学家乔治 · 艾利发明了能矫正散光的眼镜。自 13 世纪人类发明镜片以来，一直用水晶玻璃磨制镜片，后来使用玻璃镜片。1937 年，法国发明了一种叫压克力的塑料眼镜片，虽不易破碎，但清晰度差。1954 年，法国依视路公司一位工程师从制作飞机座舱的材料中受到启发，从而发明了树脂镜片，自此以后，这种镜片便成为世界镜片王国的至尊，一直沿用到今天。

其实，“反射”原理不仅用于各类镜面，在运动和游戏领域也应用颇多，如弹子球、篮球、乒乓球、足球、排球、羽毛球、网球等，几乎所有的球类运动都有应用“反射”的功能，如图 2-32-4 所示。

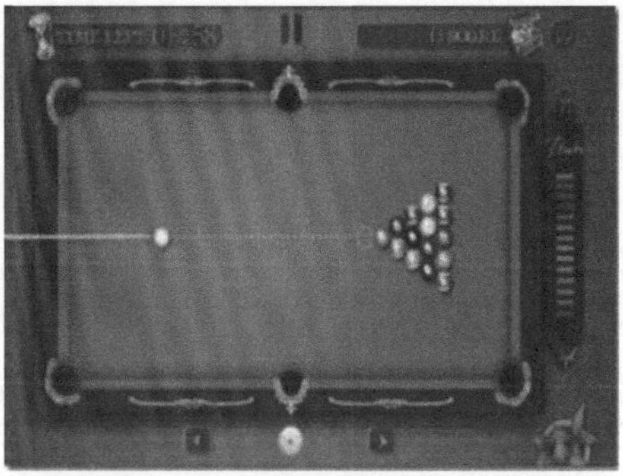

图 2-32-4　台球的“反射”原理创新

乒乓球可谓“反射”游戏的最好案例了。提起乒乓球，也有一段变革的历史。据史料记载，清初我国已有台球流传于民间，深受人民喜爱。在我国四川、云南交界山区的苗族人就把这种台球游戏作为农闲和饭后消遣。他们用晒干的梧桐树或柑树的果子做球，用带柄的长板做拍，用门板做球台，两边对打，人们称此为“臭柑子”游戏。清末珠江流域也盛行类似游戏，不过不用干果当球，而是用猪膀胱吹气做成小球，比干果弹性要大。或在桌上，或在地上，或向空中对打，这可谓乒乓球运动的前身。1800 年前后，美国一个体育用品制造商别出心裁，发明了一种叫作“室内网球”的游戏，想在美国推广，但遭到冷落。还有一说是源于南美洲。当地的印第安人用橡胶树的汁液做成实心球，晾干后变轻，弹性好，称为“马卡瓦”，在当地很流行。后来由哥伦布或其他探险队带回欧洲便逐渐传开。另一传说乒乓球源于俄国。俄国沙皇时代家族的一些成员，用橡胶外缠毛球做游戏，1890 年前后已相当流行。也有人说欧洲一国家的宫廷中，用象牙做球，因造价昂贵，难以推广。最流行的说法是乒乓球源于英国。在 19 世纪末的一天，伦敦遇到少有的闷热。两个青年看过温布尔登网球赛后，到一家上等饭馆的单间去吃饭。先是用雪茄烟盒盖当扇子，继而讨论网球战术，拣起软木塞酒瓶盖当球，以桌子为球台，中间拉一细绳为网，用盒盖打球。碰巧侍者在一旁喝彩，闻声赶来的女店主见此情景，不禁脱口喊出“Table Tennis”，即“桌上网球”的意思，从此为乒乓球命名，一直沿用到今天。后来，英国工程师詹姆斯·吉布把空心赛璐珞球从美国带到英国，取代了原来的实心球。美国人海亚特发明的这种空心球，触拍、触桌时发出“乒”“乓”的声音。英国一家体育用品公司用“乒乓”两字作为商标来登记。在乒乓球运动刚刚萌芽的时候，人们打球有的用雪加盒盖，有的用长柄木板。后来又使用与网球拍相似的一种球拍，但略小些，上面绷了一层皮子。用木头雕刻成的球拍流行了多年后，又有人在木板上粘一层砂纸、软木。具有重大意义的创新是在 20 世纪初软木换成了胶皮，这使得乒乓球技术发生了一场革命。事情发生在 1903 年的伦敦。一位叫古德的乒乓球爱好者正在参加比赛。第一轮比赛后，他感到不适，去药店买药，发现了找零钱用的胶皮盘，回家后去掉了拍面上的软木，换上胶皮。翌日，他用令人惊异的新拍从容不迫地战胜了对手。胶皮拍开始风行，随之出现了表面有颗粒的胶皮拍。此前的乒乓球技术十分简单，只是单纯地挡球，胶皮拍使击球的弹性和摩擦力增强，可以加转。于是削球打法诞生，并迅速流传开来。

早期人们创造了弓箭、弹弓来打猎，当人们发明了枪支，其中的撞针也是利用了“反射”的原理，如图 2-32-5 所示。

图 2-32-5　弓箭、弹弓和枪支里撞针的“反射”创新

弹弓这个传统的玩具很多人童年里都玩过。而随着时间的推移，弹弓逐渐被淡忘。我国青岛的一位“老顽童”再次让弹弓成为众人关注的焦点，归结于其自制出了一款激光弹弓，效果百发百中。一天上午，头发花白的老人带着自己刚制作的弹弓激光瞄准器，给大家展示“百步穿杨”的功夫。他用的弹弓与普通弹弓没有任何区别，也是一个金属支架绑上一根橡皮筋。激光瞄准器与弹弓是分体的。其外观有点像金属结构的铁卡子，只是在卡子下方固定了一个能发出绿色激光束的小型“手电筒”。只见他将一个钢珠包在弹弓的皮筋套中，然后用激光瞄准器的“卡子”捏住包有钢珠的皮套。随后，用力拉开弹弓，将瞄准器的激光束瞄在七八米外的一个简易纸靶中心，随着“啪”的一声脆响，纸靶的圆圈中心被弹弓发射出的钢珠穿透。他的发明也很简单和省钱，他在市场花 6 元钱买了一个简易的激光笔，然后将这支激光笔安装到一只小型手电筒上，增加其蓄电能力。按照最初的思路，他想将瞄准装置设计成像枪械一样扳机击发样式，但经过几次试验，发现弹弓橡皮筋经两只手臂拉开后，两只手的力道全部集中在握力上，很难腾出手指来控制多余的扳机，只得另想解决方案。经过冥思苦想，他调整设计思路，将击发装置设计成一个铁卡子形状，这个铁卡子设置了多个调整机关，可以根据射击的距离调节卡子夹住弹丸的力度。当握住铁卡子的手拉开弹弓橡皮筋时，到了一定力度，铁卡子会自动松开，将弹丸击发出去。他买来钢锉、铁锯、台虎钳和微型车床，经过反复的设计加工，终于制作出一套击发装置。然后将“激光手电筒”固定在上面，制成了弹弓激光瞄准器。经过调校，装上激光瞄准器的弹弓，几乎百发百中。

当代的各种带有瞄准镜的枪械其原理都是利用物体光的反射。

我国人喜欢看的皮影戏是一个典型的利用光影的艺术形式。而电影的发明更是把光的反射得与充分的利用。

提起“反冲”创新，最典型的属于喷气式飞机、火箭、枪炮的发明了。它们的出现多应用了“反冲”的原理，如图 2-32-6 所示。

火箭助推器的发明，与罗伯特 · 戈达德的曲折经历密切相关。罗伯特 · 戈达德 1882 年生于美国。在中学时代，他阅读了《月球上的第一批人》等科幻小说，萌生了献身宇宙航行事业的念头。1896 年，马萨诸塞州年仅 14 岁的少年罗伯特 · 戈达德心中有了一个大胆的设想：要是能有一种机器把人带到外星就好了！为了这个梦想，戈达德发奋学习，考上了克拉克大学，获得了理学博士学位。毕业后，他没有找工作，而是开始了自己的研究。他写出了一本小册子，共 69 页，书名叫《达到超高空的方法》。可是，当时的美国政府和国际理学界没有人理会他。因为在当时，这种设想简直是不可能的。

他对火箭动力学进行了广泛的理论研究。后来，他将一枚固体燃料火箭放在真空玻璃器内进行点火实验，证明火箭能在真空中工作。并提出将火箭发往月球

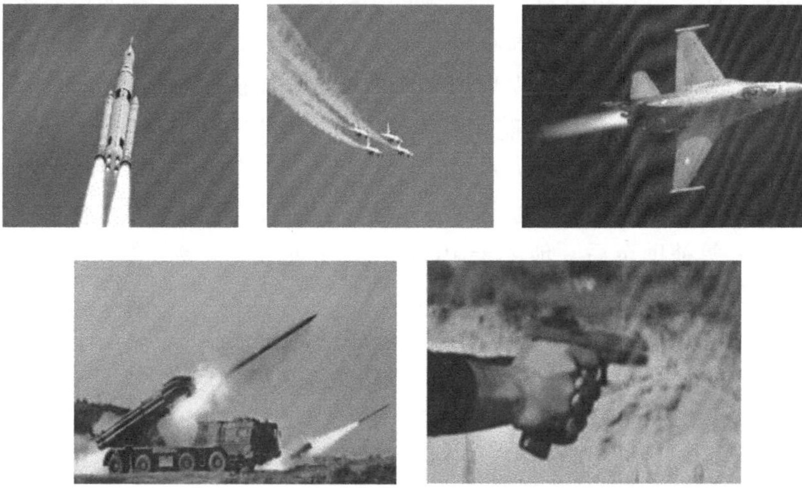

图 2-32-6 火箭、喷气飞机、火箭炮和手枪

的方案，设想制造火箭，可以把镁送到月球，火箭撞月时将镁点燃，镁的明亮闪光可持续几秒钟，在地球上用望远镜可以看到镁的燃烧这一设想。由于一些媒体的夸大宣传，褒贬纷至沓来，一时间，“月球火箭”成了戈达德的代名词。

然而，戈达德不受社会舆论的影响。他白天在大学任教，业余时间从事液体火箭研究和试验。在经历了无数次的失败挫折后，戈达德没有灰心，他变卖了自己的所有财产，制作了第一架特殊的机器。这架机器高 1.2 m，直径 15 cm，用汽油和液态氧作燃料，时速达到了 100 km。由于燃料不足，这次试飞升到了 60 m 的高空就落到了地上。他给这种机器起名叫火箭。这是人类第一次用液态燃料将火箭送到高空。这一年，戈达德 44 岁。但这次成功发射的第一枚液体燃料火箭，却是宇宙航行事业发展史上一个重要的里程碑。

但戈达德的火箭事业仍然得不到官方的投资。直到 1929 年 11 月戈达德结识了单机飞越大西洋的英雄查尔斯·林白后，才通过林白得到著名慈善家古根海姆的资助，在此后的几年中共获资助 14.8 万美元。有了资金，戈达德辞去了教学工作，潜心研究火箭，使液体火箭技术不断提高，戈达德在家乡马萨诸塞州发射了第二枚火箭。这枚火箭装上了气压表、温度计和小型照相机。这次，火箭飞行了 1000 km 才落到了地面。这是世界上第一次发射装载有测量仪器的火箭实验。这一年，戈达德 47 岁。

第二次实验成功后，当地警方给戈达德下了通告，不允许再在马萨诸塞州实验火箭。戈达德没办法，只好带着从慈善机构募捐来的微薄的经费，一个人来到新墨西哥州一块荒凉的土地上实验。他像一只猩猩一样，生活在这片荒滩上。1930—1935 年，他发射了多枚火箭。他研制的火箭已经设有专门的燃烧室，装载有转向器、陀螺仪，可以自由地控制火箭的方向和速度。火箭的最高飞行高度已经从第一次的 60 m 攀升到 2500 m，时速达到超音速。

他在火箭发射实验中，首先采用了现代火箭目前仍然使用的程序控制系统。1932 年，他开了先河，用燃气舵控制火箭的飞行方向。正当戈达德的研究实验取得累累硕果时，因全球经济大萧条，古根海姆于 1932 年 7 月中断了对他的资助。陆军和海军也都拒绝资助他研究液体火箭，直到丹尼尔—弗洛仑斯古根海姆基金会给他一笔补助金后，他才于 1934 年 9 月回到实验场继续实验。1935 年，戈达德的液体火箭最大射程已达 20 km，速度超过音速。

第二次世界大战爆发后，他到处写信，想把自己的研究成果用于反法西斯战争。但军方仍不愿把钱花在液体火箭上，而要他做马上能使用的固体燃料火箭。1941 年 9 月，戈达德开始为海军和陆军航空部研制一种帮助飞机起飞的液体助推火箭。这年年底，太平洋战争爆发。为了战争的需要，美国政府于 1942 年委任戈达德为海军研究局主任。他不仅圆满地完成了研制用于飞机起飞的助推火箭的合同任务，并进行了变推力液体火箭的研究。可惜，从小体弱多病的戈达德这时肺结核病已到晚期。他不顾朋友和医生的忠告，仍然忘我地工作，取得了许多研究成果。在日本投降的前两天，戈达德逝世。

戈达德的火箭研究在美国长期得不到充分的重视，可是德国的科学家却采纳了戈达德的火箭研究理论。在希特勒政府的支持下，德国科学家研制出了 V 型火箭。这一成果，让美国人羡慕得要死。第二次世界大战结束后，一批德国火箭专家迁居美国。美国科学家去请教火箭研制技术。德国科学家惊讶地说：“你们为什么不去请教戈达德？他比我们知道得多，知道的早得多！”

20 世纪 50—60 年代，苏联在洲际导弹、发射人造地球卫星和载人航天等方面连连领先于美国，引起美国国民的强烈反响，在历史的检讨中，美国于 1961 年发表了 30 年来戈达德研究液体火箭的全部报告，使戈达德获得“美国火箭之父”的尊称。美国政府将宇航局的一个空间飞行中心命名为“戈达德空间飞行中心”。在这个空间中心的入口处建有一块纪念碑，碑上刻着戈达德的一句名言“很难说有什么办不到的事情，因为昨天的梦想可以是今天的希望，而且还可以成为明天的现实。”这应该是所有创新者应该具有的心态。

【妙技锦囊】“含沙射影”是启发和引导工匠创新的重要技巧，投影、折射、反射也好，反冲、反弹、反作用也好，由此带来的发明创造无论给人类的物质生活还是文化生活都带来丰富的享受。而且，应用这一技巧的创新尚未止步，还会不断涌现出新的成果来。不定哪一天，我们人类又尝到新的“含沙射影”果实。

第33技　前车之鉴

释义：“前车之鉴”的变革技巧在于借鉴前人的经验、做法、产品、设计或者功能，为我所用，类似的技巧包括嫁接、移植、模拟等。世界上完全“独立”的创新几乎不可能，都离不开对以往创新的继承、启发、延伸或嫁接。工匠要重视前人成果的研究，要将其有用的内容主动应用到后来的创新之中。

标识符号：

人类在成长进化过程中发现，将某些植物嫁接在另外一些植物的枝干上，仍然可以生长，并且发生一些变化，如颜色、滋味以及其他属性等。这给了人们很好的启示。于是终于有一天，人们开始进行动物器官移植的试验，并成功用于医疗人类自身的疾病，如图 2-33-1 所示。

图 2-33-1　植物嫁接和器官移植

在人类的发明历史上，这种类似于移植、嫁接的创新还有很多种类。例如早期人类为了省力，发明了运输用的独轮车，车轮就成为可以移植嫁接的重要构件了，于是人们发明了载人用的双轮自行车、四轮汽车、多轮火车等，如图 2-33-2 所示。

图 2-33-2　“车轮”的借鉴创新案例

当人们发明了可以收集婴儿尿液，防止尿湿裤子和床铺的“尿不湿”纸尿片，就马上联想到妇女的需要，使用同样的原理和类似的材料，人们发明了妇女卫生巾。借鉴无纺布的功能，人们又设计制作了卫生口罩、头罩、一次性被单、一次性内裤和医用围裙等，如图 2-33-3 所示。

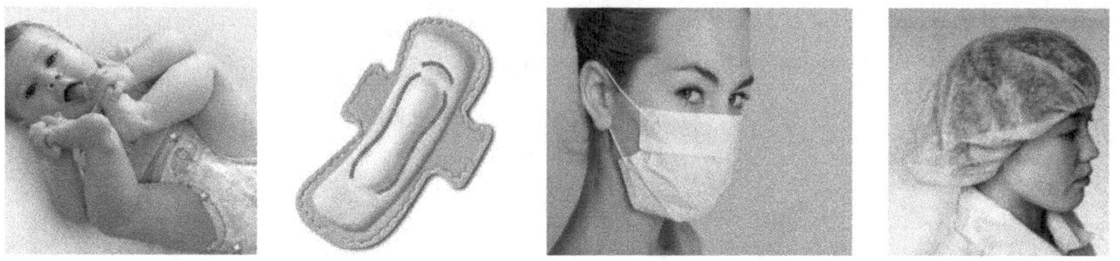

图 2-33-3　“尿不湿”纸尿片、妇女卫生巾、口罩、头罩

当人们发明了煤气炉用于烹调、加热食品、煮水等，将“燃气加热”的功能移植到洗澡和持续的热水供应，人们研制出燃气热水器，如图 2-33-4 所示。

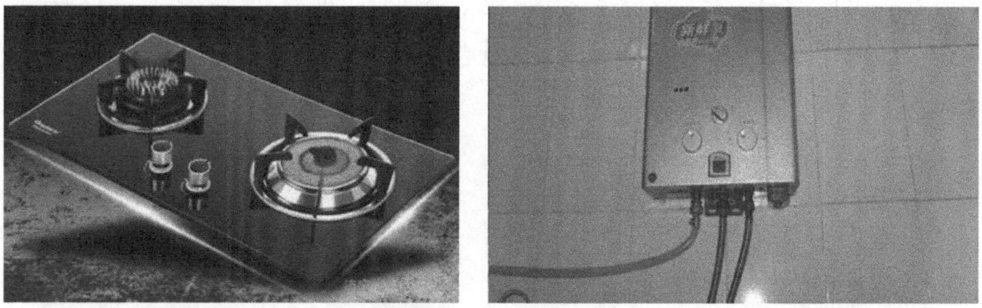

图 2-33-4　煤气炉和燃气热水器的“借鉴”创新

人们通过煤燃烧将水变成蒸汽，通过蒸汽推动汽轮机转动发电，出现了火力发电站。借鉴类似的原理，人们让具有势能落差的水来推动水轮机转动，于是出现了水电站。借鉴汽轮机的原理，人们让核反应产生的热来加热水，产生蒸汽，推动汽轮机组发电，于是出现了核电站。这些发电工厂，借鉴的都是转子在磁场里运动产生电流的共同原理。三种电场如图 2-33-5 所示。

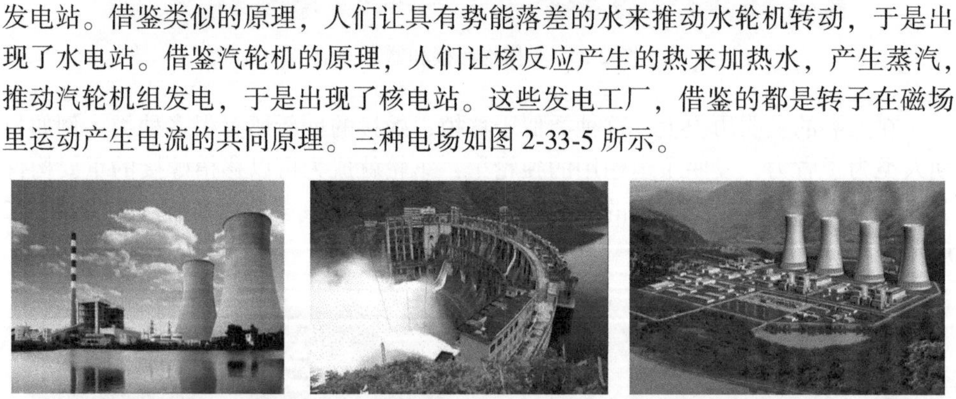

图 2-33-5　火电厂、水电站和核电站的“借鉴”创新案例

无论是电冰箱还是空调的发明，所借鉴的共同原理是“制冷技术”，无论在空调、电冰箱、冷柜里都有产生制冷功能的压缩机，如图 2-33-6 所示。

图 2-33-6　电冰箱与电冰箱压缩机、空调与空调压缩机的“借鉴”变革

人类的娱乐随环境气候变化而变化，冬天人们发明雪橇、滑雪板在雪地里运动，或者用冰鞋在冰上运动。夏天人们又发明滑水板在水上运动，发明滑草板在草上运动，这些发明都“借鉴”了“平板”的原理，如图 2-33-7 所示。

图 2-33-7　滑雪板与滑草的“借鉴”创新案例

“仿生”或者“功能模仿”也是重要的“借鉴”变革技巧。

鲁班的发明就有“仿生”的故事。传说，有一年鲁班接受了一项很大的任务——建筑一座大宫殿。这需要很多木料，但是工程限期很紧。鲁班的徒弟们每天都上山砍伐木材，但是当时还没有锯子，只有用斧子砍，效率实在是太低了，而且徒弟们每天累得精疲力竭，可木料还是远远不够，耽误了工程的进度。鲁班心里非常着急，就亲自上山察看。上山的时候，他偶尔拉了一把长在山上的野草，一下子手就被划破了。鲁班很奇怪，小小的一根草为什么这样锋利？他把草折下来细心观察，发现草的两边都长有许多小细齿，他的手就是被这些小齿划破的。既然小草的齿可以划破手，那带有很多小齿的铁条应该可以锯断大树吧。于是，他的想法加上金属工匠的帮助，鲁班做出了世界上的第一把锯——一把带有许多小齿的铁条。他用这个简陋的锯去锯树，果然又快又省力，锯就这样发明了，如图 2-33-8 所示。

图 2-33-8　鲁班发明锯子的“仿生”创新

1738 年，巴黎某个商店展出了一部非凡的自动化装置，其打造者名叫雅克·沃康松。沃康松的“长笛吹奏者”是个吹长笛的机器，和真人差不多大小。这部机器的令人称奇之处在于长笛本身，因为做一个弹奏大键琴的机器相对要容易得多，那种机器只要敲击琴键就可以了。吹奏长笛的问题是，若要让笛声响起，除了吹气的动作，还得有手指动作的配合，还有吹气的强弱。此后不久，沃康松制造了“拉屎的鸭子”，这是一个将谷物从嘴巴吃进去，再将粪便从肛门排出来的机器鸭子。“拉屎的鸭子”是很有趣，可惜演示失败了（肛门堵住）。

为了让“长笛吹奏者”运转，沃康松在这个机器的底部创造了一个复杂的系统，总共有 9 个风箱，再用 3 根管子将其和机器人的胸部相连，这就是供气系统；那个机器的舌头由独立的杠杆系统操作，另外一套系统则控制舌头的伸缩。整部机器看上去就像奇迹。伏尔泰看了之后钦佩地称赞沃康松是“现代的普罗米修斯”。但“长笛吹奏者”只能算是仿造人，因为这部机器并不是神。沃康松这台自动化装置吹奏的速度并不快过人类的笛手，而且它也是只能吹一些简单、高音低音对比分明的曲子，至于那种行云流水般的连奏曲，它就无能为力了。它演奏音乐的能力并没有超出人类的标准。当时人们蜂拥到沃康松的商店里看热闹，主要是很好奇这部机器模仿人类的方式——9 个风箱和 3 个管子怎么会像人类一样呼吸。

这个仿造催生了机器人。法国皇帝路易十五虽然不懂科学，但他认为沃康松的才华应该派上更好的用场，而非只是用来制造一个玩具。于是在 1741 年，他让这位发明家负责整顿法国的丝绸织造业。18 世纪初期，法国出产的丝绸质量良莠不齐，首先是各种工具很落后，然后纺织工的薪酬又很低，经常罢工。沃康松决定利用他制造这个仿造人的知识，生产一个机器人，避开这些和人有关的问题。沃康松根据“长笛吹奏者”的原理，设计出了一个能够将丝线拉紧的纺织机器。这个机器的穿梭动作很小，又能准确地掌握松紧度，所以做出来的纺织品特别结实；而从前在生产过程中，工人只能用手去“感觉”或者靠眼睛去观察。他的机器在纺织过程中能够以相同的松紧度处理更多不同颜色的丝线，原来的工人光靠两只手没法对付这么多的线头。这个发明却给发明人带来不幸，在 18 世纪 40—50 年代，每当沃康松胆敢走上街头，里昂的纺织工人都会围殴他。他没有退缩，后来还做了件更大胆的事情，就是设计出一种能够纺织出花鸟等精致图案的机器，并用驴来驱动这种复杂的纺织机。

大家熟知的海上声呐探测也是“仿生”的发明，是模仿鱼类发出声波收集反馈信号的探测功能而研制的。另外，机场里飞行的鸟万一撞上高速起飞下降的飞机，产生危害很大，甚至造成机毁人亡的伤害。机场里的驱鸟装置就是录下老鹰的叫声，反复播放来吓跑飞鸟的，这也是一种“仿生”设计。

人们还按照“仿生”的原理设计了很多用品，如游泳用的鸭蹼、甲壳虫汽车、水母造型的灯具等，如图 2-33-9 所示。

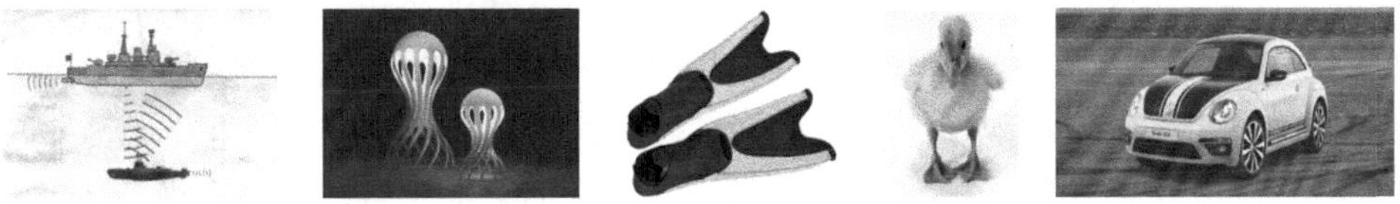

图 2-33-9　声呐、水母灯具、鸭蹼和甲壳虫汽车的“仿生”创新案例

据说三国的诸葛亮，仿真耕牛，制造了“木牛流马”。后来人们还仿真飞鸟，制造了飞机；仿真了鱼类，制造了航船，这一切都是“仿生”创新的成果。

再给大家讲一个“仿生”创新的例子。1915 年，德军与英法联军在比利时相持不下，丧心病狂的德军施放了大量的氯气，这次毒气战，给英法联军造成了重大的伤亡。有的士兵死了，有的士兵却能幸存下来，这又是为什么？原来，当毒气来临时，这些幸存的士兵用军大衣捂住了头。这时候，有人发现，许多动物也相继中毒死亡，只有野猪奇迹般地幸存下来，因为野猪特别喜欢用嘴巴拱地，一旦嗅到强烈的刺激气味时，它就把嘴巴拱进地里，来躲避刺激，因此免受一难。明白了这些，人们开始进行研究试验，最后制成了一种具有很好的防毒效果的“活性炭”。这很大一部分得益于那些幸存野猪的启发，所以人们把防毒面具做成猪头形状，如图 2-33-10 所示。

图 2-33-10　木牛流马、小船、飞机和防毒面具的仿生“借鉴”创新

莱特兄弟发明飞机的故事，充满了“借鉴”创新的内容。早期他们开着一家自行车商店，一边干活挣钱，一边研究飞行的资料，这完全出于兴趣。他们掌握了大量有关航空方面的知识决定仿制一架滑翔机。他们首先观察老鹰在空中飞行的动作，然后一张又一张地画下来，之后才着手设计滑翔机。1900 年 10 月，莱特兄弟终于制成了他们第一架滑翔机。兄弟俩用了一个星期的时间，把滑翔机装好，先把它系上绳索，像风筝那样放飞，结果成功了。然后由威尔伯坐上去进行试验，虽然飞了起来，但只有 1 m 多高。

第二年，兄弟俩在上次制作的基础上，经过多次改进，又制成了一架滑翔机。这年秋天，他们又来到吉蒂霍克海边，一试验，飞行高度一下子达到 180 m 之高。兄弟俩反复思考，把有关飞行的资料集中起来，反复研究，始终想不到用什么动力，把庞大的滑翔机和人运到空中。有一天，车行门前停了一辆汽车，司机向他们借一把工具用来修理一下汽车的发动机。弟兄俩灵机一动，能不能用汽车的发动机来推动飞行。从这以后，兄弟俩围绕发动机动开了脑筋。他们首先测出滑翔机的最大运载能力是 90 kg，于是，他们向工厂订制一个不超过 90 kg 的发动机。但当时最轻的发动机是 190 kg，工厂无法制出这么轻的发动机。后来，一名制造发动机的工程师知道了这件事情，答应帮助莱特兄弟。这位工程师造出一部 12 马力（8.8 kW）、重量只有 70 kg 的汽油发动机。兄弟俩非常高兴，很快便着手研究怎样利用发动机来推动滑翔机飞行。经过无数次的试验，他们终于把发动机安装在滑翔机上，不过是在滑翔机上安上螺旋桨，由发动机来推动螺旋桨旋转，带动滑翔机飞行。1903 年 9 月，莱特兄弟带着他们装有发动机的飞行器再次来到吉蒂霍克海边试飞。虽然这次试飞失败了，但他们从中吸取了很多经验。过后不久，他们又连续试飞多次，不是因为螺旋桨的故障，就是发动机出了毛病，或是驾驶技术的问题。莱特兄弟毫不气馁，仍然坚持试飞。就在这时，一位名叫兰莱的发明家，受美国政府的委托，制造了一架带有汽油发动机的飞机，在试飞中坠入大海。莱特兄弟得知这个消息，便前去调查，并从兰莱的失败中吸取了教训，获得了很多经验。他们对飞机的每一个部件作了严格的检查，制定了严格的操作规定，于 1903 年 12 月 14 日，又来到吉蒂霍克，进行试飞试验。这天下午，兄弟俩先在地面上安置两根固定在木头上的铁轨，并有一定的斜度，好让飞机方便地滑行。接着，就把他们制造的飞机，放在铁轨上面。威尔伯上机后，伏卧在飞机正中，一会儿便发动飞机，发动机传出轰鸣的声音，螺旋桨也慢慢地转了起来。飞机在斜坡上刚滑行 3 m，就挣脱了结在后面的铁丝，呼啸着升到空中。“飞起来啦!”奥维尔兴奋地叫道。话音未落，飞机突然减慢速度，很快掉落在地上。整个飞行时间不到 4 min。“是什么问题?”兄弟俩左思右想，逐一检查。他们决定把铁轨装在平整的地方再试验一下。连续工作了三天，把铁轨又重新安置在一片平坦的地面上。1903 年 12 月 17 日上午 10 点钟，天空低云密布，寒风刺骨。这次由奥维尔试飞，只见他登上飞机，伏卧在驾驶位上。一会儿，发动机开始轰鸣，螺旋桨也开始转动。突然，飞机滑动起来，一下子升到 3 m 多高，随即水平地向前飞去。“飞起来啦！飞起来啦!”周围几个农民高兴地呼唤起来，并且随着威尔伯，在飞机后面追赶着。飞机飞行了 30 m 后，稳稳地着陆了。威尔伯冲上前去，激动地扑到刚从飞机里爬出来的弟弟身上，热泪盈眶地喊道：“我们成功了！我们成功了!”45 min 后，威尔伯又飞了一次，飞行距离达到 52 m，又过了一段时间，奥维尔又一次飞行，这次飞行了 59 s，距离达到 255 m。这是人类历史上第一次驾驶飞机飞行成功，莱特兄弟把这个消息告诉报社，可报社根本不相信有这种事，拒不发布消息。莱特兄弟并不在乎。继续改进他们的飞机。不久，兄弟俩又制造出能乘坐两个人的飞机，并且，在空中飞了一个多小时。消息传开后，人们奔走相告，美国政府非常重视，决定让莱特做一次试飞表演。

1908年9月10日，这天天气异常晴朗，飞机飞行的场地上围满了观看的人们。大家兴致勃勃，等待着莱特兄弟的飞行。10点左右，弟弟奥维尔驾驶着他们的飞机，在一片欢呼声中，自由自在地飞向天空，两支长长的机翼从空中划过，恰似一只展翅飞翔的雄鹰。人们再也抑制不住他们的激动心情，昂首天空，呼唤着莱特兄弟的名字，多少人的梦想终于变为现实。飞机在76 m的高度飞行了1 h 14 min，并且运载了一名勇敢的乘客。当它着陆之后，人们从四面八方围了起来。过后不久，莱特兄弟在政府的支持下，创办了一家飞行公司，同时开办了飞行学校，从这以后，飞机正式成了人们又一项先进的运输工具。

当人们热衷于仿真动物设计产品之时，从来就没有忘记对自己本身的仿制。应运而生的人工智能逐渐进入历史舞台。帮助失听人群的人工耳蜗（助听器）、机械手臂，机器人、机器人保姆纷纷出现，如图2-33-11所示。

图2-33-11　人工耳蜗、机器人、机械手臂、机器人保姆的“仿生”创新

服装的仿生物形态的设计也十分有趣。仿生物形态的设计是仿生设计的主要内容，强调对生物外部形态美感特征与人类审美需求的表现。再有就是仿生物表面肌理与质感的设计，自然生物体的表面肌理与质感，不仅仅是一种触觉或视觉的表象，更代表某种内在功能的需要，具有深层次的生命意义，通过对生物表面肌理与质感的设计创造，增强仿生设计产品形态的功能意义和表现力。还有仿生物结构的设计，生物结构是自然选择与进化的重要内容，是决定生命形式与种类的因素，具有鲜明的生命特征与意义。结构仿生设计通过对自然生物由内而外的结构特征的认知，结合不同产品概念与设计目的进行设计创新，使人工产品具有自然生命的意义与美感特征。另外就是仿生物功能的设计；功能仿生设计主要研究自然生物的客观功能原理与特征，从中得到启示以促进产品功能改进或新产品功能的开发。还有是仿生物色彩的设计；自然生物的色彩首先是生命存在的特征和需要，对设计来说更是自然美感的主要内容，其丰富、纷繁的色彩关系与个性特征，对产品的色彩设计具有重要意义。仿生物意象的设计也是服装仿生设计的一部分；生物的意象是在人类认识自然的经验与情感积累的过程中产生的，仿生物意象的设计对产品语义和文化特征的体现具有重要作用。例如，仿蝴蝶设计、仿蝙蝠设计、仿兽皮设计、仿花朵设计、仿肌理设计、仿翅膀设计等，如图2-33-12所示。

图 2-33-12　形态各异的仿生设计服装

人们穿的鞋从草鞋到布鞋，到皮鞋，再到塑料鞋也是不断“前车之鉴”的结果。人们为了舒适创作了各种按摩器件，按脚的、按腰的、按颈椎的，琳琅满目，后来又发明了按摩椅、按摩床，这也是一步步“前车之鉴”的结果。人们为了写字，从龟背到树皮，再到竹简，再到纸张更是一步步“前车之鉴”的结果。总而言之，几乎所有人类的发明都有“前车之鉴”的影子。

说到“前车之鉴”这个成语，也还有一段故事。贾谊是西汉杰出的政治家兼文学家，从小就有“神童”之美誉，18 岁起就名满天下，受到了汉文帝的重用，担任梁王太傅一职。在任期间，他专心著书立说，将毕生才华倾注于文章中，流传千古的政论文《治安策》便是他这一时期的杰作。在这篇文章中，贾谊分析了秦王朝奸臣当道、实施暴政、由盛而衰的惨痛教训，总结说：“前车之覆，后车之鉴。秦朝的失败应该引起我们足够的警惕。否则，我们也会重犯秦朝的错误，十分危险！”汉文帝看了《治安策》后，对贾谊十分赞赏，并且采纳了文中的一些建议。应该说“前车之鉴”是贾谊的“前车之覆，后车之鉴”这句话的简化形式。

【妙技锦囊】在“更新换代”里介绍的是不断迭代的创新技巧。其实，迭代往往是在原有基础上的改进版本，是原有创造物的进步。而“前车之鉴”，则可能会通过张冠李戴的方式，将彼之创新成果，应用到此之创新实践，是通过学习借鉴方式，形成新的创造物。用“前车之鉴”作为工匠创新的技巧就是启发大家善用前人成果，摒弃不学习、不借鉴的“特立独行”开发之道，这样才能少走弯路。创新成果是要踩着前人的肩膀往上爬的，越善于借鉴、嫁接、引用，越容易成功。

第34技　势不可挡

释义：“势不可挡”是指一种造势、顺势，利用某种“场势”能量的变革技巧。所谓势，是一种能量，如势能、动能、化学能等。势也称为场，包括能量场、磁场、电场、气场、引力场、离心力场、无线电场等。势可以是跨越时空的，可以利用不同的场创新出很多的产品和成果。

标识符号：

天体运行难道真是引力作用的结果？那么引力又是什么？牛顿一直在想着这些问题。有一天傍晚，沉思中的牛顿下意识地向后院的苹果园走去。园子里，苹果树上挂满了成熟的苹果。突然，“吧嗒”一声，树上一个熟透了的苹果被风吹落在地上。牛顿的思路一跳：咦！苹果为什么不往天上掉？难道是地球的引力在吸引着它？牛顿立即进行了联想：一个人站在山崖上，把一块石头轻轻地抛出，石头就会落到不远处的地上；如果他用的力更大，石头就会落得更远；若力足够大时，这石头就将不再落到地面上，而是围绕地球旋转起来；要是地球没有引力，这石头就应该朝着他抛出的方向照直飞去。推而广之，月球以一定的距离绕地球转动，就是因为月亮总是向地球下落。引力就像一头拿在小孩手中、一头拴着小石头的绳子一样，从小孩手中牵引着小石头滴溜溜地转圈。牛顿豁然开朗：只要证明地球对月球的吸引力确实就是月亮绕地球运行所需的向心力，那么行星之间都有相互吸引力的结论就是正确的了。后来，牛顿的计算证明了引力的存在，他还找出了计算引力的公式：在同一时间里，引力的减弱同距离的平方成反比。牛顿由此证明，地球吸引苹果的力和地球使月球围绕自己转动的力，以及太阳使行星围绕自己转动的力，都是相同的。就这样，牛顿完成了人类认识自然的历史中的第一次理论大综合，把人们过去一向认为截然无关的地球上世俗物体的运动与天上的神圣的天体运动，概括在一个严密的理论之中。由于牛顿引力定律证明，不论天上地下，任何两个物体之间都具有这种引力，所以人们又把它称为“万有引力”。

自然界的场势虽然始终存在，但对于人类而言，很长时间却不自知的。一颗苹果掉到牛顿头上，引起牛顿的思考，为什么苹果会落下来？他发现了万有引力。东西掉到水里有时会漂起来，人们又发现了浮力，而某些铁块会吸引碎铁屑，人们发现了磁场和磁力。

谈到浮力，也有一个小故事。从前，国王让金匠替他做了一顶纯金的王冠，做好后，国王疑心工匠在金冠中掺了银子，但这顶金冠确与当初交给金匠的纯金一样重，到底工匠有没有捣鬼？既想检验真假，又不能破坏王冠，这个问题不仅难倒了国王，也使诸大臣们面面相觑。后来，国王将它交给了阿基米德。阿基米德冥思苦想出很多方法，但都失败了。有一天，他去澡堂洗澡，他一边坐进澡盆里，一边看到水往外溢，同时感到身体被轻轻拖起。他恍然大悟，跳出澡盆，连衣服都顾不得穿就直向王宫奔去，一路大声喊着“我知道了”，原来他想到，如果王冠放入水中后，排出的水量不等于同等重量的金子排出的水量，那肯定是掺了别的金属。这就是有名的浮力定律，即浸在液体中的物体受到向上的浮力，其大小等于物体所排出液体的重量。后来，该定律就被命名为阿基米德定律。

大地本身就是一个大磁场，人们发现了指南针。追溯起来，最早在战国时期《韩非子》一书中，就记载了指南针的原型——司南，“先王立司南以端朝夕”；并在东汉王充《论衡》中便记述了司南的具体形制，“司南之杓，投之于地，其柢指南”。随后演变成罗盘并应用于航海事业中。北宋朱彧所著《坪洲可谈》一书中，最早记载了航海中使用指南针的情况，“舟师识地理，夜则观星，昼则观日，隐晦则观指南针”。其后，南宋福建路市舶司提举赵汝适在所著《诸蕃志》中提到：“舟舶来往，唯以指南针为则，昼夜守视惟谨，毫厘之差，胜似系焉。”

就在这一时期（北宋末南宋初，约为1180年），中国的指南针（或者说罗盘）通过阿拉伯商人传入欧洲。此后，罗盘在世界航海事业上被广泛应用，因此才有15~16世纪欧洲人的世界地理大发现，如图2-34-1所示。

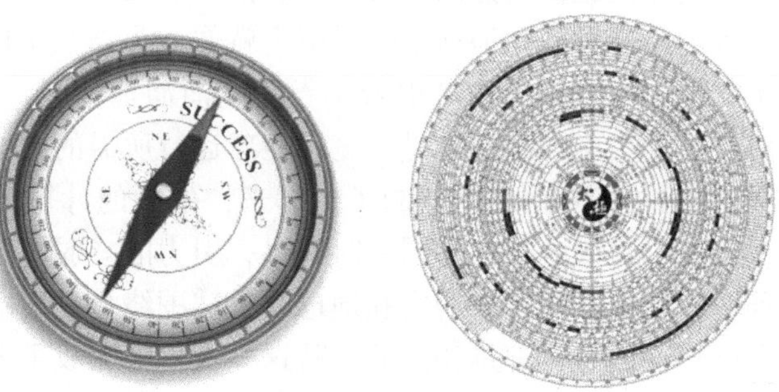

图2-34-1　指南针和罗盘的“场势”创新案例

磁悬浮列车是利用磁铁的吸附和排斥原理这种“场势”而形成的发明成果。由于其轨道的相斥磁力使之悬浮在空中，行走时不需接触地面，因此其阻力只有空气的阻力，所以磁悬浮列车的最高速度可以达每小时500 km以上，比普通轮轨高速列车的300多千米还要快得多。磁悬浮技术的研究源于德国，早在1922年，德国工程师赫尔曼·肯佩尔就提出了电磁悬浮原理，并于1934年申请了磁悬浮列车的专利。20世纪70年代以后，随着世界工业化国家经济实力的不断加强，为提高交通运输能力以适应其经济发展，世界第一条磁悬浮列车示范运营线——上海磁悬浮列车建成后，从浦东龙阳路站到浦东国际机场，30 多千米只需 8 min。上海磁悬浮列车属于“常导磁吸型”（简称“常导型”）磁悬浮列车，是利用“异性相吸”原理设计，也就是吸力悬浮系统。利用安装在列车两侧转向架上的悬浮电磁铁和铺设在轨道上的磁铁，在磁场作用下产生的排斥力使车辆浮起来（利用同名磁极相互排斥的原理）。列车底部及两侧转向架的顶部安装电磁铁，在“工”字轨的上方和上臂部分的下方分别设磁悬浮列车反作用板和感应钢板，控制电磁铁的电流使电磁铁和轨道间保持一定的间隙，让转向架和列车间的排斥力与列车重力相互平衡，利用磁铁排斥力将列车浮起 1 cm 左右，使列车悬浮在轨道上运行。也许因为经济或者商业方面的原因，慕尼黑的磁悬浮项目被“叫停”。从那时起，磁悬浮列车这个话题在德国彻底销声匿迹。只有在中国的上海，这一高速列车继续奔驰于市区和机场之间，但因乘客不多一直赔本运行，计划中的线路延伸，如今再没有人提及。也许未来有一天，这一项目又会重新焕发其青春。

电也是一种“场势”，人们称之为“电场”。提起电，人们会想起著名的工匠富兰克林。1752 年 7 月的一天，在北美洲的费城，这位名叫富兰克林的科学家，做了一个轰动世界的实验：那天下午，天色阴暗，乌云滚滚。天空中不时闪烁着青白色的电光，传来一阵阵沉闷的雷声，眼看一场可怕的大雷雨就要来临了。富兰克林和他的儿子威廉带着风筝和莱顿瓶（一种可充放电的容器），奔向郊外田野里的一间草棚。这可不是一只普通的风筝，它是用丝绸做成的，在它的顶端绑了一根尖细的金属丝，作为吸引闪电的“接收器”；金属丝连着放风筝用的细绳，这样细绳被雨水打湿后，也就成了导线；细绳的另一端系上干燥的绸带，作为绝缘体，避免实验者触电；在绸带和绳子之间，挂有一把钥匙，作为电极。富兰克林和他的儿子连忙乘着风势，将风筝放上了天。父子俩躲在草棚的屋檐下，手中紧握着没有被雨水淋湿的绸带，目不转睛地观察着风筝的动静。

突然，天空中掠过一道耀眼的闪电。富兰克林发现，风筝引绳上的纤维丝一下子竖立起来。这说明，雷电已经通过风筝和引绳传导下来了。富兰克林高兴极了，他禁不住伸出左手，触碰一下引绳上的钥匙。“哧”的一声，一个小小的蓝火花跳了出来。“这果然是电！”富兰克林兴奋地叫了起来。“把莱顿瓶拿过来。”富兰克林对威廉喊道。他连忙把引绳上的钥匙和莱顿瓶连接起来。莱顿瓶上电火花闪烁，这说明莱顿瓶充电了。事后，富兰克林用莱顿瓶收集的雷电，做了一系列的实验，进一步证实了雷电与普通电完全相同。

富兰克林的这一风筝实验，彻底地击碎了闪电是“上帝之火”“煤气爆炸”等流行的说法，使人们真正认识到雷电的本质。因此，人们说：“富兰克林把上帝与闪电分了家。”

有一次，富兰克林把几只莱顿瓶连在一起，以加大电容量。不料，实验的时候，守在一旁的妻子丽德不小心碰了一下莱顿瓶，只听“轰”的一声，一团电火花闪过，丽德被击中倒地，面色惨白。她因此休息了一个星期，身体才得到康复。“莱顿瓶发出的轰鸣声，放出的电火花，不是和雷电一样吗？”富兰克林大胆地提出这个设想。经过反复思考，他推测雷电就是普通的电，并找出它们两者的 12 条相同之处，包括它们都发出亮光、光的颜色都相同、闪电和电火花的路线都是曲折的、运动都极其迅速、都能被金属传导、都能发出爆炸声或噪声、都能在水或冰块中存在、通过物体时都能使之破裂、都能杀死动物、都能熔化金属、都能使易燃物燃烧、都放出硫黄气味。

1747 年，富兰克林把他的这些想法，写成论文《论雷电与电气的一致性》。他将论文寄给他的朋友、英国皇家学会会员科林逊。可当科林逊将论文送交皇家学会讨论时，引来的却是一阵嘲笑。许多权威科学家认为富兰克林的观点荒唐无稽，“把科学当作儿童的幻想”。对于权威人士的嘲笑、奚落，富兰克林不予理睬，终于在做好各种准备的情况下，冒着生命危险，做了风筝实验。富兰克林从风筝实验中，不但了解了雷电的性质，而且证实：雷电是可以从天空“走”下来的。“高大建筑物常常遭到雷击，能不能给雷电搭一个梯子，让它乖乖地‘走’下来呢？”又引起富兰克林新的思考，这时从俄国彼得堡传来不幸的消息：科学家利赫曼为了验证富兰克林的实验，在操作时，不幸被一道电火花击中身亡。这是做雷电实验的第一个牺牲者。血的代价，使许多人对雷电实验产生了戒心和恐惧。但富兰克林在死亡的威胁面前没有退缩，这更坚定了富兰克林研制避免雷击装置的决心。

富兰克林先在自己家做实验：在屋顶高耸的烟囱上，安装一根 3 m 长的尖顶细铁棒；在细铁棒的下端绑上金属线；沿着楼梯，把金属线引到底楼的一个水泵上（水泵与大地有接触）；将经过房间的那段金属线分成两段，且将两股线相隔一段距离，各挂一个小铃。这样，如果雷电从细铁棒进入，经过金属线进入大地，那么，两股线受力，小铃就会晃荡，发出响声。一天，电闪雷鸣，暴风雨就要来了。在雷声、雨声的“伴奏”下，守候在房间小铃旁的富兰克林，终于听到了小铃发出的清脆、悦耳的声音。他高兴地笑了，兴奋地把那根细铁棒称为“避雷针”。1754 年，避雷针开始应用，但有些人认为这是个不祥的东西，违反天意会带来旱灾。就在夜里偷偷地把避雷针拆了。避雷针的问世，还引起了教会的反对。他们认为：“装在屋顶的尖杆指向天空是对上帝的不敬。”“干涉上帝的事，对上帝指手画脚，是要受上帝惩罚的。”有意思的是，在一场雷雨之后，“没有对上帝指手画脚”的教堂却着火了，而装有避雷针的房屋却平安无事。于是，避雷针的作用开始真正被人们认识，反对之声也逐渐消失，避雷针也很快地传开了。

避雷针相继传到英国、德国、法国，最后普及世界各地。避雷针传入法国后，法国皇家科学院院长诺雷等人开始反对使用避雷针，后来又认为圆头避雷针比富兰克林的尖头避雷针好。但法国人仍然选用富兰克林的尖头避雷针。

据说当时的法国人把富兰克林看作苏格拉底的化身。富兰克林成了人们崇拜的偶像。他的肖像被人们珍藏在枕头下面，而仿照避雷针式样的尖顶帽成了1778年巴黎最摩登的帽子。

避雷针传入英国后，英国人也曾广泛采用了富兰克林的尖头避雷针。但美国独立战争爆发后，富兰克林的尖头避雷针在英国人眼中似乎成了将要诞生的美国的象征。据说英国当时的国王乔治二世出于反对美国革命的盛怒，曾下令把英国全部皇家建筑物上的避雷针的尖头统统换成圆头，以示与作为美国象征的尖头避雷针势不两立。这真算是避雷针应用史上一件有趣的事情。直至1784年，全欧洲的高楼顶上都用上了避雷针。

富兰克林放风筝和避雷针，如图2-34-2所示。

图2-34-2　富兰克林发明避雷针和避雷针的“场势”创新

说起电，人们又会想起另外一个伟大的发明家——伏特。伏特一生都在搞电的东西。早期他发明了起电盘（即一次充电单板电容），一年之后致力于封闭室燃气点火发电实验，在此过程中他发现了沼气，即今天家庭普遍使用的一种气体。然而真正使其出名的却是“伏特电池”，其实就是一堆锌片和铜片交互排列，再加上两种金属片之间为增强导电性而浸了盐水的布料而已。但就是这种粗陋的电池向世界展示了如何利用金属-化学组合生电的奥秘。1810年，拿破仑授予伏特伯爵称号，以表彰这位伟大的意大利发明家。但荣誉并未就此打住，1881年，以其名字作为电压的单位“伏特”。电池也是一种“场势”变革。

后来，人们利用“场势”的创新越来越多。热气球、氢气球的原理就是利用空气的浮力，克服地心引力，托起了装着低密度空气或者氢气的气球。而中国传统的拔火罐，也是利用加热空气造成低密度，产生真空负压，将人的肌肤吸起来，同时也吸出其中的水分、湿气，达到祛病的疗效，如图2-34-3所示。

关于热气球，也有一个有趣故事。早在1783年6月5日，在法国东南部的昂诺内小镇，有个名叫约瑟夫·蒙戈菲尔的青年，他是一个造纸商的小伙计。他

图 2-34-3 热气球的“场势”创新案例

受炊烟上升现象的启示，做了一个丝质球形口袋，并将这个口袋底朝上，口朝下，通过燃烧稻草和木柴，使袋内的空气受热，气球就离地升起，飘然远去，大约飞了 1.5 英里（2.4 km）。这便是欧洲最早出现的热空气气球。

实际上，这种利用热空气浮升的方法，并非始于欧洲。在中国，2000 多年前就有人进行了这种试验。五代时，大约在公元 907—960 年，辛七娘指挥作战，曾用竹篾扎成方架糊上纸，下面用松脂点燃，靠热空气把纸灯送上天空，作为军事信号。这种灯被称为“松脂灯”，实际上就是一只热气球。

约瑟夫 · 蒙戈菲尔研制的第一只热气球试验成功后，他想，要是把球做得大些，浮力就会增大，一定可以装上更多的东西上天。于是他又花了三个月时间做了一个大气球，形状像只大鸭梨，直径最大处有 12 m，长 17 m。球体的表面蒙上轻质的纱布，上面还糊了一层防止漏气的纸。气球的下面吊着一只用柳条编的笼子，里面装着一只公鸡、一只鸭子和一只山羊。1783 年 9 月 19 日，蒙戈菲尔带着气球来到法国首都巴黎表演。凡尔赛宫前的广场上挤满了看热闹的人群，法国国王路易十六也带着满朝文武官员到现场观看。蒙戈菲尔首先点燃气球下的稻草和柴火，等到热空气充满气球后，他放开气球，于是热空气便托着这只巨大的气球，慢慢上升。飞到离地 500 m 的空中，8 min 后，气球在 3 km 以外降落，三位“乘客”中只有那只公鸡受了点轻伤。但不是因为飞行出了问题，而是高兴的公鸡在空中引颈高歌时，被受惊的山羊踢了一脚才受伤的。

表演成功后，国王批准进行世界上首次载人气球飞行试验。但由谁来驾驶呢？国王路易十六认为，乘气球升天是十分危险的事，因此找了两个被判了死刑的犯人来进行试验，并宣布：如果犯人愿意乘气球上天的话，可以免除死刑。那时人们对天空充满着神奇和恐惧的心理，认为乘气球上天简直是送死，甚至觉得比死还可怕。所以当这两名犯人听说要让他们乘气球上天时，吓得连连哀求，不肯到气球上去。这件事很快被两个年轻的科学家皮拉特尔 · 德 · 罗依尔和阿兰德知道了。他们便去见国王，对国王说：乘气球上天，成为人类中第一个上天的人，是一件非常光荣的事，不应让犯人来担任。他们向国王要求，让他们做试验。看到他们坚决的态度，国王只好同意了。1783 年 11 月 21 日，试飞的时候到了。闻讯赶来观看的人非常多，把广场挤得水泄不通，连房顶上都站满了人。只见罗依尔和阿兰德登上气球后，解开缆绳。气球便载着两名勇敢的年轻人飘然升空，一直升到300多米的空中。风推着他们越过塞纳河，直到气球里的热空气开始变冷了，气球才安然落地。试验成功了，罗依尔和阿兰德这两个小伙子也成了世界上最早上天的人。

自从第一只热气球升空后，许多从事科学研究的人，都在议论这个新奇的发明。热空气球虽然简单，但燃料有限，在当时条件下，不可能造得很大，也飞不远。因此大家都认为可以用氢气代替热空气，使气球飞得更高、更远。在发明热空气气球之前，英国人卡文迪西于1766年已发现了氢气，但当时大量生产还有困难。于是法国成立了一个以雅·查理教授为首的专门小组，设法生产氢气，进行气球试验。在罗伯特兄弟的协助下，他们用坚韧的丝质材料做了一个大气囊，上面涂上橡胶，使气体不致泄漏。然后往里面灌进氢气。查理教授等人花了四天四夜，才将气球充满氢气。第五天天一亮，他们就用一辆马车把气球运到巴黎附近的一个大广场进行升空试验。这次试验取得了成功，它证明氢气球比热气球好得多，它不需要燃料，可以长距离飞行，浮力比热空气大两倍多，完全可以把人送上高空。这之后，氢气球很快也得到了普遍利用。

人类自从发明了电，发现了电磁现象，电磁算是另外一种“场势”。随之而发生大量的连带发明，包括磁铁、电磁炉、微波炉就是一些典型案例，如图2-34-4所示。

图2-34-4 磁铁、电磁炉和微波炉的“场势”创新案例

说起微波炉，也是在偶然之中发明的。雷神公司工程师珀西·斯宾塞（Percy Spencer）当时在利用一种新的真空管开展一项与雷达有关的研究项目。实验中发现他口袋里的糖果在开始融化。他随后又将爆米花放到了机器中，竟然也“爆”了。这时，他意识到自己发明了一台革命性的设备。经过反复研究实验，世界上第一台可以用于烹调的“箱子”——微波炉终于诞生了。微波成为另外一种“场势”。微波炉是“场势”变革的很好案例。

电磁领域的延伸性创新，是变压器的发明。变压器的原理是通过交变磁场，将电力通过不同电压来传输。变压器如图2-34-5所示。

离心机的发明也算是一种“场”，称为“离心场”，通过离心作用，让不同比重的物体分离。而发电机、电动机所应用的基本上都是电磁场的原理，如图2-34-6所示。

图 2-34-5　变压器变革案例

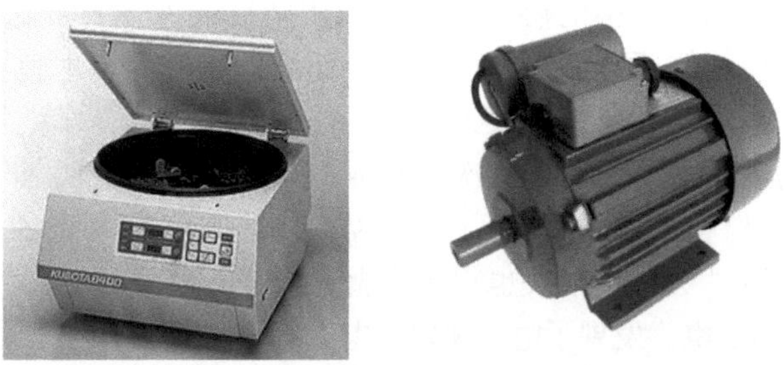

图 2-34-6　离心机和电动机的“场势”创新

利用地心引力产生势能的例子就有很多，如江河上的过船闸，可以让船舶在水的浮力托举下，通过不同高度的河床。照顾残疾人的无障碍通道，将不同高度的地面做成斜坡，便于行车。水电站是典型的利用河床的不同势差，让水流冲击水轮机发电，如图 2-34-7 所示。

图 2-34-7　过船闸、无障碍通道和水电站的“场势”创新设计

再讲一个和“场势”有关的例子。东三省某化工厂的一个工人下班回家，在路边的垃圾堆里有一条链子，觉得还不错，就捡起来揣在裤兜里。回到家后不久，他觉得腿不能动，于是赶紧拨打了急救电话，最后把腿截掉才算保住了性命。后来，人们都传开了，说他捡了一条“吃人”的链子。其实，这条链子是报废的铱放射源，被称为“魔鬼”垃圾。放射源是可以发出辐射能的材料，如核废料等，是不能随便丢弃的，它们会给人造成辐射伤害，让细胞坏死。这同样也是一种“场势”，我们称为辐射场。这种“场势”利用好，可以为人类服务，如核电站、核潜艇、X 光机、核磁共振机、伽马射线机等。反过来，如果不小心，也会伤害人类。

当然人们可以利用这样一种“场势”来为人类服务。例如，人们利用水的势能来推动水车，从而从河里出抽水来灌溉土地。人们通过 X 光的穿透能量，发现人体的疾病；人们可以通过核磁共振来了解人体的变化；人们还可以通过超声波的能量来进行疾病诊断。

再给大家讲一个“闹鬼”的故事。其实人们都知道世界上根本没有鬼，所谓的鬼故事都是自己吓唬自己。可有人的确曾经在故宫附近看见了以前的宫女，你知道这是什么原因吗？经过科学家的研究发现，故宫能看见宫女是有科学依据的。去过故宫的人都知道，宫墙的颜色是朱红色的，颜料里含有四氧化三铁，而闪电可能会将电能传导到颜料上，闪电时如果碰巧有宫女经过，这时候宫墙就相当于录像带的功能，将宫女的形象记录下来，成为能的存储器，以后恰巧再有闪电出现，可能就会像录像放映一样将宫女形象再“放映”一遍。这就是“闹鬼”故事的真相。利用这种“场势”的功能，未来是否可以进行有益的创新？

从某种意义上讲，炸药也是一种“场势”。炸药遇到相应条件会产生巨大的爆炸威力。这个威力既可造福人类，如开山破石；又可以危害人类，如炸死炸伤无辜。大家知道，炸药是中国人的四大发明之一。现代炸药却和一个人的名字不可分离，这就是著名的化学家诺贝尔。1864 年 9 月 3 日这天，寂静的斯德哥尔摩市郊，突然爆发出一连串震耳欲聋的巨响，一场惨祸发生了。原来屹立在这里的一座工厂已荡然无存。火场旁边，站着一位 30 多岁的年轻人，他面无血色，浑身不住地颤抖着——这个大难不死的青年，就是后来流芳百世的大化学家诺贝尔。诺贝尔眼睁睁地看着自己所创建的硝化甘油炸药的实验工厂化为灰烬。人们从瓦砾中找出了 5 具尸体，其中一个是他正在大学读书的、活泼可爱的小弟弟，另外 4 人也是和他朝夕相处的亲密的助手。烧得焦烂的 5 具尸体，令人惨不忍睹。惨案发生后，警察当局立即封锁了出事现场，并严禁诺贝尔恢复自己的工厂。这一连串挫折并没有使诺贝尔退缩。几天以后，人们发现，在远离市区的马拉仑湖上，出现了一只巨大的平底驳船，驳船上并没有什么货物，而是摆满了各种设备，一个青年人正全神贯注地进行一项神秘的试验。他就是在大爆炸后被当地居民赶走了的诺贝尔！在令人心惊胆战的实验中，他发明了雷管。接着，他又在德国的汉堡等地建立了炸药公司。面对接踵而至的灾难和困境，诺贝尔没有被吓倒。他一生共获专利发明权 355 项。他用自己的巨额财富，创立的诺贝尔科学奖，被科学界视为一种至高无上的荣誉。

【妙技锦囊】“势不可挡”是启发工匠利用各种“场”和“势”进行创新技巧。有些“场”和“势”本来就是自然存在的，如地球引力场、地球磁场以及地球热力场；有些场势是需要营造的，如电场、微波场、电磁场、无线电场、离心力场等。工匠既要学会利用自然场势进行创新，又要善于制造人工场势来进行创新。无论是属于哪一种，主动地利用和发挥“场势”的功效应该是工匠创新的一个很好抓手。

第35技　相互依存

释义：“相互依存”是通过寄生、附着、伴生、共生、互补等方式完成的创新手段。这种“相互依存”往往存在主体和辅体非对等的关系，即以何为生存主体，以何为依附个体。当然，也有并无主次的相互依存和共生共伴的关系。

标识符号：

“相互依存”是自然界的普遍现象。生活在非洲尼罗河上游的鳄鱼，通常出没在水面，去袭击小动物，但他们对千鸟却相当“友好”。可以看到，千鸟常在鳄鱼嘴里自由跳动，去抓食他牙缝中的残渣。这时，千鸟充当了鳄鱼的“牙医”，而与此同时，鳄鱼又为千鸟开设了一家“饭店”。犀牛和蜂鸟的关系也是类似，蜂鸟可以为犀牛清除牙缝里的食物残渣，还有犀牛身上的寄生虫，同时蜂鸟也获得了食物，达到了“双赢”的效果。

动物界还有很多寄生的故事，如人体内的寄生虫、海洋里的寄生蟹等。植物也有好多寄生的例子，如菟丝子寄生在大豆上；锁阳喜欢寄生在白刺的根上，也寄生在优若黎、盐瓜瓜和河冬青等植物的根上。肉苁蓉是多年生肉质草本植物，其寄主很多，有梭梭、红沙、盐瓜瓜和柽柳等，尤其喜欢寄生在梭梭这种耐旱木本植物的根上。

人类的很多创新也与“寄生”有关。人类发明的汽车，很多与汽车相关的产品就冒出来，按照产品用途可以分为开业庆典礼品、新车上市礼品、销售馈赠礼品、服务馈赠礼品、活动促销礼品、公关宣传礼品、积分兑换礼品。按照产品特点可以分为关怀汽车之礼品、关怀汽车人之礼品、承载汽车服务文化之礼品、延伸汽车营销之礼品、汽车自驾游之礼品、彰显汽车科技之礼品、魅力汽车生活用品、期盼低碳汽车生活精品。按照产品属性可以分为工艺品类、家居生活用品类、文化办公用品类、皮具箱包类、电子电器类、体育娱乐用品类、五金工具类等。“寄生”在汽车上的产品琳琅满目，如车载空调、车载影视、车载点烟器、车载保温箱、车载香水等，更是不胜枚举，如图2-35-1所示。

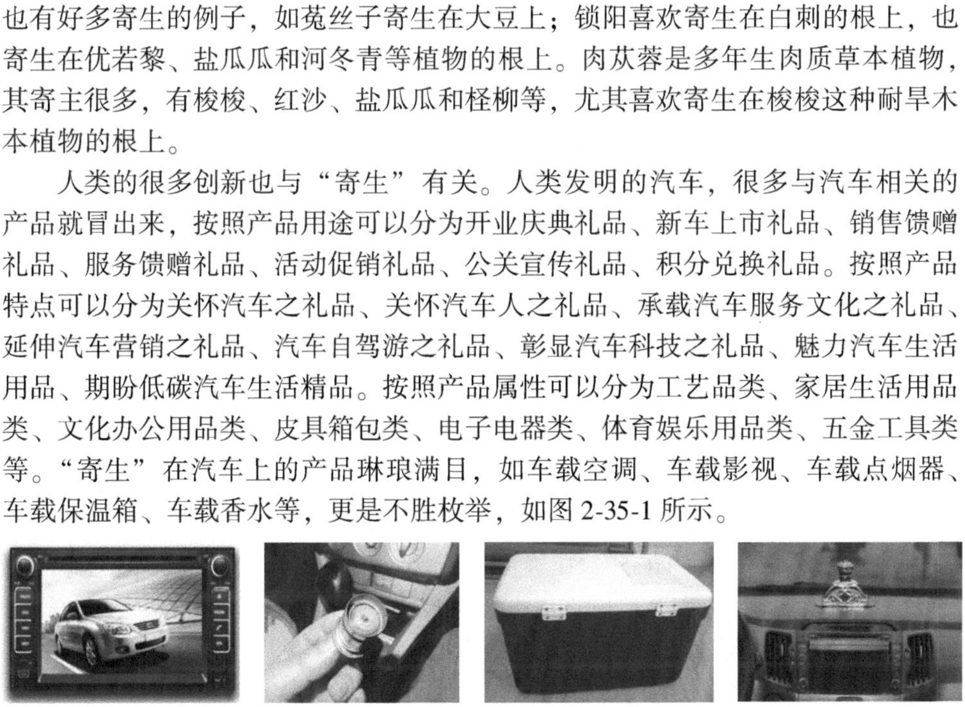

图2-35-1　车载影视、车载点烟器、车载保温箱和车载香水的“寄生”创新

人类发明了图书，和“书”相关的产品就应运而生，如书架、书桌、书签、书包等，如图 2-35-2 所示。

图 2-35-2　书架与书桌、书架、书签和书包的“寄生”创新

手机的出现也让一些衍生产品出现，如手机贴膜、手机套、手机链和手机自拍神器等，如图 2-35-3 所示。

图 2-35-3　手机支架、手机链、手机套和手机自拍神器的“寄生”创新

有个“懒人手机支架”的销售摊位吸引了不少市民的目光。在这个摊位上，各种各样的懒人手机支架罗列其中，既有普通手机支架，也有 pad 支架等，价格不高，卖主称“专为手机控设计”。随着手机和平板电脑的普及，很多人习惯了时时玩游戏、看视频，“但如果长时间手持，特别不舒服，手指手腕都疼。”摊位前一位年轻人接受采访时说，这个支架可以“解放双手”。据了解，这些支架可以夹住手机，而支架的底座可以夹在书桌、椅子、床上等，还有的装有吸盘，可以吸附在光滑的物体上，还能根据需求调整角度。

几年前，卡西欧“自拍神器”第一代——TR100 诞生时，谁也没有想到这台仅仅是造型美观，机能却很普通的卡片机，会跟化妆品一样成为爱美女性的随身必备品。它开创了数码相机的新类别“自拍相机”，并被群友推上“自拍神器”的神坛。之后，无数数码相机厂商跟风而至，希望能够复制“自拍神器”的成功。

这时候，美图手机出现了，用软硬件结合的方式，将消费者的颜值推到了前所未有的高度。2013 年 5 月 30 日，卡西欧在上海举办发布会，正式推出了“自拍神器”的新一代产品 TR350，在这款产品上市之前，它的前几代产品已经红遍了大江南北。在卡西欧 TR 刚刚推出第一代 TR100 的时候，即便是最资深的摄影圈内人，也没觉得这款相机能够火爆的素质——定焦镜头，能够转来转去的机身，很多媒体称之为“变形金刚相机”。不过，没过多久，TR 系列推出了 TR150，微博上很多加 V 的模特都开始晒一些美得令人咋舌的自拍照。摄影人不经意间发现，在淘宝上，这款自己评测过就扔在一边的相机，竟然卖出了 7000 多元的天价，比自己在海外代购的 iPhone 还要贵。TR 系列的火爆一直延续到现在，几乎已经成了美女们包中必备品。随手拍下美美的照片并与好友分享，TR 系列已经不再是一款单纯的数码相机，而是女人手中打造美丽自己的重要道具，这也难怪，一款数码相机能够卖出奢侈品的价格了。“自拍神器”与传统数码相机可谓是“相互依存”“相伴相生”。

人们出门旅游，很多与旅行伴生的“寄生”产品就诞生了，如旅行箱、旅行盥洗用品、旅游鞋、旅行帐篷、方便食品等，如图 2-35-4 所示。

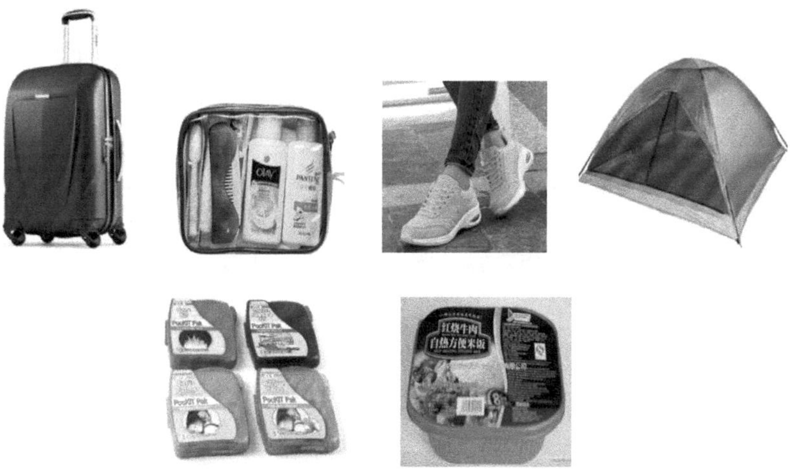

图 2-35-4　旅行箱、旅行盥洗产品、旅游鞋、旅行帐篷和旅行方便食品

谈起旅游，与之相关的伴生产品和服务一直就层出不穷、琳琅满目，包括旅馆、汽车、旅游纪念品、风景摄影、地方特色餐饮等。就拿常见的旅游纪念品电冰箱贴来说，也是五花八门，令人眼花缭乱。电冰箱贴既是旅游业的寄生产品，也是电冰箱上的寄生产品，可谓“双伴双生”，如图 2-35-5 所示。

图 2-35-5　丰富多彩的电冰箱贴“寄生”于电冰箱和旅游业

牙刷和牙膏是相互伴生的产品。早期人们发明牙刷，为了清洁牙齿上的牙垢。为了使清洁更彻底，也为了起到防腐的作用，人们发明了牙粉。人们用牙刷粘上牙粉刷牙，效果更好，而且口腔清新的感觉也舒服。后来人们就发明了各式各样的牙膏。牙膏中最重要的三种成分是摩擦剂、洗涤剂与香料。牙膏的摩擦剂，大都是一些白色的不溶性固体粉末，在牙膏中，摩擦剂一般占 50%左右。摩擦剂在刷牙时，借助于牙刷的来回运动，摩擦牙齿，去除污垢，使牙齿变得洁白。洗涤剂常是肥皂，最近也有采用合成洗涤剂的，主要是去污、杀菌、防止牙齿被龋蚀，清除食物碎屑与附着的污垢。牙膏中的香料不仅使牙膏馨香宜人，而且能减轻口臭。后来人们发明了电动牙刷，通过牙刷的振动，让刷牙的效果更好，仍然离不开各种各样的牙膏。牙刷与牙膏互相“伴生”、相互依赖了上百年。

火柴和打火机是香烟的“寄生”产品。早期人们吸烟用火柴点烟，后来随着打火机的发明，人们改用打火机点烟。打火机上的打火石并不是真正的石头，而是铈、镧、铝等金属的合金。铈、镧等都是容易燃烧的金属，打火机的转轮是用坚硬的金刚砂制成的。用它去摩擦、撞击打火石时，不仅会产生大量的热，而且会冒出火星来。打火机里装着容易燃烧的汽油，并装着汽油灯芯，火星一旦落在灯芯上就会立即燃烧起来，成了淡蓝色的火焰。打火机的种类形状繁多，其原理类似。无论有多少种香烟，包括长短、粗细不同，味道不同，也无论打火机的样式多么琳琅满目，它们之间始终保持着“寄生”关系。

随着生产力的发展，“伴生”于劳动者保护的安全产品随即出现，如手套、劳保鞋、护目镜、劳保鞋、安全帽、护耳罩、防毒面具、安全绳索等，也是不胜枚举，如图 2-35-6 所示。

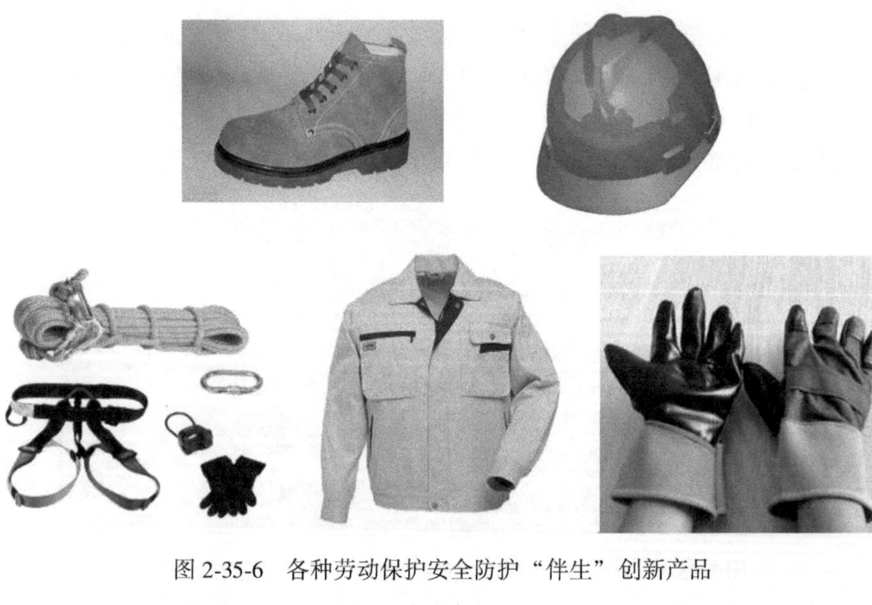

图 2-35-6　各种劳动保护安全防护“伴生”创新产品

战争的出现，除了各种武器装备，钢盔、防毒面具、防弹衣、军鞋、军装、军帽、军旗、军号等也琳琅满目地涌现出来，如图 2-35-7 所示。

图 2-35-7　战争相关“伴生”产品的创新变革

医院的出现，又让那些和医疗相关的产品有了生存空间，如护士装、医生服、口罩、无影灯、医疗手套、消毒器皿、杀菌灯、消毒水等不一而足，如图 2-35-8 所示。

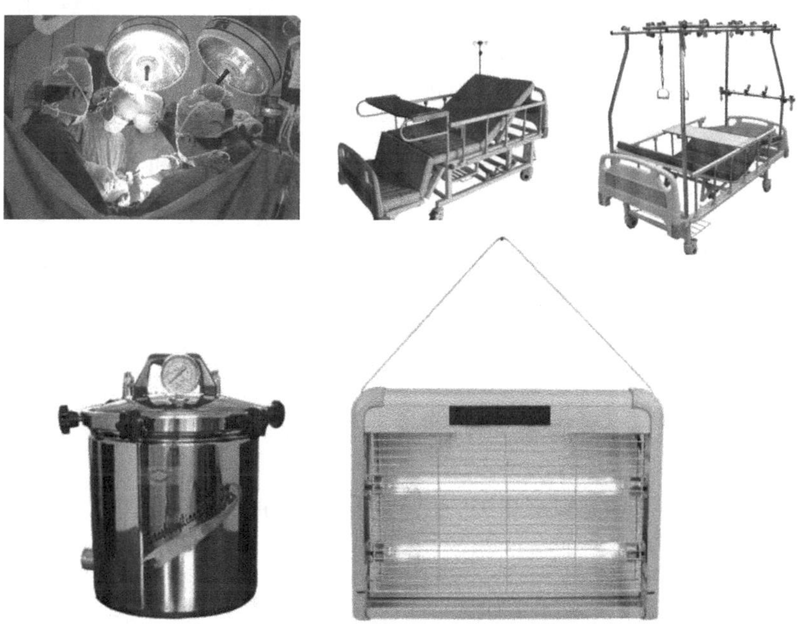

图 2-35-8　各种医疗“伴生”产品

随着演艺事业的发达，与之相关的产品，如舞台灯具、音响、戏装、烟雾喷发、演出道具产品业有了生存空间，如图 2-35-9 所示。

轮船出海前要备足淡水和食物。为了减轻军舰负荷，有的军舰却只储备食物，而不储备淡水，这是为什么？这是因为军舰上有一种特殊装置，能把海水淡

图 2-35-9 各种演艺“伴生”产品

化。他们利用离子交换树脂，将海水中的钙、镁等盐类的离子交换出来，使咸咸的海水被淡化，这样更适合饮用。离子交换树脂分为阴、阳两种类型，阳离子交换树脂大都含有磺酸基、羟基或苯酚基等酸性基团，其中的氢离子能与溶液中的金属离子或其他阳离子进行交换。例如，苯乙烯和二乙烯苯的高聚物经磺化处理得到强酸性阳离子交换树脂，这也是硬水软化的原理。由于离子交换作用是可逆的，因此用过的离子交换树脂一般用适当浓度的无机酸或碱进行洗涤，可恢复到原状态而重复使用，这一过程称为再生。这种海水淡化装置也可以看成是远洋舰艇的“寄生”性创新产物，而离子交换树脂的洗涤和重复使用，也是一种“逆转”和“再生”的变革。

提到伴生，人们会想到任何生产过程的整个产业链都是一种互相伴生、互相依赖的关系，产业链的上下游可以理解为相互伴生的产品和生产过程。例如生产汽车会伴生很多汽车零件、汽车材料的生产过程；生产飞机，它的产业链会更长，他们之间都有相生相伴的链接关系，都是相生、相灭的关系。生产化肥，人们会想到先从原油产品提炼出相关的化工产品，再由相关的化工产品合成化肥的产品，这之间也是一个产业链的相生相伴的关系。

提到创新，迪士尼乐园就是集创新之大成的产物。而“衍生”产品的创新尤为突出。迪士尼巨大的人流量带来了巨大的消费。据说每年洛杉矶迪士尼乐园中吃掉的汉堡就超 400 万份，另外还有 160 万份热狗、320 万份冰激凌以及 160 万份爆米花。与此同时，这些游客平均每天生产超过 30 t 的垃圾，迪士尼每年可以从中循环利用超过 400 万磅的纸张或者其他材料。除此之外，洛杉矶迪士尼乐园的失物招领处每天可以收到超过 400 件物品。而从 1971 年开始，总计大约有 165 万副太阳眼镜无人认领。迪士尼为了取悦游客，乐园中为米老鼠总共设计了超过 290 套不同的服装，而米妮的服装则超过 200 套。在每年的圣诞节，迪士尼乐园中会出现超过 1500 棵圣诞树，而在正门处最大的那棵圣诞树有 18 m 高，上面装饰了 70000 只小灯泡以及 2000 件装饰品。上海的迪士尼乐园还设计了穿着旗袍的米妮，变成 Q 版玩偶的高飞，还有陪伴米奇的好伙伴达菲熊，整个园区内有 30 家自营商店，提供超过 7000 种迪士尼商品，而其中一半以上是为上海迪士尼独家定制的。这些商品包括文具、玩具、服装、饰品、食品等多个大类，产品覆盖人群从两三岁的幼儿到成年人，同时还提供家庭、情侣等组合商品售卖。在所有的系列中，最特别的是“复古上海”系列。据迪士尼商品部门负责图案设计的创意总监介绍，该系列的灵感来自 20 世纪 20 年代的上海月份牌，“因为米奇诞生的年代是 1928 年”。根据那个时期上海月份牌上模特的造型和服装，设计团队为米妮换上了旗袍，发饰上增加了牡丹花。同时，因为当时的上海深受西方文化影响，米妮还有一套洋装造型的服饰。至于米奇，他更爱那种复古西装，还会戴着高帽。唐老鸭则走的是上海老派绅士“老克勒”的范儿，穿上红色旗袍的黛丝则会显得妩媚。目前这套系列产品有 45 件商品，包括玩偶、圆珠笔、笔记本、明信片、贴纸等产品。除了特别的复古上海系列，在园区内的商品或多或少都会增加些中国元素，或者是迪士尼本身对于中国文化的理解。例如十二朋友园是上海迪士尼园区内非常本土化的一个项目，迪士尼将中国的十二生肖以自己的卡通人物形象来进行体现。在这些生肖产品的图案上，迪士尼运用了红色和剪纸造型将他们设计成拼图和徽章类产品。依照迪士尼对中国市场的理解，他们还开发了一套 Q 版的玩偶造型，“中国市场很流行可爱的元素”，于是原本的迪士尼人物被进一步“萌”化。这种 Q 版造型还被印在了更多的产品上，包括笔记本、婴儿服等。为了体现对中国消费者的理解，迪士尼还在上海乐园出售梦想护照，带着小朋友的家庭消费者可能会非常喜欢这款产品。迪士尼会在纸质的护照本上提供一些信息和索引，游客根据这些信息去寻找可以得到印章的地方，每个印章都经过了特别设计，融入了该项目的特色，集齐 6 个印章还能获得隐藏的第 7 个印章。而在这本纸质护照上，迪士尼还提供了更多的度假区知识、迪士尼电影故事和景点故事，不仅完成了内容讲述的任务，那些带着护照回去的游客还在不断复习和回味迪士尼乐园的体验，甚至希望再次光临，弥补上次游玩的意犹未尽。当然迪士尼也带来了一些自己的经典项目。包括徽章交换、纪念币自助刻印机以及在城堡一楼提供的，让小朋友可以变身公主、骑士进行拍照的“缤纷变幻沙龙”服务。对于迪士尼乐园来说，零售商品和游乐项目一样本身就是体验的一部分。在上海迪士尼乐园的探险岛区域，游客们会直接进入原始部落进行活动，不仅这个园区内销售的米奇、米妮、唐老鸭、高飞会穿上探险家的衣服，还有很多带有迪士尼卡通元素的水壶、铲子等产品。在明日世界园区当中有一个创极速光轮过山车，在那里售卖的玩偶就会穿上创极速光轮故事设定中的制服。迪士尼乐园内的衍生产品是乐园收入的一个重要组成部分，上海迪士尼还引进了在东京迪士尼海洋广受欢迎的达菲熊形象，这只熊的原型是 2002 年在奥兰多迪士尼乐园销售的一只迪士尼泰迪熊玩具。2005 年，该熊被引入日本市场，疯狂的日本女性消费者让这只熊一炮而红，迪士尼特意给他取了新的名字“达菲”，安排了新的故事——这是米妮为了米奇旅行时有个朋友，特意缝制的泰迪熊，达菲的脸就是一个隐藏的米奇形象。并且在米奇船长身旁的这只泰迪熊最爱的是海军条纹衫，很符合园区内项目的氛围。这只起初没有任何游乐项目和影视作品支撑的达菲，最后就靠着可爱的形象，在 2010 年重新回到了迪士尼在美国的乐园。在上海，游客也能在园区内的各种项目中看见达菲，包括极速光轮和十二朋友园。为了配合上海乐园的梦想护照，达菲的形象还印上了各种旅行周边产品、旅行箱、护照夹等产品。在乐园内的老火车商店，还会有更多的达菲熊产品展示，园区内也会有达菲熊出没。这大概就是迪士尼所说的商品和体验的互动性。当然更重要的，达菲熊的存在会吸引更多的女性消费者前往乐园。迪士尼可以说将“相互依存”“共生共伴”的创新技巧演绎到极致。部分迪士尼“衍生”的创新产品，如图 2-35-10 所示。

图 2-35-10　迪士尼“衍生”产品

【妙技锦囊】“相互依存”，也就是共生、寄生、伴生、互补的创新方法。地球上的共生、寄生、伴生、衍生现象比比皆是。这种“相互依存”现象虽然来自大自然的启示，却可以成为人类主动性创新的重要方式。我们提倡工匠运用“相互依存”创新方法在事物、工具、产品、系统及其他构造物的设计上，为主体或者辅体补充功能，或放大功效，或雪中送炭，或锦上添花。总之，通过“相互依存”来创造价值。

第36技　天罗地网

释义：“天罗地网”是一种启发人们进行结网的创新技巧，工匠可以通过编织、联络、组织、网罗等手段，形成产品、构件或者系统。网络有狭义的，如渔网、筛子；也有广义的，如电网、水网、公路网、铁路网、互联网、物联网等。在网络领域，蕴含着无限的创新空间。

标识符号：

在传统中国工匠行当里，做网编行当的应该叫“柳匠”“篾匠”“扎匠”了。

柳编以杞柳条和乔木柳树薄板为主要材料。“柳匠”专事耙子、簸箕、百揽、粮匾、箩子、筛子、蒸笼等器具的制作和修理。以前多为走街串巷的手艺人。而“篾匠”多以竹子为原料，专事篮、筐、笼、箕、篓、席的编织，还制作竹椅、竹筛、竹扇、竹帘、斗笠、菜篮、箩筐，甚至各类竹制玩具。竹篾加工复杂，需要经过砍、锯、切、剖、拉、撬、编、织、削、磨等工序才能完成。

世界上最粗糙的手应该算是篾匠的手了，世界上最巧的手也是这双粗糙的手。在他们手里，坚硬的竹子变成各种各样的器件。据说篾匠的祖师爷是鲁班的师兄，名叫张班。张班的木匠技艺不如鲁班，但心灵手巧，善于竹编，于是背离从师所学，搞起竹编，进入“偏门”。

“扎匠”也称为扎彩匠，专事扎灯、扎纸等。这一工匠历史悠久，最早可追溯到汉朝。古代民间迎春、年节、喜庆、丧事都会扎制彩灯、纸人纸马等。他们能够扎制的有灯笼、绣球、纸门神、聚宝盆、财神、金银山、狮子、竹马、旱船、纸仙鹤、纸美女、纸屋、纸楼等，内容丰富多彩。仅就花灯，就让人目不暇接，如花灯、字画灯、肖像灯，此外还有组合灯、灯连灯、灯套灯；动物等更是天上地下无所不包，牛、马、狗、猪、虎、兔、鸡、鸭、喜鹊、天鹅、蝴蝶、蜜蜂、蚌、螺、鱼、虾、虫以及各样麒麟怪兽等。他们通过选料、扎架、缠秆、备纸、做花、裱糊、彩绘、组装等一道道工序完成了上述这些佳作。

早在公元前 1 万年左右，地中海沿岸居民已发明用渔网捕鱼了，渔网边沿上有铅锤，当网扔下去的时候渔网散开落入水中，因为铅比较重所以都竖直向下，鱼就被关进网里去了。渔网为什么是“网形”设计呢？这也反映古代人类的智慧。网孔易于让水离开网，方便将鱼拉上来；另外一方面只捕捞那些不能从网孔里逃脱的大鱼，而比网洞小的鱼苗或者小鱼则被放过。因为一旦将鱼苗和小鱼捕捞，那么整个水域的鱼类资源会急剧减少，长久以来就会没有鱼可吃了。看来，渔网背后体现的是古代人类对于"可持续"的智慧。他们出于对自然或者神明的敬畏，知足而不贪婪。

提起网编，还有一个让人励志的故事。早在拿破仑帝国时期，法兰西与欧洲发生了连绵数年的大规模战争，拿破仑大军横扫整个欧洲战场，迫使其余欧洲国家结成同盟，共同对付拿破仑。当时，指挥同盟军的是威灵顿将军。威灵顿指挥的同盟大军在拿破仑面前一败再败。在一次大决战中，同盟军再次遭受惨重的失败。威灵顿杀出一条血路，率领小股军队冲破包围，逃到一个山庄。在那里，威灵顿疲惫不堪，想到今天的惨败，顿时悲从心来，想自杀——一死了之。正在愁容满面、痛恨不已时，威灵顿发现墙角有一只蜘蛛在结网。也许是因为丝线太柔嫩，刚刚拉到墙角一边的丝线，经风一吹便断了。蜘蛛又重新忙了起来，但新的网还是没有结成。威灵顿望着这只失败的蜘蛛，不禁又想起自己的失败，更加唏嘘不已，多了几分悲凉。但蜘蛛并没有放弃，它又开始了第三次。威灵顿静静地看着，心想：蜘蛛啊，别费心思了，你是不会成功的。蜘蛛的这次努力依然以失败而告终，但它丝毫没有放弃的意思，又开始了新的忙碌。它就这样来回忙碌着，已经失败了六次。"该放弃了吧？"威尔顿感动地想。但是蜘蛛没有，它仍旧在原处，不慌不忙地吐出丝，然后爬向另一头。第七次，蜘蛛网终于结成了！小蜘蛛像国王一样护着它的网。威灵顿看到这一切，不禁流下了热泪，他为蜘蛛永不放弃的精神而深深地感动了。他朝蜘蛛深深地鞠了一躬，迅速地走了出去。威灵顿走出了悲痛与失败的阴影。他奋勇而起，激励士气，迅速集结被冲垮的部队，终于在滑铁卢一战，大败拿破仑，取得了决定性的胜利。这可能算是蜘蛛"结网"给人类的启示吧。

人类在打猎中学会了网络思维，例如一批人从不同方向来缩小包围圈，将动物捕获，俗称围猎。后来人们又发明陷阱，将网状物铺垫在陷阱里，一旦猎物进入，就用网子将猎物缠住。以此类推，人们发明了鸟网，用来捕鸟。网络在生活中的运用越来越多，如图 2-36-1 所示。

图 2-36-1　渔网和鸟网的"结网"创新思维

类似的结网，还有过滤大小物体的筛子、捞饺子的笊篱、围住外部入侵者的篱笆、铁丝网、鸟笼等，如图 2-36-2 所示。

图 2-36-2　筛子、笊篱、鸟笼、篱笆和铁丝网的“结网”创新

结网给人类带来很多的娱乐活动，例如网球、乒乓球、排球以及足球等，如图 2-36-3 所示。

图 2-36-3　网球、乒乓球、排球和足球的“结网”创新案例

人们还把网络的创新用在水网、公路网、铁路网、煤气网、石油网的设计上，形成各式各样的虚实网络。

当人们有了网络思维之后，就出现了更广义的网络，甚至是看不见的网络，如电网、互联网、通信网、物联网络、广播、电视网络、远程会议系统以及微信网络等。

提起互联网，对当今人类生活的影响巨大。互联网是谁发明的？它发展到今天应该归功于无数技术群体共同的努力。互联网始于 1969 年，是美军在 ARPA（阿帕网，美国国防部研究计划署）制定的协定下将美国西南部的大学加利福尼亚大学洛杉矶分校、斯坦福大学研究学院、加利福尼亚大学和犹他州大学的四台主要的计算机连接起来。这个协定又加上剑桥大学在 1969 年 12 月开始联机。到 1970 年 6 月，麻省理工学院、哈佛大学、加州圣达莫尼卡系统发展公司加入进来。到 1972 年 1 月，斯坦福大学、麻省理工学院的林肯实验室、卡内基梅隆大学等组织加入进来。紧接着的几个月内国家航空和宇宙航行局、兰德公司和伊利诺伊州立大学也加入进来。1983 年，美国国防部将阿帕网分为军网和民网，渐渐扩大为今天的互联网。之后有越来越多的公司加入。

对互联网做出卓越贡献的几位科学家如下。

蒂姆·伯纳斯·李（TimBerners-Lee）爵士（1955 年出生于英国），他是万维网的发明者，英王功绩勋章（OM）获得者，不列颠帝国勋章（OBE）获得者，英国皇家学会会员，英国皇家工程师学会会员，美国国家科学院院士。1989 年 3 月，他正式提出万维网的设想，1990 年 12 月 25 日，他在日内瓦的欧洲粒子物理实验室里开发出了世界上第一个网页浏览器。他也是万维网联盟的创始人，并获得世界多国授予的各个荣誉。他最杰出的成就是免费把万维网的构想推广到全世界，让万维网科技获得迅速的发展，深深改变了人类的生活面貌。

温顿·瑟夫（Vinton G. Cerf）博士是互联网基础协议——TCP/IP 协议和互联网架构的联合设计者之一，谷歌全球副总裁、Internet 互联网奠基人之一。20 世纪 70 年代，温顿·瑟夫（Vint Cerf）曾经参与互联网的早期开发与建设。1997 年 12 月，克林顿总统向瑟夫博士和他的同事 Robert E. Kahn 颁发了美国国家技术奖章，表彰他们对于互联网的创立和发展做出的贡献。2004 年，卡恩（Kahn）和瑟夫博士因为他们在互联网协议方面所取得的杰出成就而荣膺美国计算机学会（ACM）颁发的图灵奖（A. M. Turing Award）。有人将图灵奖称为“计算机科学界的诺贝尔奖”。2005 年 11 月，乔治·布什总统向卡恩（Kahn）和瑟夫博士颁发了总统自由勋章，这是美国政府授予其公民的最高民事荣誉。

罗伯特·卡恩（Robert Elliot Kahn）也算是现代全球互联网发展史上最著名的科学家之一，TCP/IP 协议合作发明者，互联网雏形 Arpanet 网络系统设计者，“信息高速公路”概念创立人。美国国家工程协会成员，美国前总统科技顾问。罗伯特·卡恩目前在美国全国研究创新联合会 CNRI 任主席。CNRI 是罗伯特·卡恩于 1986 年亲自领导创建的，为美国信息基础设施研究和发展提供指导和资金支持的非营利组织。

除了电网，图 2-36-4 还给出了一些“看不见”的网络。

图 2-36-4 电网、通信网、互联网等

除了硬件网络、通信网络，虚拟网络也不可小视。2004 年，扎克伯格之所以创立 Facebook，是因为他觉得能在网上把人连接起来是非常重要的。那时候，互联网上有很多网站，可以找到差不多所有的东西，如新闻、音乐、书、电影、

商品等可是没有哪种服务能帮人们找到生活中最重要的东西——人。每个人都想跟自己的朋友和家人联系，当大家可以分享和联系时，生活会变得更好。企业会变得更强大，因为可以和客户有更好的沟通。社会会变得更强大，是因为大家分享得更多了。所以，扎克伯格创立 Facebook 的初心不是要创立一个公司，而是想要解决一个非常重要的问题——想把人们连接在一起。

他在哈佛大学的时候，和朋友晚上吃比萨，讨论未来。当推出了 Facebook 第一版的时候，非常高兴，因为他们的创新成果让学生们连接起来。

在路上的每一步，都会有人指责他们的新想法不会成功。他们遇到过好多问题，需要不断改变。开始只是一个小产品，只为美国的学生们服务。有人说："Facebook 只是给学生们用的，所以它永远不重要。"可是他们还是继续做，把 Facebook 开放给所有的人用。后来又有人说："好，现在别人也用 Facebook 了，但是他们很快就不会再用它了。"可是他们还是继续做。人们一直在用，因为人与人的连接始终是很重要的。然后又有人说："可能它在美国有用，但它不会在其他国家有用。"可是他们还是继续做，并且延伸到了世界其他国家。又有人说："社交媒体永远不会赚钱。"可是他们还是继续做，建立了强大的业务体系。然后又有人说："人们不会在手机上使用 Facebook。"可是他们还是继续做，现在他们成立了以移动业务为中心的公司。当时，他们不知道这些问题的答案。没有人知道。只知道坚持地做下去，用心地做下去。他们相信，社交媒体和连接世界是重要的；他们相信，虽然不知道所有的答案，但他们还可以继续帮助人们，连接人们。他们只是更用心了一点，一直在努力，现在有 15 亿人在用 Facebook。为了重要的使命，了解得越多，就会觉得要做的事情越多。扎克伯格就是这样用互联网这种"网络"将人们连接起来的。

物联网也是一种新类型的"网络"，是新一代信息技术的重要组成部分。也称为"物物相连的互联网"。这里有两层意思：第一，物联网的核心和基础仍然是互联网，是在互联网基础上的延伸和扩展的网络；第二，其用户端延伸和扩展到了任何物品与物品之间，进行信息交换和通信。因此，物联网的定义是通过射频识别（RFID）、红外感应器、全球定位系统、激光扫描器等信息传感设备，按约定的协议，把任何物品与互联网相连接，进行信息交换和通信，以实现对物品的智能化识别、定位、跟踪、监控和管理的一种网络。

目前，物联网还只是借助各种信息传感技术和信息传输和处理技术，使管理的对象的状态能被感知、能被识别，而形成的局部应用网络；在不远的将来，物联网是将这些局部应用网络通过互联网和通信网连接在一起，形成的人与物、物与物相联系的一个巨大网络，是人们感知地球万物的基础设施。

从医疗角度，人体也被划分为很多系统"网络"。例如人的淋巴系统、血液循环系统、神经系统以及中医提出的经络系统，如图 2-36-5 所示。

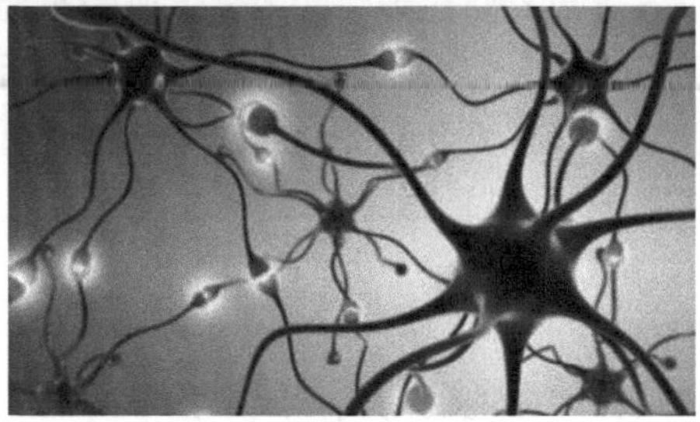

图 2-36-5　人体的血液循环系统

通过对上述人体各种系统网络功能的研究，进行更精准地指导医生进行疾病诊断以及治疗，这些系统的发现和研究也是功不可没。

中医提出的经络系统算是最有创意的发明了。尽管西方医学还不承认，但应用经络理论进行的中医诊断和治疗已经延续上千年了。经络按摩和针灸已经治好很多疑难病症。中医称经络为运行气血的通道，是以十二经脉为主，其“内属于府藏，外络于肢节”，将人体内外连贯起来，成为一个有机的整体。十二经别，是十二经脉在胸、腹及头部的重要支脉，沟通脏腑，加强表里经的联系。十五络脉，是十二经脉在四肢部以及躯干前、后、侧三部的重要支脉，起到沟通表里和渗灌气血的作用。奇经八脉，是具有特殊作用的经脉，对其余经络起统率、联络和调节气血盛衰的作用。此外，经络的外部，筋肉也受经络支配分为十二经筋；皮肤也按经络的分布分为十二皮部。

穴位是指神经末梢密集或神经干线经过的地方。穴位的学名是腧穴，别名包括“气穴”“穴位”等。人体周身约有 52 个单穴，300 个双穴、50 个经外奇穴，共 720 个穴位。有 108 个要害穴，其中有 72 个穴一般点击不至于致命，其余 36 个穴是致命穴，俗称“死穴”。死穴又分软麻、昏眩、轻和重四穴，每种皆有九个穴。合起来为 36 个致命穴。生死搏斗中，作为“杀手”使用。

在中国医学古籍《灵枢经》中，对于经络走行路线的描述已经细致入微。各条经起止明确，曲折详尽，更有交叉回环，表里出入。不但循行肌肤，而且穿行脏腑。对于有关经络的实质问题的探讨却一直争论不休。无论对于经络的机理研究得到什么结论，应用现存经络体系进行医疗的实践却是真实和有效的，随之发展的针灸、艾灸、按摩等医疗在有效的解决着病人的病痛困扰，治愈了不少重病。经络作为古代中国人“结网”创新的重要成果，其奥妙还需要当代人不断地探索研究。

从古至今，和人类生活最密切相关的网络之一算是电网了。所谓电网就是指从发电、输电到用电这一过程中，用电线组成的一个电的行走网络。因为发电厂很多，输电方向也纵横交错，用电用户更是星罗棋布，使得全部的电线看上去像一张巨大的网，我们就叫它“电网”。当下我们用的电是交流电，那么，这个电网也就叫交流电网了。简而言之，把由输电、变电、配电设备及相应的辅助系统组成的联系着发电与用电的统一整体称为电力网。输配电电压等级中，6 kV、10 kV、20 kV、35 kV、66 kV 为中压，110 kV、220 kV 为高压，330 kV、500 kV、750 kV 为超高压，直流 800 kV、交流 1000 kV 及以上为特高压。高压输电是为了减少线路中的电能发热浪费。按照联结电源和负荷点的电网形状，可分为环形和星形。“环形”是将同电压等级的线路或不同电压等级的线路共同组成一个“环”，优点是提高了供电的可靠性，缺点是运行方式复杂。“星形”是以电厂、变电站为“核心”向外辐射，其供电可靠性较差，但运行方式简单。一般是二者结合应用，对于大负荷的周围，或几个大负荷点组合周围采用环形电网，其他则采用星形。按同一电网周波频率是否一致，可分为同步电网和异步电网。交流同步电网上的所有发电机以同一周波同步运行。异步电网则通过换流站和直流线路，或“背靠背”换流站联结，两侧可分别以不同的周波运行。按是否允许分散的最终用户向电网“反馈”电力，分为分布电源电网和集中、固定电源电网。分布电源电网主要是适应新能源开始广泛应用电的需求。按接入的水电、蓄能电站或装置，其容量所占比例大小，可分为柔性电网和刚性电网。按是否具有“自适应”“自愈”能力，可分为智能电网（即电网 2.0）和非智能电网（电网 1.0）。这些不同的结构代表着不同“结网”创新。

多少年以来，人们从医学、生物学、生理学、哲学、信息学、计算机科学、认知学、组织协同学等各个角度企图解答“人脑是怎样工作的?”这个问题。在寻找上述问题答案的研究过程中，逐渐形成了一个新兴的多学科交叉技术领域，称为“人工神经网络”。神经网络的研究涉及众多学科领域，这些领域互相结合、相互渗透并相互推动。不同领域的科学家又从各自学科的兴趣与特色出发，提出不同的问题，从不同的角度进行研究。“人工神经网络”具有初步的自适应与自组织能力。在学习或训练过程中适应周围环境的要求。同一网络因学习方式及内容不同可具有不同的功能。人工神经网络是一个具有学习能力的系统，可以发展知识，以致超过设计者原有的知识水平。通常，它的学习训练方式可分为两种：一种是有监督或称有导师的学习，这时利用给定的样本标准进行分类或模仿；另一种是无监督学习或称无为导师学习，这时只规定学习方式或某些规则，则具体的学习内容随系统所处环境（即输入信号情况）而异，系统可以自动发现环境特征和规律性，具有更近似人脑的功能。神经网络就像是一个爱学习的孩子，教给他的知识是不会忘记而且会学以致用的。把学习集中的每个输入加到神经网络中，并告诉神经网络输出应该如何分类。在全部学习集都运行完成之后，神经网络就根据这些例子总结出他自己的想法，归纳是一个黑盒子。之后就可以把测试集中的测试例子用神经网络来分别作测试，如果测试通过（比如 80%或

90%的正确率)，那么神经网络就构建成功了。之后就可以用这个神经网络来判断事务的分类了。神经网络是通过对人脑的基本单元——神经元的建模和联结，探索模拟人脑神经系统功能的模型，并研制一种具有学习、联想、记忆和模式识别等智能信息处理功能的人工系统。神经网络的一个重要特性是它能够从环境中学习，并把学习的结果分布存储于网络的突触连接中。神经网络的学习是一个过程，在其所处环境的激励下，相继给网络输入一些样本模式，并按照一定的规则（学习算法）调整网络各层的权值矩阵，待网络各层权值都收敛到一定值，学习过程结束。然后就可以用生成的神经网络来对真实数据做分类。谷歌的阿尔法狗，可以下围棋的机器人之所以能够成功地击败人类，和神经网络的研究成果不无关系。

【妙技锦囊】“天罗地网”这一创新技巧，如文字给我们的寓意，十分广袤。当今已经进入了“无网而不胜”的时代，“天罗地网”意味着上天、入地无所不包。这一创新技巧是引导工匠重视网络的巨大作用和功效，通过融入网络、编织网络、修补网络、研究网络、设计网络或者挖掘网络功效等方式进行的产品创新。

第三部分　工匠创新三十六技汇总及运用

总结工匠创新三十六技，得到汇总表，见表3-1，在这个表里对三十六技的名称、标识符号和释义做了汇总说明。

表3-1　三十六技汇总

序号	技巧名称	标识符号	释义及相关关键词
第1技	海纳百川		“海纳百川”是将不同的子系统和个体集聚合在一起，形成合力，或者铸成更加强大的功能的创新技巧，其应用的手段包括聚合、融合、整合、组合、凝聚、合成等
第2技	化整为零		“化整为零”是将一个整体的构件或者系统拆分成为零散的子构件或者子系统，突出子系统的特色与功能的创新技巧，所用的手段包括分解、分割、分离、消减、离散化、抽象、个性化等
第3技	周而复始		“周而复始”是应用循环、复古、再现、重现的手段进行创新的一种技巧
第4技	更新换代		“更新换代”是通过迭代、升格、新版、辗转、渐进方式进行的创新技巧
第5技	重峦叠嶂		“重峦叠嶂”是通过重构、重组、变异、重排、重序等方法进行的创新技巧
第6技	大道至简		“大道至简”是利用简化、简约、弱化、省略、删减、排除、消减等手段进行的创新技巧

续表 3-1

序号	技巧名称	标识符号	释义及相关关键词
第 7 技	纵横交错		“纵横交错”是让功能和系统跨越交叉，也是运用交汇、跨界、越界、双赢、共赢手段的一种创新技巧
第 8 技	层出不穷		“层出不穷”是通过“嵌套”或者“叠层”设计来提升创造物功效和价值的创新技巧
第 9 技	四平八稳		“四平八稳”是指“对称性”的变革，是通过平衡、对称、稳定的方式来完成某种功效的变革技巧
第 10 技	东倒西歪		“东倒西歪”是通过不对称、反对称、反平衡的方式进行的创新手法
第 11 技	精雕细琢		“精雕细琢”是追求极致的精准，是设计和工艺上的无微不至、精确、准确、细微和追求完美的创新技巧
第 12 技	伸缩自如		“伸缩自如”是通过缩放、扩大与缩小、延展与压缩、展开与折叠所完成的创新技巧
第 13 技	留有余地		“留有余地”是通过设计与创新的冗容、容错或者给出冗余量的手法，避免因为主系统崩溃而造成的更大损害，或者对原系统加以补救、加固，提升系统的可靠性和可持续性的创新技巧
第 14 技	草船借箭		“草船借箭”是通过借能、借势、借力的形式进行创新的技巧

续表 3-1

序号	技巧名称	标识符号	释义及相关关键词
第 15 技	五味俱全		“五味俱全”是通过味道、气味以及气体浓度的变化，以及人类触觉感知进行的创新技巧
第 16 技	须弥芥子		“须弥芥子”是通过“维变”，也就是通过升维、降维、增强、消减、变速、减速、突变、蜕变给创造物脱胎换骨，从而改变其功效、创造价值来进行创新的技巧
第 17 技	滴水成冰		“滴水成冰”是通过相位转化、物理变化、化学反应而完成的创新技巧
第 18 技	偷梁换柱		“偷梁换柱”是通过材料、原料变化来实现的功能变化、功效变化的创新技巧
第 19 技	上下左右		“上下左右”是通过位置变化、方向变化、角度变化而进行的创新技巧
第 20 技	曹冲称象		“曹冲称象”是通过变参照物、变参数、变数量、变强度、变参照系的创新技巧
第 21 技	五光十色	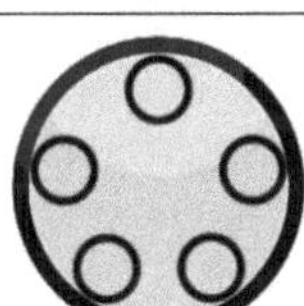	“五光十色”是通过改变创造物的颜色、色彩的方式进行的创新技巧
第 22 技	千形万态		“千形万态”是指通过改变形态、改变形状、改变样式所进行的创新方法

续表 3-1

序号	技巧名称	标识符号	释义及相关关键词
第 23 技	五音六律	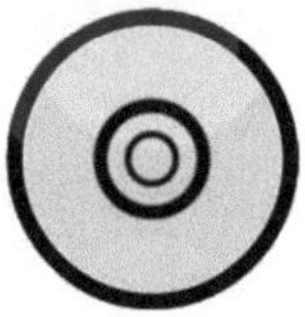	“五音六律”是通过声音变化、音调变化而进行的创新技巧
第 24 技	格物穷理		“格物穷理”是通过原理变化、机理变化所完成的创新技巧
第 25 技	牵肠挂肚		“牵肠挂肚”是通过系统联动、连锁、反馈而进行的创新技巧
第 26 技	接连不断		“接连不断”是通过物理连接、连通、对接、链接来实现的创新技巧
第 27 技	一反常态		“一反常态”是突破常规、逆向和反向思维下的创新技巧
第 28 技	跌宕起伏		“跌宕起伏”是一种关注脉动、振动和脉冲方向及强度变化的创新技巧
第 29 技	虚虚实实	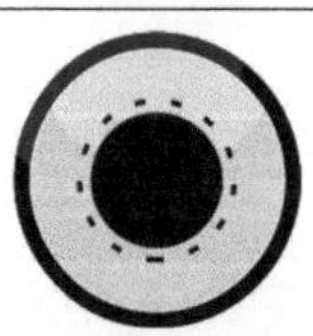	“虚虚实实”是通过改变介质、媒介、填充、中介物及真空状态而进行的创新技巧
第 30 技	丢卒保车		“丢卒保车”是有失有得、舍尾求存、舍小得大的置换性创新技巧

续表 3-1

序号	技巧名称	标识符号	释义及相关关键词
第 31 技	否极泰来		“否极泰来”是包含逆补、逆反、逆袭、变废为宝、变害为利、互补、正反转换等手段的变革技巧
第 32 技	含沙射影		“含沙射影”是一种利用反弹、投影、投射、折射、反冲手段而进行的创新技巧
第 33 技	前车之鉴		“前车之鉴”是借鉴前人的经验、做法、产品、设计或者功能，为我所用，包括嫁接、移植、模拟等手段运用的创新技巧
第 34 技	势不可挡	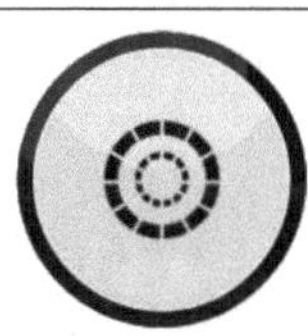	“势不可挡”是一种造势、顺势，利用或者营造“场势”的创新技巧
第 35 技	相互依存		“相互依存”是通过寄生、附着、伴生、共生、互补、衍生等方式完成的创新技巧
第 36 技	天罗地网		“天罗地网”是一种启发我们进行结网，通过编织、联络、组织、网罗等手段，形成产品、构件或者虚拟系统的创新技巧

这里，再次强调，工匠们的创新发明未必是主动或者有意识按照本书所提炼的技巧而进行的。上述的提炼只是对以往工匠发明与创新的归纳总结，正如在门捷列夫发现化学元素周期表之前，人们已经发现了很多化学元素，有了周期表之后发现的某些化学元素也未见得是循着门捷列夫周期表得到，但仍可归结到周期表的某个位置。因此，门捷列夫的周期表仍然不失为是一种非常有指导意义的归纳和总结。

回到三十六技汇总表给出的归纳，其意义如何？本书认为主要为以下 3 个方面：

（1）本书厘清了以往工匠们发明的总体思路，按照目前的认识，他们的创新大体上不外乎上述三十六个方面（不排除以后会归纳出其他类型）。

（2）后来的工匠们可以有意识地在本书归纳的类型里寻找适合的创新方法，依照现实问题进行针对性的创新发明。

（3）一个创新发明往往会应用到多种创新技巧，创新技巧的组合就可以在本书的汇总表里选取、组合、配对、试错，直到创新成功，这也许会加速创新成功的速度和概率。

例如，人们发现现在的电梯当外面的人按下按钮之后，即使电梯门外已经没有人了，也要照样停下来等待。这不但让电梯里急于上下楼的人浪费等待时间，也是能源的浪费。但这种情景却一直持续着。

能不能研究发明一种电梯内无人按下该层按钮，门外有人则停，无人则继续行进的智能电梯？让我们思考如何选择相关创新技巧来实现我们的愿望，见表 3-2。

表 3-2 智能电梯创新技巧选择表

解决问题描述	智能电梯，根据门外是否有人来决定是否停层	
选择创新技巧	标识符号	技巧运用解释
曹冲称象		改变参照物，通过传感器对电梯门外的红外发热物体进行测试，看无移动的红外物体，或者对移动的影像进行测试，看是否有动态的影像
牵肠挂肚		将测试信号与电梯控制系统连接，参考门外电梯按钮是否被按下，在门外电梯按钮被按下，如果无移动的红外影像或者光学影像，在电梯内无人按钮前提下，则不停梯，保持继续运行
势不可挡	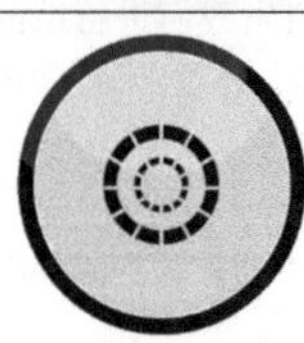	红外发热场或者影像发射场的建立和识别
留有余地		只要门外按钮已经按下，门外变化的信号存在，即使信号微弱，倾向开门而非继续行进，在传感器失灵状况下，保持传统电梯控制方式

以上不过是假设要研制发明这种电梯可能要选择的创新技巧。希望今后某家电梯生产商能够运用本书提供的导引思路来发明一款真正的智能电梯。

例如，发现如果飞机不在廊桥停靠，上下飞机从来没有电动扶梯来辅助，而是乘客自己上下步梯。除非有空乘人员帮助，对于老、弱、病、残、孕的乘客，他们不得不提着沉重的行李箱自己上下扶梯，很不方便。

为什么不能发明一种类似于商场、车站、机场大厅那样的电动扶梯帮助乘客上下飞机呢？这种电动扶梯只要满足可移动，可伸缩适应飞机舷梯高低，有足够动力，在乘客行进停止（堆积）时可以自动停止，保证安全就可以。本书给出的选择见表 3-3。

表 3-3　飞机电动扶梯创新技巧选择表

解决问题描述	飞机电动扶梯，辅助乘客上下飞机	
选择创新技巧	标识符号	技巧运用解释
周而复始		这种发明是普通电动扶梯的“再现”改型，只需要改变其动力系统
牵肠挂肚		通过某种传感器，传递乘客积压停滞状况，控制电梯的缓速停止和缓速开动
伸缩自如		电动扶梯的高度（倾斜度）可以调整伸缩，电动扶梯本身可伸缩
留有余地		为保证安全性，此电动扶梯在无电状况可以作为普通上下步梯使用
相互依存		与飞机和机场互相依存
草船借箭		借用汽车等移动工具运送电动扶梯到停机坪和悬梯位置，借助汽车动能或者车载动能驱动扶梯

希望某个厂家愿意发明试制这种电动扶梯，造福社会。

例如，我们发现道路上的红绿灯常常在横向道路没有车的情况下，纵向道路始终亮着红灯，或者拥堵的道路放行缓慢，不拥堵的道路放行却较快。这是因为红绿灯转换的时间是人工设定的，不同时间段的道路拥堵情况也有所不同，人工设定与道路的实际情况往往不符合，是否可以设计智能交通红绿灯呢？我们尝试给出见表 3-4 的创新技巧选择方案。

表 3-4　智能红绿灯信号创新技巧选择表

解决问题描述	智能红绿灯，根据道路拥堵状况变换	
选择创新技巧	标识符号	技巧运用解释
更新换代		这种发明是原来红绿灯的渐进改版，只需要改变其控制系统
精雕细琢		通过设置在地面、（与路口有一定距离的）构筑物或者空中的传感器，或者利用卫星导航采集的车流量信息，或者对路段内的手机信号（包括车辆和行人）进行采集，比对数量，推算出红绿灯滞留时间
天罗地网		利用无线或者有限网络传输信号
留有余地		在传感器失灵或者雨、雪、烟雾干扰及通信不畅的情况下，保留人工红绿灯控制功能

也许世界上已经存在这种智能交通系统，如果没有，建议有关交通运输部门尽快立项来研究这种系统，这将有利于缓解交通紧张局面，节约能源，减少道路废气污染，造福社会。

例如，人们乘坐的民航飞机不能像战斗机那样打开降落伞，让飞行员安全着陆。看到一起起悲惨的空难，笔者一直想，为什么同样的原理不能应用在民航飞机上？航天飞机的返回舱都可以通过降落伞着陆，在紧急情况下，大型民航飞机能否仿照类似原理着陆？能否设计制造一款可以通过降落伞安全着陆的民航飞机？本书给出见表 3-5 的创新技巧选择方案。

表 3-5　可以安全降落的民航飞机创新技巧选择表

解决问题描述	飞机遇到紧急情况可以通过降落伞辅助降落	
选择创新技巧	标识符号	技巧运用解释
势不可挡		利用降落伞的能量转换原理，将飞机势能转化为伞与空气的摩擦热能，而非动能，保证飞机缓速着陆或者落水，争取逃生和抢救时间
伸缩自如		平时降落伞是被收缩叠放在机壳顶部备用
前车之鉴		借鉴航天飞机返回舱的降落伞，以及战斗机弹跳舱自动打开降落伞的基本原理
留有余地		采取多伞、多机构设计，当飞机出现紧急情况，当开伞机构失灵或者某个降落伞破损情况下有备用机构和备用降落伞打开
偷梁换柱		为了减轻飞机因为携带降落伞导致负荷增加及能源损失，要研制和采用超轻质和高强度的伞材，或者这种伞材在没有紧急情况出现时可以兼做飞机的隔热保温层，一材多用

希望有伞飞机、安全民航机将会问世，这将里程碑式地改变民航事业的发展轨迹。

例如，目前乘坐的高铁已经开到每小时 300 多千米，甚至达到更高速度。但因为停靠一个个车站对车速影响较大，也会造成能源损失，列车机械配件的磨损。如果能够发明一种既方便乘客上下车，又不停车的高速列车，无疑可以进一步提升列车运行速度，而且达到节约能源，减少列车磨损的效果。本书给出见表 3-6 创新技巧选择方案。

表 3-6　不停车高速列车创新技巧选择表

解决问题描述	保证乘客上下车，而列车不停，持续前进	
选择创新技巧	标识符号	技巧运用解释
须弥芥子		通过“维变”，空间换时间、平面换时间来解决不停车的问题，例如在上层轨道或者并行铁轨挂接供乘客上下车的临时周转车厢
丢卒保车		通过“舍尾求存”的方式，将装载准备下车乘客的周转车厢在运动中甩掉，将装载准备上车乘客的周转车厢在运动中挂接，乘客上车后再甩掉该车厢
牵肠挂肚		与周转车厢对接时的联锁、联动和安全互锁
曹冲称象		在与周转车厢对接或者分离时，运动中的列车与对接车厢应该处于相对静止状态
伸缩自如		在周转车厢与运动中列车对接时，两个车厢的通道是可以伸缩打开的，便于乘客穿行，完成上下车任务后，再回缩闭锁，准备分离

这只是设想，并没见到这种中途不停车并可以保证乘客上下车的列车，从原理上分析是可以实现的。技术上除了周转车厢及挂接装置、并行铁轨（牺牲面积换时间）或者高架铁轨（牺牲空间换时间）的研制，还牵涉铁路设施的改造等技术问题，经济上也需要一定投入，如果这种投入产出比是划算的，这种发明早晚就会出现。

本书期待广大读者，未来的工匠大师们层出不穷的“异想天开”冒出来，通过三十六技的启迪，快速投入创造发明的行动中——心动不如行动！让我们中国早日成为一个创造发明强国，为人类的文明和进步做出贡献。

企业实践篇

实践 1　设备综合集成管理系统与“海纳百川”

“海纳百川”是将不同的子系统和个体集聚在一起，形成合力，或者铸成更加强大的功能，其应用的手段包括聚合、融合、整合、组合、凝聚、合成等。

随着精益管理思想的逐步推进，TnPM（全面规范化生产维护）模式逐步在设备管理领域推广，青州卷烟厂就是以现场管理、体系化、标准化、信息化、创优对标为基础，将 TnPM 设备运维管理、绩效管理、点检管理、状态管理和数据管理等进行融合，上线运行了 ITPM 设备综合管理系统，努力实现高品质、高效率、高价值设备管理目标，如图 3-1-1 所示。

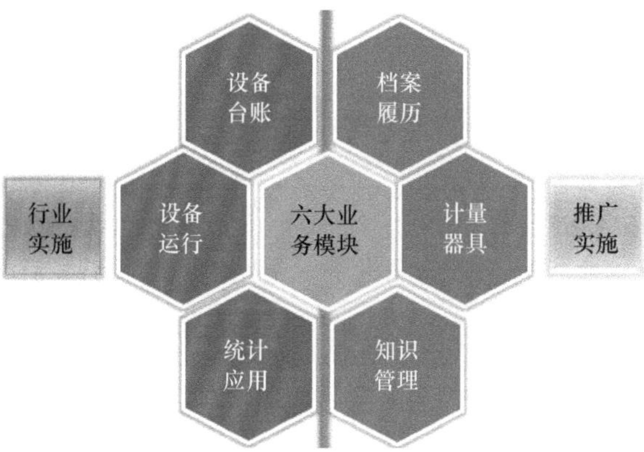

图 3-1-1　综合管理系统

设备综合管理系统集成了设备主数据、维护点检、备件管理、维修管理、计量管理、故障模型库、设备知识库等内容，后续陆续完成对制丝中控、卷包数采系统的数据整合，实现了设备管理流程的信息化、运维数据的集成化，根据用户角色权限不同，提供差异化维修改造建议，提升设备管理精益化和科学化水平。

在生产实践中运用了“海纳百川”的创新方法，实现了几个满足的管理需求。

（1）满足全生命周期管理需求。通过平台设计构建、实施运用，将设备的选型、采购、安装、维护和报废等各个阶段的信息集中起来，从而实现设备信息从零散到汇聚的转变。

（2）满足管理业务整合需求。通过建立统一的设备综合管理系统，将设备选型、采购到报废、回收等整个全生命周期业务流程无缝整合，实现从原本分割的状态到协同一体化的转变。

（3）满足数据要素赋能需求。通过平台将数据从被动存储转变为主动应用，实现设备管理从数据要素（如设备主数据、策略标准数据、维修数据、故障数据、保养数据、点检数据、状态数据、备品备件数据等）到数据资产的赋能转变。

（4）满足管理两化融合需求。实现设备管理体系与设备全生命周期管理的信息化融合，将系统平台作为支撑工具，承载着整个设备体系的工作实施、落地与固化，两者相辅相成，一源多用、互为提升，满足设备管理两化融合发展要求。

（5）满足分级精益管理需求。通过实施设备管理分级拉动机制，将设备管理工作与责任，逐级分配给不同层级的员工，直至现场末端，从而真正实现设备管理的全员参与、管理提升及设备稳定运行保障提升。

实践 2　运用“化整为零”技巧设计烟丝总量掺配自动补差系统

“化整为零”是将一个整体的构件或者系统拆分成为零散的子构件或者子系统，突出子系统的特色与功能。

烟丝掺配的精度将直接影响到产品质量稳定性，关系到全国亿万消费者的健康和体验。为适应小批量、柔性化加工要求，青州卷烟厂将烟丝掺配模式由原来烟丝入柜的大批量掺配模式“化整为零”为装入小体积烟丝箱的丝配模式，同时将由 5 台动态秤（误差千分之五）控制的流量掺配（过程中计量）方式改为 1 台静态秤（误差万分之一）计量的总量掺配模式（掺配前确定重量），如图 3-2-1 所示。

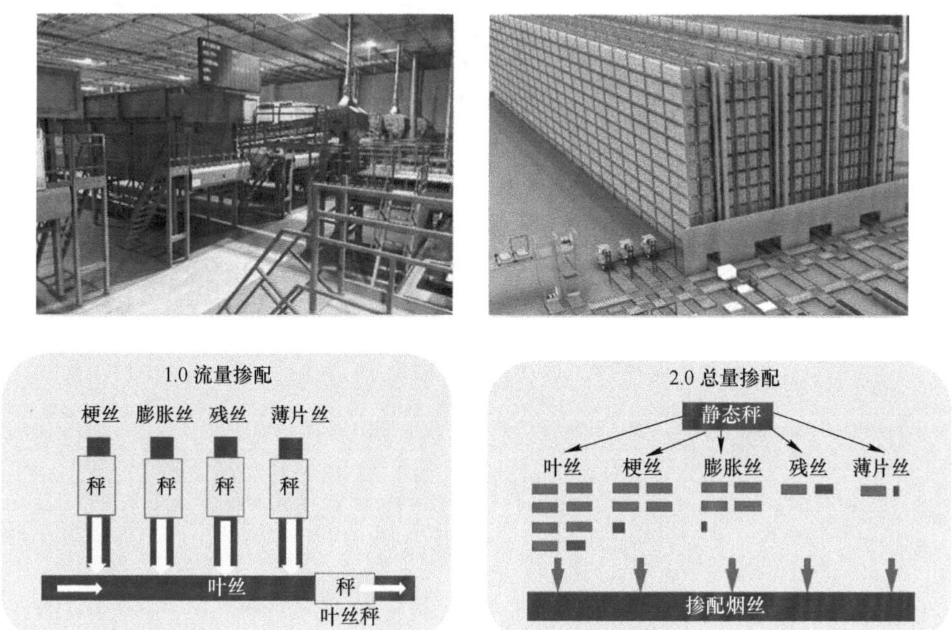

图 3-2-1　流量掺配模式与总量掺配模式

对于不足一箱烟丝，需要人工进行补差，导致运营成本高、生产停机等待、人工健康受危害等问题。烟丝智能精准掺配是烟草行业面临的重大难题！

针对该掺配模式下不足一箱的烟丝尾料，通过装箱算法，实现将烟丝装箱入库时完整的定点定量装箱拆分为随机重量装箱，得到不固定重量的箱装烟丝。烟丝出库掺配前，为满足出库烟箱配组与需求量一致，借鉴动态规划中的 0–1 背包问题解决方案进行处理，通过背包算法计算，可组合出所需掺配丝重量并标记具体箱号。掺配时，将标记的箱号组合出库，满足总量掺配的工艺要求，如图 3-2-2 所示。

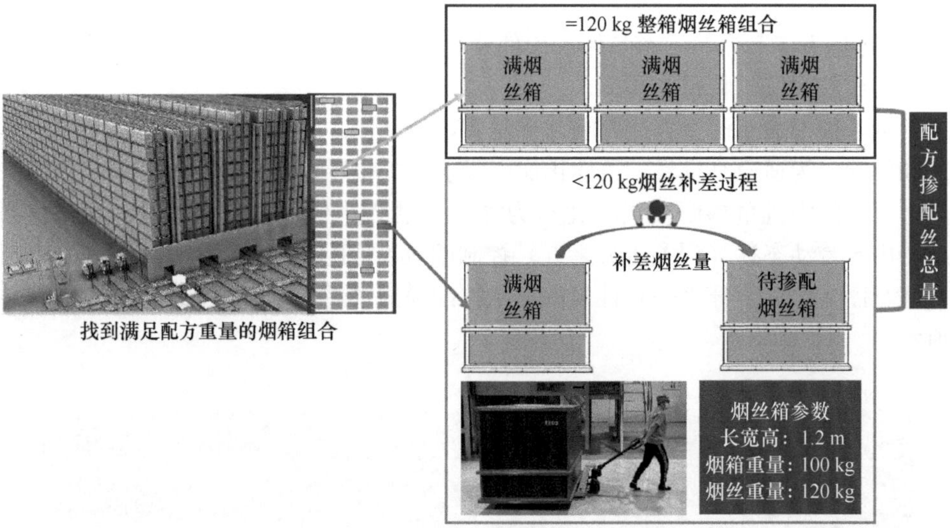

图 3-2-2　总量掺配模式下烟箱组合分解图

通过模拟，传统算法控制出库时，烟丝的回收概率（87%），而利用总量掺配出库算法控制出库时的烟丝补差概率（37%），能有效地解决烟丝造碎、库容降低等问题。

实践 3　通过“周而复始”技巧研制 ZJ112 卷烟机梗丝分离附加装置

“周而复始”是应用循环、复古、再现、重现的手段进行创新的一种技巧。

ZJ112 型卷烟机是国内主流的机型之一，在该型设备的生产过程中，梗丝分离是一道重要的工序，这关系到卷烟的内在质量。烟叶中的梗和叶脉，在制丝加工过程中易形成梗签或梗块，在卷制前需将烟丝中的梗签进行梗丝分离，然后将梗签剔除，通过减少烟丝中的含梗量，可以避免较硬的梗签在卷制中划破卷烟纸，提高工艺质量保障能力。

为确保设备梗丝分离效果，设备在一次梗丝分离后，会进入第二次梗丝分离装置，为减少梗中含丝量，采用“周而复始”的技法，对原有设备进行改造创新，再次串联一梗丝分离装置，如图 3-3-1 所示。经过讨论后，确定改造方案，在设备原有除梗风道上串接一个梗丝分离装置，分离完成后，烟梗沿原有除梗风道排出，而烟丝则被回收利用。

经图纸设计、制作加工后，实物如图 3-3-2 所示。

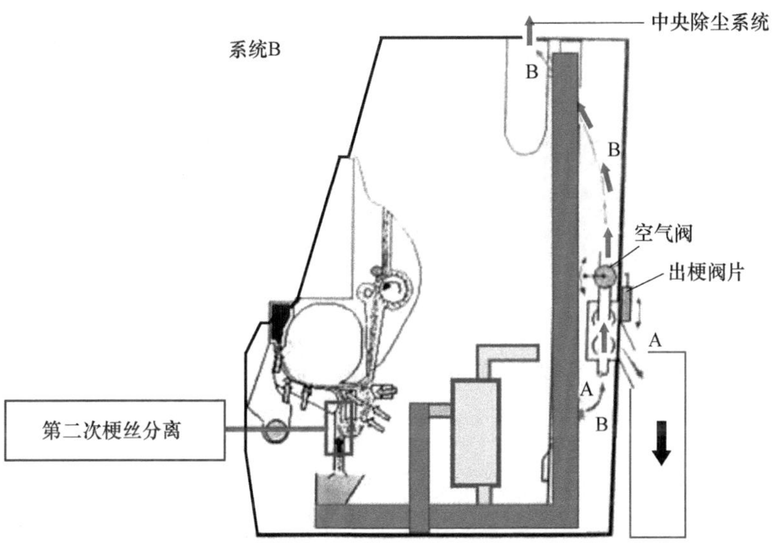

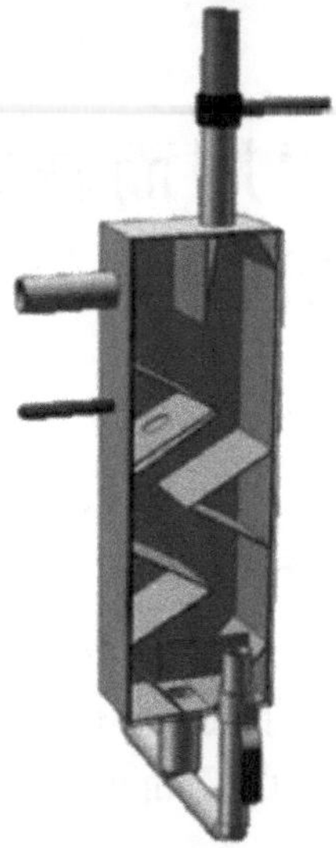

图 3-3-1　梗丝分离装置

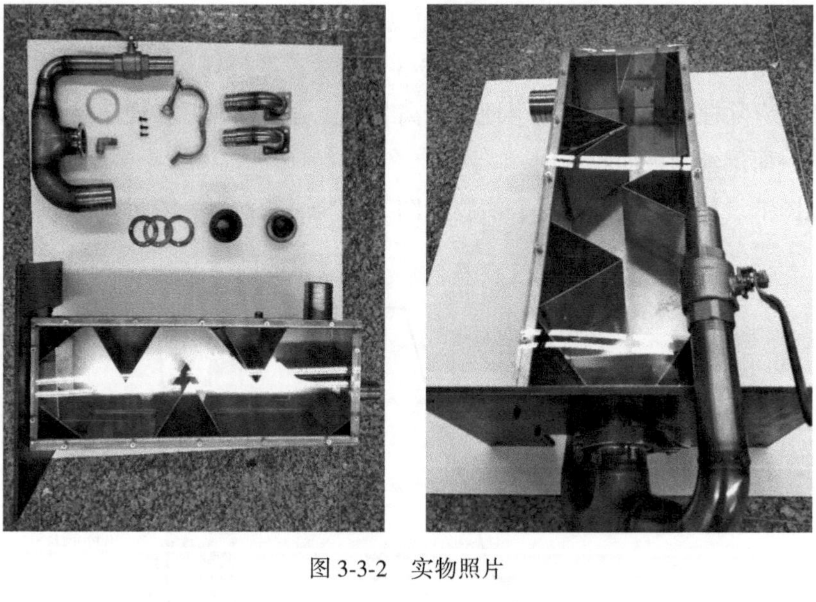

图 3-3-2　实物照片

实物制作完成后，将该装置安装于设备上，经调试后，进行梗丝分离试验。试验过程中，该装置动作可靠，性能稳定，能够有效地提高梗丝分离率，如图 3-3-3 所示。

改造后持续进行跟踪观察，梗丝分离效果良好，烟丝中含梗量降低，且该改造对产品工艺质量无影响，没有产生增加工作难度等其他负面影响。该项目被评为 2021 年全国 QC 小组成果发布专业级成果。

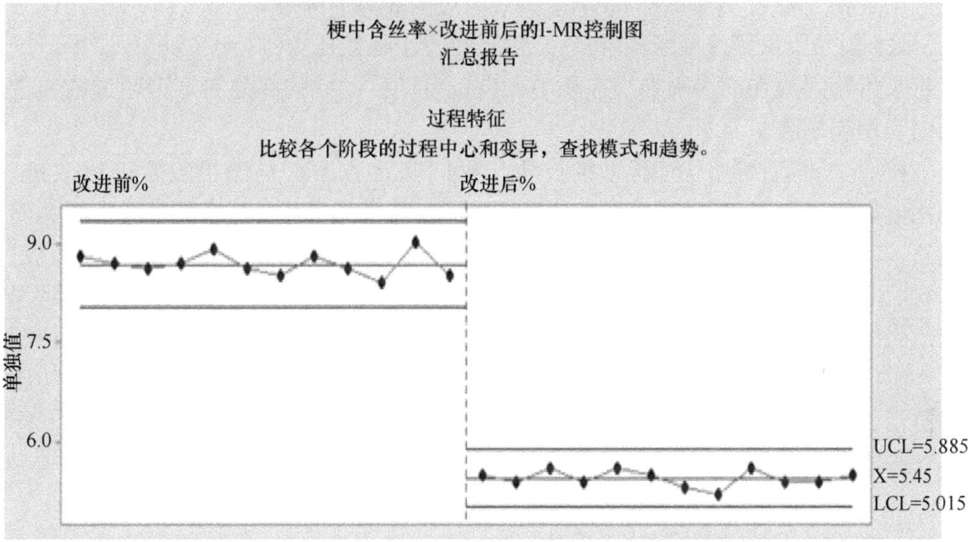
梗中含丝率×改进前后的I-MR控制图
汇总报告
过程特征
比较各个阶段的过程中心和变异，查找模式和趋势。
改进前%
改进后%
9.0
7.5
6.0
单独值
UCL=5.885
X=5.45
LCL=5.015

图 3-3-3　梗丝分离效果

实践 4 从 ZJ17 卷烟机油墨筒压力自动供墨装置的设计看装置如何“更新换代”

“更新换代”是通过迭代、升格、新版、辗转、渐进方式进行创新方式。

为加强精益管理，聚焦降本增效，提升产品质量，我们进行了为期 1 个月的废烟剔除情况调查，发现某合作生产品牌 V 牌号卷烟废烟剔除量过高，且明显高于其他在产牌号。对 V 牌号卷烟生产机组做进一步调查，发现钢印过浓剔除情况主要出现在设备启动后的一部分卷烟，通过对钢印印刷系统的工作原理进行分析，发现主要问题为：设备停机后，供墨装置中墨筒压力缸持续施压，油墨通过计量泵齿轮间隙在油墨嘴处形成积墨，设备启动后，导致部分卷烟钢印过浓，进而引发钢印剔除。

按照“更新换代”创新思维技法，我们制定方案，对供墨装置进行改进。利用电磁阀控制墨筒压力缸气路，将主机电路与电磁阀连接，停机时电磁阀关闭气路，实现设备停机时压力缸自动抬起。设计电路，将电路连接于主机 SE 面板，停机时 SE 断电，从而使继电器动作，进而控制电磁阀动作，实现设备停机时墨筒压力缸自动抬起。电磁阀控制电路要实现两个功能，第一个是设备停机时控制压力缸的气缸自动断气，第二个是可以实现更换或查看墨筒时，压在墨筒上的压力缸活塞杆可以抬起。

控制逻辑如图 3-4-1 所示。

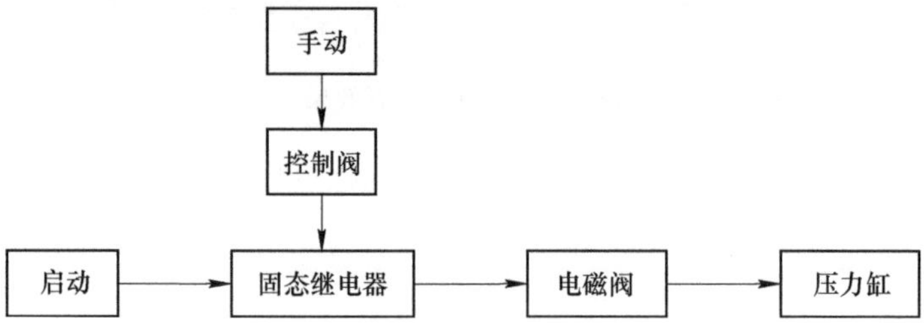

图 3-4-1 控制逻辑

在主机 SE 电路上安装固态继电器，对于墨筒压力缸气路安装电磁阀。采用两路电磁阀，其中一路连接在 SE 的主机电路，实现自动控制；另一路连接于墨筒压力缸控制阀，由控制阀手动控制。

在设备停机时主电路断电（见图 3-4-2），电磁阀动作使供给压力缸 a 的压缩空气中断，压力缸a中的活塞杆b不再向墨筒c施加力，紧靠活塞杆b的自身重力不足以使墨筒c中油墨通过计量泵齿轮间隙压出。如需在设备运行中查看墨筒c使用情况，手动将控制阀开关d按下，电磁阀断开压力缸a气路，使活塞杆b抬起，留出空间，以保证在线查看墨筒c的使用情况。

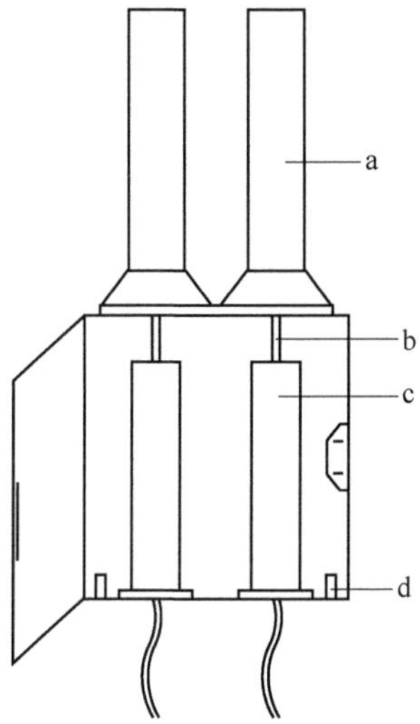

图3-4-2 主电路断电

a—压力缸；b—活塞杆；c—墨筒；d—控制阀开关

改进前墨筒压力缸处于持续施压状态，改进后墨筒压力缸随设备启停实现自动抬起与施压，消除了油墨嘴积墨现象，解决了钢印剔除量过高问题，提高了设备运行效率，增加了产品质量的稳定性。

该项改进已申报专利，一种ZJ17卷烟机油墨筒压力自动供墨装置，专利号：ZL 2021 2 2411361. 3。

实践 5 用“重峦叠嶂”技巧指导卷包两班制生产模式的重构与重组

“重峦叠嶂”是指通过重构、重组、变异、重排、重序等方法进行的创新技巧。

青州卷烟厂为进一步激发人力资源活力，优化生产力，提高设备效率，节约设备能耗，降低生产成本，提升企业员工幸福指数，响应行业卷烟企业两班制运转要求，通过重构、重组，优化卷包班次运行模式，将三班制改为两班制，并借助 TnPM 管理中的 SOON 体系的思路，进一步优化设备维保模式，构建“管家式+保姆式”设备保障管理新模式。

基于设备管理现状，优化设备管理方法，以产品质量为中心，以点检为核心，导入“管家式+保姆式”设备保障管理新模式，落实设备“管家”负责制，实施“保姆式”设备维保，用“重峦叠嶂”的多维度多层级的叠加手段方法，系统推进卷包设备管理工作，其管理模式构架如图 3-5-1 所示。

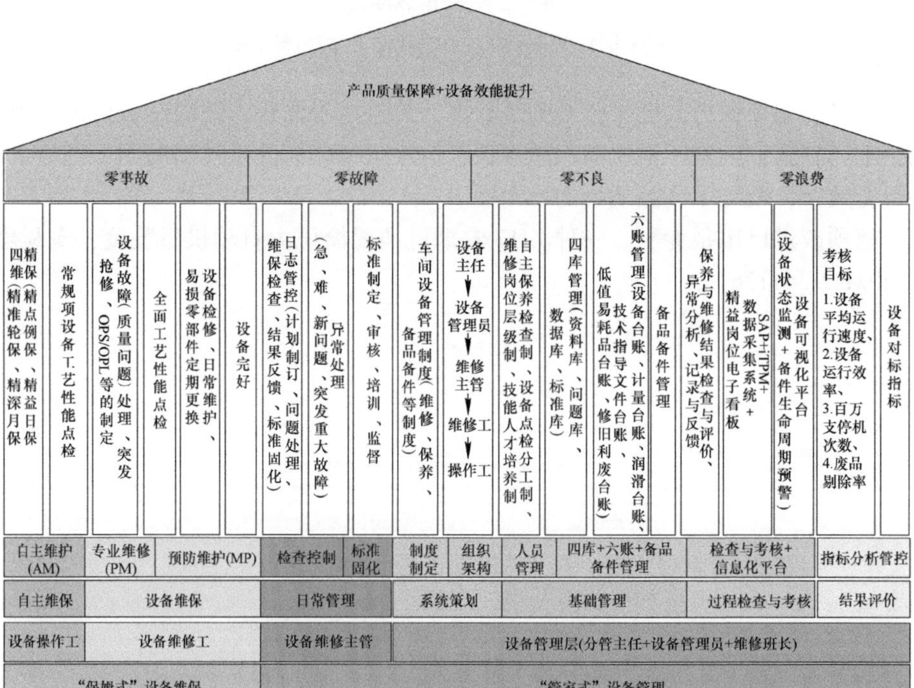

图 3-5-1 “管家式+保姆式”设备保障管理新模式架构

卷包车间在班前精点保养、精益日保、精准过程保养、精细设备轮保和精深月底设备保养的基础上，结合保养班次的设立，增加了两个班次倒班间的精密周保养要求；车间还充分利用下半夜不生产时间，主动安排保养班次错时上班，提前一小时到机台，开展班前机组保养；结合设备运行和点检情况，车间合理安排维修人员，利用下半夜开展设备预防性维修和应急维修工作，减少生产期间因设备故障停机导致的产能损失。

运行4个月后统计分析，设备开台面较改班前每日平均增加约4台次，平均日产量1856.58箱，较改班前提高348.62箱，日最高产量达到2087箱，同改班前相比卷接机组效率提升0.12%、包装机组效率提升1.25%，改班后设备产能、职工幸福指数双提升，班次模式调整取得预期效果。

实践 6 “大道至简”理念指导下的企业目视化管理动态模式探索与实践

“大道至简”就是利用简化、简约、省略、删减、排除、消减、抽象等手段进行的创新技巧。

简单是管理的美学。目视化管理是生产现场管理的关键，通过目视化，可以使生产现场不断地向更简洁、更规范的方向发展，达到事前预防、杜绝隐患、提质增效的安全生产目的，更能将各种管理、考核等信息直接传递给职工，提升管理效率。

按照“大道至简”技法，我们根据车间生产特点和现有设施条件，积极推进目视化管理，并建立“目视化管理动态模式”，如图 3-6-1 所示。

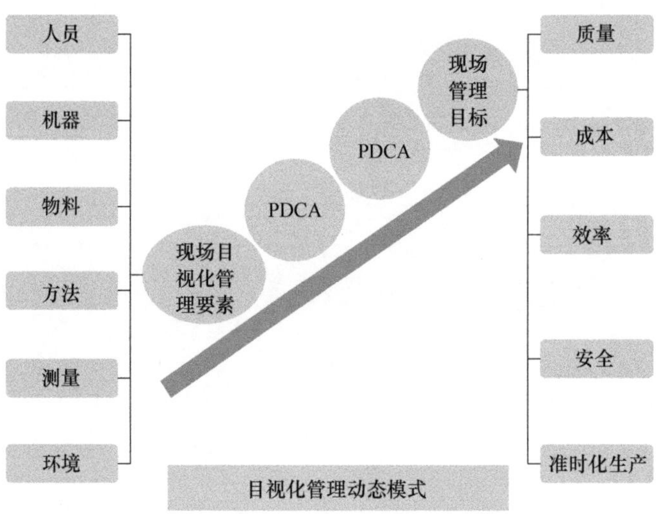

图 3-6-1 目视化管理动态模式

目视化管理主要内容包括人员管理目视化、机器管理目视化、物料管理目视化、方法管理目视化、环境管理目视化、测量管理目视化。

人员管理目视化主要包括管理信息看板、劳保穿戴要求、班组管理看板等，如图 3-6-2 所示。

图 3-6-2　人员管理目视化

设备管理目视化主要包括安全提示标识、设备点检标识、设备保养标准等。

物料管理目视化主要包括产品标识、原辅材料标识、设备设施定置标识等，如图 3-6-3 所示。

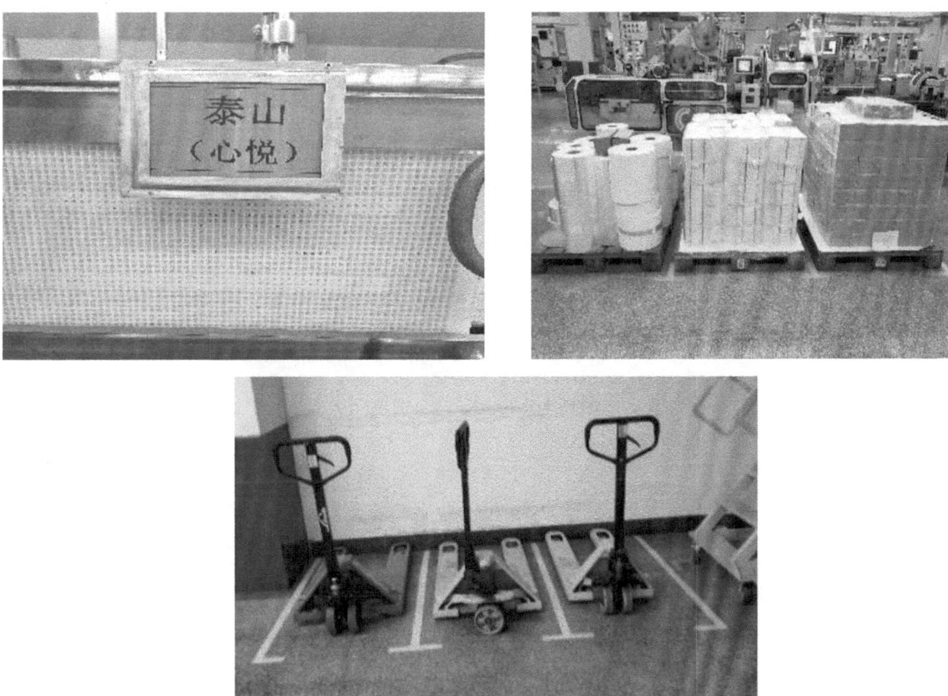

图 3-6-3　物料管理目视化

方法管理目视化主要包括作业方法管理目视化、标样管理目视化、故障维修案例、维修作业标准等，如图 3-6-4 所示。

图 3-6-4　方法管理目视化

环境管理目视化主要包括环境温湿度管理目视化、岗位风险告知卡等，如图 3-6-5 所示。

图 3-6-5　环境管理目视化

检测管理目视化主要包括维修工具形迹化管理、操作机台工具形迹化管理等，如图 3-6-6 所示。

借助信息化平台，提供机组质量指标得分、台时产量指标得分、设备指标得分、消耗指标得分、月度擂主等十余个模块数据的可视化展示，让职工快速了解

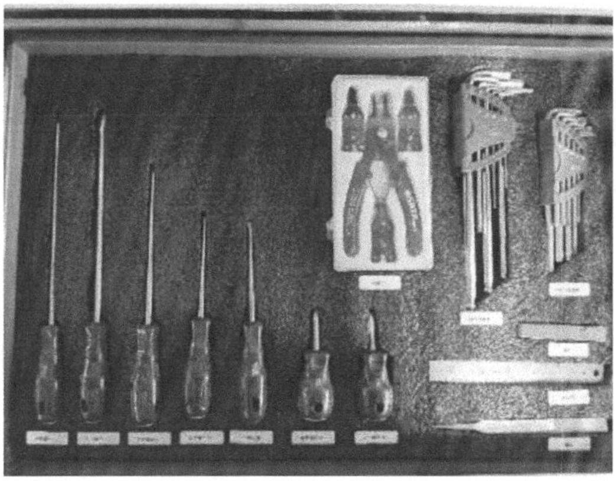

图 3-6-6 检测管理目视化

各项要素。通过强化现场管理监督检查机制，制定检查频次和要求，对现场所发现的问题，下达整改通知单、通报等形式予以公布，明确整改改进要求，保持并提高现场管理水平。

通过现场 6S 和目视化管理的不断强化，现场物品摆放更加有序，现场产品状态和信息更加直观，车间工作环境得到大幅改善，员工素养不断提升，工作更加简洁、高效、有序。

实践 7　技改制丝工艺设计与“纵横交错”

工艺设计是卷烟企业就地改造中的重点和难点，青州卷烟厂就地技术改造项目工艺设计过程中结合工匠 36 计提供的方法，诞生了许多优秀的经验。

“纵横交错”是让功能和系统跨越、交叉的一种创新方式，其语汇还包括交汇、跨界、越界、合成、双赢、共赢等。

真空回潮和松散回潮是烟叶生产加工生产过程中不同的两个工序，真空回潮工序可以起到平衡烟叶水分、去除青杂气和虫卵等作用，松散回潮工序可以起到松散烟叶、提高烟叶温湿度等作用。相对于松散回潮工序来说，真空回潮的加工较为粗放，但去除青杂气和虫卵的作用明显，而松散回潮的加工相对精细，可对烟叶的水分和温度有较好的控制。

在青州卷烟厂在制丝工艺路线设计中，真空回潮工序与松散回潮工序采用了“纵横交错”的理念。青州卷烟厂技改新制丝线配置 1 条 4800 kg/h 的真空回潮线，和两条带有滚筒叶片回潮机的叶片处理线，工艺设计过程中采取了“纵横交错”的方式方法，利用双向皮带将真空回潮线与两条叶片处理段连接起来，这样在低档次烟叶生产时，烟叶经过真空回潮工序实现了烟叶的初次加工，并实现了青杂气和虫卵的去除，经过松散回潮工序实现了烟叶水分和温度的精准控制，两个工序相互弥补、相互融合，进一步提升了产品加工质量。

青州卷烟厂技改制丝线贮柜的配置和使用也体现了“纵横交错”，如图 3-7-1

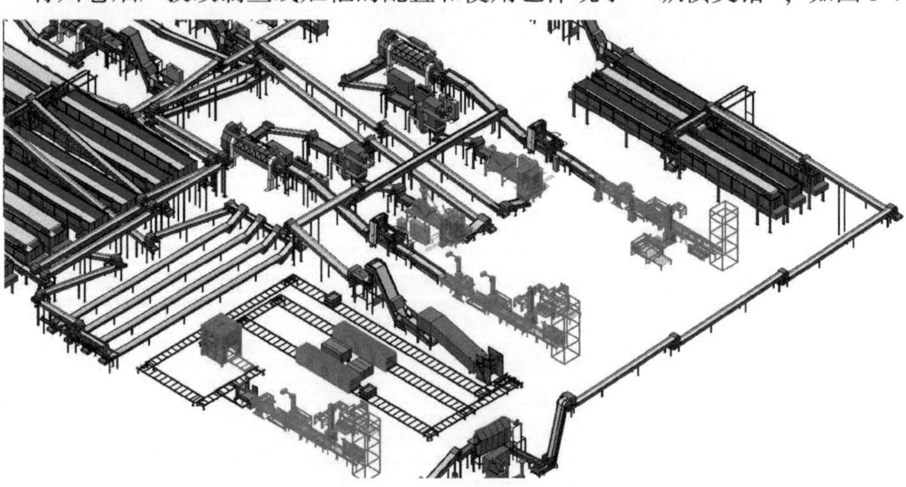

图 3-7-1　真空回潮线样与叶线“纵横交错”

和图3-7-2所示，在工艺设计过程中，通过增加双向皮带机，实现了A线与B线进柜路线的“纵横交错”，确保两条生产线与任意贮柜都能够衔接起来，从而提高了贮柜的利用率和生产的灵活性。

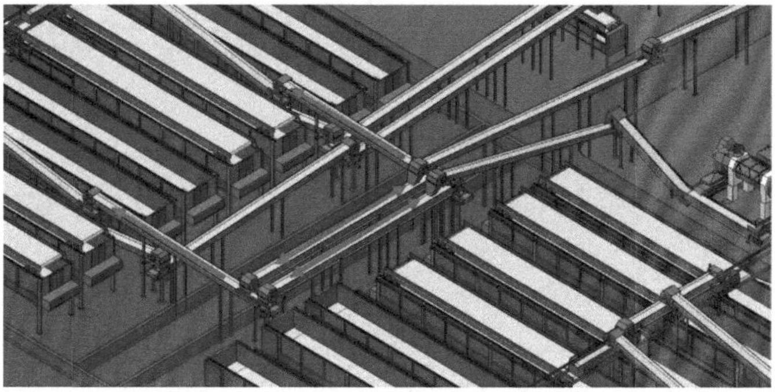

图3-7-2 贮柜的“纵横交错”

实践 8 运用“层出不穷”技巧研制一种卷烟机布带从动轮机构

“层出不穷”就是通过“嵌套”或者“叠层”设计来提升创造物功效和价值的创新技巧。

卷烟机是烟草行业卷烟加工生产的主要设备，主要承担烟支卷接任务，其生产能力高达 10000 支/min，属于高速精密设备，布带从动轮机构是卷烟机内部烟支卷制成型的重要部件，对高速运行的布带起到支撑和改变方向的作用，保证布带平稳、高速的牵引卷烟纸和烟丝束进入烟枪，一方面，在布带的带动下，从动轮高速转动，摩擦作用使得从动轮温度升高，另一方面，烟条在烟枪内胶粘成型过程中需要高温烙铁进行快速干燥，导致烟枪温度升高，在热传导的作用下会使从动轮温度升高，同时，为了不脏污卷烟纸和烟丝束，满足生产加工的洁净要求，布带从动轮机构不允许外部润滑，仅靠内部轴承自身的润滑维持工作，高温环境下轴承内润滑油易稀释，轴承使用寿命大打折扣，在高温、高速、连续作业、有洁净要求的多种工况条件下，传统从动轮机构极易发生轴承失效的问题，并且内部轴承拆装更换过程费时费力，导致生产延误。

通过借鉴膨胀螺栓的膨胀原理和自旋转叶轮降温原理设计一种多嵌套结构的卷烟机布带从动轮机构，有效解决了卷烟机布带从动轮机构温度高轴承易失效，且内部轴承更换费时费力的问题。

为解决上述技术问题，采用了以下技术方案：一种卷烟机布带从动轮机构，包括导辊轴组件 A、散热布带辊组件 B、压缩空气喷吹组件 C。

图 3-8-1 所示为一种卷烟机布带从动轮机构的结构剖面图。

图 3-8-2 所示为一种卷烟机布带从动轮机构的结构图。

图 3-8-3 为一种卷烟机布带从动轮机构的压缩空气喷吹组件示意图。

图 3-8-4 为一种卷烟机布带从动轮机构的安装位置图。

参照图 3-8-1，所述导辊轴组件 A 由锁紧螺杆 A1、膨胀辊轴 A7 组成，用于将散热布带辊组件固定于烟枪底座 24 和固定背板 22 上。所述锁紧螺杆 A1 加工有外螺纹、倒角斜面和内六角沉孔，所述膨胀辊轴 A7 内部开洞并加工有内螺纹和倒角斜面，外部加工有定位轴肩起到轴向定位作用，为了实现膨胀效果，外部开有十字贯通槽，开槽长度为膨胀辊轴 A7 总长度的 24/25，为了便于拆装，加工有按压把手 A2，且所述膨胀辊轴 A7 与锁紧螺杆 A1 形成螺纹配合，通过旋合

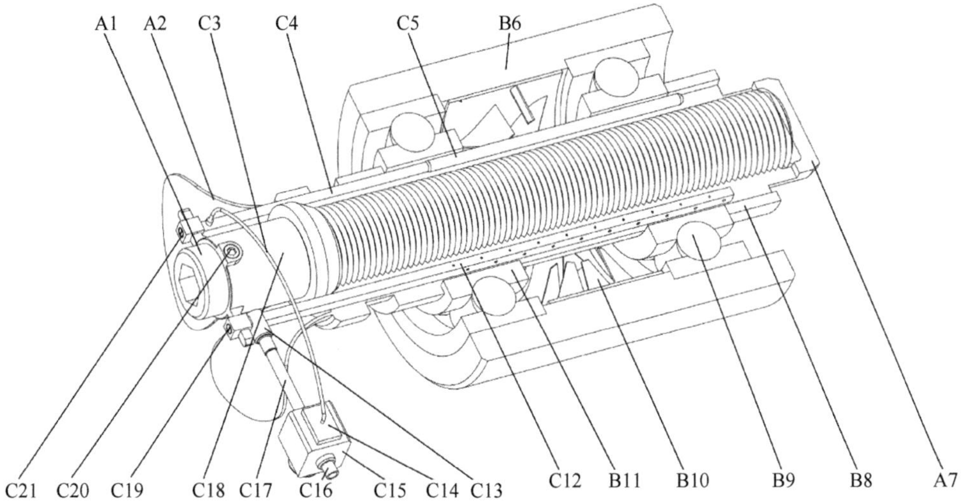

图 3-8-1　结构剖面图

A1—锁紧螺杆；A2—按压把手；C3—传感器信号线；C4—温度传感器支架；C5—温度传感器；B6—辊子；A7—膨胀辊轴；B8—轴套；B9—二号轴承；B10—散热叶片；B11—一号轴承；C12—压缩空气喷管；C13—压缩空气转接头；C14—控制电路板；C15—压缩空气电磁阀；C16—压缩空气进气口；C17—压缩空气连接管；C18—保持架；C19—压缩空气喷管固定螺栓；C20—保持架固定螺栓；C21—温度传感器支架固定螺栓

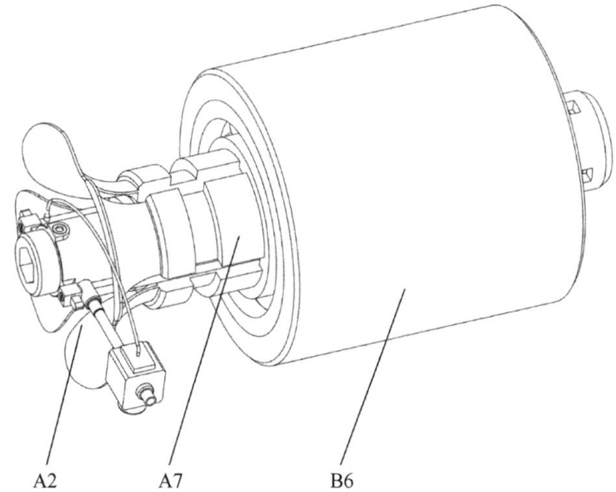

图 3-8-2　结构图

A2—按压把手；A7—膨胀辊轴；B6—辊子

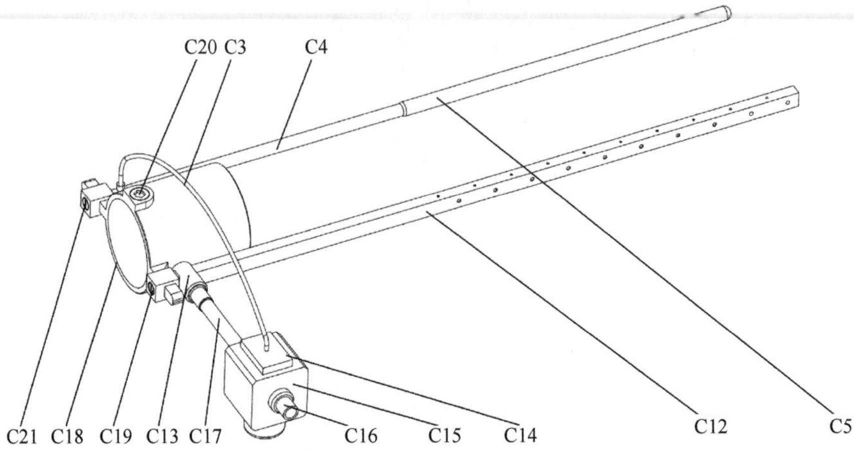

图 3-8-3 压缩空气喷吹组件示意图

C20—保持架固定螺栓；C3—传感器信号线；C4—温度传感器支架；C5—温度传感器；C12—压缩空气喷管；C14—控制电路板；C15—压缩空气电磁阀；C16—压缩空气进气口；C17—压缩空气连接管；C13—压缩空气转接头；C19—压缩空气喷管固定螺栓；C18—保持架；C21—温度传感器支架固定螺栓

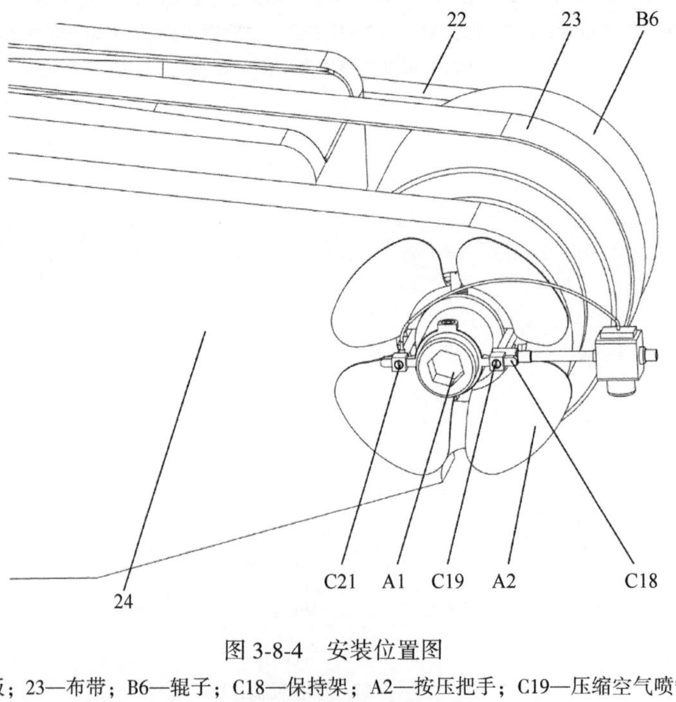

图 3-8-4 安装位置图

22—固定背板；23—布带；B6—辊子；C18—保持架；A2—按压把手；C19—压缩空气喷管固定螺栓；A1—锁紧螺杆；C21—温度传感器支架固定螺栓；24—烟枪底座

使倒角斜面充分接触产生滑移造成膨胀效果，使散热布带辊组件固定。

参照图 3-8-1、图 3-8-2，所述散热布带辊组件由散热叶片 B10、辊子 B6、一对轴承、轴套 B8 组成，辊子 B6 与布带 23 接触，对布带 23 起支撑和改变方向的作用，所述散热布袋辊组件包括散热叶片 B10、辊子 B6、一对轴承、轴套 B8，所述散热叶片 B10 成筒状结构，其内壁加工有多个叶片，外壁与辊子 B6 内壁粘贴，辊子 B6 转动带动散热叶片 B10 转动，形成气流，所述辊子 B6 呈筒状结构，内壁上加工有定位轴肩，并通过一对轴承限位固定于膨胀辊轴 A7 上，所述一对轴承由一号轴承 B11 和二号轴承 B9 组成，所述一号轴承 B11 内圈套在膨胀辊轴 A7 上并通过膨胀辊轴 A7 定位轴肩限位，外圈与辊子 B6 内壁接触并通过辊子 B6 定位轴肩限位，所述二号轴承 B9 内圈套在膨胀辊轴 A7 上并通过轴套 B8 限位，外圈与辊子 B6 内壁接触并通过辊子 B6 定位轴肩限位，所述轴套 B8 套在膨胀辊轴 A7 上起限位作用。工作时，布带 23 高速运动，带动辊子 B6 高速转动，一号轴承 B11、二号轴承 B9 的外圈高速转动，辊子 B6 内部的散热叶片 B10 也高速转动，形成气流对轴承进行降温，气流通过膨胀辊轴 A7 的十字贯通槽排出。

参照图 3-8-1、图 3-8-2、图 3-8-3，所述压缩空气喷吹组件由温度传感器 C5、温度传感器支架 C4、温度传感器支架固定螺栓 C21、保持架 C18、保持架固定螺栓 C20、传感器信号线 C3、压缩空气喷管 C12、压缩空气喷管固定螺栓 C19、压缩空气转接头 C13、压缩空气连接管 C17、压缩空气电磁阀 C15、控制电路板 C14、压缩空气进气口 C16 组成，所述保持架 C18 成圆筒形结构，其上加工有一对固定耳，在径向方向设有螺纹孔，所述保持架 C18 安装在锁紧螺杆 A1 上，并通过保持架固定螺栓 C20 旋合安装固定，所述温度传感器 C5 安装固定于温度传感器支架 C4 上，所述温度传感器支架 C4 放置于膨胀辊轴 A7 十字贯通槽内并通过温度传感器支架固定螺栓 C21 固定在保持架 C18 固定耳上，所述温度传感器 C5 的输出端与控制电路板 C14 的输入端通过传感器信号线 C3 实现电性连接，所述压缩空气喷管 C12 呈中空管状结构，其上开有多个透气孔，放置于膨胀辊轴 A7 十字贯通槽内，并通过压缩空气喷管固定螺栓 C19 固定于保持架 C18 固定耳上，所述压缩空气喷管 C12 后部与压缩空气转接头 C13 连接，所述压缩空气连接管 C17 一端连接压缩空气转接头 C13，另一端连接压缩空气电磁阀 C15，所述压缩空气电磁阀 C15 输入端与所述控制电路板 C14 的输出端电性连接，所述压缩空气进气口 C16 安装在压缩空气电磁阀 C15 上，用于接入外部压缩空气气源，所述控制电路板 C14 输入端与外部电源实现电性连接。工作时压缩空气电磁阀 C15 保持常闭，控制电路板 C14 与卷烟机 24V 电源电性连接，压缩空气进气口 C16 与卷烟机压缩空气气源连接，当温度传感器 C5 检测到辊子 B6 内部温度过高时，在控制电路板 C14 的逻辑控制下，压缩空气电磁阀 C15 开启，压缩空气气流依次经过压缩空气进气口 C16、压缩空气电磁阀 C15、压缩空气连接管 C17、压缩空气转接头 C13、压缩空气喷管 C12 进入膨胀辊轴 A7 的十字贯通槽，进而进入辊子

B6 内部，气体交换后再由膨胀辊轴 A7 的十字贯通槽排出，为辊子 B6 内部降温，降低轴承工作环境温度，提高轴承使用寿命。

参照图 3-8-4，一种卷烟机布带从动轮机构拆装方法，包括以下步骤。

（1）拆卸步骤。

第 1 步，松动保持架固定螺栓 C20，从锁紧螺杆 A1 上取下压缩空气喷吹组件。根据维修需要可进一步松动温度传感器支架固定螺栓 C21、压缩空气喷管固定螺栓 C19，取下温度传感器支架 C4 和压缩空气喷管 C12。

第 2 步，使用六角扳手松动锁紧螺杆 A1 并将其取下。

第 3 步，捏住膨胀辊轴 A7 的按压把手 A2，使其向内发生形变，托住散热布袋辊组件，取出膨胀辊轴 A7。

第 4 步，取下布带 23，分解散热布袋辊组件，完成拆卸。

（2）安装步骤。

第 1 步，先将散热布袋辊组件中的一对轴承、轴套 B8 放入辊子 B6 中，并依次排好，此时散热叶片 B10 已粘贴安装于辊子 B6 内部。

第 2 步，将组装好的散热布袋辊组件放置于烟枪底座 24 与固定背板 22 之间，并将布带 23 绕过散热布袋辊组件。

第 3 步，托住散热布袋辊组件，捏住膨胀辊轴 A7 的按压把手 A2，使其向内发生形变，依次穿过烟枪底座 24 安装孔洞、散热布袋辊组件、固定背板 22 安装孔洞，完全贴合后松开按压把手 A2，使其基本固定。

第 4 步，组装压缩空气喷吹组件。将温度传感器 C5 固定于温度传感器支架 C4 上并将度传感器支架、压缩空气喷管 C12 穿过保持架 C18 固定耳，分别用温度传感器支架固定螺栓 C21、压缩空气喷管固定螺栓 C19 锁紧。

第 5 步，将锁紧螺杆 A1 放入膨胀辊轴 A7 内，使用六角扳手锁紧。

第 6 步，将组装完毕的压缩空气喷吹组件固定于锁紧螺杆 A1 上。将压缩空气喷吹组件中的温度传感器 C5、温度传感器支架 C4 以及压缩空气喷管 C12 对准膨胀辊轴 A7 的十字贯通槽缝隙，同时将保持架 C18 中心对准锁紧螺杆 A1，随后将温度传感器 C5、温度传感器支架 C4 以及压缩空气喷管 C12 推入膨胀辊轴 A7 的十字贯通槽缝隙，保持架 C18 套在锁紧螺杆 A1 上，旋紧保持架固定螺栓 C20 使其固定。

方案设计理念基于“层出不穷”的轴系统嵌套原理，通过将散热叶片与辊子固定连接，散热叶片随辊子转动时可形成扇风效果，将卷烟机布带从动轮机构内部产生的热空气吹散，达到散热效果；通过设置开设有安装孔、十字贯通槽的膨胀辊轴，使得膨胀辊轴具有弹性，可张开或收紧，在安装时膨胀辊轴与锁紧螺杆之间形成螺纹配合，并利用旋合使倒角斜面的侧壁与膨胀辊轴的侧壁充分接触产生滑移造成膨胀效果，使散热布带辊组件固定，安装、拆卸省时省力，提高工作效率。并获批发明专利，专利号 CN202211271448. 8。

实践9 巧用“层出不穷”理念，探索与实施设备三级管理模式

“层出不穷”就是通过“嵌套”或者“叠层”设计来提升创造物功效和价值的创新技巧。而设备维护的三闭环设计，也属于一种管理上的“嵌套”“叠层”设计。

青州卷烟厂卷包车间在设备管理模式探索中，如图3-9-1所示，充分吸收设备维护的三闭环设计理念，建立维保的闭环管理模式，实现问题库、标准库与设备的维保相结合，打通日常维护与设备问题库与标准库的衔接，实现问题梳理、标准制定、日常维护的闭环式管理模式。

一是AM（操作工自主维护）。操作工开展自主维保，落实好“四精”维保，做好常规设备工艺性能点检。二是PM（维修工专业维修）。日常问题处理包括设备故障的处理、质量问题处理、突发故障（问题）等抢修等，处理完成后，形成OPS/OPL，较难故障形成故障标准，经维修主管确认后录入标准库，方便以后查阅和借鉴。三是MP（预防维护）。由维修主管人员确定操作工“四精”维保作业标准，从而建立系统化的维保作业，由专业维修人员督促实施，并进行系统的检查考核，确保操作工的自主维护能够持续深入完善。由各维修组长定期统计确定各维修承包机台存在的问题（具体到各零部件），并将结果反馈到设备管理员，形成更加精准的问题库，由设备管理层进行系统分析、分类梳理，针对不同问题，建立相应的维修流程和标准，实行分类管理，如图3-9-2所示。

三闭环设备维保模式相互支撑、相互协作，共同保障设备稳定高效运行，有力地提升了企业设备管理水平。

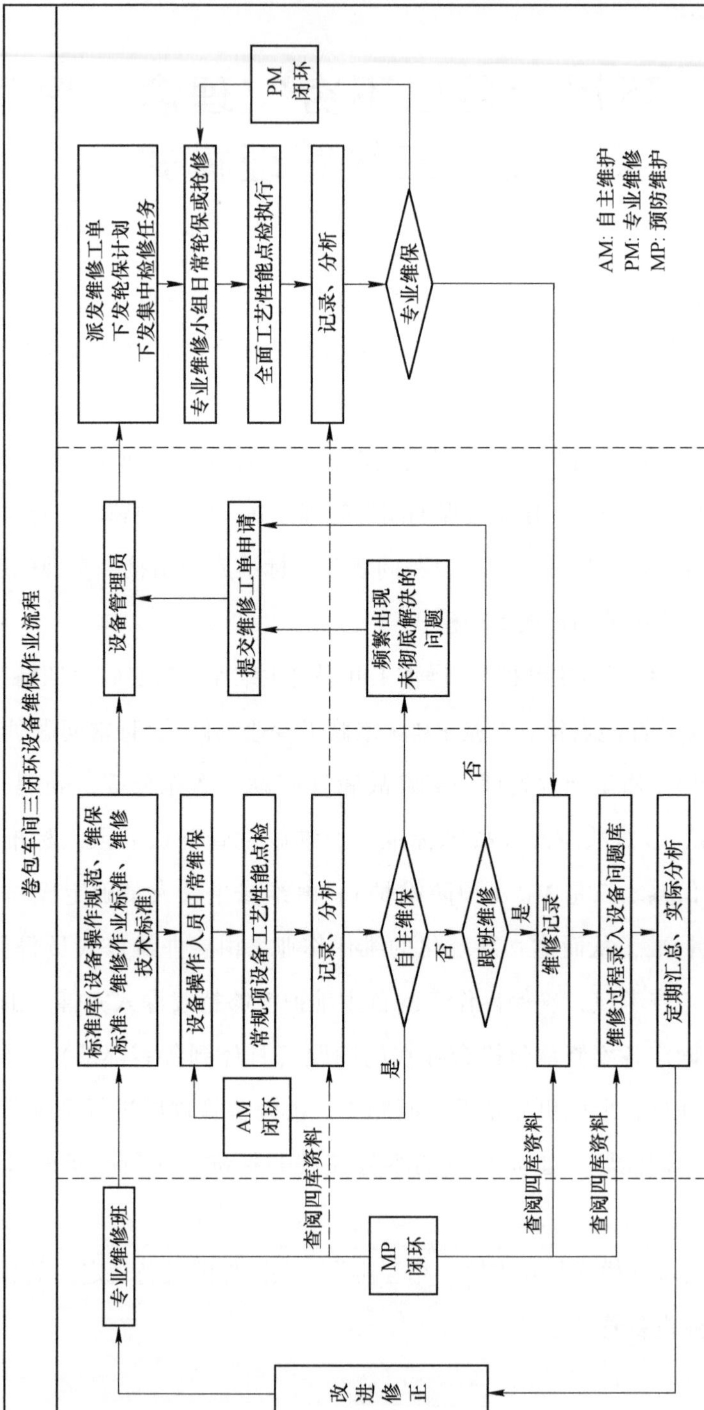

图3-9-1 卷包车间三闭环设备维保模式

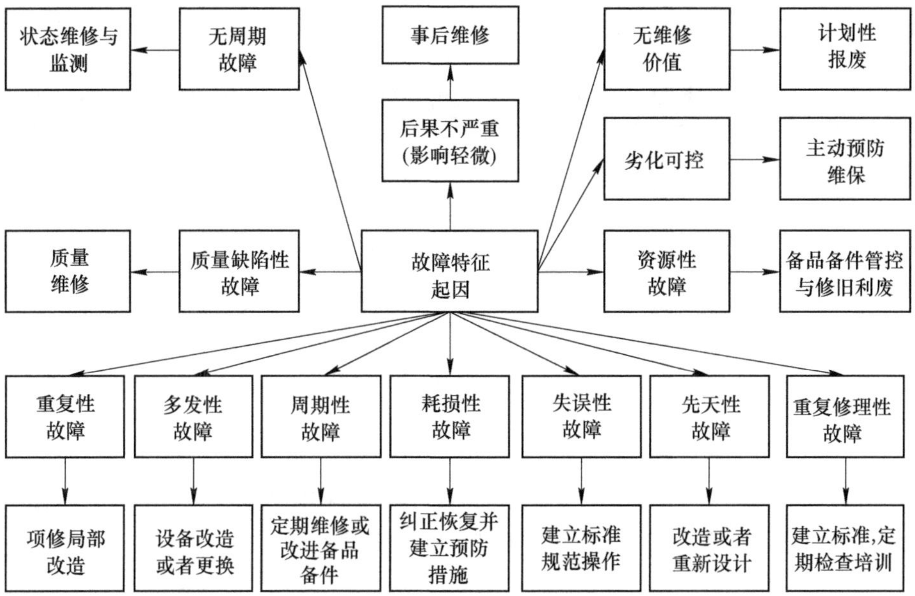

图 3-9-2 设备故障的分类处理模式

实践 10　技改制丝工艺设计与“四平八稳”

工艺设计是卷烟企业就地改造中的重点和难点，青州卷烟厂就地技术改造项目工艺设计过程中结合工匠 36 计提供的方法，诞生了许多优秀的经验。

“四平八稳”是指“对称性”的变革，是通过平衡、对称、稳定的方式来完成某种功效的创新技巧。这也是很多产品和事物的常规态势，是符合多数人类审美的特质。

在制丝工艺路线设计中，“四平八稳”主要体现在生产线的布置上。为了确保产能达标，制丝生产线往往布置多条生产线，这样做既可以实现生产线能力的叠加，也可以在一条生产线无法运作时，确保生产连续。

青州卷烟厂技改新制丝线配置了 2 条 3000 kg/h 的制叶丝线，为了确保生产的“同质”，设计过程中采用了“四平八稳”的对称性做法。图 3-10-1 是叶片处理段的工艺路线图，从图 3-10-1 中可以看出叶线 A 与叶线 B 完全对称分布。两条生产线的加工工艺、生产设备都完全一致，这样做有如下优点：一是由于用了同样的工艺和设备，可以实现完全同质化的生产，在叶线 A 无法生产时，B 可以继续生产，两条生产线既可以并行，也可以相互代替；二是两线设备相同，为以后的设备管理提供了便利，设备备件的互换性更强；三是操作工在熟悉了一条线的工作流程后，可以同时承担另一条线的工作，减少了对生产线学习的时间。

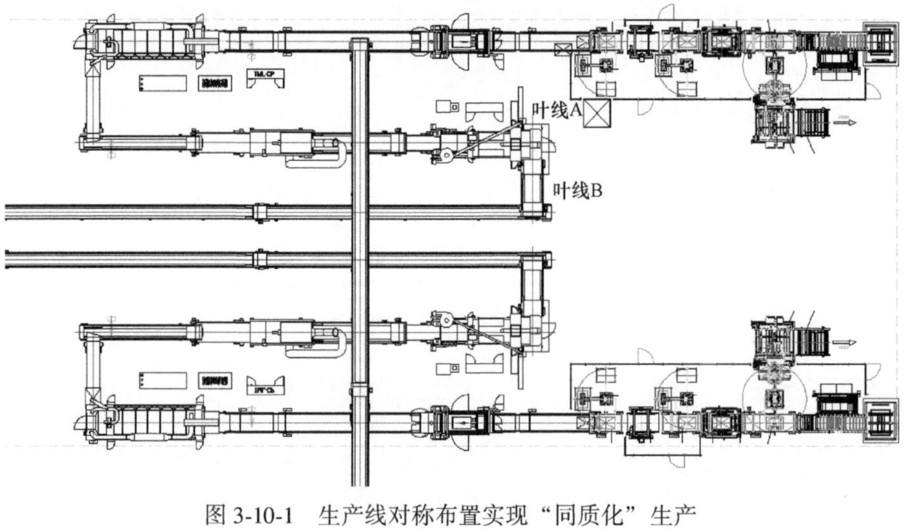

图 3-10-1　生产线对称布置实现“同质化”生产

实践 11　基于“东倒西歪”重心原理的条盒卷烟自动翻转装置设计

“东倒西歪”是通过不对称、反对称、反平衡的方式进行的创新技巧。

条盒包装外观是卷烟市场质量反馈的焦点，因为条烟透明纸搭口及拉线在底部，所以条烟烙痕、拉线错位、透明纸搭口偏斜、条装夹末、透明纸底部破损等质量缺陷，不易被条盒外观检测装置发现、剔除，流入市场的概率极大，极易造成市场反馈。

为解决此类问题，维修人员提出：条盒卷烟进入封装工序前，让条盒透明纸搭接口向上，可容易实现检测与剔除，减少市场反馈概率。如何实现条盒卷烟翻转，成为维修人员研究的重点，如图 3-11-1 所示。

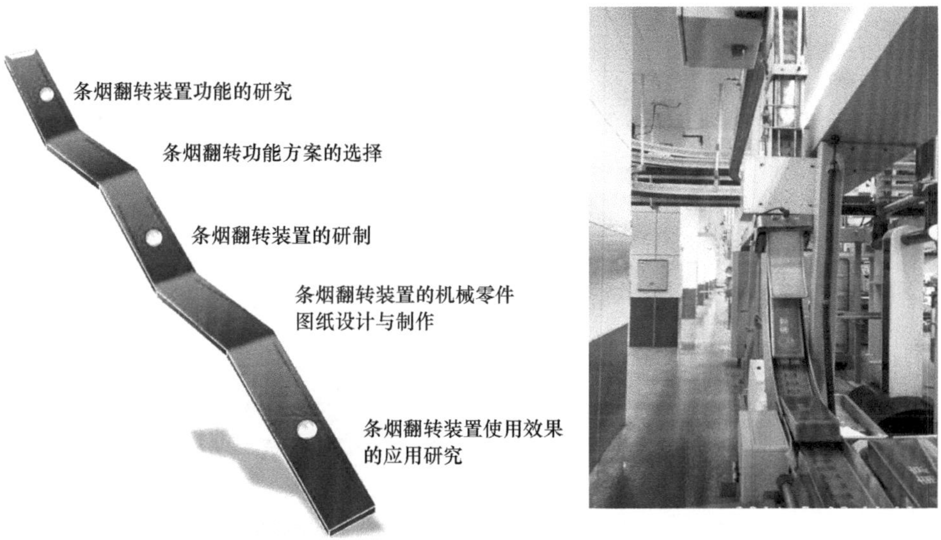

图 3-11-1　自动翻转装置

团队成员沿着条盒卷烟输送路线一遍遍查看，一次次研讨，最终确定了翻转方案，借鉴 ZB45 包装机组烟盒跑道尾部烟盒翻转的原理，设计出条盒翻转的原理，主要分为 90°条烟侧立翻转、90°条烟搭口朝上翻转两部分，如图 3-11-2 所示。

90°条烟侧立翻转：将欧亨带入口处高度降低，与 S 形提升带出口处高度形成一定的高度差 H，在条烟欧亨带入口处加装侧板，烟条在输送时一侧受重力 G

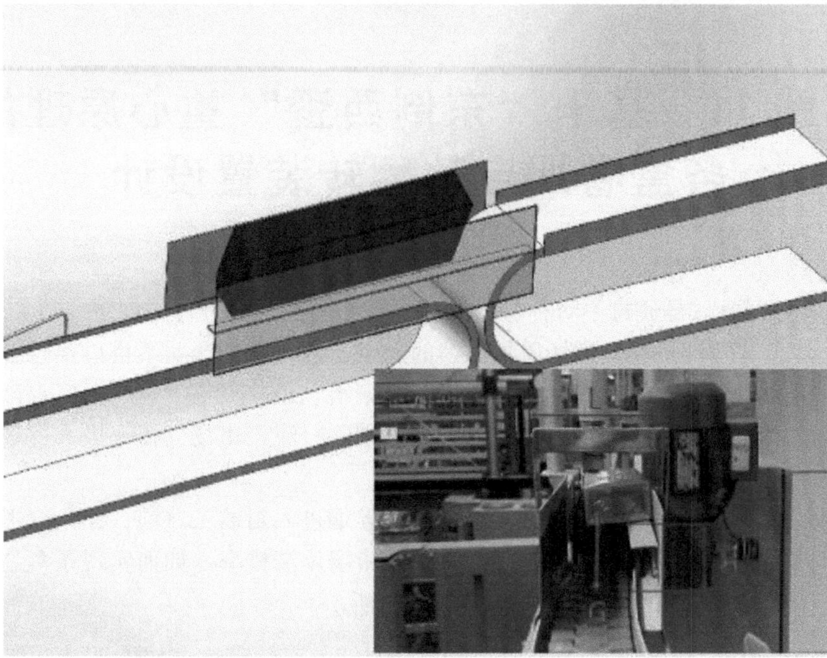

图 3-11-2　烟盒翻转原理

作用下落，另一侧由于侧板而保持原高度，同时加宽侧翻通道 L，使其能够正常翻转，如图 3-11-3 所示。

图 3-11-3　条烟侧立翻转

90°条烟搭口朝上翻转：在欧亨带的某一处加装侧翻装置，侧立的条烟在欧亨带输送时上部与下部分别受到水平方向相反的作用力 F1 与 F2，从而形成侧翻，如图 3-11-4 所示。

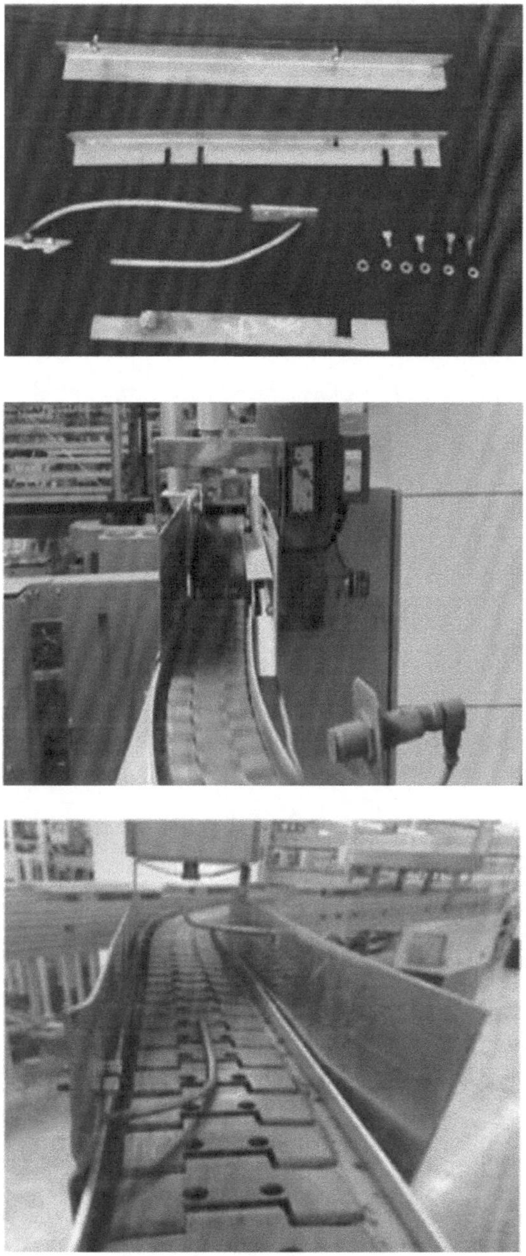

图 3-11-4　条烟搭口朝上翻转

项目团队通过条烟的包装尺寸，结合力学原理确定了有关零件的尺寸，设计出相应的零件图，并进行加工、安装及调试。

项目团队安装完成后，条烟底部朝上运输至封箱机输送带后，条盒成像检测及挡车工可以完成对条烟底部拉线、搭口、透明纸质量的检测，条烟包装质量缺陷种类的检测率达到 100%。项目实施效果良好，条盒飞包等有关条盒透明纸的质量反馈没有出现，质量改进效果显著，同时，该项目也被评为厂技术创新成果一等奖。

实践 12 技改制丝工艺的“精雕细琢”设计

工艺设计是卷烟企业就地改造中的重点和难点，青州卷烟厂就地技术改造项目工艺设计过程中结合工匠 36 计提供的方法，诞生了许多优秀的经验。

“精雕细琢”或者“精准”是通过精密的设计、选材和制造，让创新的创造物达到最高的标准，创造最高的价值，如图 3-12-1 所示。

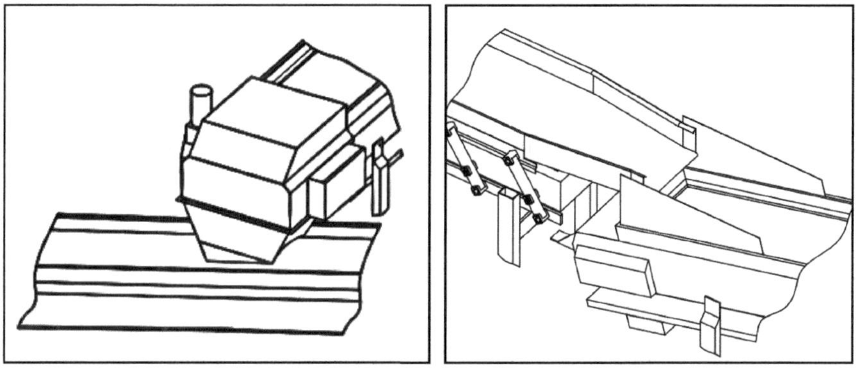

图 3-12-1 设备搭接标准举例

在工艺设计过程中，小到一条皮带输送机的位置，大到一条生产线上工序的设置，每一个细节都需要慎重考虑，在青州卷烟厂就地技术改造工艺设计过程中，许多方面都体现了“精雕细琢”。

工艺设计很大一方面是为了解决现有工艺出现的一系列问题。比如青州卷烟厂现有生产线的灵活程度受制于贮柜的使用方式，在新工艺设计中，利用双向皮带机，以实现贮柜互通，增加生产灵活性；青州卷烟厂现有生产线的喂料方式存在喂料均匀性差的问题，在新工艺设计中，采用“喂料机+皮带机”的方式提高喂料的均匀性，这样的改动还有很多，工艺设计更多的是植根于现在，着眼于未来，“细琢”现有的工艺路线，“精雕”未来的工艺路线。

工艺设计另一方面在于设备的选择。设备的生产厂家很多，工艺实现的方式也有很多种，针对诸多选项“精雕细琢”，选择适合于自身发展的设备是关键。青州卷烟厂在技改设备选型过程中，针对行业内在用的设备进行了充分的调研，并从设备结构、原理、使用效果等多个方面进行了对比分析，最终确定了合适的设备选型。此外，针对设备制定了详细的技术标准，如皮带机支腿的形式、搭接口的形式，这些细节只有经过“精雕细琢”后才能确保设备能够满足工艺要求。

实践 13　按照“伸缩自如”原理研发潜伏式 AGV 自动接驳系统

“伸缩自如”是通过缩放、扩大与缩小、延展与压缩、展开与折叠所完成的创新技巧。

货物搬运与输送技术是社会经济运行中的重要组成部分，当前以潜伏式 AGV 机器人为代表的柔性输送技术正引导物流行业快速变革。青州卷烟厂物流系统计划采用潜伏式 AGV 将刚性输送方式改为移动式输送设备为主的柔性输送模式。但现有物流系统，因上下游主机设备的取料工位高度较高且高度不一，生产物流系统中存在多种高度的输送机，无法同时实现潜伏式 AGV 和卷烟生产物流系统的设备对接，如图 3-13-1 所示。

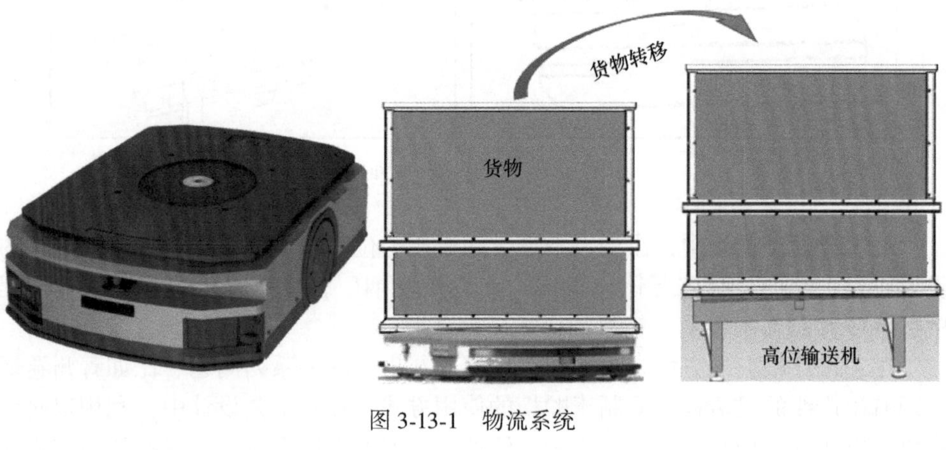

图 3-13-1　物流系统

如何改变输送机高度，实现潜伏式 AGV 和卷烟生产物流系统的设备伸缩自如的对接，同时满足现有场地空间狭窄的要求，是一项重大课题。

青州卷烟厂采用潜伏式 AGV 接驳输送系统，电机带动传动齿轮驱动立柱上垂直方向的链条实现输送机的升降，实现 AGV 平台接货后提升至任意高度，到位后输送机水平方向的链条带动货物水平移动实现输送机上的货物移动，通过输送机的伸缩，解决了不同高度输送机难以准确接驳的难题，如图 3-13-2 所示。

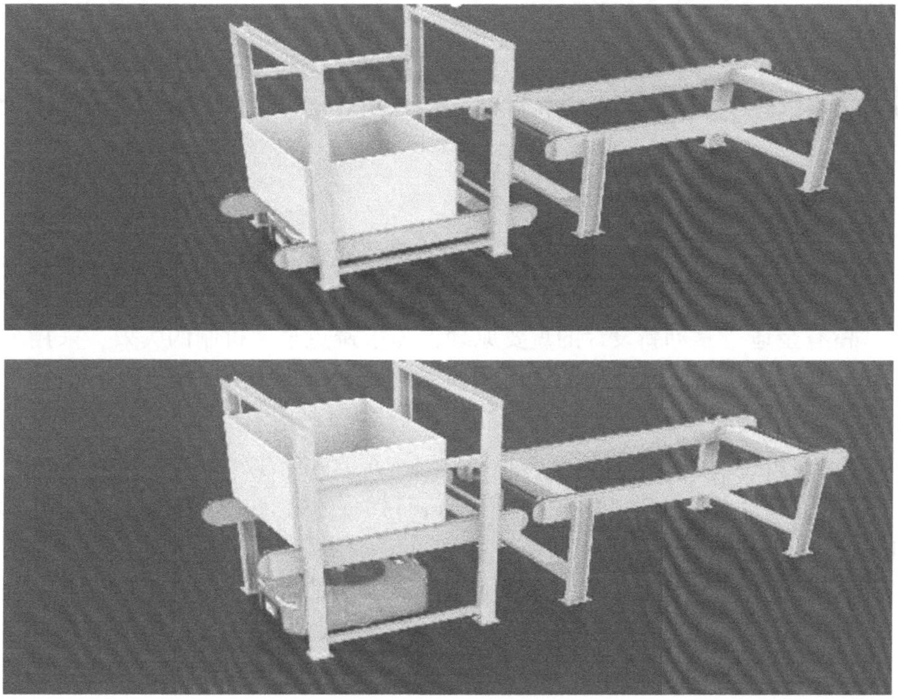

图 3-13-2　输送系统

实践 14 “留有余地”的技改制丝工艺设计

工艺设计是卷烟企业就地改造中的重点和难点，青州卷烟厂就地技术改造项目工艺设计过程中结合工匠 36 计提供的方法，诞生了许多优秀的经验。

“留有余地”是创新设计的重要原理，为了避免某一机制的失效，采用另外原理机制，另外动力的设计可以加以补充或者补救，即为冗容设计。在工艺设计中，大到生产线的“留有余地”，小到单个设备的“留有余地”，此计的应用比比皆是。青州卷烟厂工艺设计有两条 3000 kg/h 的叶丝生产线，设计有 8 组预混柜，初期的设计是北面的 4 组柜用于 A 线物料的存储，南面的 4 组柜用于 B 线物料的存储，正常生产时，这样的设计没有问题，但在极端情况下，若 A 线长时间无法使用，北面的 4 组柜长时间处于闲置状态，就会导致生产线烟叶储存能力下降，为了解决这个问题，在工艺设计过程中，通过增加双向皮带机，实现了 A 线与 B 线进柜路线的互通，使得生产“留有余地”，如图 3-14-1 所示。

图 3-14-1　使生产“留有余地”

“留有余地”的另外一个应用在于设备的备用问题，在一些关键生产工序上，一旦设备出现故障，就会影响生产质量，如切丝机等，因此在工艺设计中，关键工序设备常常是一用一备，这样可以解决由于单个设备故障停机而带来的生产被迫终止问题。青州卷烟厂在工艺设计过程中，为了给切叶丝、切梗丝、压梗等工序“留有余地”，在这些工序上均设置了两台设备，以备不时之需。

实践 15　利用“草船借箭”技巧研发智能掺配补差装置

“草船借箭”是通过借能、借势、借力的形式进行创新的技巧。

青州卷烟厂为提高烟丝掺配精度，改进掺配工艺由流量掺配改为总量掺配，但是该掺配模式针对不足一箱的烟丝尾料，通过化整为零方式大大降低了人工掺配的比例，但是部分批次掺配仍需要通过人工补差方式实现。人工补差导致运营成本高、生产停机等待、工人健康受危害等痛点问题。该厂通过借鉴风力送丝设备，研制一套智能掺配补差装置，设备采用负压吸丝原理，通过真空发生器、负压发生仓将烟丝移动到负压集料仓中，由两组静态称确保定量取丝，吸丝管路与烟丝的距离保持恒定，增加吸丝效率的同时避免烟丝堵塞，落料气锁机构连续稳定地将烟丝移动到掺配空箱中，使生产流程衔接紧凑，实现智能掺配补差，代替人工作业，如图 3-15-1 所示。

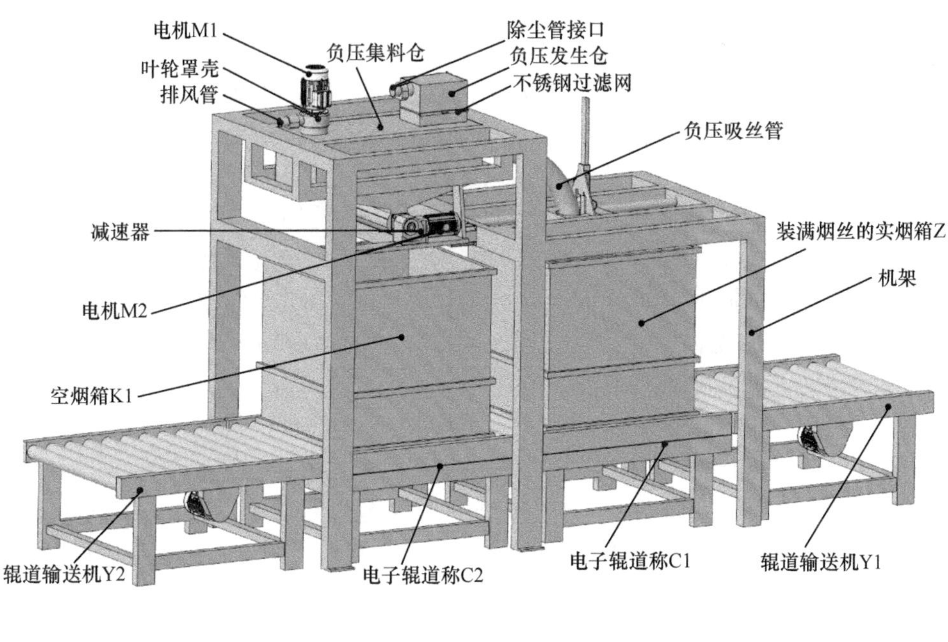

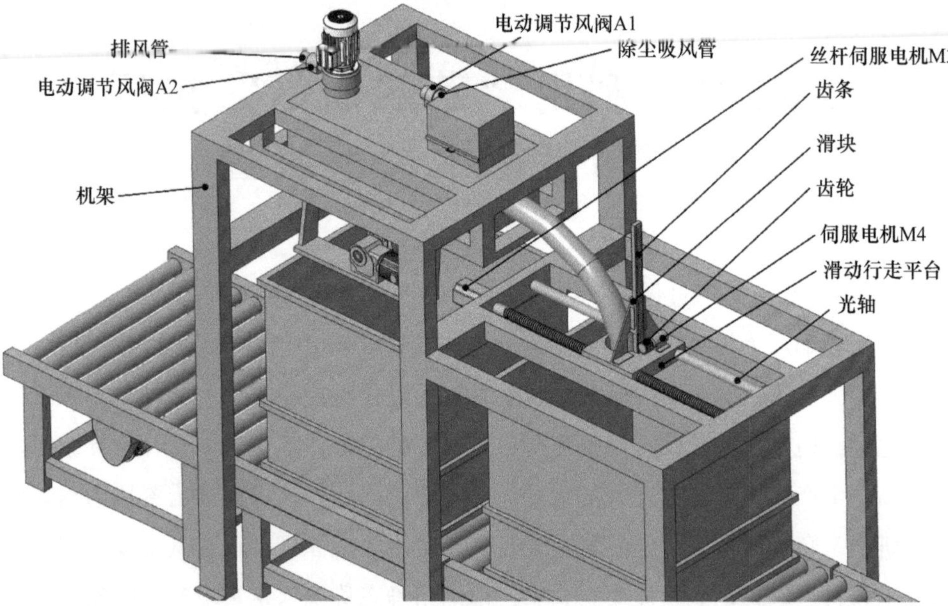

图 3-15-1　智能掺配补差

具体实施方式如下。

一种烟丝自动定量补差装置，包括机架、负压集料机构、管路行走机构、电动负压发生机构、落料气锁机构、输送与称量系统。

其工作原理为：一个空烟箱 K1 通过辊道输送机 Y1、电子辊道称 C1，到达电子辊道称 C2，装满烟丝的实烟箱 Z1 通过辊道输送机 Y1 到达电子辊道称 C1，伺服电机 M4 开始得电运行，带动齿轮转动，齿轮带动齿条上下运动，齿条上的负压吸丝管固定卡带动负压吸丝管上下运动，当位移传感器检测到与实烟箱 Z1 内烟丝的距离后，动态调整伺服电机 M4 正反转，使得烟丝与负压吸丝管入口位置保持恒定，为防止在烟箱同一地方吸取烟丝造成管路堵塞，特设计管路行走机构，在吸取烟丝的同时，丝杆伺服电机 M3 得电，使得滑动行走平台直线运动，进而负压吸丝管沿光轴方向移动，同时距离烟丝的高度动态变化，使得实烟箱 Z1 内的烟丝不间断被吸入负压集料仓中。

装置负压发生方式有两种：第一种是利用生产车间负压除尘管资源，将负压除尘管接到除尘管接口上，利用其负压效果使得负压发生仓产生负压，进而负压集料仓产生负压，此过程负压集料机构的电动调节风阀 A1 保持开启，电动负压发生机构中的电动调节风阀 A2 保持关闭，烟丝通过负压吸丝管进入负压集料仓；第二种是利用电动负压发生机构，通过电机 M1 得电，带动叶轮高速运转，使得叶轮罩壳内部空气高速流动产生负压，过滤网保证空气可以通过，但烟丝不可通过，进而使负压集料仓产生真空环境，此过程负压集料机构的电动调节风阀A1保持关闭，电动负压发生机构中的电动调节风阀A2保持开启，烟丝通过负压吸丝管进入负压集料仓。

为保证负压集料仓的真空环境，又同时保证烟丝可以落料，特设计落料气锁机构，电机M2转动带动减速器，进而带动十组叶片旋转，转动过程中在对向方向上始终保持有至少一对叶片与负压集料仓内壁保持接触，形成密闭环境，烟丝由于重力作用落到相邻两个叶片形成的V形槽内，通过叶片旋转，将烟丝带离负压集料仓实现落料。最终烟丝落到空烟箱K1内。

一种烟丝自动定量补差装置的定量补差方法，包括以下步骤。

第1步，按主叶丝重量及工艺配方要求计算各类掺配叶丝、薄片丝、梗丝、膨胀丝、残丝掺配重量。

第2步，根据烟丝库内现存放各类掺配叶丝、薄片丝、梗丝、膨胀丝、残丝的重量情况，按照工艺配方要求，组配掺配丝，如整箱组配不能满足配方要求，则计算掺配叶丝、薄片丝、梗丝、膨胀丝、残丝各需要补充多少重量。

第3步，从烟丝库中调取空烟箱K1和需要补差品类的实烟箱Z1（各类掺配叶丝、薄片丝、梗丝、膨胀丝、残丝）。

第4步，将空烟箱K1放置到辊道输送机Y1上，经辊道输送机Y1、电子辊道称C1、电子辊道称C2，最终在电子辊道称C2上停止。

第5步，空烟箱K1在电子辊道称C2上停止后，将需要补差品类的实烟箱Z1（各类掺配叶丝、薄片丝、梗丝、膨胀丝、残丝）放置到辊道输送机Y1上，经辊道输送机Y1、电子辊道称C1，最终在电子辊道称C1上停止。

第6步，实烟箱Z1在电子辊道称C1上停止后，对实烟箱Z1总质量进行称重。

第7步，按照之前计算需要补差的重量进行小幅上浮，例如需要取丝20 kg，则上浮一定比例，从实烟箱Z1中取24 kg，目的是确保负压集料仓内物料多于20 kg，同时最大限度减少环节时间，之后装置产生负压进行吸丝工作，由电子辊道称C1计量重量减少24 kg后则停止吸丝工作。

第8步，吸丝工作开始后，落料气锁机构同步运行，烟丝掉落至空箱K1中，电子辊道称C2计量重量达到20 kg后落料气锁停止运行，落料停止。

第9步，由上图，落料完成后，空箱K1经电子辊道称C2、辊道输送机Y2，最终到达辊道输送机Y2，后送入烟丝掺配环节。

第10步，由实烟箱Z1经电子辊道称C1、电子辊道称C2，最终到达电子辊道称C2后，落料气锁机构开始运行，将负压集料仓内剩余烟丝全部接走。

第11步，实烟箱Z1接走全部烟丝后，经电子辊道称C2、辊道输送机Y2，最终到达辊道输送机Y2，后送入烟丝库供调配使用。

第12步，空箱K1和实箱Z1状态改变后，信息实时传递到上位计算机系统。

注：上述“烟丝”为泛指，可为各类叶丝、薄片丝、梗丝、膨胀丝、残丝。

实践 16 “望闻问切”感知“五味俱全”，为动力设备“祛病强身”

“五味俱全”即通过味道、气味以及气体浓度的变化进行的创新技巧。这一创新主要针对人的嗅觉、味觉和触觉感官，通过给感官带来的享受或者刺激，产生某种功效。

青州卷烟厂动力车间通过“望闻问切”为动力设备“祛病强身”。“望诊”——观气色。一看设备状态，看设备的各个部件是否处于正常位置，是否变形，设备运行是否平稳、有无卡顿延迟。二看交班记录，交班记录详细记录着设备运行的重要信息，当班是否发生故障，是否排除故障，故障如何排除。三看仪器仪表，包括各种温度表、压力表、液位高度、电流电压等。一旦出现异常显示，可作为推断故障位置和故障部位的线索。

“闻诊”——听气息。一是耳听，设备正常运行与否声音有很大不同，熟练的技能人员可以通过声音大致判断出设备是否存在故障，比如听除尘器脉冲反吹声音，发现控制系统是否故障；听电机轴承运行声音，判断轴承的好坏。二是鼻嗅，对烧焦气味的辨识，发现电气系统的短路或者某些热加工设备的过热、过烧现象。

“问诊”——询症状。一是问当班操作人员，设备是否正常，好不好用，操作人员最有话语权，他们和设备待在一起的时间最长，接触最多，自然也就最了解。二是问维修工，设备维修离不开维修班，通过询问可以确定设备的易坏点、换备件周期，为设备运行维护提供数据支撑。三是问设备厂家，通过询问设计人员了解设备的运行原理，在故障时及时找到故障点。对于厂内不能解决的故障，及时通过电话、视频连线等方式联系厂家，排除故障。

“切诊”——摸脉象。“切”即检测，通过“望”“闻”“问”发现的问题，如何确定坏在何处，就需要检测。比如用气体探测仪测气体泄漏点，用万用表检测电气元件是否正常等。发现问题，列出可能损坏的部件，用排除法逐步排除完好部件，找出问题所在。

根据“望诊”“闻诊”“问诊”“切诊”四诊结果对机械设备、控制系统、供配电系统和通信系统进行综合分析，找出关联点，锁定问题根本原因，开出“根治式”药方，以“治本”为目的，为动力设备“祛病强身”。

实践 17　技改制丝工艺设计之“须弥芥子”之道

工艺设计是卷烟企业就地改造中的重点和难点，青州卷烟厂就地技术改造项目工艺设计过程中结合工匠 36 计提供的方法，诞生了许多优秀的经验。

“须弥芥子”是通过“维变”来进行的创新方法。我们所指的“维变”是广义的，既有通过升维、降维手段进行的创新；又有通过增强、消减、变速、减速、突变、蜕变手段进行的创新，旨在给创造物脱胎换骨，从而改变功效、创造价值。

“须弥芥子”之计的一个典型例子是当下流行的三维可视化建模技术。青州卷烟厂利用三维建模技进行工艺设计取得了极好的效果，设计过程中，工艺设计人员可以根据具体的工艺要求以及自己心中所想，利用三维可视化建模软件，将具体的设备绘制出来并进行组装及搭接，搭接出的效果图可以直观地反映实际效果，相比于二维工艺设计，三维设计可以更加直观地进行设备排布和调整。此外，应用三维建模技术可根据自身要求绘制相关设备的技术要求（见图 3-17-1），并准确地传递给设备厂家，确保设备能够满足工艺的要求。

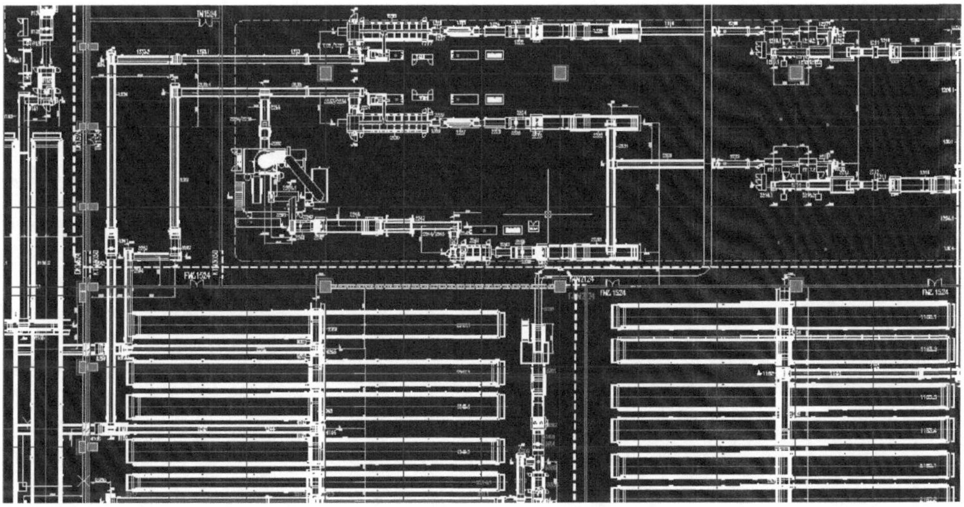

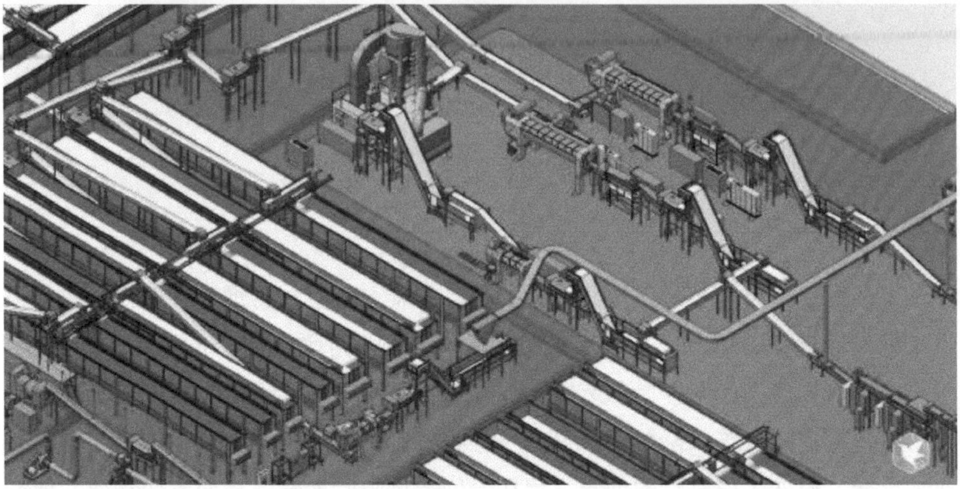

图 3-17-1　三维建模技术直观反映设计情况

实践 18　从制丝双介质喷嘴的设计看“滴水成冰”

“滴水成冰”是指通过相位转化、物理变化、化学反应而完成的创新。

烟草行业制丝车间双介质喷嘴（见图 3-18-1）的工作原理就是“滴水成冰”物理模型变化的成功案例，通过两个彼此独立的喷嘴，外层喷嘴喷出的是一种气体介质，而内层喷嘴则喷射的是一种液体介质。高速流体通过狭窄的通道喷射出来，产生高速喷流。这个通道就是喷嘴的喉管，它的直径通常比喷嘴出口小得多。当流体通过喉管时，由于通道变窄，流速增加，压力降低，从而产生了一个负压区域。这个负压区域会吸引周围的空气或液体，形成一个环绕喷流的环境。这个环境可以帮助喷流更好地扩散和覆盖目标表面。喷嘴的出口形状和大小也会影响喷流的性质。例如，圆锥形出口可以产生一个锥形喷流，适用于喷涂和清洗；扁平形出口可以产生一个扁平喷流，适用于冷却和加湿。此外，喷嘴还可以通过调节进口流量、喉管直径和出口角度等参数来控制喷流的速度、方向和形状。

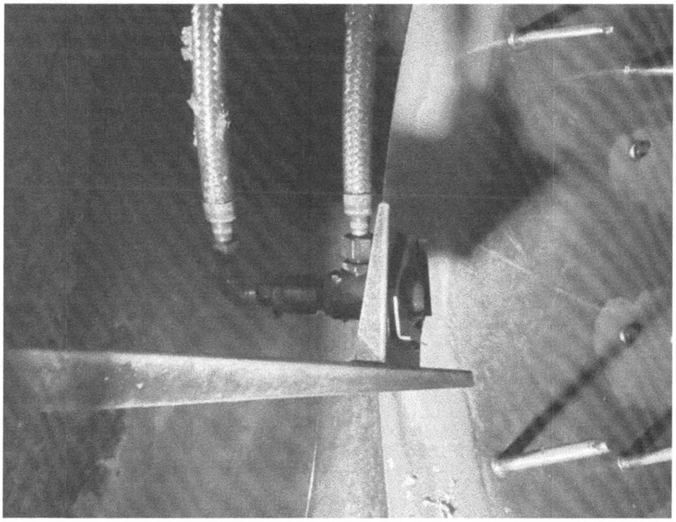

图 3-18-1　双介质喷嘴图

双介质喷嘴在烟草行业制丝车间的用途主要是用于混合和调味。它将液体香精或其他添加剂与烟草丝均匀混合，使烟草丝具有更好的口感和品质。双介质喷嘴在烟草行业制丝车间的应用可以帮助提高烟草的品质和口感，同时也可以提高生产效率和产品质量。

实践19 从“上下左右”原理再看技改制丝工艺设计

工艺设计是卷烟企业就地改造中的重点和难点，青州卷烟厂就地技术改造项目工艺设计过程中结合工匠36计提供的方法，诞生了许多优秀的经验。

工艺设计更多的是着眼于“路线”，所有的路线由一条条皮带输送机、振动输送机组成，合理布置这些辅联设备的位置，是实现既定工艺要求的关键。

“上下左右”之计在解决工艺设备布置上的作用十分明显。在青州卷烟厂路线确定过程中遇到了这样一个问题：厂房的面积一旦确定无法改变，在有限空间，如何布置能够满足工艺路线要求的设备？比如在滚筒松散回潮后进入预混柜的工艺路线上，两条东西的进料皮带机应分开布置，但是平面空间有限，如何处理。答案是充分利用上下的空间，将需要平面分开布置的两条皮带机“摞起来”(见图3-19-1)，这样可以在面积有限的情况下，布置多条皮带，既可以完成工艺路线，也可以确保人行走的空间不受影响。

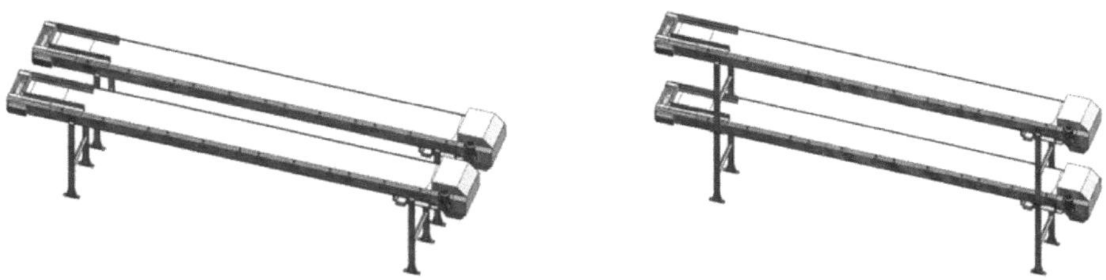

图3-19-1 将皮带“摞起来”以节约空间

“上下左右”之计的另外一个作用在于节约人工（见图3-19-2)。青州卷烟厂烟梗投料采用人工上料方式，即人工将装满烟梗的麻包带运送至喂料设备内，由于喂料设备的喂料口较高，必然会出现人工向上运输物料困难的问题，为解决这一问题，青州卷烟厂采用了将皮带机一部分移动到地下的解决方案，可以利用推车将麻包袋运至投料口，只需人工割开麻包袋后就可以实现烟梗的投料，大大节省了人力。

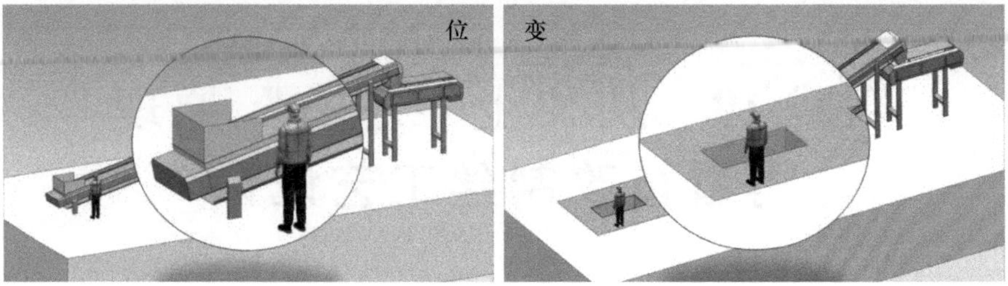

图 3-19-2　将皮带移位以节约人力

实践 20　构建“五光十色”的“134”现场精益管理模式

“五光十色”是通过改变创造物的颜色、改变其色彩的方式进行的创新。

生产现场管理是企业管理的重要组成部分，是企业形象、管理水平和职工素养的综合反映，是衡量企业管理水平及职工素质高低的重要标志。青州卷烟厂选定压棒机房为现场精益管理样板间（见图 3-20-1），引入目视管理手段，利用形象直观而又色彩适宜的各种视觉感知信息来组织现场生产活动，引入物料摆放、形迹管理、诸多现场可视化元素。

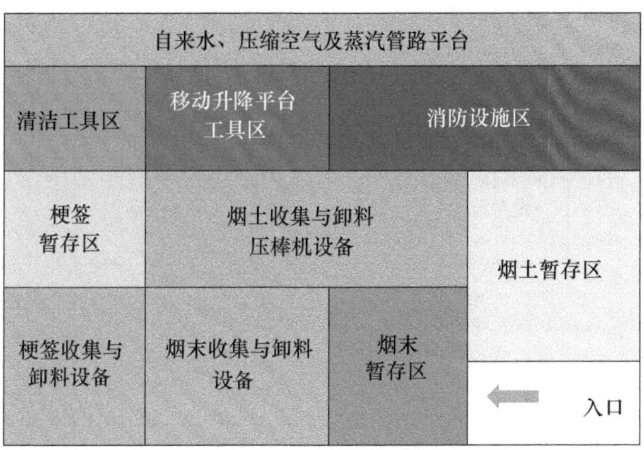

图 3-20-1　压棒机房区域划分

正常生产时，压棒机房每天收集存放的烟土（见图 3-20-2）、梗签和烟末达 100 余袋，摆放杂乱物料让作业与巡检寸步难行。为提高现场物料摆放的规范，规划现场定置区域，粘贴标线与标识牌。根据区域功能属性，划分为烟土、梗签及烟末收集与卸料作业区，烟土、梗签及烟末装袋暂存区，自来水、压缩空气及蒸汽管路平台、消防设施区、清洁工具区、移动升降平台工具区等网格区域。

运用 PDCA 现场管理流程（见图 3-20-3），保持着现场管理良好的推进态势。以实促效，保证生产现场的高效进行，推动现场管理工作提质增效。

图 3-20-2　焕然一新的压棒机房

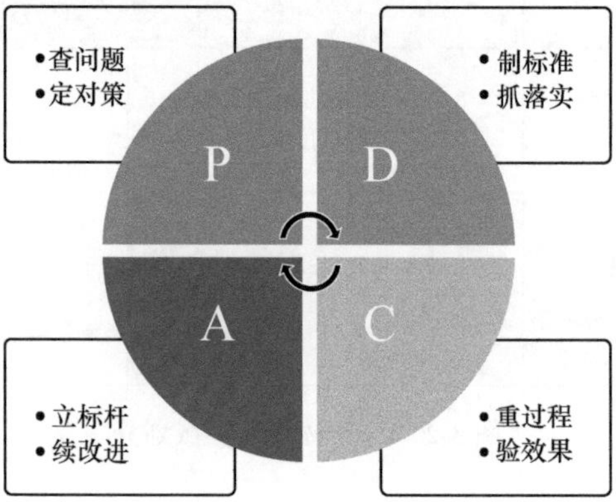

图 3-20-3　PDCA 现场管理流程图

实践 21 按照“千形万态”思路研制移动式条烟缺盒检测平台

“千形万态”是通过改变形态、形状以及样式所进行革新的方法。

为满足小批量、多品种、个性化生产需求，提高柔性化生产能力，青州卷烟厂研制移动式条烟缺盒检测平台，满足小批量产品出厂检测需求，如图 3-21-1 所示。

图 3-21-1 检测器

卷烟生产过程中，卷制出的条装成品烟被包装机输出后，会经过输送带中部缺盒检测装置进行检测，如果发生条中缺盒现象，检测器报警，输送带停止运行，直至操作工取出条烟，重新启动，输送带正常运行。

生产卷制出的条烟被输出后，经过转向、爬坡、降落等一系列过程，从一楼生产区输送至三楼封箱区，由于条烟输送路径长，在输送过程中有时会发生停带故障，如图 3-21-2 所示。

当进行样品制备或小批量定制产品生产时，包装机输出的条烟将在一楼进行人工装箱，不由装封箱机装箱。

条烟不经过条烟输送线上的条盒缺包检测装置，将存在条盒缺包质量风险。为防止条中缺盒问题产生，保证产品质量，我厂决定研制一种条烟缺盒检测平台，防止人工装箱时因条烟漏检造成的条中缺盒问题。

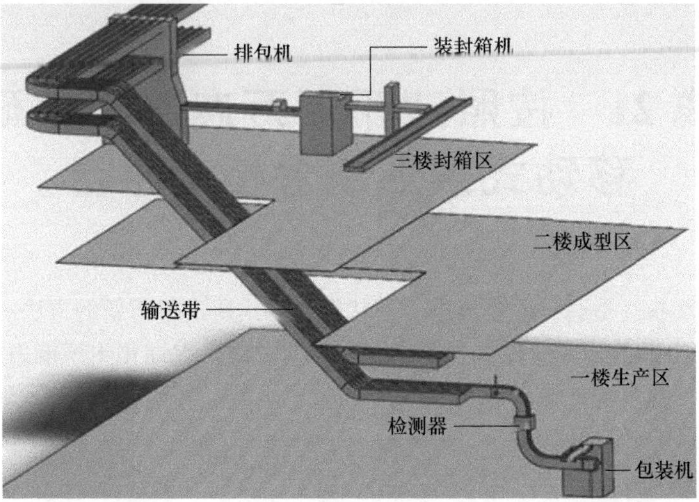

图 3-21-2　检测平台

根据检测装置和输送形式的分析与选择，最终确定了条烟缺盒检测平台的构想草图，如图 3-21-3 所示

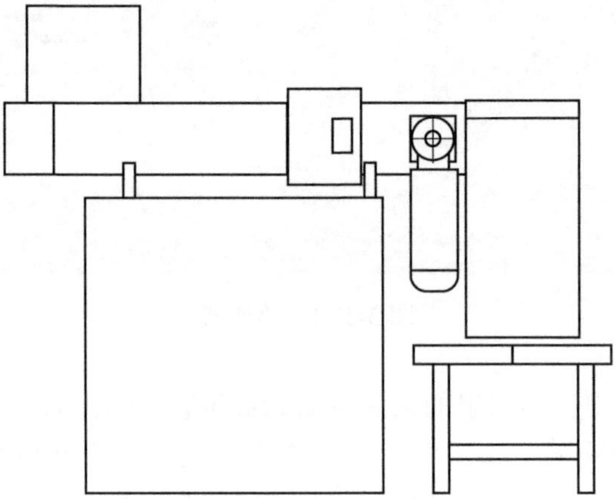

图 3-21-3　构想草图

根据试验论证，展开充分的分析、讨论，制定出以下方案：出烟通道衔接板长度应大于 360 mm（硬盒烟宽度为 88 mm，88×4＝352 mm），框架体高度范围为 1250~1350 mm，条烟输送方式为辊轮凸耳链板式输送，检测装置为 TC－1SX 型光子检测器，下滑板采用斜坡式下滑板，电气控制系统为 PLC 控制的单相电机，方案及装置工作流程如图 3-21-4 所示。

零部件齐全后，项目组进行组装调试，并制作若干条缺盒条烟进行输送试验，缺盒条烟全部报警，准确率达到 100%，如图 3-21-5 所示。

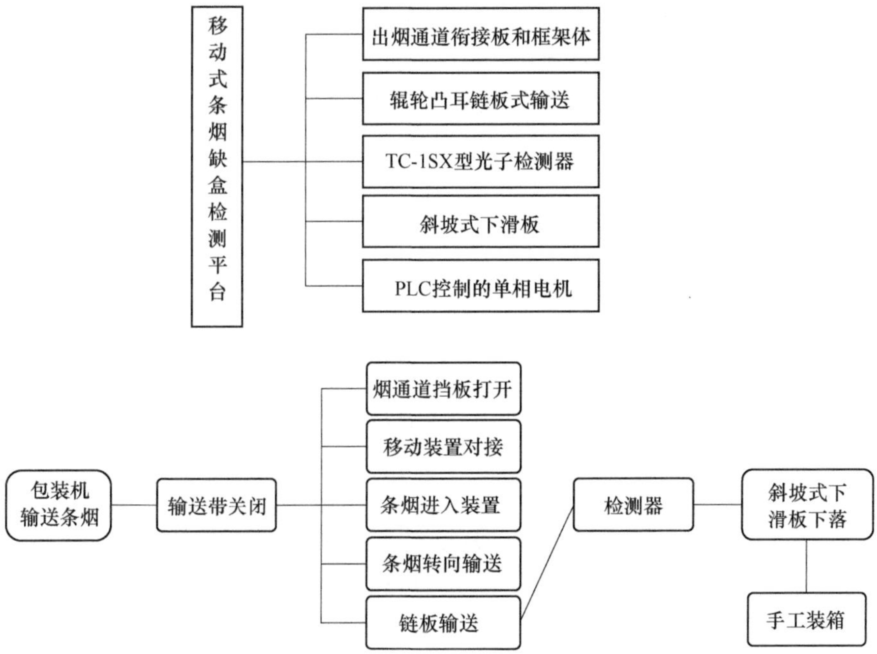

图 3-21-4　方案及装置工作流程

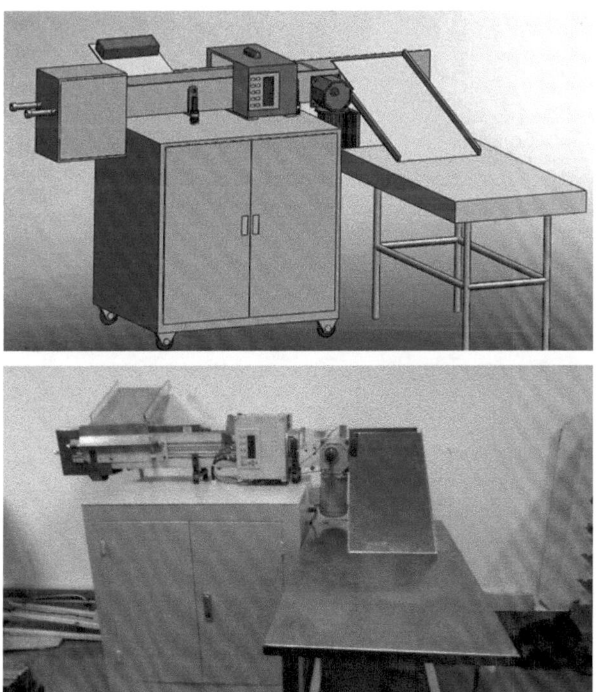

图 3-21-5　缺盒条烟预警

项目组将移动式条烟缺盒检测平台与包装机组对接，设备运行正常且稳定，有效解决了样品制备或小批量定制产品生产时，条烟不经过条烟输送线上的条盒缺包检测装置，存在条盒缺包的质量风险，如图 3-21-6 所示。

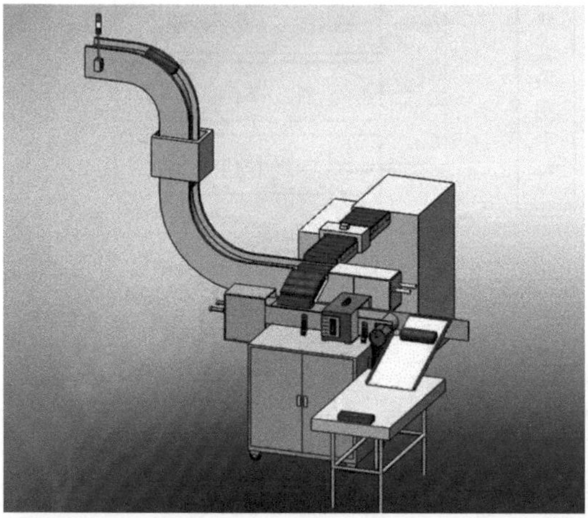

图 3-21-6　检测装置

该项改进已申报专利，光扫描条烟缺包检测器，专利号：ZL 2015 2 1137503. X。

实践 22 运用“五音六律”思路研制包装机智能扬声提示安全报警系统

“五音六律”是通过声音变化、音调变化而进行的创新方法。

包装机结构复杂，操作烦琐，出现停机故障的频次相对较高，且日常保养次数也较为频繁。当设备出现故障或进行设备保养时，常需要操作人员将手深入到设备内部进行操作，若此时另一人在不知情的情况下启动设备或盘车，则可能造成人员的机械伤害。

为避免此类事故发生，车间规定启动设备或盘车前需扬声提醒，但在生产忙碌时，操作工存在因疏忽大意忘记扬声提醒的可能。因此，项目组决定以 ZB25 短支烟包装机组为试点，研制包装机智能扬声提示安全报警系统，达到“设备启动或盘车时，百分之百有安全扬声提示”目标，避免因缺少扬声提醒而存在的安全隐患，如图 3-22-1 所示。

图 3-22-1　包装机智能报警

通过对设备状况及生产现场的实地考察与分析，我们确定出要设计的报警装置需实现以下四个功能：智能化，能够识别车况，区分出是设备启动还是手动盘车，以准确发出报警信息；自动化，能够在设备启动或手动盘车时自行发出有效的报警信号；声音大，报警声音需大过生产现场的噪声，从而形成有效的扬声提醒；看得见，为更好地起到提示效果，除发出扬声提醒外，还应发出闪光信号。

项目组对设备进行实地考察，寻找设备启动或盘车时需满足的条件，以为设计控制电路提供可利用的触发条件。经过考察，发现设备启动时，需排除设备所有故障信息，按下复位键后方可启动，而盘车时需将盘车手轮拉出方可盘车，所以我们决定利用复位键以及盘车手轮作为触发条件。由此，设计报警装置的控制流程图，如图 3-22-2 所示。

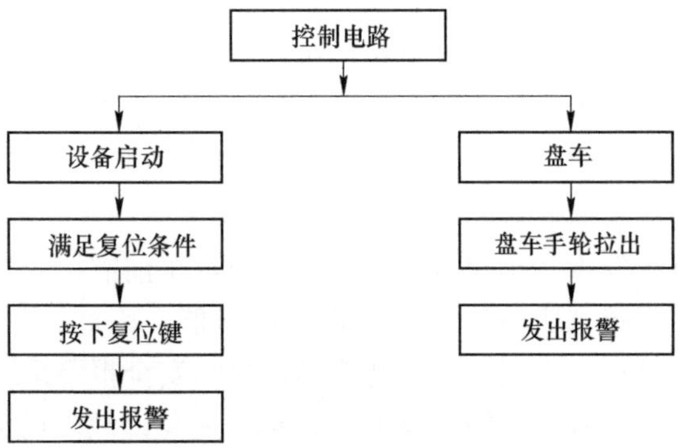

图 3-22-2　报警装置流程图

根据控制流程图，编写控制电路的 PLC 程序，设计各元件的接线图。根据电路以及装置功能等方面的要求，对各电气元件进行选择，具体如图 3-22-3 所示。

名称	语音模块	继电器	电位器	接近开关	按钮
代号	D	K_0，K_1，K_2，K_3	R	S_1	S_2
所选型号	DY-HU8F	AHN 22324N	10K	CR18-8N	DS-428
图示					

图 3-22-3　各元件的接线图

各电气元件到位后，报警装置进行了组装和调试。组装完成后，对该报警装置进行试验。试验过程中，该装置性能稳定，动作可靠，在设备启动和盘车时都能自行发出有效的报警信号，符合设计预期，如图 3-22-4 所示。

图 3-22-4 报警装置

随后，该装置投入实际应用，并跟踪记录了10个生产班次的启动及报警情况。根据记录分析，该装置投入使用后，设备启动及盘车时的报警提示率达100%，报警可靠且效果良好，达到设计目标。

项目组将装置原理、制作图纸等资料进行整理归档，将报警器的使用方法对各相关人员进行培训，并逐步推广应用到其他设备。“研制包装机智能扬声提示安全报警系统”项目在市总工会、应急管理局举办的安全生产“金点子”评比中荣获“优秀奖”。

实践 23 “格物穷理”思路如何在研制金属碎屑高效清理装置中发挥作用

“格物穷理”是指通过原理变化、机理变化、机制变化所完成的创新方法。

金属加工设备对金属零件进行加工时，会产生大量的金属碎屑。倘若清理不及时，散落在地面上的碎屑会伴随着工作人员的走动带到车间各个区域，影响生产现场环境。现在通常使用扫帚、毛刷等对散落在地面的金属碎屑进行清理，此种清扫方式存在以下问题：易产生二次扬尘，影响现场工作环境；飞扬的金属粉末进入眼睛，造成工作人员视力损害，危害职工健康；金属碎屑容易黏附到扫帚和毛刷上面，金属碎屑清理不彻底；为解决这些问题，小组成员提出采用吸尘器清理，但是有小组成员提出不同意见，认为重新采购吸尘器花费大，且设备维护保养复杂。小组成员经过探讨，针对金属碎屑易被磁铁吸附的原理，设计一种金属碎屑高效清理装置，装置外壳采用不锈钢材质，内部含有一块铷磁铁，铷磁铁处于不锈钢外壳的底部。见图 3-23-1，当装置靠近金属碎屑时，金属碎屑被吸附在外壳底部，当铷磁铁被提拉装置提起时，金属碎屑从不锈钢外壳底部分离，实现定点收集金属碎屑，收集起来的金属碎屑如有需要还可以二次利用。

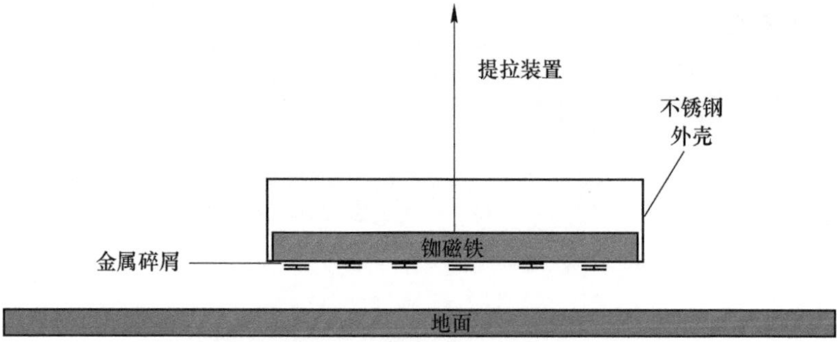

图 3-23-1　金属碎屑高效清理装置原理示意图

实践 24　提高软化水供应稳定性的“牵肠挂肚”模式创新

“牵肠挂肚”是指通过联动、连锁、反馈而进行的创新技巧。

根据卷烟生产工艺的标准要求，软化水供水压力应维持在大于等于0.4 MPa的水平。目前，青州卷烟厂软化水处理站软化水供应方式主要分为两种，分别是直供和水泵供水，各自独立运行。当采用直供方式，其供水压力表现为0.4 MPa，从理论上看，这一压力值已经满足生产工艺指标。然而，由于软化水供水压力会随着自来水供水压力的波动而变化，导致其表现出不稳定的特点，因此直供方式主要在停产或短期生产时使用。水泵供水方式采用了变频调节技术，使得供水压力能够稳定在 0.5 MPa 的水平，这种供应方式更能确保生产工艺指标得到满足。巡检人员在执行巡检任务时，发现在水泵供水方式下，软化水的供应曾出现一次瞬时的“断流”现象。经过研究发现是由于 1 号软化水泵故障后，2 号软化水泵自动开启至满负荷运行存在时间间隔，导致水泵供水时出现“断流”。最终小组成员采用连锁方式，在软化水供应管路中增设止回阀、修改 PLC 程序（见图 3-24-1），实现直供和水泵供水同时运行，当水泵供水方式出现故障，立即运行直供方式，消除软化水供应存在的“断流”现象。

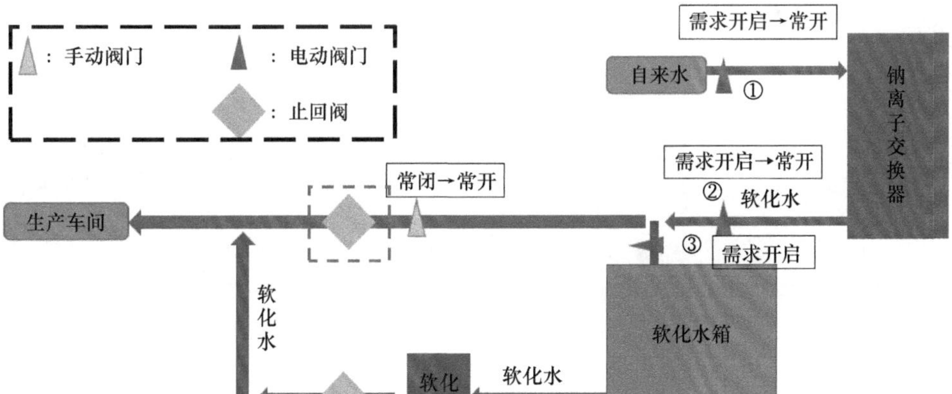

图 3-24-1　增设止回阀、修改 PLC 程序后的供应流程图

实践 25　通过“接连不断”创新成功设计烟机设备感知系统

“接连不断”是一类通过连接、连通、对接、链接来实现的创新技巧。就连接而言，其方式也是多种多样，琳琅满目，有关节连结、黏接、勾连、扣合、焊接等。“接连不断”将成为世界上不可或缺的变革技巧。

烟机设备状态感知（见图 3-25-1）是一项“接连不断”的成功案例，它是一种基于数据采集和处理的设备监测和维护技术。通过实时监测设备的状态数据，可以有效地掌握设备的运行状态和健康状况，及时发现和解决潜在问题，提高设备的可靠性和使用寿命。

图 3-25-1　烟机设备气压感知图

首先，设备的状态信息采集是整个维修过程的基础。这些信息可以通过仪器、仪表等设备进行监测。这些信息可以反映设备的运行状态和可能存在的问题。与状态信息采集直接相连的是维修的组织和资源的配置。一旦采集到设备的问题或故障，需要通过适当的组织形式和资源安排来进行维修。这可能涉及人员的调配、工具的使用、维修计划的制订等。之后是维修行为规范和维修标准化的环节。这是战术层面的维修保障，它规定了如何进行维修，包括维修的步骤、操作方法、安全注意事项等。通过规范化和标准化的过程，可以提高维修的效率和效果，降低错误维修的风险。

在整个过程中，各个环节之间是相互连接、相互影响的。状态信息采集为维修提供了基础数据，维修的组织和资源配置为维修提供了实施条件，维修行为规范和标准化则为维修提供了指导和约束。这样的过程环环相扣，连接不断，形成了一个完整的设备维修体系。这样的体系可以保证设备的问题能够及时被发现、被解决，从而保障设备的正常运行，提高企业的生产效率和经济效益。

实践 26 “跌宕起伏”应用于设备状态监测

“跌宕起伏”是一种关注脉动、振动和脉冲方向的创新技巧。

随着两化融合以及信号采集、故障诊断等相关技术的发展，通过在线监测的方式获得设备运行信息成为可能。在线监测技术基于振动、温度、噪声、流量、压力等设备运行过程中的状态数据，可实现监测及分析设备的健康状态，指导设备预防性维修。

在状态监测技术中，振动分析应用最多，它是基于机械特征频谱的故障诊断算法，从设备关键部件的机械原理出发，通过频域分析关键部件的振动数据，能够有效地监督和跟踪设备的健康状态，并在发生预警时甄别故障，如图 3-26-1 所示。

近年来，青州卷烟厂在卷包机组安装设备健康状态监测系统，通过加装各种传感器，对设备振动状态进行实时监测，并通过算法对积累的数据进行深入挖掘，发现设备运行的趋势性劣化，重点针对轴承，齿轮等旋转件磨损做出预判，

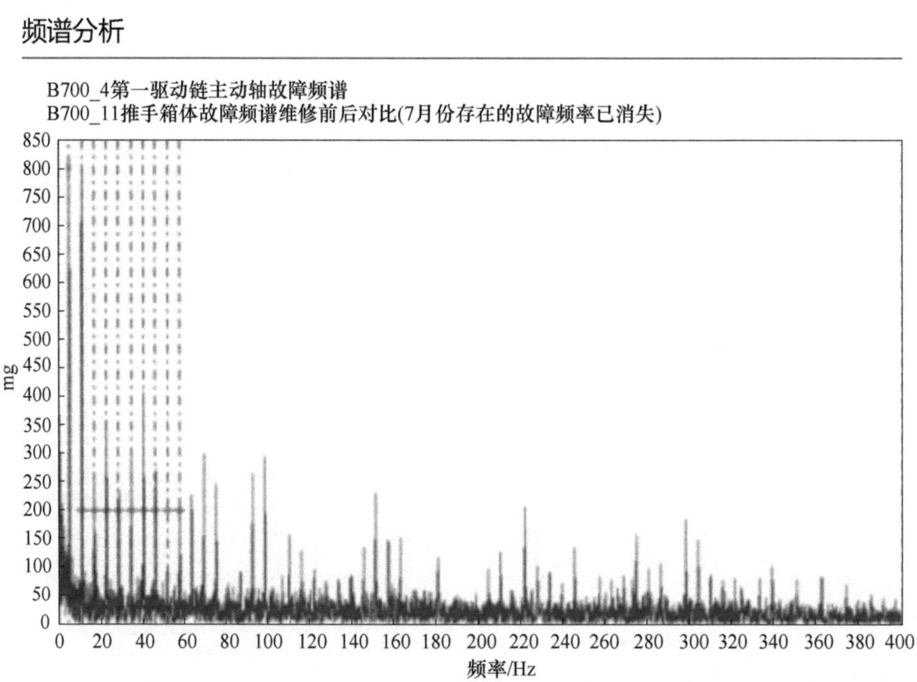

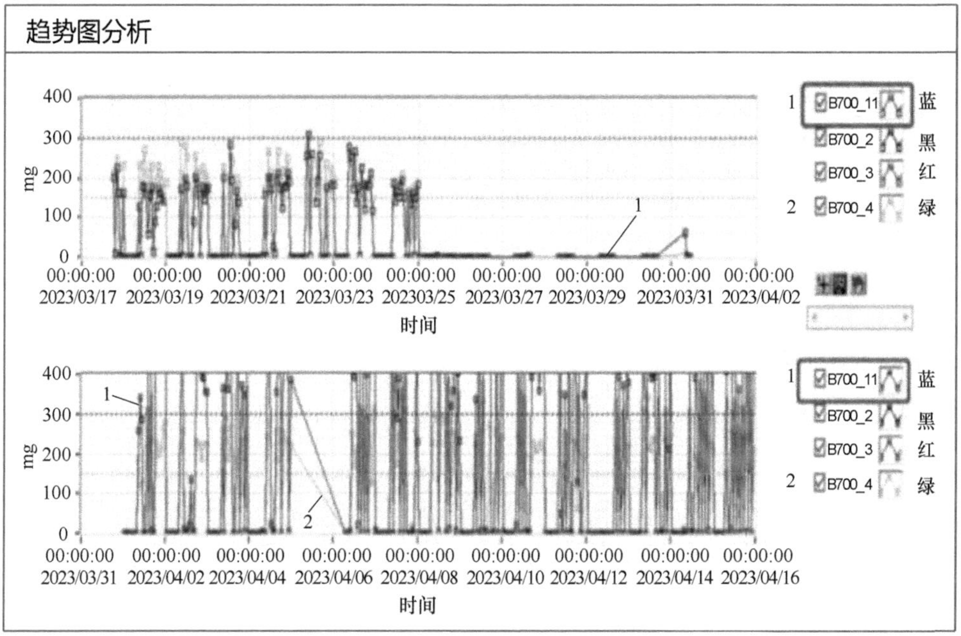

图 3-26-1　维修预警

通过轮保等开展预防性维修，避免较大设备故障出现。通过收集生产过程中的设备状态参数，对卷包机组进行实时监控与趋势分析，提高设备的运行稳定、确保产品生产质量、降低非计划停机时长。比如在减速机齿轮偏心或者不对中情况发生初期，或者推进器等部件轴承出现内圈、外圈等故障初期，齿轮啮合过程中应力导致齿的裂缝等情况下，监测系统通过信号采集和频谱分析，并匹配啮合频率或轴承故障频率，可以准确、及时地发现对应可能故障问题，并通过历史缓慢变化的趋势提前预警、减少非计划停机，提高设备运行效率。

实践 27　青州卷烟厂设立“工匠日”形成工匠文化，“势不可挡”

工匠精神对于工匠培育作用毋庸置疑。近年来，国家大力弘扬劳模精神、劳动精神、工匠精神，举办了大国工匠创新交流大会、大国工匠论坛，选树宣传“大国工匠年度人物”，建设工匠学院、劳模工匠创新工作室，建立完善关心关爱劳模工匠和技能人才的常态化机制，推动落实劳模工匠待遇，提升劳模工匠地位，让劳动光荣、技能宝贵、创造伟大在全社会蔚然成风。

在青州卷烟厂工匠培育实践中，宣传造势也起到了非常重要的作用。

2021 年 5 月，经青州卷烟厂党委研究，职代会代表团长联席会议审议通过，决定将每年 5 月 18 日（青州卷烟厂建厂日）设立为青州卷烟厂“工匠日”、每年的 5 月设立为“工匠月”。在企业内部专门设立这样一个节日，让人们拥戴、庆祝，对于企业一线职工有着重要意义，因为工匠日、工匠月的设立让企业的工匠技能人才拥有属于专属节日，有利于提升工匠人才群体的职业认同感、增强职业自豪感，有效树立起重视工匠人才培养、支持工匠技能人才发展的鲜明导向。

设立工匠日、工匠月之后，企业在工匠日、工匠月期间，组织开展了一系列的工匠节活动，例如召开劳模工匠先进集体表彰大会，现场表彰各级劳模工匠，营造尊重劳动、尊重人才的浓厚氛围；举办劳模工匠事迹报告会，让劳模工匠走上讲台讲述自身事迹，全方位、立体化展现企业工匠风采，让更多职工有机会聆听身边工匠故事；举办工匠精神专题授课，邀请行业专家为技能人才授课，解读“工匠精神”深刻内涵；开展劳模工匠技能展示活动，对劳模工匠掌握的精湛技能进行现场展示；举办工匠精神主题演讲比赛，通过演讲形式将劳模工匠的典型事迹生动诠释，通过开展一系列与弘扬劳模精神、劳动精神和工匠精神主题相关活动，全方位、立体化展现企业工匠风采，营造了学习工匠、宣传工匠、争当工匠的浓厚氛围。

与此同时，在企业工匠日、工匠月期间，通过企业的媒体，包括企业微信公众号、宣传看板和电子屏等载体来持续广泛进行工匠精神宣传，对受到各级表彰的劳模工匠事迹进行深入宣传报道，通过润物细无声的方式让劳模精神、劳动精神和工匠精神内化成企业职工的内在品质，因此，可以说企业设立工匠日、工匠月、工匠节，以此为导向不断健全完善工匠人才培养机制、塑造匠心文化、搭建成长平台，营造了大力弘扬工匠精神的强大“势场”，让尊重工匠、学习工匠、争当工匠成为企业广大职工的价值认同，这个“造势”举措成了企业工匠培育的有效催化剂和助推器。

实践 28　通过“丢卒保车”技巧研制烘梗丝机除尘器管道疏水装置

“丢卒保车”也是有失有得，舍尾求存、舍小得大的创新技巧，万事不可求全，总会是有得有失，而不可患得患失，必须舍得，敢于放弃，有所不为，才能有所为。

青州卷烟厂烘梗丝机除尘器为制丝车间烘梗丝机提供大于等于 2000 Pa 工艺指标的负压，其工艺流程如图 3-28-1 所示。

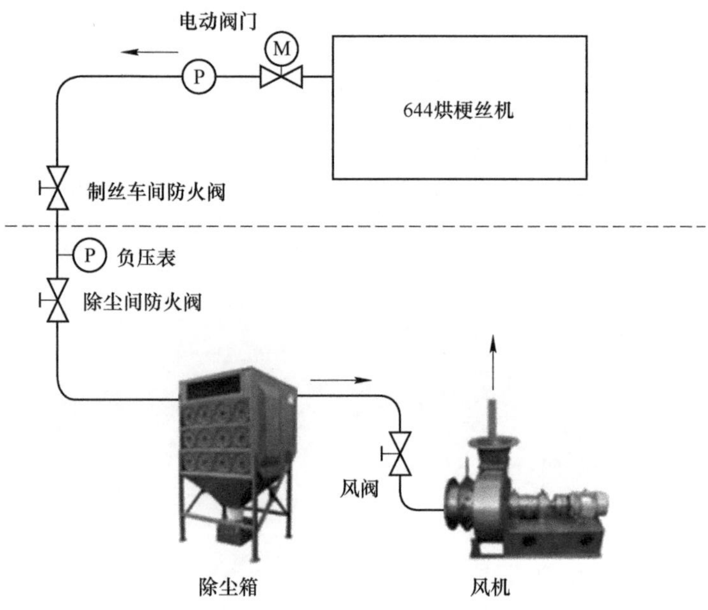

图 3-28-1　工艺流程

制丝车间生产工艺使得烘梗丝机除尘器管道内的空气含水量较大，容易在管道内部形成凝结水。烘梗丝机除尘器内的烟土粉尘混合凝结水后，难以收集并集中到一起，凝结水会沿着除尘管道进入风机叶轮内，对除尘风机造成一定影响，可能导致叶轮偏心、负压指标不稳定现象的发生，影响除尘器的使用寿命和制丝车间的正常生产。烘梗丝机除尘器正常运行时，内部为负压环境，凝结水在负压环境下难以自行地排出，烘梗丝机除尘器内部的凝结水会对设备和管道造成腐蚀，影响设备的使用寿命和稳定运行。

创新团队成员通过分析讨论烘梗丝机除尘器凝结水收集、疏水过程中存在的问题，利用“丢卒保车”原理，提出了研制烘梗丝机除尘器凝结水自动疏水装置的构想，并对需要实现的主要功能和需求进行了研究：高效收集、自动排水、运行稳定、可靠封闭、疏水装置全封闭及防腐蚀性、便捷操作及保养，如图 3-28-2 所示。

创新团队成员现场安装烘梗丝机除尘器管道疏水装置后，烘梗丝机除尘器内凝结水能够完全收集到装置内，并在设备运行时可以顺利排出，烘梗丝机除尘器停机后，也不会有凝结水顺着法兰和软连接处流出。

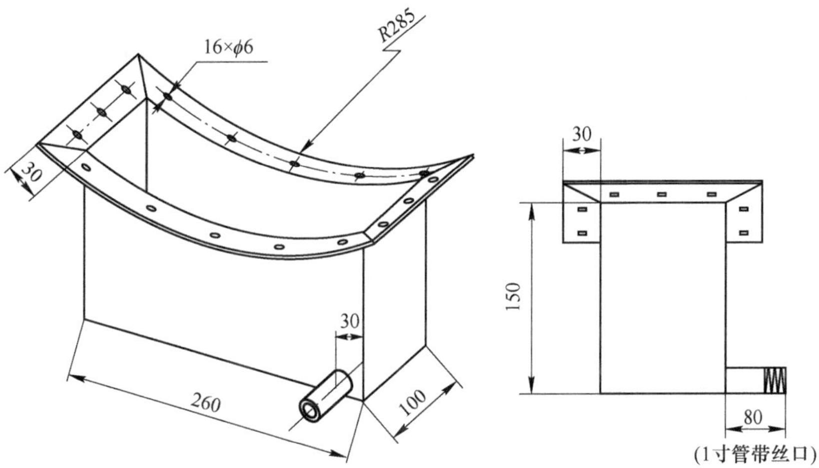

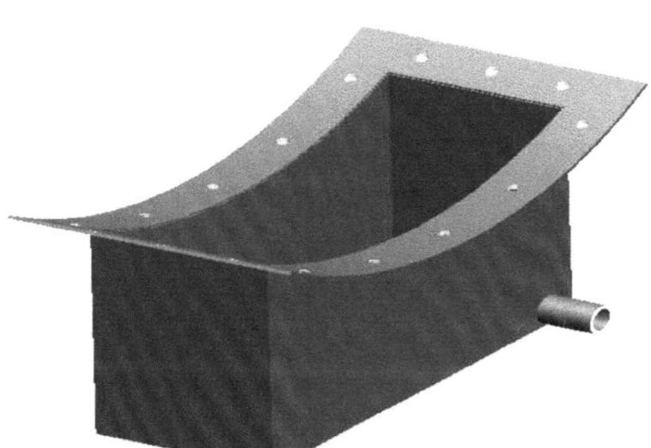

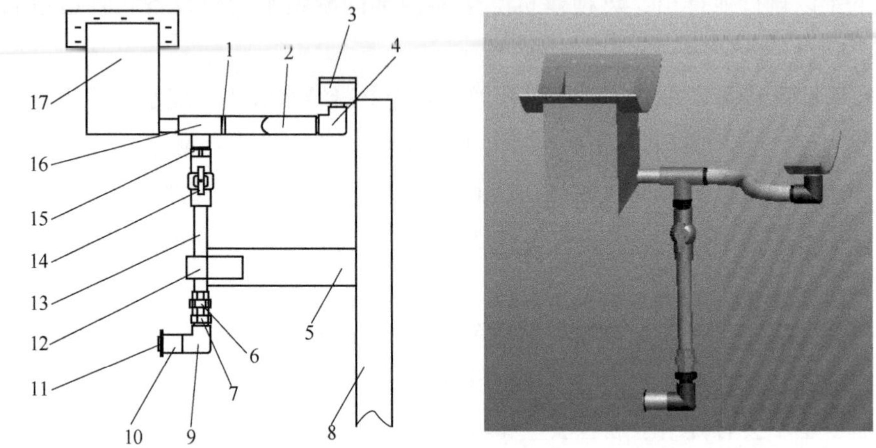

图 3-28-2　研制烘梗丝机除尘器凝结水自动疏水装置

1—接头；2—软连接管；3—集水板；4—弯头；5—支架；6—活接；7—双丝；8—机架；9—集水箱 1；10—筑水器；11—端盖；12—卡箍；13—立管；14—阀门；15—双丝；16—三通；17—集水箱 2

实践 29　制丝工艺技改设计让设备和流程"否极泰来"

工艺设计是卷烟企业就地改造中的重点和难点,青州卷烟厂就地技术改造项目工艺设计过程中结合工匠 36 计提供的方法，诞生了许多优秀的经验。

"否极泰来"在工艺设备方面的一层意义在于将影响工艺质量的物体剔除后，工艺质量可以实现提升。这一方面的典型例子是碎末及杂物去除技术的使用。一方面烟草加工过程中不可避免地会出现造碎，这些细小的烟末在生产过程中会进入设备内部，附着在筒体、喷嘴上，给工艺质量带来影响，青州卷烟厂工艺路线设计过程中增加了筛分工序，可利用筛分机的多尺寸筛网，将不符合生产要求的细小的碎末筛分出来（见图 3-29-1)，碎末对于生产质量的影响。另一方面，经历了采摘、打叶、复烤的烟坯中有时会掺入非烟杂物，这些杂物如果不能及时剔除，一旦进入切丝工序，金属杂质可导致造成切丝机打刀，塑料等杂质混入烟丝中严重影响卷烟的吸味，青州卷烟厂工艺设计过程中在松散回潮工序后设置了除杂工序，利用除杂技术将杂质。

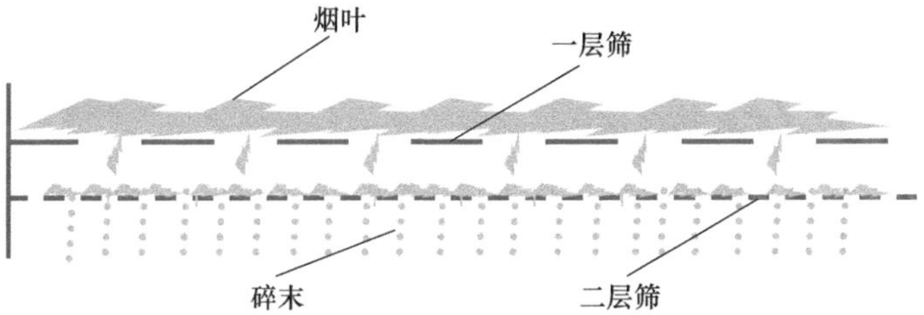

图 3-29-1　烟叶筛分原理图

"否极泰来"在工艺设计方面的一层意义在于介质的循环使用。蒸汽作为一种高温高压介质，在烟草行业应用广泛，使用后的蒸汽会转化成为冷凝水（见图 3-29-2)，其水温可达 70~95℃。在青州卷烟厂本次技改过程中，采用了热能回收技术，如洗梗机生产后的冷凝水直接接回水箱，为水箱内的水持续加热；其他工序的冷凝水利用罐体收集起来，并输送至特定的处理设备，随后作为加热水的介质等，加热后的水可利用在他处，原本排放的冷凝水实现了"重生"，提高了能源的利用率。

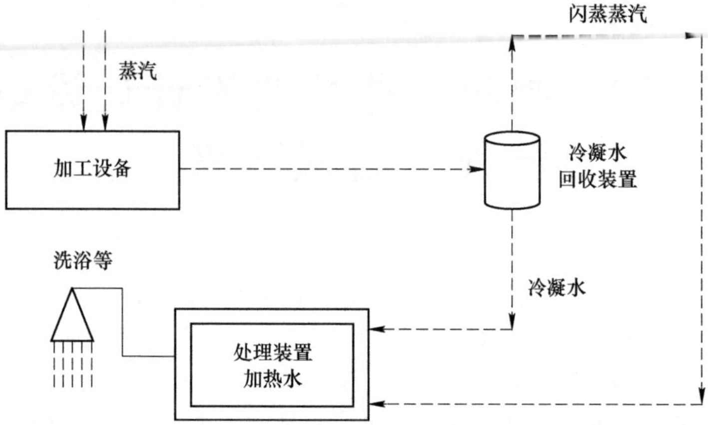

图 3-29-2　冷凝水回收示意图

实践 30　运用“含沙射影”技巧设计除尘压棒机料仓料位监控报警系统

“含沙射影”是一贬义词，传说一种叫蜮的动物，在水中含沙喷射人的影子，使人生病。比喻暗中攻击或陷害他人。作为创新技巧，我们将其贬义去掉，选取其故事中的反弹、投影、投射、折射、反冲的意思。这也是创新中不可或缺的手段或者技巧，在人类创新实践中的运用也十分广泛。

烟草在加工过程中会产生大量粉尘，除尘站负责收集制丝和卷制过程中产生的粉尘，压棒机负责将收集起来的粉尘进行压棒（见图 3-30-1），当压棒机料仓内烟土到达一定高度后，操作人员启动压棒机，将烟草粉尘进行压棒外运处理，料仓内烟土下降到一定高度后，操作人员停止压棒机。存在的问题主要有以下几个方面：若压棒机料仓料满，操作人员未及时启动压棒机，烟土会在落料减速机上部积聚，造成减速机过载停机，甚至发生减速机烧毁现象；压棒机内烟土下落量是不断变化的，为防止在压棒机料满前，未及时启动压棒机，现值巡检人员将规

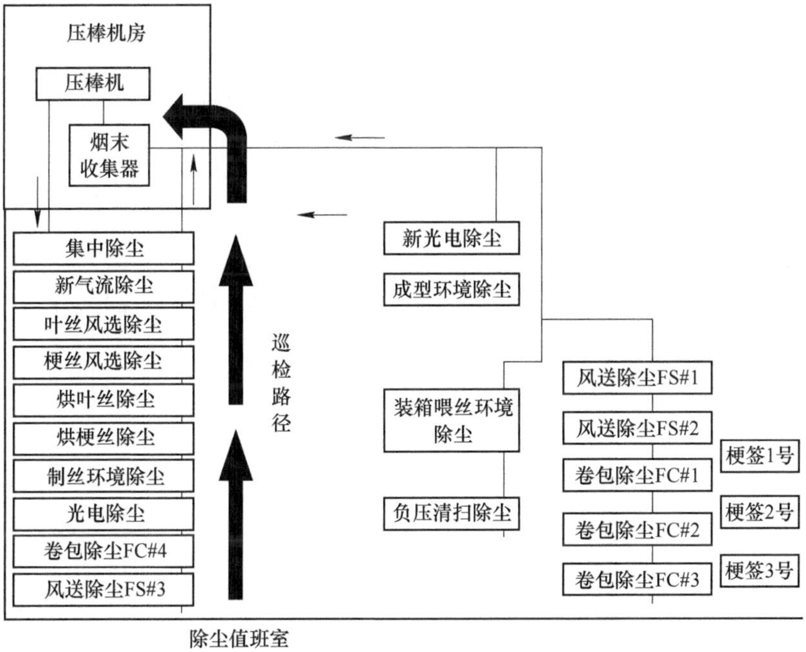

图 3-30-1　除尘大厅布局图

定 2 h 巡检一次压棒机的标准提高为 0. 5 h 巡检一次，巡检人员每班次（8 h）需巡检 16 次，劳动强度大。

小组成员运用“含沙射影”计策，在压棒机透明有机玻璃上安装传感器（见图 3-30-2 和图 3-30-3），设计除尘压棒机料仓料位监控报警系统。

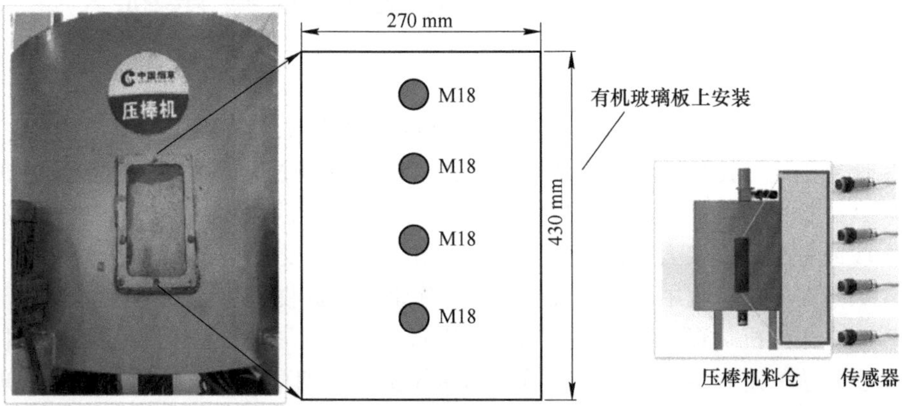

图 3-30-2　传感器安装示意图

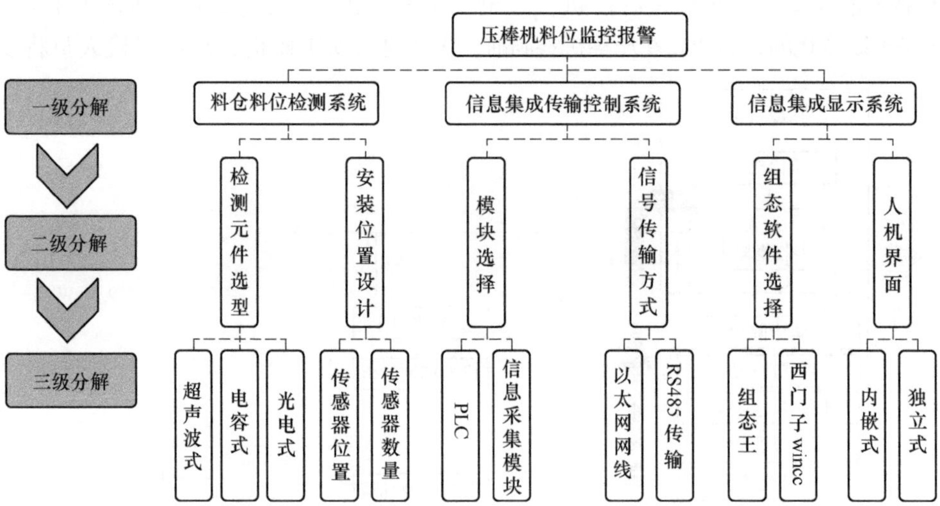

图 3-30-3　系统分解图

通过研制料仓料位检测系统、信息集成传输控制系统、信息集成显示系统，设计除尘压棒机料仓料位实时监控报警系统，将压棒机料位实时显示在除尘站值班室电脑屏幕上，当烟土粉尘到达压棒机料仓料位设定的上限后，开启预警，并自动开启压棒机；将烟土粉尘压棒处理后，料位到达设定的料位下限，预警自动取消，压棒机自动停止。实现降低巡检人员工作强度，提升设备智能化水平的目的。

实践 31 “前车之鉴”让热交换器的清洁效果更佳

“前车之鉴”的变革技巧在于借鉴前人的经验、做法、产品、设计或者功能，为我所用，类似的技巧包括嫁接、移植、模拟等。世界上完全“独立”的创新几乎不可能，都离不开对以往创新的继承、启发、延伸或嫁接。工匠要重视前人成果的研究，要将其有用的内容主动应用到后来的创新之中。

山东中烟工业有限责任公司青州卷烟厂的实用新型专利《一种松散回潮机热交换器逆向喷吹装置 ZL202223080873. 7》（见图 3-31-1）是一个非常有创意的发明。这个专利的设计理念是通过一种喷吹装置，利用高压高温饱和蒸汽混合清洗水来清洁热交换器内部的积灰积垢，从而保证设备的清洁效果。这个设计的独特之处在于，它借鉴了大量的成熟产品（全自动洗碗机、自动洗车机、烟用加料双介质喷嘴等）的设计原理，并且引入了浊度传感器来感知热交换器内部的清洁度。通过这种方式，该设计能够在热交换器的出口方向增设蒸汽、清洗水双介质喷头，从而以更加高效和精准的方式对热交换器进行清洁。

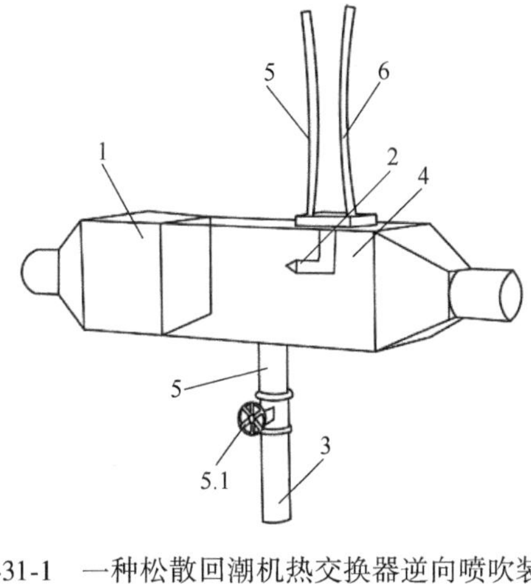

图 3-31-1　一种松散回潮机热交换器逆向喷吹装置图

1—热交换器本体；2—双介质喷嘴；3—排污管道；4—浊度传感器；5—清洗水管道；5. 1—阀门；6—高温蒸汽管道

这个专利的实用性非常强，对于需要频繁清洁的设备来说，能够大大提高清洁效率，并且能够延长设备的使用寿命。此外，由于该装置采用了成熟的产品设计原理，因此在制造和安装方面也相对更加简便和容易。

总的来说，这个实用新型专利是一个非常有创意和实用性的发明，它通过借鉴成熟产品的设计原理，引入新的清洁方式，从而解决了设备清洁的问题。这不仅体现了山东中烟工业有限责任公司青州卷烟厂的技术实力和创新意识，也为其他行业提供了新的思路和启示。

实践 32 “虚虚实实”让青州卷烟厂跑出由“工”育“匠”加速度

推动企业高质量发展，离不开一支技术技能精、创新能力强的高技能人才队伍。其中，工匠人才正是企业技术工人队伍的核心骨干。

近年来，山东中烟工业有限责任公司青州卷烟厂将培育知识型、技能型、创新型工匠人才队伍作为企业高质量发展的基础工作，不断健全完善工匠技能人才培养机制，塑造匠心文化，搭建成长平台，多措并举，一手抓“实”功、一手抓“虚”功，跑出职工由“工”育“匠”加速度。

所谓“实”功，就是构建了科学合理的制度机制、搭建了技能提升的载体平台，让企业工匠培育有了实实在在的制度依据，让企业工匠培育有了更多的载体平台。一方面，企业搭建起涵盖“一甲工匠、青烟工匠、种子工匠”的“三级工匠”评聘管理体系，建立梯次选拔、培育、考核的工匠选育机制，对于获聘的“三级工匠”，将按照工匠层级获得专项工匠津贴，在制度层面拓展企业工匠人才职业发展与上升通道；另外企业制定了《加强技能人才队伍建设工作要点》《劳模工匠学校建设方案》等一系列工匠“育选用”制度，工匠人才培育有了更为坚实的制度保障。

另一方面，企业着力深化多元化工匠培育平台建设，创办劳模工匠学校，打造烟机实训基地，成立技师工作站、劳模（工匠）创新工作室、专业协会，依托各类平台开展各类技术培训、创新课题研究、“揭榜挂帅”、师徒带教等工作，加强与地方党政工团沟通交流，积极组织职工参加省市级技能竞赛，通过搭建实实在在的载体平台有效助力工匠培育工作。

所谓“虚”功，就是企业在做好建机制、搭平台等看得见的“实”功同时，注重发挥工匠文化宣传的作用。例如企业设立了工匠日、工匠月，开展一系列与弘扬劳模精神、劳动精神和工匠精神主题相关活动，通过企业微信订阅号、内部网站等平台，以文章、图片、视频相结合的形式，对受到各级表彰的劳模工匠事迹进行深入宣传报道，引导广大职工向劳模工匠看齐，激励职工学习工匠、争当工匠，使相关受众感受精神熏陶、实现精神洗礼，潜移默化地接受劳模精神、劳动精神和工匠精神的价值观念，汲取精神活力，激发奋进动力，这是企业工匠培育的“虚”功。

通过工匠培育“虚实”相结合，实现了工匠培育的相互促进、相互提升。目前，企业涌现出像“山东省劳动模范”“齐鲁工匠”郇磊等为代表的20余名县市级及以上工匠、35名企业“三级工匠”，为企业高质量发展贡献了“工匠力量”。

实践 33 “相互依存”理念下诞生的电子烟检测装置

“相互依存”就是共生、寄生、伴生、互补的创新方法。

电子烟又名电子香烟，主要用于戒烟和替代香烟。电子烟具有不含烟草，没有明火，没有烟灰，比传统卷烟成本低等优点，各式各样的电子烟满足不同的消费人群，市场广阔，但在电子烟开发过程中由于结构开发不够完善容易出现漏油、烧焦等问题，技术人员需要不断的对其结构进行修改完善并确定出可行性较高的结构方案。现如今主要采用技术人员试吸的方式来观察检测电子烟产品的工作情况，但是当电子烟产品出现漏油或者加热不充分时试吸的技术人员会吸入有害物质，且当电子烟产品出现过热烧焦情况时极易发生烫伤事故。此种方式不光费时费力而且不够安全，故需提供一种电子烟检测装置来解决这个问题，如图 3-33-1 所示。

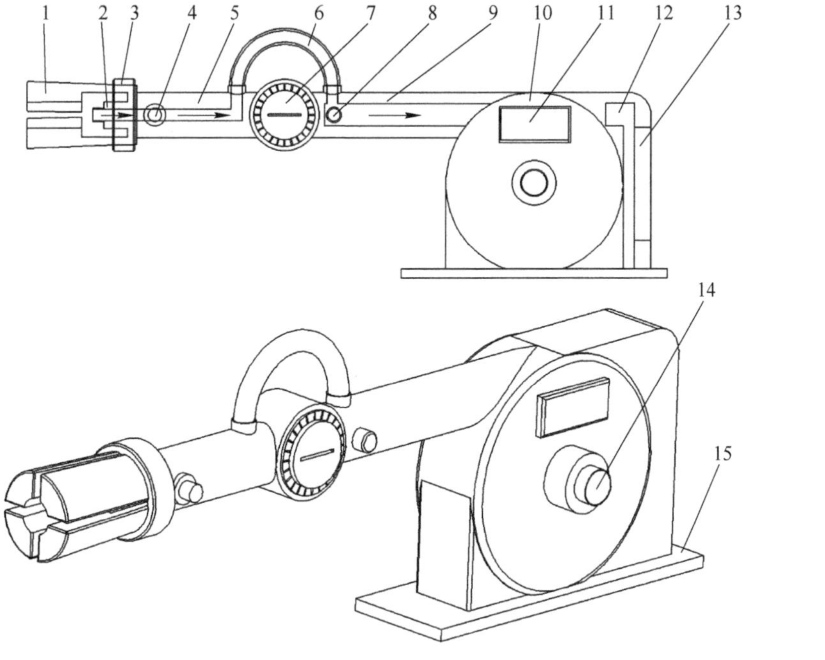

图 3-33-1 电子烟检测装置

1—四爪卡手；2—进气嘴；3—锁紧螺母；4—温度传感器；5—进气导管；6—伸缩软管；7—转动节；8—气流速度传感器；9—连接导管；10—微型气泵；11—显示器；12—控制电路板；13—可充电锂电池；14—出气嘴；15—机架

为解决上述技术问题，采用了以下技术方案：一种电子烟检测装置，主要包括：四爪卡手、进气嘴、锁紧螺母、温度传感器、进气导气管、伸缩导管、连接导气管、转动节、气流速度传感器、微型气泵、显示器、控制电路板、可充电锂电池、出气嘴、机架，其特征在于机架上固定有微型气泵、控制电路板、可充电锂电池，连接导气管上固定有气流传感器，通过气流传感器的反馈，控制电路板调节微型气泵的功率，微型气泵将气体从导气管吸出。转向节将两段导气管连接，并可使进气导气管按一定角度上下转动。进气导气管前端固定着表面加工有螺纹的四爪卡手，四爪卡手与锁紧螺母螺纹配合，通过转动锁紧螺母使四爪卡手收紧将电子烟烟嘴固定。进气导气管放置有温度传感器，并将采集的温度数据通过显示器显示出来。

转动节将连接导管与进气导管连接，其上标有角度刻度，可根据需要调节旋转角度的大小，更好的检测电子烟在各个角度使用时下油量是否均匀，是否出现漏油情况。

四爪卡手内圈由软海绵和橡胶组成，其外圈加工有螺纹可与锁紧螺母形成螺纹配合，通过锁紧螺母的旋合使四爪卡手收紧将电子烟的烟嘴收紧。

进气导气管安装有温度传感器，将采集的温度数据通过显示器显示出来。更好的检测电子烟发热量，防止由于发热丝温度过高出现烧焦情况。

该装置的有益效果是：结构简单，使用便携，制造及维护成本低，可准确模拟电子烟使用环境，便于观察电子烟工作情况，检测电子烟结构可行性，是电子烟设计人员的得力工具，并获批实用新型专利，专利号 ZL202122580422.9。

实践 34 ICAN 设备虚拟仿真培训平台构建了学习培训的“天罗地网”

“天罗地网”是一种启发我们进行结网的创新技巧，工匠可以通过编织、联络、组织、网罗等手段，形成产品、构件或者系统。网络有狭义的，如渔网、筛子；也有广义的，如电网、水网、公路网、铁路网、互联网、物联网等。在网络领域，蕴含着无限的创新空间。

1. 案例背景

近年来，不管是从国家的信息化规划来讲，还是从行业信息化建设来说都已经对信息化水平提出了更高的要求。与此同时，通过对职工的调查反馈和与先进企业对比，发现内部设备培训教学方式与行业先进企业还存在着一定差距，没有充分应用先进信息技术、互联网技术于职工培训中，存在着信息化培训深度不足，培训管理方式落后的问题。

通过总结梳理发现当前二维扁平化的培训模式存在下列问题：

一是设备状态不断更新，设备资料却更新滞后，资料管理不够系统完善；二是设备可视化程度低，员工对设备结构原理了解难以深入；三是传统培训过程不系统，关键点容易遗漏。

2. 技术路线

项目充分运用三维虚拟仿真技术，对青州卷烟厂制丝车间生产设备进行三维建模，根据设备工作状态进行运动仿真，让员工直观了解到设备内部的工作原理和工作状态。并且利用全景交互技术，让员工通过自己的动作改变感受的内容，提高可视化程度和交互性，如图 3-34-1 和图 3-34-2 所示。通过信息化网络平台作为系统载体，提高培训的功能性和资源管理的便捷性，同时便于员工开展网络化学习，如图 3-34-3 和图 3-34-4 所示。

3. 案例创新点

(1) 按照与原设备一比一比例构建的三维模型能让员工更加清晰地了解设备的原理和结构组成，同时有利于设备的问题原因分析和结构改进。

(2) 模型按照原设备运动模式和规律进行运动仿真，最大程度还原设备真实运动情况，更直观，更便捷，更安全。

(3) 员工可以通过动作来改变感受的内容，全景展示设备能让员工从不同视觉角度了解设备结构同时增加了学习趣味性。

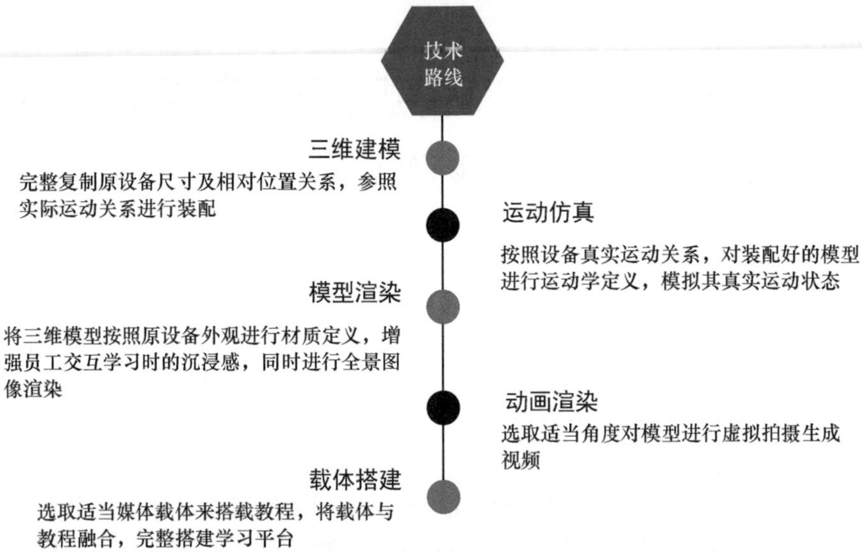

图 3-34-1　技术路线图

图 3-34-2　设备实拍图

（4）三维虚拟仿真系统平台功能扩展性强，学习内容不断更新，管理便捷，利用网络能让员工随时随地学习设备，突破了时间和空间的限制，使用更加灵活。

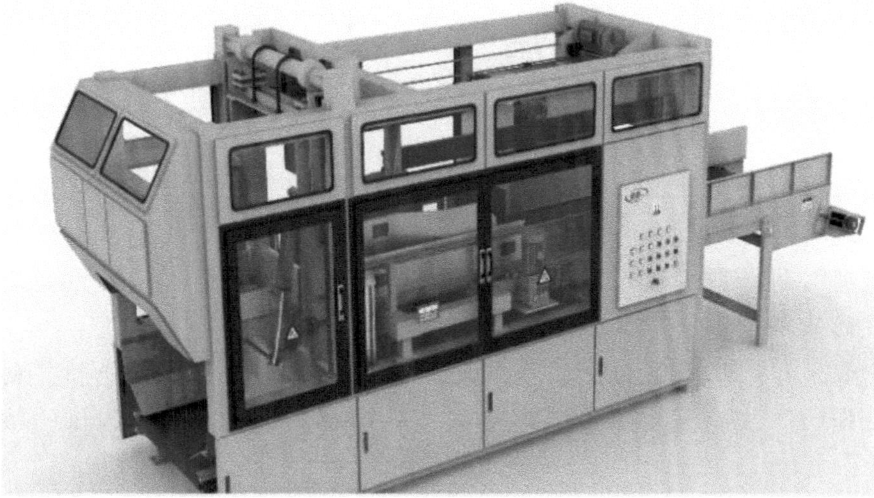

图 3-34-3　设备三维虚拟交互平台

图 3-34-4　ICAN 设备虚拟仿真培训平台主页面

通过《研发三维虚拟仿真系统》课题开展，将传统的二维扁平化培训模式改变为三维交互式培训模式，形成了一套适宜于信息化、网络化设备培训平台开发技术的体系。应用三维建模，运动仿真，模型渲染，全景交互，网站搭建与运维等多领域技术建立的三维虚拟仿真系统，经过运行验证，信息化培训效果较为显著。

后　　记

人以才立，业以才兴。

近年来，在山东中烟工业有限责任公司青州卷烟厂，培育知识型、技能型、创新型工匠人才队伍，成为企业实施人才战略，助力高质量发展的基础工作。

青州卷烟厂推动企业高质量发展，离不开一支技术技能精、创新能力强的高技能人才队伍，工匠人才，正是企业技术工人队伍的核心骨干。

青州卷烟厂通过创新设立企业“工匠日”“工匠月”，以此为导向，将工匠培育融入体制机制、企业文化、实践载体和管理链条中，推动广大职工植“匠心”、锻“匠技”、铸“匠魂”，让“人人是工匠、人人敬工匠”的理念蔚然成风。

建机制　植“匠心”

由“工”育“匠”，构建合理完备的制度机制是前提和保障。

2021 年 5 月，经青州卷烟厂党委研究，决定将每年 5 月 18 日（青州卷烟厂建厂日）设立为青州卷烟厂“工匠日”、每年的 5 月设立为“工匠月”。设立工匠日、工匠月，让企业劳动者尤其是一线工匠技能人才拥有属于自己的节日，是青州卷烟厂党委对劳模工匠的尊崇和敬意。

“设立工匠日、工匠月，让我们有了属于自己的节日，充分感受到企业对一线劳模工匠的重视和关怀。”“听到我厂设立‘工匠日’‘工匠月’的消息后，我们班组的青年都特别振奋，这是对技术工人的鼓励和肯定”……说起设立“工匠日”“工匠月”这个事，青州卷烟厂一线职工激动的心情溢于言表。

企业设立工匠日、工匠月、工匠节，就好像设立了一个风向标，树立起重视工匠人才培养、支持工匠技能人才发展的鲜明导向。

2022年，企业搭建起涵盖“一甲工匠、青烟工匠、种子工匠”的“三级工匠”评聘管理体系，建立梯次选拔、培育、考核的工匠选育机制，对于获聘的“三级工匠”，将按照工匠层级获得专项工匠津贴，在制度层面拓展企业工匠人才职业发展与上升通道。三级工匠体系建立后，企业形成了涵盖专业管理、专业技术、技师系列、工匠系列的四条人才成长通道。

“能被评聘为青烟工匠，要感谢企业推行的‘三级工匠’体系建设，让我对未来的职业发展更明晰了，也更加坚定了我技能成才的决心。”青州卷烟厂“青烟工匠”、卷包车间机械维修工李国良说。

随着企业《加强技能人才队伍建设工作要点》《青州卷烟厂劳模工匠学校建设方案》《青州卷烟厂三级工匠评聘管理办法》等一系列工匠“育选用”制度出台，工匠人才培育作为企业高质量发展的一项重要内容，从“纸上”落到“地上”，由“工”育“匠”有了更为坚实的制度保障。

搭平台　锻“匠技”

2023年4月，在第十七届“振兴杯”全国青年职业技能大赛（职工组）主体赛决赛中，青州卷烟厂制丝车间职工蒋洪泉以全国第六名的成绩，荣获电工赛项银奖，取得企业职工参加同类职业技能竞赛的历史性突破。

“能取得优异的成绩，离不开老师的尽心指导、车间的倾心培养，更重要的是感谢厂党委搭建的宝贵平台，让我有机会能够参加全省乃至国家级竞赛，能与更多优秀选手同台竞技、更快成长。”获奖后的蒋洪泉如是说。

一片沃土，能让一棵好苗子成栋梁之材。一个好平台，能让人才光芒尽情绽放。

青州卷烟厂党委将技能竞赛作为发现人才的重要平台和技能人才成长的“快车道”，通过健全制度、完善标准、规范流程，广泛开展烟机设备维修、电气、操作等各类技能竞赛，同时加强与地方党政工团沟通交流，积极组织职工参加省市级技能竞赛，以赛促训、以赛铸才，帮助更多人才脱颖而出。2023年以来，企业积极组织职工参加行业内外省二类以上竞赛，其中2人在全国职业技能竞赛中荣获三等奖，11

人在省级技能竞赛中分获一、二、三等奖；6人分别被授予“齐鲁首席技师”“山东省技术能手”“山东省新时代岗位建功劳动竞赛标兵”和“烟草行业技术能手”称号，通过竞赛让一批能工巧匠脱颖而出，逐步成长为企业推动技术创新、解决生产难题的骨干力量。

另外，企业着力深化多元化工匠培育平台建设，开展劳模工匠学校建设，制定《青州卷烟厂劳模工匠学校建设方案》，建立健全劳模工匠激励保障、技术技能提升、创新创效支持等机制，优化职工教育多元供给方式和激励机制，更好满足职工学习提升需求；依托企业综合实训中心，围绕企业制丝工艺流程、设备操作维修、技能鉴定培训等内容，自主设计教学内容、开发培训教材，设置相应培训课程，实现烟草机械设备交互式教学、全流程制丝实训，打造集教学、培训、试验、工匠育成等功能于一体的产教融合育人平台；同时学校依托企业技师工作站、劳模（工匠）创新工作室、专业协会等平台，引导工匠技能人才聚焦企业生产经营、提质增效、节能降耗、工艺改善、解决事故隐患等重点难点问题，积极参与到各类管理创新、技术创新、QC成果、六西格玛项目、精益项目等创新活动中，在服务企业创新发展的同时有力带动工匠技能人才迅速成长。

塑文化　铸“匠魂”

工匠技能人才的培育，除了制度、平台等“土壤”，也离不开工匠文化的浸润。

青州卷烟厂注重把弘扬劳模精神、劳动精神和工匠精神作为培育职工“工匠意识”的主线，与企业“一甲文化”体系有机融合，在企业“工匠月”“工匠日”期间开展各类活动，例如召开劳模工匠先进集体表彰大会，现场表彰各级劳模工匠，营造尊重劳动、尊重人才的浓厚氛围；举办劳模工匠事迹报告会，让劳模工匠走上讲台讲述自身事迹，全方位、立体化展现企业工匠风采，让更多职工有机会聆听身边工匠故事；举办工匠精神专题授课，邀请行业专家为技能人才授课，解读“工匠精神”深刻内涵；开展劳模工匠技能展示活动，对劳模工匠掌握的精湛技能进行现场展示；举办工匠精神主题演讲比赛，通过演讲形式将劳模工匠的典型事迹生动诠释，通过开展一系列与弘扬劳模精神、劳动精神和工匠精神主题相关活动，全方位、立体化展现企业工匠风采，营造了学习工匠、宣传工匠、争当工匠的浓厚氛围。

企业通过各类宣传载体，包括企业微信公众号、宣传看板和电子屏等载体来持续广泛进行工匠精神宣传，对受到各级表彰的劳模工匠事迹进行深入宣传报道，通过润物细无声的方式让劳模精神、劳动精神和工匠精神内化成企业职工的内在品质。

与此同时，青州卷烟厂着力提升工匠人才地位，让更多的人“向标杆看齐，跟着榜样学”，让崇尚工匠、争当工匠成为一种文化氛围。企业注重在劳模工匠荣誉申报工作中注重向工匠群体倾斜，对做出重要贡献、取得重要成果、获得重要奖项的工匠人才群体优先推荐参加国家、行业、省市、公司组织的各类评先评优活动，使优秀工匠人才的价值得到充分尊重与体现。截至目前，全厂涌现出像“山东省劳动模范”“齐鲁工匠”郇磊等为代表的20余名县市级及以上劳模工匠，为企业高质量发展贡献了“工匠力量”。

编　者

2024年5月